中国品牌管理

问题情境和理论思想

何佳讯　著

Brand Management in China

Issues，Contexts and Theoretical Thoughts

华东师范大学出版社
·上海·

图书在版编目(CIP)数据

中国品牌管理:问题情境和理论思想/何佳讯著. —上海：
华东师范大学出版社，2022
ISBN 978 - 7 - 5760 - 3396 - 0

Ⅰ. ①中… Ⅱ. ①何… Ⅲ. ①品牌－企业管理－研究
－中国 Ⅳ. ①F279. 233. 2

中国版本图书馆 CIP 数据核字(2022)第 233594 号

中国品牌管理
——问题情境和理论思想

著　　者　何佳讯
责任编辑　朱妙津
责任校对　谢　莹
装帧设计　卢晓红

出版发行　华东师范大学出版社
社　　址　上海市中山北路 3663 号　邮编 200062
网　　址　www. ecnupress. com. cn
电　　话　021 - 60821666　行政传真 021 - 62572105
客服电话　021 - 62865537　门市(邮购)电话 021 - 62869887
地　　址　上海市中山北路 3663 号华东师范大学校内先锋路口
网　　店　http://hdsdcbs. tmall. com

印　刷　者　上海中华商务联合印刷有限公司
开　　本　635 毫米×965 毫米　1/16
印　　张　28
字　　数　416 千字
版　　次　2022 年 11 月第 1 版
印　　次　2022 年 11 月第 1 次
书　　号　ISBN 978 - 7 - 5760 - 3396 - 0
定　　价　88.00 元

出版人　王　焰

(如发现本版图书有印订质量问题,请寄回本社客服中心调换或电话 021 - 62865537 联系)

目 录

理论思想篇

制度情境篇

实践问题篇

前言
中国理论思想对世界管理
研究的贡献： 脉络、进展与方向[①]

在世界管理研究的范畴中分析探讨中国理论思想的贡献，不仅是中国传统思想根基中整体思维的体现，更是当今主流价值观的要求。世界性的范畴坐标、世界范围的成果积累，不仅是我们探寻理论创新和知识发展所需要的新格局和新动力，更是检视中国理论思想长远价值和未来发展所应持有的认识论和方法论。在管理学学科，东西方两大力量和优势的互补、协同、转化和跃迁，是在大变局时代发展新管理学和未来管理学的基本立场和方向。

为此，笔者在简要介绍重要的中国理论思想（以道家和儒家为核心，且适用于管理学学科）的基础上，分析阐述中国理论思想与在世界范围演进的理论概念（通常是西方学者提出）的对应关系，为客观理解中国力量对于世界的贡献，以及为领悟东西方两大力量存在的协和融通提供具体的证据。接着，笔者以先前一项研究中的部分文献计量结果作为证据，指出中国理论思想对世界管理研究贡献度的总体状况，预示未来研究应该努力的重要使命和长期任务。最后，笔者归纳提出中国理论思想对世界

① 本文第三部分的观点先后受邀在暨南大学、北京联合大学的学术报告中进行过分享，题目分别是《品牌科学与应用：新突破与新方向》（2020 年 7 月 30 日）、《品牌科学与应用：欧美传统与中国的突破》（2021 年 7 月 9 日）；第三部分的数据分析结果先后受邀在宁波诺丁汉大学、西安交通大学的学术报告中进行过分享，题目分别是《高度互联世界的新品牌战略理论》（2021 年 7 月 15 日）、《战略品牌管理的新理论逻辑》（2021 年 7 月 20 日）；本文第三和第四部分的内容先后受邀在西南交通大学、浙江工商大学做过学术报告，题目分别为《中国学者如何贡献于世界管理学研究：评估与发展》（2022 年 5 月 17 日）、《中国学者如何贡献于世界管理学界：以品牌科学研究为例》（2022 年 5 月 22 日）。特此感谢邀请方。

管理研究的五大贡献路径,包括求同存异、互补映衬、工具开发、种子作用和更迭演化,作为方法论层面的方向性建议,推动中国理论思想为世界管理研究贡献进入新的发展阶段。

　　本文是笔者为自己即将出版的《中国品牌管理——问题情境和理论思想》所开展的一项专门研究,可以看作是笔者于 2021 年在《管理世界》发表的《中国学者管理学研究的世界贡献:国际合作、前沿热点与贡献路径》这篇论文的姐妹篇。[①] 过去近三十年来,我在战略品牌管理领域持续研究耕耘[②],去年出版新教材《战略品牌管理——企业与顾客协同战略》,是为建立中国学派所做的努力。[③] 拙著《中国品牌管理——问题情境和理论思想》是学术专著,集中反映笔者在中国理论思想、制度情境和实践问题方面的成果,读者或许可以借此更好地理解新教材背后的学术证据和支持。之所以把本文这项专门研究作为拙著的前言,是想把《中国品牌管理——问题情境和理论思想》背后的学术思想和方法论逻辑以一种更为普遍的、带有某种"理论化"的方式总结出来,而《中国品牌管理——问题情境和理论思想》正是为笔者所倡导的学术价值观提供的一个严肃的例证。这个学术价值观可以用一句话概括:中国理论思想不仅面向中国

---

① 原文发表为:何佳讯、葛佳烨、张凡:《中国学者管理学研究的世界贡献:国际合作、前沿热点与贡献路径——基于世界千种管理学英文期刊论文(2013—2019 年)的定量分析》,《管理世界》,2021 年第 9 期,第 36—56 页。后收录于李志军、尚增健主编:《加快构建中国特色管理学体系》,经济管理出版社,2022 年 1 月。

② 从 2007 年 9 月开始,笔者的研究先后得到五项国家自然科学基金面上项目资助,它们分别是:文化价值观影响下的消费者品牌态度:世代差异与代际影响研究(批准号:70772107),2008.1—2010.12;国家认同、国家品牌资产与"中国制造"态度评价:重大活动的影响机制(批准号:71072152),2011.1—2013.12;品牌价值观的结构与融合:中国跨国公司品牌价值增值机制及全球化定位战略研究(批准号:71372717),2014.1—2017.12;品牌与国家的联结:数字化时代新兴市场跨国公司创建全球品牌资产的新战略研究(批准号 71772066),2018.1—2021.12;全球消费者文化、国家文化资产与中国品牌战略创新的理论与实现路径研究(批准号 72072059),2021.1—2024.12。

③ 本书是笔者在战略品牌管理领域的专著系列之一,定位于"中国品牌管理问题情境与理论思想的实证研究(学术专著)"。其他专著包括:《长期品牌管理》(上海格致出版社,2016 年),定位于"长期品牌管理的新理论架构与实证研究(学术专著)";《战略品牌管理——企业与顾客协同战略》(中国人民大学出版社,2021 年),定位于"不同于欧美的第三种战略品牌管理理论体系,即企业与顾客协同战略(教材专著)";《品牌的逻辑》(机械工业出版社,2017 年),定位于"高管与未来高管的必修课(科普专著)"。

实践需求，更是追求知识发现能贡献于世界范畴。①

一、重要的中国理论思想

在本部分中，笔者以道家(Tao(the Way)，Taoism，Daoism)和儒家思想(Confucianism)为核心，梳理那些源自中国并且适用于管理学学科的重要理论思想，概括它们的根基和核心，以世界范畴的管理研究为基础，介绍它们对世界贡献的普适性。特别地，笔者揭示理论思想的"中国概念"与其对应的"世界性语言"的关系，以加强读者对中国理论思想贡献于世界的更深入理解。

（一）道家思想

道家思想被学界普遍认为是对中国管理和现代管理具有重要指导意义的管理哲学之一(Cheung and Chan，2005；Fang，2012；李平，2013；Prince，2005；Wang et al.，2016)。道家思想以春秋时期老子著写的《道德经》为主要经典②，其核心是"道为德之体，德为道之用"。道家思想对于管理研究的重要贡献体现在其"道法自然""无为而治""阴阳平衡""和谐观念"等方面，其应用主要在组织与领导力、企业社会责任和可持续发展等方面。

"道法自然"的精髓在于遵循自然，以天道为原则，即以对人性和自然的信仰为基础，倡导人们对于自然的顺应(Cheung and Chan，2005；钱旭红，2020，pp.215-217)。"道法自然"在管理上的应用，体现为组织运作和人际交往要遵循自然规律，强调适应环境的重要性。这与西方经典的领导力理论强调对环境的积极塑造和控制不同，道家思想的领导力倡导参与、理解和协调(Prince，2005)。在当代新环境中，后者的思想在世界范围逐渐成为主流，对可持续管理具有重要指引(Xing and Starik，2017)。

---

① 笔者的这个观点第一次发表于《青年学者科研论文的常见薄弱点》，载周南主编：《登山观海——146位管理学研究者的求索之路》，北京大学出版社，2016年11月，第230—231页。原先的表达是"好的本土化研究，研究的问题甚至构念和理论都可以来源于本土，但知识发现要能贡献于世界，而不是仅能解释本土现象"(第230页)。

② 《道德经》在其流传过程中版本众多，尽管有差异，但大部分是一致的，因此本文对原文的引用除个别存在差异较大的地方标注版本外，不再逐一标注出处。

"无为而治"的核心思想源自"道常无为而无不为"(《道德经》第 37 章)。老子说"无为"是要让大家不要"妄为",其实质也即是以"道法自然"为前提。老子用"治大国如烹小鲜"(《道德经》第 60 章)比喻,说明"无为"的悖论概念(Chen and Lee,2008)。领导者的行为如果过于干涉和搅和,反而适得其反(Ma and Osula,2011)。"无为而治"与老子的消除欲望("不欲以静,天下将自正",《道德经》第 37 章)、柔和之道("专气致柔,能如婴儿乎",《道德经》第 10 章)、谦卑姿态("是以圣人欲上民,必以言下之",《道德经》第 66 章)、清静心态("静胜躁,寒胜热,清静为天下正",《道德经》第 45 章),有内在逻辑的一致性。

"阴阳平衡"思想的原文是"万物负阴而抱阳,冲气以为和"(《道德经》第 42 章)。更早的源头是《易经》中的阴阳之道。万物滋生的阴阳两气产生对冲和激荡,但在运动变化中"阴中有阳,阳中有阴",这两种能量处于互依和互补,既有协同,也有拮抗,它们的平衡使得矛盾对立在动态循环中走向协和与上升的状态。"阴阳平衡"体现了辩证思想(Ma and Osula,2011)以及对矛盾论的解释(Faure and Fang,2008)。在实践中,这种思想对存在跨文化差异的两个对立因素形成整体平衡和动态发展,具有实际的管理指引(Lin,Li,and Roelfsema,2018)。

对上述重要思想可以用"和谐观念"进行总体性的概括。人与自然和环境的"道法自然"、个体行为的"无为而无不为"、事物之间的"阴阳协和"等,都是体现追求"和谐"为起点又是终极目标的观念。

(二)儒家思想

儒家思想是中国文化的"根"和"源",对中国社会影响深远广泛,是个体和组织普遍尊崇的道德规范与行动指南(Ip,2009)。儒家学说最早由春秋时期的孔子创立,后经由孟子和荀子等人继承与发展,逐渐形成了以"仁、义、礼、智、信"为核心的完整思想体系,成为主导中国社会两千多年的社会性规范和价值观,其影响力也辐射至东亚和东南亚国家,塑造了这些国家人民的社会交往准则。Monkhouse、Barnes 和 Hanh Pham(2013)在东亚四个城市的一项研究构建并验证了消费者背景中的五种儒家价值观:等级、谦卑、面子、群体取向和互惠。

Bond 曾在五大洲 22 个国家组织发起《中国价值观调查》，最终形成四大维度，分别是：整合性(Integration)、儒家工作动力(Confucian Work Dynamism)、仁爱心(Human-heartedness)和道德规范(Moral Discipline)(The Chinese Culture Connection，1987)。如果说，从具体的测项构成看，整合性(包括随和、团结、知足、不重竞争等)、仁爱心(包括仁爱、耐心、有礼貌等)和道德规范(包括适度、清高、寡欲等)已体现在上述的道家思想中，那么，儒家工作动力(包括尊卑有序、节俭、坚持不懈、知耻等)则是儒家思想所独有的。这个维度与被调查的国家在 1965—1985 年间的经济增长呈现显著高度相关(The Chinese Culture Connection，1987；Hofstede and Bond，1988)。道家思想与人和自然、人和社会的和谐紧密相关，而儒家思想则侧重于人的德行规范，目标是人际社会关系的和谐。

关系主义。儒家的"仁、义、礼、智、信"，可以解释为仁爱、道义、礼仪、学识、诚信，它们共同指向个体在人际社会中的德行规范。更早的中国礼文化的核心原则是"亲亲"和"尊尊"。它们贯穿于中华伦理的发展中，成为中国文化价值观体系的核心要素。关系主义(relationalism)是表达儒家对中国人关系(Chinese Guanxi)的较好的理论术语(Chen and Chen，2009；黄光国，2006；King，1991；Chen，Chen，and Huang，2013)。正统儒家思想要求人际互动以仁义道德为基本原则，受到关系参与方既有关系的影响，通过面子、人情(Renqing，指恩惠)、报(Bao，指互惠)等义务性要素(Yang，1986；Wang，2007)的作用，实现人际关系的和谐和社会的和谐。而西方对关系的解释主要通过交易成本理论(transaction cost theory)、社会交换理论(social exchange theory)、互动理论(interaction theory)等，这就形成了东西方在人际关系和社会网络机制上的根本差异。笔者用图的形式勾勒出中国文化中"关系"的运作机制。见图 0 - 1。[①]

儒家思想倡导人际关系致力于建设内在关系本身，不管外部成本和

---

① 本图完成于 2011 年 12 月 13 日，为笔者于 2011—2012 年在美国北卡罗来纳大学 Kenan-Flagler 商学院进行访问研究工作期间。笔者特别把它放入本文中。

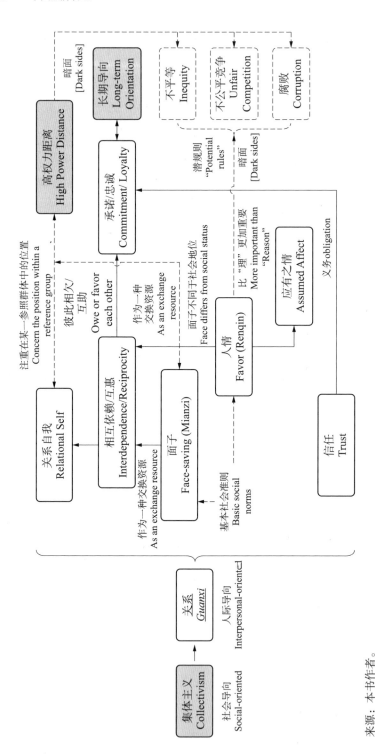

图 0 - 1   中国文化中"关系"的逻辑

来源：本书作者。

收益如何。在关系的处理、维系和发展过程中，涉及人们生活各个领域中对于社会、心理、经济等各个方面因素的考虑，其核心是以人性（humanness）为基础。因此，儒家关系主义思想更接近于对真正人际关系含义的表达（Bell，2000）。这种人际关系处理方式和逻辑用在组织管理和工作场景中，就形成儒家组织和治理的理想原型，即是家庭或类家庭式的关系，家庭与企业、私人与公共、个人与职业的关系之间的组织界限变得模糊；用在伦理方面，儒家的关系主义是有关特定人际和角色基础的伦理，字面意思是"关系适当性（relationship appropriateness）"。这种伦理与特殊主义的程度和等级差异的因素有关，因而与普世伦理存在差异（Chen，Chen，and Huang，2013）。

中庸思维。"中庸思维"（The Doctrine of the Mean，The Middle Way，Zhongyong Thinking）初现于孔子的《论语·雍也》，成形于四书五经的《中庸》，宋明时期的程朱理学将其推向高潮。它是儒家思想体系的核心构成，可以看作它是一种中国的辩证思维方式（Yang et al.，2016），深刻影响人们的思维方式和行为准则。它强调人的主观目的性和客观存在性之间的平衡，追求均衡与和谐的状态（Chang and Yang，2014）。"中"是指个体在面对矛盾时，注意对度的把握，以适度为原则；"庸"是指恒常不变。因此，中庸的涵义可以总结为：在处事过程中注意把控分寸感，随时随地保持适度，从而实现稳定的发展和持续的存在。

随着时间的推移，这一概念逐渐演变成一种价值体系和整体思维方式（Zhou et al.，2020）。主要有四个维度：过犹不及的适度原则、执两用中的整体原则、权变时中的权变原则、和而不同的和谐原则。它们之间并非互相孤立，而是相互关联，"和而不同"的和谐是人们追求的终极目标；"过犹不及"这一适度原则的现实特征是和谐，是哲学上质与量的统一；而所谓的"执两用中"、"权变时中"则是达到整体和谐的手段与策略。

在管理的应用上，中庸思维强调整体性和多元性思维，与西方的分析性思维存在着广泛的文化差异（Yang et al.，2016）。中庸思维强调变化性和矛盾性。按照矛盾论的观点，事物的质只有处在合理的"度"之内，才能保持相对的稳定和持续的存在。中庸思维强调在变化与矛盾中寻找适度的点。体现在社会交往和人的德行中,中庸思维强调人际关系的和谐,炫耀、英雄、精明、不谦虚、明确以赢家为导向的人,比那些谦虚、得体的人更不受欢迎。在中国文化中,维持人际和谐对于获得社会支持至关重要。

从上可以看出,儒家的中庸思维与道家的阴阳平衡观非常接近。中庸思维是以把握适度为核心的思维方式,阴阳平衡是价值判断和价值追求,最终通过保持阴阳双方适度而达到和谐。

二、 中国理论思想与演进的理论概念的对应关系

上述的中国理论思想,其源头有据可循,因而自然带有鲜明的中国烙印和文化身份。这种"中国身份"容易让我们误解为它们仅是本土化的理论思想,其功效和价值也仅适用于中国管理情境,并非具有世界范围的普适性。这是一种不必要的误解。事实上,就文化价值观和个体价值观调查而言,无论是 Schwartz(1992)还是 Hofstede(2001),他们都把中国价值观放入测项库,形成涵盖世界范围的测量量表,并通过世界各国的调查,证实源自中国的价值观存在于其他国家的不同状况。下面,笔者特别把上述的中国理论思想与相关的世界普适性的理论概念对应起来,阐述它们之间的关系,以帮助读者理解中国理论思想如何吸纳、演变、转化为融于世界知识体系的理论概念,成为贡献于世界范畴的重要力量。这种融合的研究思路和方法是持续不断地把中国理论思想发扬光大的重要路径。限于篇幅,笔者特别阐述具有基础性作用的若干领域。

（一）道法自然与自我超越

"道法自然"是道家思想的精髓。老子主张"无为而治",如"爱民治国,能无为乎!"(《道德经》第 10 章)。"无为"背后的逻辑是"无道",如"道常无名,朴虽小,天下莫能臣也。侯王若能守之,万物将自宾"(《道德经》第 32 章)[①];"无为"背后的要求则是"玄德""大善"和"慈爱",在《道德经》中的原文分别有如:"生而不有,为而不恃,长而不宰,是谓玄德。"(《道德经》第 51 章);"上善若水。水善利万物而不争,处众人之所恶,故几于道。"(《道德经》第 8 章);"我有三宝,持而保之。一曰慈,二曰俭,三曰不

---

① ［魏］王弼注、楼宇烈校释《老子道德经注》,中华书局,2011 年,第 84 页。

敢为天下先。"(《道德经》第67章)。"玄德""大善"和"慈爱"集中反映老子对个体自我动机的高境界思想，即个体要超越自身的利益追求，关注社会和自然，要心怀利他主义。

在人类基本价值观的研究中，上述思想被用量化的方法界定为自我超越(self-transcendence)的高阶维度，它包含两个类型：社会关注和对自然的关怀，以及仁慈(Schwartz，1992；Schwartz and Boehnke，2004)。这个维度与追求权力、成就和享乐的自我提升(self-enhancement)高阶维度正好相反。自我超越对马斯洛的需要层次理论作出了重要的发展。传统上，自我动机理论的研究是基于内隐态原理(homeostasis principle)。该理论认为，人们普遍关注的是如何维持和恢复自己内在的平衡，并最终减少紧张(Leary，2007)。但Frankl(1966)提出，这个理论忽视了一个很重要的问题，即人类会追求自我超越。马斯洛对此赞同，在晚年时期对他的需要层次理论(五层)进行了升级，补充第六层次自我超越需要，把它的内涵界定为：包括但不仅限于为他人服务、对理想(如真理、艺术)或事业(如社会正义、环境保护主义、科学追求、宗教信仰)的奉献，以及想要和被认为是与超越的或神圣的事物联系在一起的愿望(Maslow，1969)。达到这个层次的个体不再仅限于追求个人利益，而是开始认同那些比个人利益更伟大的事物。修正后的需要层次理论对生命意义的世界观有了更全面的阐述，对利他主义的动机有了更广泛的理解，并且实现了将宗教和灵性心理融入心理学的主流。

在马斯洛的基础上，Csikszentmihalyi(1993)将成功的个人描述为自我超越者，认为他们"通过将个人目标与更大的目标相结合，例如家庭、社区、人类、地球或宇宙的福祉，以超越个人限制的界限"。自我超越是个体在不否定自我和已有价值的情况下能够突破个人能力上限，并调整个人看法、目的和行为，从而超过现状的能力。个体超越水平越高，越容易发现生命意义与自我价值，能够利用外部资源保持良好的身心状态，以适应个体自我发展。

Schwartz(1992)认为人类价值观代表着人类生存的基本需求，包括个人需求(如追求独立)和群体需求(如追求社会公平正义)。自我提升属于个体主义文化下的价值观,主要衡量人类在何种程度上追求自我利益;而自我超越属于集体主义文化下的价值观,主要衡量人类在何种程度上超越私利,促进社会发展和保护自然环境等。前者强调关注个人、关注自我,后者强调关注集体、关注社会大众。在大变局时代,全球社会面临更多的世界性问题和更大的不确定性,因而自我超越价值观具有更加突出的重要性。这不仅影响和改变个体的价值观和人生境界,而且也促进和改变创业动机和企业发展的价值观。

Torelli 等人(2012)提出,人类价值观可以作为品牌的概念。那么,品牌被赋予人类价值观,就可以成为企业通过商业手段实现的价值意义。我们的研究表明(何佳讯和吴漪,2015),"中国"作为国家品牌,蕴含了与中国文化一致的品牌价值观,中国企业的品牌又蕴含了与国家品牌较为一致的价值观,"中国"作为国家品牌与中国企业的品牌在价值观方面存在密切的联系。这意味着,对于走向全球的中国品牌,运用中国文化资源进行品牌概念塑造,是建立起全球品牌定位的重要战略方向。在商业世界,我们很容易发现存在自我提升和自我超越这两种不同价值观定位的公司。我们的研究表明(He, Huang, and Wu, 2018),买卖双方在自我提升或者自我超越这两种价值观上的一致性,都会通过品牌认同正向影响双方之间的关系质量。进一步地,品牌敏感性正向调节自我提升价值观一致性通过品牌认同对关系质量的影响效应,但这种有中介的调节效应不体现在自我超越价值观的一致性上。对此可以解释的逻辑在于,自我超越价值观超越品牌自身利益的追求,因而通常的品牌敏感性对之失去了作用。

(二)阴阳平衡、中庸思维与整体思维

在心理学领域,有大量研究表明东西方人在认知、感知和社会认知判断方面存在的差异,主要是东亚人倾向于强调关系和情境,西方人更倾向于使用分类和规则;东亚人倾向于外部归因,西方人倾向于内部归因(Norenzayan and Nisbett, 2000; Norenzayan et al., 2002)。这被概括为整体思维和与分析思维的差异(Choi et al., 2003; Choi, Koo, and Choi, 2007)。人们的感知觉过程是参与文化实践而构建的,因而这种被概括为整体思维和分析思维的差异，对世界文化的分类作出了贡献（Choi，Nisbett，and Norenzayan，1999；Nisbett et al.，2001；Peng and Nisbett，1999）。源于道家和儒家思想的阴阳平衡和中庸思维，被以整体思维进行概括和提升，正是中国理论思想在世界范围的普适性价值。

Choi、Koo 和 Choi(2007)开发的分析-整体观量表(Analysis-Holism Scale，AHS)包括四个维度(因果关系、矛盾态度、变化感知和关注中心)，对源于阴阳平衡和中庸思想而导致的中国人与西方人的认知和思维差异作了很全面的对比。尽管是量表测量工具，但实际上对中国道家和儒家思想的核心作了严谨的概括，体现在对四个维度的界定。

因果关系（causality）。东西方的区别在于交互主义与特质主义（interactionism versus dispositionism）。在解释因果关系时，整体思维者（东亚文化背景）认为事物间具有复杂的因果关系，归因时倾向于关注行为者与环境间的相互联系和交互作用；而分析思维者（西方文化下）主要考虑行为者的内在特质对行为的决定作用。因此，整体思维者在作出最终归因之前比分析思维者考虑了更多的信息，也更不可能作出基本的归因错误。

矛盾态度（attitude toward contradictions）。东西方的区别在于朴素辩证主义与形式逻辑（naïve dialecticism versus formal logic）。存在两个矛盾的对立面时，整体思维者倾向于寻求妥协的中间立场。这种妥协源于他们认为两个明显相反的命题可以同时成立，并且一个命题最终可能转化为另一个命题。这显然源自朴素辩证的阴阳转换和平衡思想。相比之下，西方人的形式逻辑方法指导他们通过选择两个相反的命题之一来解决矛盾。

变化感知（perception of change）。东西方的区别在于循环论与线性论（cyclic versus linear）。整体思维者认为事物之间是彼此依存的、是非静态的，正是由于事物之间复杂的相互作用模式而存在不断变化的状态。相比之下，分析思维者认为大多数事物是孤立存在的，事物的本质不会随时间发生显著变化，也不会受到其他因素的影响。因此，在预测未来事件时，东亚人倾向于持有循环论，认为事物是不断波动变化的；而西方人持线性论,认为会出现与过去相似的变化或稳定模式。

关注中心(locus of attention)。东西方的区别在于场域与部分(field versus parts)。在认识事物时,整体思维者注重目标与其所属环境的联系。相比之下,分析思维者看待事物更关注目标本身,而不是它所属的环境。注意力分配的这种明显差异使得整体思维者比分析式思维者更容易看到"整体"而不是"部分",而分析思维者则相反。因此,东亚人比西方人更依赖场域,更难将目标从它所处的场域中分离出来。两种文化之间的这种差异甚至出现在眼球运动的轨迹中。

(三)关系主义与互依自我

社会人际关系的规范是人际交往和各种关系处理的前提性意识和观念,其日常性和广泛普遍性决定了对于文化体特质塑造的基础性作用。因而,在文化价值观的层面,与西方的个人主义相区别,以中国文化为代表的东方文化被称之为集体主义(Hofstede,1980,1991)。前者关注自我利益,人际之间的关联是松散的;后者关注群体和家族的利益,人际之间的关联是密切协调的。侧重于社会规范的角度,与此相应的理论概念为严格-宽松(tightness-looseness)文化,被定义为社会中社会规范的清晰程度和普遍性程度,以及对偏差行为的容忍程度(Gelfand et al.,2011);侧重于关系主义引发的背景关联思维,与此相应的理论概念为高-低语境文化(high-versus low-context)(Hall,1976)。沟通不仅仅是明确编码的词语,其发生的语境包含了该事件的含义,而该语境在不同文化中承载着不同比例的沟通含义,由此 Hall(1976)把文化描述为从高语境到低语境的不同连续体。从这两个文化概念看,中国文化是严格文化和高语境文化。

儒家的关系主义与"关系人"这个最基本的分析单位结合,就是儒家的"关系性自我"思想。中国人的自我是关系性自我,注重人己物我之间的和谐共处,这得到了儒家学者的共识(何友晖等,1991;孙隆基,2004;杨国枢,1992)。笔者把关系性自我定义为:个人超越自身实体,并使之与外在社会关系相结合,以追求两者间的和谐一致为目的,所界定的对自己的期许(详见本书第一章第三节)。在这里,私人的自我(私我)与社会的自我通常交织在一起，融为一体，甚至以社会自我覆盖私人自我。

西方的研究把私人的自我与社会的自我明确区别并独立开来，即个人自我与社会自我，形成有关自我的两种解释：独立自我（independent self）和互依自我（interdependent self）（Markus and Kitayama，1991）。前者与社会关系分离，是有界的、单一的、稳定的；后者与社会关系联结在一起，是灵活的、多变的。前者重要的特征是内部的、私人的（能力、思想和感受），后者是外部的、公开的（身份、角色、关系）。大量采用东西方文化体（集体主义与个人主义）进行对比的研究表明，这两种自我解释对认知和情绪都会带来不同的结果（Aaker and Williams，1998；Markus and Kitayama，1991）。在情商（emotional intelligence，EI）的范畴中，这两者被概括为自我关注（self-focus）与他人关注（other-focus）的差异（Pekaar et al.，2018）。Carver 和 Scheier（1981）指出，一个人的注意力可以指向两个方向之一：向内朝向自我或向外朝向环境。当注意力集中在内部时，便可称这个人很投入于自我关注。

上述的差别和对应关系扩展开来，还涉及自利（self-interest）与他利（other-interest）的区别。Gerbasi 和 Prentice（2013）把自利定义为在社会价值领域追求利益，包括物质财富、社会地位、认可、学术或职业成就以及幸福。相对地，他利则是在社会价值领域为他人追求上述利益。他们认为，构成他利行为基础的动机是多方面的（如规范、性格、价值观、道德情感和直觉），其组成部分不同于构成自利行为基础的那些动机。综合不同主题领域的相关理论，可以把它们概括为利己主义（egoism）和利他主义（altruism）的区别。前者是以自身受益为最终目标的行动，后者则是对他人福利的无私的关心，尤其作为行动原则（Salmieri，2016），是增加除自己之外的一个或多个人的福利（Batson，1994）。

特别值得指出的是，按照 Levit（2014）的研究，个人日常活动中的利己主义量表和意义（meaning）量表所得的数值大多呈现正相关，因此利己和利他并非相反对立。这就体现了儒家的关系性自我所表达的境界和理想。事实上，Barnhart（1976）提出，在"完全自私"和"完全利他主义"这两个极端之间存在着连续的线性关系，位于其中心的是自爱和无私之间的理想共生关系。这体现了道家中庸思想的智慧。Meglino 和 Korsgaard（2004）则提出用他人取向（other orientation）把自利和他利联合起来，其差异影响行为和态度在多大程度上反映自利的算计（工具理性）以及信念在多大程度上代表其外部环境（认知理性）。

儒家的关系主义通过关系性自我反映个体对他人的关注，蕴含着利他主义的潜质和可能。这对现代道德伦理和价值观发展带来积极作用。跨文化研究表明，与个人主义文化相比，来自集体主义文化的人对他人表现出更大的倾向（Hofstede，1984；Triandis，1995）。大量的研究表明，利他特质与同理心、社会利益、亲社会价值观和对他人福利的关注高度相关（Archer，1991；Crandall，1975；Rushton et al.，1981；Schroeder et al.，1995）。

（四）阴阳平衡与管理悖论

道家的阴阳平衡在运用辩证思维处理矛盾的问题上显示了更高的境界。西方辩证思维的合理性基础是不矛盾的规律，解决矛盾是采用非矛盾的方法。他们把矛盾看作是一种暂时的状态，用线性的、逻辑的、朝着一个方向的推理来处理（Peng and Nisbett，1999）。而阴阳平衡的哲学认为世界是整体的、动态的、辩证的，是"既相克又相生"（either/and）（Li，2016），也是"既相融又相生"（both/and）（Chen，2002；Fang，2010；Peng and Nisbett，1999），其独特价值能够补充甚至取代亚里士多德的形式逻辑"只相克却不相生"（either/or）的显性二元论，以及黑格尔的辩证逻辑"暂时相克却最后相生"（both/or）作为隐含的二元论（Li，2016）。

在宏观和微观领域，悖论（paradox）是普遍存在的。例如，组织面临着竞争与合作（Chen，2008）、探索与利用（Lin and McDonough，2011）等看似矛盾的管理情形，管理者面对着和下属保持亲密还是距离、统一对待下属还是个性化对待的矛盾行为（Zhang et al.，2015b）。有关悖论的代表性定义有：悖论是指矛盾但又相互关联的精神对立物的共存，这是区别于二元性的（Lewis，2000；Poole and Van de Ven，1989）；悖论表示同时存在并将长期共存的矛盾，但又相互关联的元素（Smith and Lewis，2011）。组织悖论则是组织生命中"相互依存的要素之间持续存在的矛盾"(Schad et al.，2016)，体现在理念、原则和行动上的冲突、对立和矛盾。除此之外，Chen(2002)提出了悖论整合的概念，即两个对立的事物在本质上是相互依存的，并共同构成一个整体。Faure 和 Fang(2008)提出在当今中国社会中共存的悖论价值观，认为是指看似矛盾的价值取向，但在同一个社会里，这两种价值取向都是真实的，阴阳视角可以用来捕捉中国价值观的复杂性。

中国人普遍地接受并拥抱悖论，超越明显的对立面(Chen，2002；Fang，2012；Jing and Van de Ven，2014；Keller et al，2018；Li，2016；Peng and Nisbett，1999)。这是从根本上受阴阳哲学的影响(Chen，Xie，and Chang，2011)。阴阳哲学是建立、解释并处理"悖论"的最基本的理论思想。与此相呼应的是，中庸思维用于解决对立需求(Keller et al.，2018；Leung et al.，2018；Pan and Sun，2018；Peng and Nisbett，1999)，可以通过对两种对立的需求作出适度反应从而应对悖论(Keller et al.，2018)。

Zhang 等(2015b)以组织情境中大量存在的悖论为背景，以阴阳哲学为理论发展的基础，提出人事管理中悖论领导行为(paradoxical leader behavior，PLB)的构念，定义为同时和持续满足结构性和跟随者需求，看似竞争但又相互关联的行为。在第一个研究中，作者开发了悖论领导行为的量表，包含五个维度，分别是：自我中心与他人中心相结合、既保持距离又保持亲近、统一对待下属同时允许个性化、执行工作要求同时允许灵活性、保持决策控制同时允许自主权；在第二个研究中，作者考察了悖论领导行为在人事管理中的前因后果。结果发现，主管具有整体思维和综合复杂性的程度与其悖论领导行为呈显著正相关。此外，悖论领导行为又与下属工作角色的熟练度、适应性和主动性的提高显著有关。

（五）中庸思维与适度偏好

儒家倡导的中庸思维，与佛家释迦牟尼提出的中道（The Middle Path)思维是一致的。更一般地，可以把"中道"理解为一种力图摆脱非此即彼的思维模式，从而带有超越差别、圆融统一的理论机制。在《道德经》第 67 章中，老子写道："我有三宝，持而保之。一曰慈，二曰俭，三曰不敢为天下先。"这三宝可以理解为慈爱、节俭、谦卑。儒教将佛教和道教的这些思想融合在一起,提出对于有德性的行为,要避免极端和过度,或者剥夺。在儒教的思想中,还包括对明显矛盾主张进行化解融合的倾向(即朴素辩证主义),以及人们的行动、信念和偏好要进行折中的倾向。这被西方学者概括为"适度"(moderation)的概念,并被认为在大力倡导推进环保主义、个人身心健康、政治中心主义、财务策略和很多领域(特别是消费)的行为要表现适度的社会环境中,"适度"代表了现代西方重要的价值观(Drolet et al.,2021)。由此可看到,在当前新时代发展的背景中,中国传统理论思想发挥出越愈重要的价值。

Drolet 等人(2021)提出"适度偏好"(preference for moderation, PFM)构念,把它设想为反映个体决策者支持适度作为一种决策的首要目标的一般性、习惯性或类似特质的倾向。这种支持应该影响行为的策略和结果,例如个体在任何时间点的考虑下,是否将支持或选择可选择的事物接近选择集的中心(即适度选择)。这个概念的界定不是直接有关于具体选择物的单独的属性值,也不是一种具体的道德层面的绝对思想,而是被定义为有关在一组特定的选项中属性值之间的关系。这个构念的概念化水平比哲学的、宗教的或文化格言更加具体,但比具体行为准则更一般化。在他们的用法中,"适度"被定义为一种包含在选择者当前突出的选择集或考虑集中个体选择的特征。

前后大约经历了十年时间,Drolet 等人(2021)开发并发表了"适度偏好"量表。这个量表由八个测项构成,分别是"避免过度,让适度成为你的向导","好事过多也是坏事","凡事适度是理想的","太快和太慢一样糟糕","如果一个人超越了适度的界限,最大的快乐就会停止","即使是好东西,如果过度使用也会造成破坏","节制的人是有品格和智慧的人","每个人的健康之路在于节制"。在区分效度的检验中,适度偏好与分析-整体观量表(Choi,Koo and Choi,2007)中的矛盾态度、因果关系和注意中心显著正相关,但与变化感知显著负相关。Drolet 等人(2021)的这个工作使得以中庸为核心的思想经由"适度偏好"构念的定义及量表开发,而演变发展为一个切实可行的个体差异衡量工具。

三、 评估： 中国理论思想对世界管理研究的贡献度①

上述分析表明中国理论思想融于世界知识体系存在的对应性关系，成为贡献于世界的重要力量。中国管理学者对于世界管理研究的贡献度不断增长，那么运用中国理论思想开展管理研究的贡献情况又如何呢？笔者以我们已开展的一项研究提供相关证据。

在 2020 年 1 月至 2021 年 4 月间，笔者主持华东师范大学战略项目"中国哲学社会科学国际化研究前沿——管理学领域"的研究。这项课题是在"构建中国特色哲学社会科学"战略方向下，基于 2013—2019 年间 1000 种国际英文管理学期刊 483484 篇论文（含中国学者 32511 篇）的纵向文献数据，涵盖国内管理学门类五大一级学科，从世界贡献的角度深入分析中国学者管理学研究的整体发展概况、国际合作以及前沿热点和重要贡献。这项研究的核心成果发表在《管理世界》2021 年第 9 期，这在本文的引言部分已经提及。

我们的研究结果显示，在 21 世纪第二个十年中，中国管理学者在国际学术期刊发表论文数量及其份额迅猛增长，与海外合作发表的成果在稳定数量份额的基础上提高了中国学者的主导地位；中国学者引领 10 个领域共 32 个前沿热点，主要分布在工商管理、管理科学与工程、公共管理与管理交叉学科领域，对世界学界的贡献存在多元路径特征，主要通过使用中国数据、基于中国问题和中国情境，但弱于运用中国理论思想。

在上述基础上，为了更深入地回答中国管理学者如何"着力构建中国特色哲学社会科学"这一重大命题，需要客观揭示中国管理学研究对世界管理知识的具体贡献路径。为此，笔者建立分析框架，以我们项目的调查时间周期和发表刊物的范围，确定中国高校和科研机构（不含港澳台地区）的作者发表所有论文的总被引次数最高的前 30 家，获取每个单位于 2013 年 1 月至 2019 年 8 月期间在国际上所发表的 30 篇管理学领域最高被引论文，共计 900 篇。去除因机构间合作而重复的 102 篇论文后，最终

---

① 本部分内容源自何佳讯、葛佳烨、张凡：《中国学者管理学研究的世界贡献：国际合作、前沿热点与贡献路径——基于世界千种管理学英文期刊论文（2013—2019 年）的定量分析》，《管理世界》，2021 年第 9 期，第 36—56 页。

以 798 篇论文为分析对象。

（一）分析框架

我们的研究目标是要探究中国管理学研究对世界管理知识的具体贡献路径。因此，这涉及价值实现目标和科学研究要素两方面的结合。

一方面，价值实现目标的核心是"着力构建中国特色哲学社会科学"，在"指导思想、学科体系、学术体系、话语体系等方面充分体现中国特色、中国风格、中国气派"的要求下，建立中国管理学的发展目标，就是构建中国特色管理学。"中国特色"需要"中国元素"，即研究中的"中国性"。只有发现和解释"中国性"的独特之处才是新的知识（徐淑英、刘忠明，2004）。这与追求"中国管理理论"（在中国管理情境中检验西方理论）不同，是要建立"管理的中国理论"（针对中国现象和问题提出自己的理论）（徐淑英，2011）。

另一方面，需要完整地考虑科学研究的基本构成要素。首先，从管理研究方法看，核心的方面包括科学问题、理论构建和研究方法（刘军，2008）；不管是何种研究方式，都包含着问题、数据、理论和方法等要素（马庆国，2004）。研究的问题体现研究的目标，也是反映研究成果是否提高实践水平的知识要求（徐淑英，2012）。其次，从约 20 年前开始国际管理研究对中国管理研究的积极影响和帮助看，主要是研究问题的选择、研究方案的设计、理论基础的整合和分析方法的应用等各个方面（徐淑英、张维迎，2005，序）。那么反过来，探究中国学者的管理研究如何对世界作出贡献，也应该从分析这些方面着手。再次，从建立中国的本土理论要求看，立足中国浑厚的文化根基，情境化是非常重要的，未来研究要充分考虑情境因素（徐淑英，2012），这在研究中通常作为自变量或调节变量。这种"嵌入情境"的本土模型，只要是高质量的研究，就会丰富全球的管理知识（徐淑英、刘忠明，2004）。综上，管理科学研究的基本构成要素包括问题、情境、数据、理论和方法。

那么把价值实现目标的"中国性"（徐淑英、刘忠明，2004）与管理科学研究的基本构成要素结合起来，我们就形成基于中国问题、基于中国情境、使用中国数据、运用中国理论思想这四类情况的分析框架。理论上把

"中国性"与管理科学研究要素的方法相结合，还有"中国研究方法"要素。但之所以没有放入分析框架，是因为"中国研究方法"要素没有出现在以往的文献分析研究中，而且研究方法重在科学普适性，不适合标上"中国性"的身份。研究方法可以从创新发展的角度进行分析，但与"中国性"的其他四个要素并不一致，因此，这里也没有把创新研究方法放入分析框架。分析框架的示意请见图 0-2。

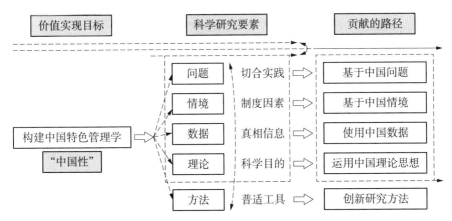

图 0-2　中国学者(不含港澳台地区)引领前沿热点贡献路径的分析框架

（二）总体分析结果

采用上述分析框架，我们对每篇论文进行具体解读和归类。在 2013 年 1 月至 2019 年 8 月期间，30 所高被引影响的中国高校和科研机构(不含港澳台地区)在管理学领域共发表了 798 篇高被引英文论文，涉及 215 本管理学领域的英文期刊，平均被引频次为 48.92 次。从贡献路径来看，30 所中国高校和科研机构的学者(不含港澳台地区)在国际上发表的基于中国问题的论文共有 249 篇(占比 31.20%)，基于中国情境的论文共有 166 篇(占比 20.80%)，基于中国数据的论文共有 469 篇(占比 58.77%)，基于中国理论思想的论文共有 20 篇(占比 2.51%)。其中，有 250 篇高被引论文至少涉及两种以上的贡献路径(占比 31.33%)。从学科分布来看，30 所中国高校和科研机构的学者(不含港澳台地区)在工商管理学科发表的论文最多(占比 51.63%)，其次是管理科学与工程学科

(占比 23.18%),接着是公共管理与管理交叉学科(占比 20.30%),相比之下,在图书馆、情报与档案管理(4.39%)及农业经济与管理(0.50%)两个学科的发文量较少。总体上,中国管理学者在管理学五个一级学科大类及交叉学科中发表的高被引论文均主要基于中国数据作出了贡献,其次是基于中国问题,接着是中国情境,而基于中国理论思想的贡献较少,且都集中在工商管理学科之中。具体信息如表 0-1 所示。

表 0-1   样本文献的发表年份、频数、被引频次以及贡献路径分布

一级学科	篇数	基于中国问题	基于中国情境	使用中国数据	运用中国理论思想
工商管理	412(51.63%)	122(49.00%)	86(51.81%)	267(56.93%)	20(100%)
管理科学与工程	185(23.18%)	17(6.83%)	9(5.42%)	50(10.66%)	0(0.00%)
公共管理与管理交叉学科	162(20.30%)	97(38.95%)	65(39.16%)	123(26.23%)	0(0.00%)
图书馆、情报与档案管理	35(4.39%)	9(3.61%)	4(2.41%)	25(5.33%)	0(0.00%)
农业经济与管理	4(0.50%)	4(1.61%)	2(1.20%)	4(0.85%)	0(0.00%)
合计	798(100%)	249(31.20%)	166(20.80%)	469(58.77%)	20(2.51%)

注:2019 年为非全年数据,数据截止到 2019 年 8 月 31 日。

(三)中国理论思想的贡献度

从样本的整体情况来看,30 所中国高校与科研机构的学者(不含港澳台地区)目前主要是对现有的西方管理理论或模型进行检验、扩展和完善,实现国际主流管理理论的区域延伸。尽管发展中国新理论是理论自信和理论创新的必要道路,然而在 798 个数据样本中,仅有 20 篇(占比 2.51%)高被引论文提及或运用了中国理论思想,进行了实证复制与改良,或提出了新的解释逻辑。具体而言,2013 年 1 月至 2019 年 8 月期间,30 所中国高校与科研机构的学者(不含港澳台)在国际上发表的高被引论文仅贡献了 2 个中国理论:关系(Chen et al. , 2014; Zhang and Huo, 2013; Gu et al. , 2013; Xu et al. , 2013; Chen et al. , 2013; Zhou et al. ,

2014；Han and Li，2015；Bai et al.，2016；Lin et al.，2016；Liu et al.，2016；Qu et al.，2015；Zhang et al.，2015a；Leung et al.，2014；Yao et al.，2015)和阴阳文化(Zhang et al.，2015b)。除此之外，部分研究探讨了中国儒、道、法、兵家哲学，尤其是儒家哲学思想的作用(Barkema et al.，2015；Du，2014)，并在概念间关系的逻辑方面贡献了儒家思想的一些重要概念及解释，如面子(Yan et al.，2016；Leung et al.，2014)、传统(Liu et al.，2013)、长期导向(Liang et al.，2014)、中庸之道(Zhang et al.，2015a)、和谐(Bai et al.，2016)、整体思维(Zhang et al.，2015b)、集体导向(Bai et al.，2016)等。

中国管理学者主要是基于关系理论对世界管理知识作出了贡献。关系是中国文化中的重要要素，这一文化以集体主义和人际关系主义为特征。在关系文化影响下，个体倾向于与他人发展并维持关系。在样本数据中，共有 14 篇(占比 70.00%)高被引论文运用或提及了关系理论，并主要是进行了理论开发工作，许多学者结合资源基础观、社会交换等国际主流理论，在政企关系、人际关系、组织关系等方面发展出了一系列新的解释逻辑，研究的问题包括政治关联如何影响上市公司的投资行为(Xu et al.，2013)、制造商与供应商关系如何影响知识获取(Zhou et al.，2014)等，为关系研究提供了新的视角。另有 1 篇(占比 5%)高被引论文基于中国传统阴阳哲学理论和整体思维，结合领导力理论，开发了悖论性领导行为的新构念(Zhang et al.，2015b)。悖论性领导行为是指领导者采用看似相互矛盾却又紧密相关的行为来同时满足竞争性需求，这一构念突破了权变视角下"非此即彼"的局限性，转向"兼容并蓄"，通过悖论性思维发挥协同作用，为领导力研究作出了新的突出贡献。有 2 篇(占比 10%)高被引论文探讨了儒家、道家、法家和兵家哲学，尤其是儒家哲学思想的作用(Barkema et al.，2015；Du，2014)。有 7 篇(占比 35%)高被引论文关注了长期导向、传统、面子、中庸之道、和谐、集体导向这些儒家哲学思想中的重要概念。例如，Liu 等(2013)利用传统价值观解释道德型领导力与员工工作绩效和组织公民行为之间的关系，Yan 等(2016)调查了面子意识如何促进个人的知识共享行为等。

　　上述的结论蕴含了对推进中国特色管理学发展的重要启示，从研究贡献路径的分析中得到的启发就是，我们迫切需要从基于中国问题、情境和数据，重点转向中国理论思想的运用和发展。在我们的分析样本中，运用中国理论思想的文献仅占全部样本的 2.51%，这表明在世界上建立和完善中国特色管理学的话语体系与学术体系仍然任重而道远。在基于中国问题、情境和数据的基础上，大力运用中国理论思想，进而在世界范围创立和发展新理论和新思想，那么显然有力推进中国管理学研究进入新的境界，这对中国特色哲学社会科学建设和中国话语体系建设是非常迫切和重要的战略方向。

四、发展：中国理论思想对世界管理研究的贡献路径

　　在本部分，笔者试图从广泛的管理学研究成果中，以代表性的和高被引的成果为具体研究例子，分析中国理论思想贡献于世界管理研究学术共同体的重要路径。笔者把它作为以中国理论思想为基础的管理研究方法论的一种探讨，也作为方法论层面的方向性建议，为学界进一步把中国理论思想发扬光大提供经验性的指引。笔者概括为五大贡献路径：求同存异、互补映衬、工具开发、种子作用和更迭演化。

　　（一）求同存异：以价值关联促进人类共识

　　求同存异的研究以价值关联为研究价值观，体现儒家"和而不同"的思想（《论语》子路篇"君子和而不同，小人同而不和"）。在具体研究中，通常的做法是找寻并论证东西方思想和价值的关联性、相似性和一致性为目标，强化并促进人类共识。这对中国理论思想在世界范围发扬光大是十分重要的。但从目前世界管理研究的现状看，这方面的研究仍然需要大力加强和推进。在研究的动机、出发点和价值取向上，要从侧重于揭示东西方的差异，转向论证东西方的共同性和融合性。

　　在企业家和创业理论领域，Cheung 和 King（2004）对中国和海外一些地区的 41 名企业家进行深度访谈，研究表明儒家企业家在商业市场上更注重坚守道德选择，他们的经济行为不能用效用最大化假设来解释。这帮助我们理解"儒家企业家"的定义，即作为拥有儒家道德价值观的企业领导者，他们将道德原则置于物质利益之上，追求道德美德，不是为了

赚取更多利润，而是寻找意义和责任感。Yan(2006)的研究发现，儒家思想对中国家族企业继承的相关问题具有积极的正面影响，在家族企业创始人和继承者(个人层面)、家庭其他成员(人际团体/小组层面)、来自非家族企业成员的抵制(组织也即企业层面)、社会关系网络中的其他企业成员抵制(环境层面)四个方面都缓解了继承阻力。这表明儒家思想是有利于家族企业传承发展的文化因素，对其他国家的家族企业也有借鉴意义。

　　Smith 和 Kaminishi(2020)分析了 1842—1911 和 1978—2016 这两个时期有关"儒家企业家"(Confucian entrepreneur)的研究。他们的研究表明，在中国的晚清时期，西方观察家对中国企业家精神的解释类似于一些现代管理学学者的解释。虽然这一概念工具随着时间的推移已经得到了调整，但与之相关的主张在很大程度上仍然相似。使用"儒家企业家"一词意味着要突出儒家思想会促使中国企业家表现出与西方企业家不同的行为。但是研究人员必须防止根深蒂固的文化偏见，以免影响他们对其他文化中创业精神的分析。他们指出，我们必须避免采用揭示东西方存在本质差异的这种永久性知识框架。文化差异客观存在，对分析问题很重要，但要防止潜在的意识形态和文化偏见，将研究结论异化。

　　在组织行为领域，Durlabhji(2004)选择了人格理论、学习、动机、领导和组织文化等多个领域，探究道家思想对这些基本概念和理论的支持。由于道家思想指向自然法则，因此在道家思想与组织行为基本概念存在一致性的背后，蕴含了某种程度的真理价值。这些分析领域尽管不是管理和组织行为的全部，但是显示了道家思想特别是阴阳哲学对于理解这些基本概念的有效性。阴阳哲学为我们理解绩效与和谐提供了本质性的动力，为解决管理问题提供了一个有用的通用指南，即评估情境中的阴阳因素，并设计解决两者之间动态平衡的方案。在商业伦理领域，儒家伦理强调等级、关系、社会传统、和谐，在个体层面上关注人类美德与中庸之道，这与西方商业伦理存在有趣的相似之处和价值关联，为当地商业伦理作出了贡献(Chan，2008)。儒家强调的等级制度和美德，为合作关系和为社会作出贡献提供了道德基础，这对于现代组织成功是至关重要的

（Romar，2002）。

德鲁克认为，儒家思想是所有个人行为的规则和基本要求的普适伦理（Drucker，1981）。Romar（2004）以"管理和谐"（managerial harmony），分析德鲁克管理思想的儒家伦理，认为德鲁克大部分著作的思想基础与儒家思想不谋而合。德鲁克和孔子在分析人类事务时都强调权威、领导力、合法性、等级制度、相互依存和个人道德责任。儒家思想解决了德鲁克在重要著作《经济人的末日》（德鲁克，2015）、《工业人的未来》（德鲁克，2018a)和《公司的概念》（德鲁克，2018b)中提出的许多问题，包括等级制度、有效行为，将社会及其需求置于社会秩序的顶端。德鲁克认为企业的管理权力既不是为了其成员利益，也不是为了管理层利益，而是为了企业和社会的利益。道德是管理和组织行为的重要组成部分，是个人、组织和社会成果的关键因素，工业社会需要所有人为共同利益而维持和管理相互依存的关系。儒家相互依存的伦理，有助于优化各方利益，提升信任和和谐，从而促进企业与所有利益相关者建立忠诚的长期合作关系，培养有价值的社会资本(Cheung 和 King，2004）。

"求同存异"重点在于"求同"，其次是"存异"。上述的各项研究都表明了"求同"的成果基础和理论发展空间。在品牌科学研究领域，笔者多年前的一项研究以儒家的关系文化和关系主义建立品牌关系质量理论维度，并进行量表开发和验证，表明在东西方不同的情境中，品牌关系质量维度存在大部分的相同或相似。中国文化中独有的两个维度是真有之情与应有之情、社会价值表达（即面子感）（何佳讯，2006a，2006b）。详见本书第一章。

（二）互补映衬：以比较对照建构世界版图

互补映衬的研究以"阴阳哲学"为研究价值观，体现老子"道生一，一生二，二生三，三生万物"（《道德经》第 42 章）的思想。结合管理学研究（也包括相关的心理学和社会学等领域），我们可以把"一"理解为某个领域的理论（比如文化价值观），"二"理解为支持和解释这个理论的一对概念（比如个人主义与集体主义），"三"理解为配对概念结合在一起的多样性和多可能性，如水平和垂直的个人主义与集体主义（Triandis，1995）。

"万物"理解为无穷无尽的各项具体研究,不断创新和推进人类对真实世界的认知和行动。这方面研究的核心基础是建立或应用互补映衬的配对概念(一组或多组),通常它们代表或反映东西方不同的制度、哲学传统和文化价值观取向,但正是以比较对照构成了世界范围整体性的理解。从目前世界管理研究的现状看,这方面的研究数量较多,是较为常见的方法论要素。这类研究的未来价值在于从注重配对比较、对比性假设和验证,转向配对概念之间相互转化、融合互补的探究和验证。

从社会生态和历史文化的角度,我们通常认为存在东方文化和西方文化的差异。东亚的农耕传统和西方的游牧传统是影响人际关系和经济活动方式的重要源头,形成了集体主义文化和个人文化的差异。与个人主义文化相比,集体主义文化中的人们存在更少的关系流动性(relational mobility),因而更多地关注社会和物理情境,形成了不同于西方的分析思维的整体思维方式(Martin,Schug and Maddux,2019)。这是东西方互补映衬的最基本基础。随着超互联数字化环境和全球跨文化交流的日益频繁,过往以在文化体中存在东西方差异的对应性研究取向,需要转变为个人层面的情境关联差异的整体性研究取向。这样,尽管研究的基础构念没有变化,但是我们理解世界的方式和价值取向发生了变化。

事实上,在不同的情境启动下,个体都会把看起来是对立性的两种思维方式进行转换使用。通常的观点认为,与文化体背景匹配的主导的思维方式会引发更积极的态度和行为。但Koo等(2020)的研究表明,与个人的文化背景不匹配的思维方式,可以增强消费者对熟悉的选择物的吸引力和可能行为。这是因为熟悉物带来的舒适感补偿了由这种不匹配思维方式造成的心理不适。但这种效应只在那些具有主导分析思维方式的人身上观察到,因为分析型思考者比整体型思考者更难容忍不匹配的体验。这项研究是在对比中建构整体性的一个样例。

除了思想方式的理论视角,在人类动机的基本理论中,Higgins(1997)提出了调节定向理论(regulatory focus theory),个体为达到最终目标状态会努力改变或控制自己的思想和反应,存在两种不同的模式,即促进聚焦(promotion focus)的自我调节(成就和抱负)和防御聚焦

(prevention focus)的自我调节(安全和责任),这解释了人类复杂行为中在趋近快乐和回避痛苦之外的动机。两者在服务的需要类型、对目标的表征和结果的关注,以及情绪体验等方面都存在差异,并产生不同的动机结果。这个理论与早期的自我差异理论(self-discrepancy theory)存在相应的关系(Higgins,1987)。按照自我差异理论,个体自我分为三种类型:理想自我、应该自我和现实自我。理想的自我调节(有关希望、愿望和抱负信念的最终状态期望)与促进定向相关,而防御定向与应该自我相关(有关有关责职、义务和责任信念的最终状态期望)。两种调节定向的形成与个体经历的不同的社会学习过程有关。与西方人的社会化实践不同,中国人受集体主义文化的影响,个体倾向拥有相互依赖型的自我建构,即自我是人际关系网络的一部分。这种迎合群体的动机,强调了对职责和责任的重要性,以维护社会和谐,因而培养了防御聚焦,即对安全、保护和避免损失的惯常性关注。笔者在品牌科学研究领域,建立品牌情感双维度构念,即在通常的真有之情外,还存在应有之情。这实际是应该自我在情感方面的体现。笔者的研究表明(何佳讯,2008),消费者对中外品牌的真有之情和应有之情作用于品牌忠诚,但两者的影响是不同的。详见本书第二章。

在调节定向理论的基础上,Higgins(2000)又提出调节匹配理论(regulatory fit theory)。决策的经典理论认为,一个好的决策有高的结果收益(它是值得的)和低的结果成本(值得为此付出)。但 Higgins(2000)提出,当人们使用了与调节定向匹配的目标追求手段时,他们体验到的这种调节匹配提高了他们所做事情的价值。这种在匹配体验过程中产生的价值独立于结果价值之外。调节匹配对个体的行为动机、决策行动、任务绩效、评价态度以及情绪体验等产生影响。调节定向和调节匹配理论被广泛运用在组织和战略、领导力与团队管理、创业和企业家精神以及市场战略和消费行为领域。尽管在东西方文化中,调节定向存在对比性的差异,但是无论在哪种文化体中,两种调节定向可以结合在一起解释特定的问题。例如,在创业的不同阶段,企业家采取的调节定向以及产生的影响呈现出不同效果。在创业初期,促进定向的企业家具有重要的优势，因为它促进了创造力、变革意愿和对新可能性的考虑；但企业家也可能采取预防定向，因为他们避免损失以保护有限的资源（Fitzsimmons and Douglas，2011）。这表明在创业过程中，促进和预防定向都会带来好处，在研究中要把促进定向和预防定向提供的潜在利益和潜在成本之间的平衡结合起来考虑（Johnson，et al.，2015）。

上述的集体主义与个人主义、整体思维与分析思维、防御聚焦与促进聚焦，以及在前面第二部分中提到的自我超越与自我提升、互依自我与独立自我，这些以东西方文化差异为潜在背景建立的配对性概念为我们建构理论世界版图提供了基础性的作用。在未来的研究中，要把着眼于揭示东西方文化体差异的对比性研究取向，转变为文化体内个体情境关联差异的整体性研究取向。

（三）工具开发：以量化方法提高思想普及

这方面的研究是把中国理论思维作为"体"，把测量和管理工具开发作为"用"，从"体"到"用"的转化是采用科学研究方法，以量化手段提高中国理论思想的普及性运用。这类研究对中国理论思想在世界范围扩大影响力十分重要。采用经过可靠性检验的量化方法，某种程度上可看成是把理论思想的"主观性"理解转化为一种外在方式的共同性"尺度"（这种共同性的程度可以由方差解释率和效度指标进行检验），从而更有助于在不同制度文化背景的群体中进行传播和应用。但值得指出的是，这种工具的真正价值不在于工具本身，而是体现为其对回答整体性理论问题的贡献度，以及其实际应用场域的重要性和不断发展的可能性。

Sun、Garrett 和 Kim（2016）在市场营销背景中构建了"仁、义、礼、智、信"五维度量表，并探究它们对可持续营销和顾客资产的影响。结果表明，儒家思想显著影响可持续营销，但不直接影响顾客资产驱动。Tsai 和 Tsai（2022）在研究儒家价值观对跨国公司绩效的影响中，以儒家价值观的学理研究为基础，开发了"仁、义、礼、智、信"五维度量表，并建立了以此为调节变量的概念模型。结果发现，企业的国际化水平与企业绩效（资产回报率）正相关，义与智的水平显著增强企业国际化程度与企业绩效之间的关系；企业的网络能力水平与企业绩效正相关，仁和信的水平显著增强企业的网络能力与企业绩效之间的关系。Wang、Li 和 Sun(2018)聚焦儒家的"仁"和"义"伦理,探究道德基础、儒家伦理对股东价值观点的影响,研究表明儒家伦理既直接影响又与道德基础交互影响股东价值观点。在这些研究中,儒家思想的测量存在着内涵理解上的差异,这在一定程度上影响了其作为工具应用的普及性。

　　Lau 等(2021)基于对文献和儒家观点的理解,将和谐定义为一种平衡状态。在这种状态下,所有事物在不损害彼此的情况下并肩发展,并最终导致最佳结果。他们从文献中提炼出有关和谐的 15 个不同观点的元素,概括出和谐的三大核心:制度性等级、具体的关系规则、实现一种秩序的权利意志,并在组织行为背景中开发了和谐量表。研究表明,和谐在变革型领导力与领导有效性之间起到部分中介的作用。Chin(2014,2015)从阴阳八卦的象征意义角度,发展出对应的八因子和谐量表,包括自我的和谐、员工之间的和谐、与公司制度的和谐、与直接上司的和谐、与部门之间的和谐、与公司领导的和谐、与自己团队的和谐、与内部和外部组织的和谐,验证了和谐显著影响员工对组织的情感承诺和顺从行为(Chin,2014)以及员工的组织公民行为(Chin,2015)。

　　前文已介绍 Zhang 等(2015b)以阴阳哲学为理论发展的基础,在中国的组织情境中开发出悖论领导行为的构念和测量工具。这个构念的效应在西方背景中得到了检验(Shao,Nijstad,and Täuber,2019),显示了其在跨文化中的适用性。现代组织需要创造力,但在高压工作量等不利条件下激发创造力是困难的。结合悖论和社会认知理论,Shao、Nijstad 和 Täuber(2019)将创造力概念化为包含相互竞争的目标和需求之间对立关系的一种过程,这些对立在高工作量压力下变得突出。作者提出,学会建设性地处理这些突出的矛盾关系对于创造力的发展非常重要。在这种具有挑战性的情形下,悖论领导行为可以通过提高员工创造性的自我效能来激发创造力。实证研究表明,在工作压力和员工拥有的综合复杂度都较高的情况下,悖论领导行为通过创造性的自我效能,最能有效地促进员工的创造力。

　　以工具开发为核心的量化方法应用,提高中国理论思想的运用普及,需要从两个方面加强研究的可靠性。一是量表的跨国跨文化效度检验。目前从量表开发的一开始就进行跨国跨文化检验的成果较少。这不仅影响测量工具本身的可靠性，也在一定程度上影响其普及性。二是以量表为核心构念的法理效度检验。这实际上是要从广泛的理论角度检验概念化的中国理论思想的有效性。也就是说，单纯的量表工具开发并非是未来重要的研究方向，关键是通过结合理论网络的研究，拓展量表工具理论效力的发展空间。

（四）种子作用：以应用场景实现思想价值

这方面的研究以中国理论思想为研究的基因和最初想法，立足于管理学领域各分支及其跨领域跨学科的交叉，面向不断发展变化的管理实践应用场景，不断拓展研究内容，创新研究成果。在这类研究中，中国理论思想仅是"种子"概念，重在结合有关领域理论概念和实际应用价值需求开展具体的研究。这类研究的关键是交叉思维和创新思路。如果把中国理论思维比作"种子"，那么实践问题和场景是土壤条件，理论及其建构是养分，研究成果就是长成的"大树"。从长远发展看，这类研究应该大力提倡。

例如，儒家价值观的七个方面包括社会秩序、等级、互惠与人格至上、控制、不安全感、基于家庭的集体主义、学识，对应于人力资源管理的七大相关方面，分别是：和谐工作、垂直链接、关系、领导力、工作伦理、团体、培训（Warner，2010）。阴阳平衡可以应用于管理领域很多存在悖论的问题，比如：保守-自由主义平衡（政治联盟）、价值-利润平衡（三重底线）、探索-开发平衡（双元性）、全球化-本土化平衡（全球本土化）、合作—竞争平衡（竞合）、机构—代理平衡（制度创业），以及对实体的积极和消极态度（矛盾心理）、客位—主位方法（地理中心观）等（Li，2016）。在跨文化管理、国际商务、全球管理领域，两极传统的"霍夫斯坦德范式"强调国家和民族之间的文化静态差异，因而其推论是"一国的管理技巧和理念并不适合另一个国家"。而阴阳平衡的辩证思维则建立了文化动态和混合文化的新逻辑，着眼于特定情境、特定环境和特定时间的变化取向，以及对模棱两可、不一致和矛盾的包容路径。这显然在冷战之后的全球化时代具有更大的生命力和价值(Fang，2010)。

Chang 和 Yang(2014)的研究以实验方法揭示了个体的中庸倾向与知觉加工能力之间的关系。结果表明，中庸倾向与加工能力呈正相关。高中庸思考者比低中庸思考者在多信号处理中具有更大的处理能力，表明他们在处理信息时以一种更高效、更综合的方式进行。高中庸思维者倾向于采用一种全局的、灵活的加工策略来处理外部信息。个体的中庸倾向能很好地预测个体知觉加工能力的差异。中庸倾向越强，知觉加工能力越强。

Li、Andersen 和 Hallin(2019)把中庸思想应用于理解战略制定中"自上而下"和"自下而上"过程的平衡问题。作者采用"西方与东方相遇"的思维和路径，对中庸提出"分析加综合"的替代性性解释（Li，Andersen, and Hallin, 2019)。"分析"是指在处理矛盾的对立面时，我们应该避免把每一个对立面视为一个牢不可破的统一体，而是应该充分分析和理解其内部结构和功能，再通过综合或整合，以创造性的方式将两个相反的部分组合起来，形成一个复合解决方案。以此解决战略制定上下路径的矛盾，就是要高管必须听取员工和底层管理者的各种观点和意见，通过分析吸取好的方面，找到更明智的解决方案，并要遵守一套有凝聚力的价值观，以增强无偏见。Jiang 等(2021)把阴阳认知(包括双重性、整体论和动态性三个维度)放在影响组织双元性的背景中开展实证研究。作者通过对 206 家中国制造业企业的样本数据进行检验发现，两种类型的战略柔性(资源柔性和协调柔性)是阴阳认知影响组织双元性的重要渠道。

Tang 等(2021)从道家阴阳互依的角度出发，探究高管团队(TMT)性别多样性对企业双元战略导向的影响作用。双元论学者把双元战略取向比作"持续自我更新的阴阳"，并强调它的实现需要组织中软(阴)和硬(阳)两种元素之间的平衡。社会角色理论表明男性和女性存在互补性的本质。女性具有理解和尊重他人感受的社会敏感性，促进亲密关系的纽带以及他人回报信任和支持的意愿；而男性提高嗓门的倾向是团队中公开发声、引起争议和挑战他人的范例。这种性别多样性通过性别差异互补而形成团队心理安全感，即追求任务或绩效导向和合作关系基础之间的平衡机制，进而积极影响双元战略取向和持续性公司绩效。

在当今时代，科技是改变世界和管理的核心力量，而人文是引领科技创新和管理变革的稳定性和持久性的力量。以应用场景实现中国理论思想"种子作用"的价值，需要深入思考在第四次工业革命和超互联世界等宏观环境促进管理变革的大背景和大趋势下，中国理论思想如何彰显出新的价值和意义。未来的研究需要中国理论思想站在时代发展的前沿发挥"种子作用"。

（五）更迭演化：以源头思想加强基础支持

如果说种子作用是体现中国理论思想对于具体研究最初想法的贡献，那么，更迭演化是把中国理论思想作为理论化构建和发展的基础，体现在概念化的严谨性、新构念和新理论的演进性、理论综合性创新和新发展等方面。这类研究体现对中国理论思想的传承和创新，是通过现代学科的发展把中国传统理论思想发扬光大的主流方向，应该受到重视。更迭演化体现中国理论思想对世界管理研究的基础性支持和综合性贡献。

事实上，这类研究往往结合了上述的求同存异、互补映衬、工具开发、种子作用等方法论要素。更迭演化是对中国理论思想最好的继承，通过与现代学科发展需求建立相关性，使之与时代同行，这是其永恒的生命力所在。Viengkham、Baumann 和 Winzar（2018）在中国大陆、中国台湾和新加坡三地，探究儒家思想对工作绩效的影响，发现其解释率在 7%—27%之间。在这项研究中，作者采用了最大差异测量法（Best-Worst Scaling，BWS），把儒家思想区分为三个方面：关系的、教养的、转型的，体现了更迭演化的研究方向。Xing 等人（2020）把儒家的关系思想与西方的双元理论（March，1991；O'Reilly and Tushman，2013）相结合，在人力资源管理的上下级关系背景中建立了双元关系（ambidextrous Guanxi）新构念，由忠诚、对主管的依赖、工作优先构成。儒家和法家思想作为对此影响的文化因素，形成了双元关系的两种取向：关系取向和基于功绩的取向。双元关系能够使得个人职业生涯提升和对组织的承诺并行不悖。

如果我们把儒家的人际和谐和道家的"天人合一"思想引入到企业社

会责任(CSR)研究领域,那么就可以更深入地探究企业承担社会责任的根本原因。Wang和Juslin(2009)从和谐路径(harmony approach)的角度为企业社会责任提供了新的定义,即中国的和谐路径意味着"敬天爱人"(respecting nature and loving people)。这不仅可以让我们更好地理解中国企业社会责任活动的重要原则,而且也拓宽我们对企业社会责任的理解,这帮助企业在商业实践中主动实施企业社会责任,引导企业走出一条提升企业社会责任绩效的新途径,包括要强调构建和谐社会的目标,优先承担环境责任,发展企业、政府、非政府组织和社会之间的CSR沟通和整合,提高企业公司治理和管理的透明度等等。

在文化价值观领域,以霍夫斯坦德(Hofstede,2001)为代表,其注重东西方文化差异的两极静态分类范式,在世界范围影响力巨大,但并不能反映世界文化的动态发展和变迁。基于中国的阴阳哲学,Fang(2012)将"文化"概念化为具有内在矛盾的价值取向,从而使其能够包含任何给定文化维度的相反特征。从阴阳的角度来看,每种文化都是一个独特的动态组合,由自我选择的全球可用的价值取向组成。这是对经典理论进行更迭演化探索的范例。

上文提到Bond曾在五大洲22个国家组织发起《中国价值观调查》,在最终形成的四大维度中有"儒家工作动力"这一维度(The Chinese Culture Connection,1987)。这个价值观被Hofstede(2001)称为长期取向,作为其创立的文化价值观测量的第五维度。Bearden、Money和Nevins(2006)又把长期取向从国家文化体层面的测量转向个体层面的测量。他们把长期取向定义为"整体性看待时间"的文化价值观,开发了由"传统性"和"规划性"构成的两维度量表。但笔者认为,在儒家文化中,"整体性看待时间"还应有反映过去、现在和未来连接起来的价值观,即"持续性",它由"礼尚往来""稳重""知耻"和"信用"构成。实证研究表明(He and Sun,2020),由"持续性""传统性"和"规划性"三因子构成的长期取向测量,具有良好的信度和效度。这对中国儒家思想贡献于人类普世价值,提供了一个新的例证。详见本书第三章。

在当今世界发展的不确定性环境中,中国理论思想越发彰显出重要的价值。以过去的线性连续观点看待组织的进化，已无法解释新兴组织现象的不确定性。新的观点是基于量子力学和量子概率理论的量子方法，被用于理解组织的复杂性，指导不确定性环境中的组织决策（Lord，Dinh，and Hoffman，2015）。在量子方法的基础上，Hahn 和 Knight（2021）发展了组织悖论的本体论，把组织悖论内在观点和建构观点之间的竞争转化为协同，将悖论概念化为既是内在的又是社会建构的新观点。量子思维强调整体关联、复杂多变、主客合一，这正是与老子《道德经》的核心思想是一致的（钱旭红，2020，pp. 206 - 208）。

在全球学术界和商业界，领导者们越来越地取得这样的共识，即企业的存在不是为了赚钱而是为了建立一个更美好的世界。这样的"宗旨"革命改变了企业开展商业活动的范式（Zu，2019）。所谓宗旨，是定义一个组织并激励和驱动员工的一整套价值观和信念（Mourkogiannis，2014）。从哲学的角度看，宗旨通常被定义为事物完成、产生或存在的理由。而道家的思想正是回答生命和宇宙的宗旨。它的智慧激发并指导人们有关慈悲、和谐、合作、正直、谦逊和谨慎的箴言，引导个人、组织和社会形成可持续生命的目标，这就为面向可持续商业宗旨驱动的领导力提供了哲学基础（Zu，2019）。

更迭演化的重要方向是要运用源自中国的理论思想改变西方主导的概念定义、研究视角和研究范式。这不仅是丰富全球学术话语的需要，而是为在世界范围发展新理论作出重要贡献（Meyer，2006）。与上个世纪管理学领域建立大量理论的时代背景所不同，21 世纪以来，我们深处世界大变局的环境，科技创新加速了文化、商业和产业的变革。上个世纪的经典理论面临着解释和指导当前问题的诸多挑战。更为密切的全球性利益和命运关联，以及共同面对的世界性问题，使得我们需要有整体性的、动态性的、包容性的理念和思维。这正是中国传统思想所拥有的宝贵基因。因而凭借中国传统思想，我们能够发展出与全球相关的新概念、新理论和新范式。

五、 结束语与后记

本文可以看作是近五年来我在工商管理一级学科博士点中主讲学位基础课《工商管理学术研究方法论》的一个思考和总结。而本书则是"中国理论思想贡献于世界管理研究"方法论思想的一个例证。这个思想迈过了近二十年的时间跨度。我早前的一个想法是"实现研究成果对中国市场应用的优越性"。[①]

2008年3月,我参加中央党校高校哲学社会科学教育科研骨干研修班第19期学习。其间我完成思考《管理学研究中国化的方法论层次》。该文从中国学者对工商管理学研究方法和价值取向角度分析,回顾管理学在中国的发展历程,发现有三条基本研究路径的演进,我把它称之为方法论的三个层次:

(1)"洋为中用"——西方理论的选择性应用或适当修改。很多情况下,西方的理论并不完全适合中国的情况,甚至中国的企业实践无法解释或印证西方管理理论,于是人们很容易采取这样的对策:选择适合中国国情的理论,或对西方理论元素作适当修改。出版社选择适合中国当前实际的图书引进;学者们在编写教科书时,往往选择性地对西方理论作必要处理。这种情况的实质类似于中国制造领域的"原装进口"。

(2)"西体中用"——西方理论的中国验证和阐释。这种研究路径的表现是在西方的理论框架下,应用西方的概念(变量)和工具(模型和量表),做中国背景(事实和数据)的研究,用中国的实践验证或阐述西方成熟理论,或者是用中国的个案和数据印证西方的理论。其结果是西方的理论得到了进一步的普遍化,进一步提高了其科学性和影响力。这种情况类似于中国制造领域的"加工组装"。

(3)"中外合璧"——西方理论的中国本土化探索和创新。在把西方理论与中国实践结合的基础上,改写西方理论,并提出新构念和新理论,最终创建面向中国实践的管理理论。这种情况类似于中国制造领域的"自主创新",其目的是"实现研究成果对中国市场应用的优越性"。但同时必须克服一个误区,即为追求不同而不同,为"本土"而"本土"。

---

① 2008—2010年间,我在多家高校受邀的学术讲座上,与同行们交流过这个思想。包括:"品牌消费行为研究的中国化:以若干实证研究为例",上海财经大学国际工商管理学院,2008年5月16日;"消费者行为研究的中国化取向:以若干研究为例",上海交通大学安泰经济与管理学院,2010年10月20日。

　　在新世纪初，由徐淑英等发起中国管理研究国际学会（IACMR，2001～），创办期刊 Management and Organization Review 为标志，推动中国管理研究走向世界，近二十年的发展集中体现在上述第三个研究路径，有关成果越来越多，分量越来越重。这已超越了上世纪 80 年代由一批台湾学者发起的本土化运动。后者的代表人物有杨国枢、黄光国、杨中芳等。展望未来，我们已经走向新的征程，这正是本文提出并论证的核心观点，承接上面三个路径的演进，我把它作为新的第四种路径，概括如下。

　　（4）"中为世用"——以中国问题、中国情境和中国数据为基础，以中国理论思想的运用为灵魂，有关研究不仅面向中国实践需求，更是追求知识发现能贡献于世界范畴。具体来说，就是笔者概括提出的五大方法论路径，包括：求同存异：以价值关联促进人类共识；互补映衬：以比较对照建构世界版图；工具开发：以量化方法提高思想普及；种子作用：以应用场景实现思想价值；更迭演化：以源头思想加强基础支持。中国管理研究贡献于世界范畴的力量主要受到如下这些方面的积极作用：中国理论思想对于世界大变局环境的重要性；中国实践成就在世界范围的影响力和代表性；中国学者在国际上发表成果的广泛性和普及性。

　　本书是我过去十多年来迈向第四条路径的求索，包括个人独立的研究、合作研究、博士生课程教学和博士生指导工作。本书大部分成果以论文的形式在国内外学术期刊发表（包括《管理世界》《南开管理评论》《Industrial Marketing Management》等），少部分内容是首次发表。其中，前言、第一章、第二章和第三章第一节、第二节、第五节由我独立完成；孙立参与第三章第三节和第四节的研究；第四章与黄海洋、朱良杰合作完成；吴漪、丁利剑和王承璐参与第五章的研究；吴漪和谢润琦参与第六章的研究；吴漪参与第七章的研究；第八章与孙立合作完成；朱良杰和黄海洋参与第九章的研究；黄海洋、何盈参与第十章的研究；第十一章与丁利剑合作完成；第十二章与朱良杰、张爽和黄海洋合作完成。

　　硕博士参与或合作的研究是在我指导下，他们参与我主持的如下四项国家自然科学基金面上项目："全球消费者文化、国家文化资产与中国品牌战略创新的理论与实现路径研究"（批准号：72072059）；"品牌与国家的联结：数字化时代新兴市场跨国公司创建全球品牌资产的新战略研究"（批准号：71772066）；"品牌价值观的结构与融合：中国跨国公司品牌价值增值机制及全球化定位战略研究"（批准号：71372177）；"国家认同、国家品牌资产与"中国制造"态度评价：重大活动的影响机制"（批准号：71072152）。感谢他们在研究过程中的投入和在论文合作中的付出。

感谢著名华人学者周南教授对我研究价值取向的肯定，他在很多演讲场合特别引用并认同我在 2016 年所写的、编入他主编的《登山观海》一书的这个观点："好的本土化研究，研究的问题甚至构念和理论都可以来源于本土，但知识发现要能贡献于世界，而不是仅能解释本土现象"（第 230 页）。或许 2016 年就是我有强烈的迈向第四条路径想法的一个时间点。

感谢钱旭红院士对我的指导和鼓励。他对《道德经》的研究成果和思想对我影响很大，进一步促进我对老子思想的重视。感谢学校委任我负责华东师范大学战略项目"中国哲学社会科学国际化研究前沿"子项目（管理学领域）（批准号：2020ECNU－WKY005－GLZ）。如果没有该项目取得并发表的成果，或许也不会有接着写作本文的想法和动力。从本书共 12 章的各项具体研究，到本文概括提炼的管理研究方法论思想，如果读者能领悟并认同它们之间内在逻辑的协调性，笔者则甚为荣幸。

最后，感谢许红珍教授、阮光页总编辑、朱妙津编辑在本书出版过程中给予的关心、支持和帮助。本书原计划是给母校建校 70 周年留下一个记录，以感恩我在华东师大校园从本科学习开始度过的三十四年时光。如今虽延期出版，却能把我新近一年的所思所想反映若干，反而更感欣慰。欢迎读者们以各种方式给我批评意见。

何佳讯

2022 年 6 月

参考文献

何佳讯(2006a)：品牌关系质量本土化模型的建立与验证，《华东师范大学学报(哲学社会科学版)》，(3)，100-106。

何佳讯(2006b)：品牌关系质量的本土化模型：高阶因子结构与测量，《营销科学学报》，2(3)，97-107。

何佳讯(2008)：中国文化背景下品牌情感的结构及对中外品牌资产的影响效用，《管理世界》，(6)，95-108。

何佳讯、吴漪(2015)：品牌价值观：中国国家品牌与企业品牌的联系及战略含义，《华东师范大学学报(哲学社会科学版)》，47(5)。

何友晖、陈淑娟、赵志裕(1991)：《关系取向：为中国社会心理方法论求答案》，载杨国枢、黄光国主编：《中国人的心理与行为》，台北：桂冠图书股份有限公司，49-66。

黄光国(2006)：儒家关系主义：文化反思与典范重建，北京：北京大学出版社。

李平(2013)：中国本土管理研究与中国传统哲学，《管理学报》，10(9)，1249-1261。

刘军(2008)：《管理研究方法：原理与应用》，北京：中国人民大学出版社。

马庆国(2004)：《管理科学研究方法与研究生学位论文的评判参考标准》，《管理世界》，12，99-108，转145。

彼得·德鲁克(2015)：《经济人的末日》，上海：上海译文出版社。

彼得·德鲁克(2018a)：《工业人的未来》，北京：机械工业出版社。

彼得·德鲁克(2018b)：《公司的概念》，北京：机械工业出版社。

钱旭红(2020)：《改变思维(新版)》，上海：上海文艺出版社。

孙隆基(2004)：《中国文化的深层结构》，桂林：广西师范大学出版社。

徐淑英(2011)：《中国管理研究的现状及发展前景》，《光明日报》，7月29日，第11版。

徐淑英(2012)：《求真之道，求美之路：徐淑英研究历程》，北京：北京大学出版社。

徐淑英、刘忠明(2004)：《中国的企业管理研究：现状和未来》，载徐淑英、刘忠明主编：《中国企业管理的前沿研究》，北京：北京大学出版社。

徐淑英、张维迎(2005)：《〈管理科学季刊〉最佳论文集》，北京：北京大学出版社。

杨国枢(1992)："中国人的社会取向：社会互动的观点"，载杨国枢、余安邦主编：《中国人的心理与行为——理念及方法(1992)》，台北：桂冠图书股份有限公司，1993，87-142。

Aaker, J. L., and P. Williams (1998), "Empathy versus Pride: The Influence of Emotional Appeals across Cultures," *Journal of Consumer Research*, 25(3), 241-261.

Archer, R. L. (1991), "Dispositional Empathy and a Pluralism of Prosocial Motives," *Psychological Inquiry*, 2, 123-124.

Bai, Y. T., L. Lin, and P. P. Li, (2016), "How to Enable Employee Creativity in A Team Context: A Cross-level Mediating Process of Transformational Leadership", *Journal of Business Research*, 69(9), 3240-3250.

Barkema, H. G. , X. P. Chen, G. George, Y. D. Luo, and A. S. Tsui (2015), "West Meets East: New Concepts and Theories", *Academy of Management Journal*, 58(2),460 – 479.

Barnhart, J. E. (1976), "Egoism and Altruism," *The Southwestern Journal of Philosophy*, 7(1),101 – 110.

Batson, C. D. (1994), "Why Act for the Public Good? Four Answers," *Personality and Social Psychology Bulletin*, 20(5),603 – 610.

Bearden, W. O. , R. B. Money. , and J. L. Nevins (2006), "A Measure of Long-Term Orientation: Development and Validation," *Journal of the Academy of Marketing Science*, 34(3),456 – 467.

Bell, D. (2000), "Guanxi: A Nesting of Groups," *Current Anthropology*, 41(1), 132 – 138.

Carver, C. S. , and M. F. Scheier (1981), *Attention and Self-Regulation: A Control Theory Approach to Human Behavior*. New York: Springer-Verlag.

Chan, Gary Kok Yew (2008), "The Relevance and Value of Confucianism in Contemporary Business Ethics," *Journal of Business Ethics*, 77(3),347 – 360.

Chang, T. Y. , and C. T. Yang (2014), "Individual Differences in Zhong-Yong Tendency and Processing Capacity," *Front Psychol*, 5,1316.

Chen, Chao-Chuan, and Yueh-Ting Lee (2008), *Leadership and Management in China*. New York: Cambridge University Press.

Cheung, Chau-Kiu, and Andrew Chi-Fai Chan (2005), "Philosophical Foundations of Eminent Hong Kong Chinese CEOs' Leadership," *Journal of Business Ethics*, 60 (1),47 – 62.

Chen, C. C. , and Xiao-Ping Chen (2009), "Negative Externalities of Close Guanxi within Organizations," *Asia Pacific Journal of Management*, 26(1),37 – 53.

Chen, C. C. , Xiao-Ping Chen, and S. Huang (2013), "Chinese Guanxi: An Integrative Review and New Directions for Future Research," *Management and Organization Review*, 9(1),167 – 207.

Chen, G. H. , J. G Bao, and S. S. Huang (2014), "Segmenting Chinese Backpackers by Travel Motivations", *International Journal of Tourism Research*, 16(4),355 – 367.

Chen, M. -J. (2002), "Transcending Paradox: The 'Middle Way' Perspective," *Asia Pacific Journal of Management*, 19,179 – 199.

Chen, M. -J. (2008), "Reconceptualizing the Competition-cooperation Relationship: A Trans-Paradox Perspective," *Journal of Management Inquiry*, 17,288 – 304.

Chen, X. P. , X. F. Xie, and S. Q. Chang (2011), "Cooperative and Competitive Orientation among Chinese People: Scale Development and Validation," *Management and Organization Review*, 7,353 – 379.

Cheung, T. S. , and A. Y. C. King (2004), "Righteousness and Profitableness: The Moral Choices of Contemporary Confucian Entrepreneurs," *Journal of Business*

Ethics，54(3)，245 - 260.

Chin，T.（2014），"Harmony as Means to Enhance Affective Commitment in a Chinese Organization," *Cross Cultural Management：An International Journal*，21(3)，326 - 342.

Chin，T.（2015），"Harmony and Organization Citizenship Behavior in Chinese Organizations," *International Journal of Human Resource Management*，26(8)，1110 - 1129.

Choi，I.，H. Park，R. Dalal，and C. Kim-Prieto（2003），"Culture and Judgment of Causal Relevance," *Journal of Personality and Social Psychology*，84(1)，46 - 59.

Choi，I.，M. Koo，and J. A. Choi（2007），"Individual Differences in Analytic Versus Holistic Thinking," *Personality and Social Psychology Bulletin*，33(5)，691 - 705.

Choi，I.，R. E. Nisbett，and A. Norenzayan（1999），"Causal Attribution across Cultures：Variation and Universality," *Psychological Bulletin*，125，47 - 63.

Crandall，J. E.（1975），"A Scale of Social Interest," *Journal of Individual Psychology*，31，187 - 195.

Csikszentmihalyi，M.（1993），*The Evolving Self：A Psychology for the Third Millennium*（Vol. 5）. New York：HarperCollins Publishers.

Drolet，A.，M. F. Luce，L. Jiang，B. C. Rossi，and R. Hastie（2021），"The Preference for Moderation Scale," *Journal of Consumer Research*，47(6)，831 - 854.

Drucker，Peter F.（1981），"Ethical Chic," *Forbes*，128(6)，160 - 173.

Du，X. Q.（2014），"Does Religion Mitigate Tunneling? Evidence from Chinese Buddhism"，*Journal of Business Ethics*，125(2)，299 - 327.

Durlabhji，S.（2004），"The Tao of Organization Behavior," *Journal of Business Ethics*，52(4)，401 - 409.

Fang，Tony（2010），"Asian Management Research Needs More Self-Confidence：Reflection on Hofstede（2007）and beyond," *Asia Pacific Journal of Management*，27(1)，155 - 170.

Fang，Tony（2012），"Yin Yang：A New Perspective on Culture," *Management & Organization Review*，8(1)，25 - 50.

Faure，Guy Olivier，and Tony Fang（2008），"Changing Chinese Values：Keeping up with Paradoxes"，*International Business Review*，17(2)，194 - 207.

Fitzsimmons，J. R.，and E. J. Douglas（2011），"Interaction Between Feasibility and Desirability in the Formation of Entrepreneurial Intentions," *Journal of Business Venturing*，26，431 - 440.

Frankl，Viktor E.（1966），"Self-Transcendence as a Human Phenomenon," *Journal of Humanistic Psychology*，6(2)，97 - 106.

Gelfand，M. J.，J. L. Raver，L. Nishii，L. M. Leslie，J. Lun，B. C. Lim，... and

S. Yamaguchi (2011), "Differences Between Tight and Loose Cultures: A 33-Nation Study, *Science*, 332(6033),1100 – 1104.

Gerbasi, M. E. , and D. A. Prentice (2013), "The Self- and Other-Interest Inventory," *Journal of Personality and Social Psychology*, 105(3),495 – 514.

Gu, H. M. , C. Ryan, L. Bin, and G. Wei (2013), "Political Connections, Guanxi and Adoption of CSR Policies in the Chinese Hotel Industry: Is There A Link? ," *Tourism Management*, 34,231 – 235.

Hahn, T. , and E. Knight (2021), "The Ontology of Organizational Paradox: A Quantum Approach," *Academy of Management Review*, 46(2),362 – 384.

Hall, E. T. (1976), *Beyond Culture*, NY: Anchor Press / Doubleday.

Han, Y. Q. , and D. Y. Li (2015), "Effects of Intellectual Capital on Innovative Performance: The Role of Knowledge-Based Dynamic Capability", *Management Decision*, 53(1),40 – 56.

He, Jiaxun, H. Huang and W. Wu (2018), "Influence of Interfirm Brand Values Congruence on Relationship Qualities in B2B Contexts," *Industrial Marketing Management*, 72,161 – 173.

He, Jiaxun and L. Sun (2020), "Does Continuity Matter? Developing a New Long-Term Orientation Structure in a Cross-Cultural Context: A Study on Supply Chain Relationships," *Industrial Marketing Management*, 88,186 – 194.

Higgins, E. T. (1987), "Self-Discrepancy: A Theory Relating Self and Affect," *Psychological Review*, 94,319 – 340.

Higgins, E. T. (1997), "Beyond Pleasure and Pain," *American Psychologist*, 52, 1280 – 1300.

Higgins, E. T. (2000), "Making a Good Decision: Value from Fit," *American Psychologist*, 55(11),1217 – 1230.

Hofstede, Geert (1980), "Motivation, Leadership, and Organization: Do American Theories Apply Abroad?," *Organizational Dynamics*, 9(1),42 – 63.

Hofstede, Geert (1984), *Culture's Consequences: International Differences in Work-Related Values*. Beverly Hills, CA: Sage Publications.

Hofstede, Geert (1991), *Cultures and Organizations: Software of the Mind*. London: McGraw-Hill.

Hofstede, Geert (2001), *Culture's Consequences: Comparing Values, Behaviors, Institutions, and Organizations Across Nations (2nd edition)*. Thousand Oaks, CA: Sage Publications.

Hofstede, Geert, and Michael Harris Bond (1988), "The Confucius Connection: From Cultural Roots to Economic Growth," *Organizational Dynamics*, 16(4),5 – 21.

Ip, Po Keung (2009), "Is Confucianism Good for Business Ethics in China?," *Journal of Business Ethics*, 88 (3),463 – 476.

Jiang, F. , D. Wang, and Z. Wei (2021), "How Yin-Yang Cognition Affects

Organizational Ambidexterity: The Mediating Role of Strategic Flexibility," *Asia Pacific Journal of Management*, published online, doi: 10. 1007/s10490 - 021 - 09759 - 9.

Jing, R. , and A. H. Van de Ven (2014), "A Yin-Yang Model of Organizational Change: The Case of Chengdu Bus Group," *Management and Organization Review*, 10(1),29 - 54.

Johnson, P. D. , M. B. Smith, J. C. Wallace, A. D. Hill, and R. A. Baron (2015), "A Review of Multilevel Regulatory Focus in Organizations," *Journal of Management*, 41(5),1501 - 1529.

Keller J. , E. W. Chen, and A. K. Y. Leung (2018), "How National Culture Influences Individuals' Subjective Experience with Paradoxical Tensions," *Cross Cultural & Strategic Management*, 25(3),443 - 467.

King, A. Y. (1991), "Kuan-Hsi and Network Building: A Sociological Interpretation," *Daedalus*, 120(2),63 - 84.

Koo, M. , S. Shavitt, A. K. Lalwani, and S. Chinchanachokchai (2020), "Engaging in a Culturally Mismatched Thinking Style Increases the Preference for Familiar Consumer Options for Analytic but Not Holistic Thinkers," *International Journal of Research in Marketing*, 37(4),837 - 852.

Lau, W. K. , L. D. Nguyen, L. Pham, and D. A. Cernas-Ortiz (2021), "The Mediating Role of Harmony in Effective Leadership in China: From a Confucianism Perspective," *Asia Pacific Business Review*, 3,1 - 24.

Leung, A. K. Y. , S. Liou, E. Miron-Spektor, B. Koh, D. Chan, R. Eisenberg, and I. Schneider (2018), "Middle Ground Approach to Paradox: Within- and Between-Culture Examination of the Creative Benefits of Paradoxical Frames," *Journal of personality and social psychology*, 114(3),443 - 464.

Leung, K. , Z. J. Chen, F. Zhou, and K. Lim (2014), "The Role of Relational Orientation as Measured by Face and Renqing in Innovative Behavior in China: An Indigenous Analysis", *Asia Pacific Journal of Management*, 31(1),105 - 126.

Leary, Mark R. (2007), "Motivational and Emotional Aspects of the Self," *Annual Review of Psychology*, 58(1),317 - 344.

Levit, Leonid Z. (2014), "Meaning and Egoism: Are the Notions Compatible?," *International Journal of Social Science Research*, 2(1),102 - 112.

Lewis, M. W. (2000), "Exploring Paradox: Toward a More Comprehensive Guide," *Academy of Management Review*, 25(4),760 - 776.

Li, P. P. (2016), "Global Implications of the Indigenous Epistemological System from the East: How to Apply Yin-Yang Balancing to Paradox Management," *Cross Cultural & Strategic Management*, 23(1),42 - 77.

Li, X. , T. J. Andersen, and C. A. Hallin (2019), "A Zhong-Yong Perspective on Balancing the Top-Down and Bottom-up Processes in Strategy-Making," *Cross Cultural & Strategic Management*, 26(3),313 - 336.

Liang, X. Y. , L. H. Wang, and Z. Y. Cui (2014), "Chinese Private Firms and Internationalization: Effects of Family Involvement in Management and Family Ownership", *Family Business Review*, 27(2),126 - 141.

Lin H. E. R. , and E. F. McDonough Ⅲ (2011), "Investigating the Role of Leadership and Organizational Culture in Fostering Innovation Ambidexterity," *IEEE Transactions on Engineering Management*, 58(3),497 - 509.

Lin, H. F. , J. Q. Su, and A. Higgins (2016), "How Dynamic Capabilities Affect Adoption of Management Innovations", *Journal of Business Research*, 69 (2), 862 - 876.

Lin, Li, Peter Ping Li, and Hein Roelfsema (2018), "The Traditional Chinese Philosophies in Inter-Cultural Leadership: The Case of Chinese Expatriate Managers in the Dutch Context," *Cross Cultural & Strategic Management*, 25 (2),299 - 336.

Liu, J. , H. K. Kwan, P. P. Fu, and Y. Mao (2013), "Ethical Leadership and Job Performance in China: The Roles of Workplace Friendships and Traditionality", *Journal of Occupational and Organizational Psychology*, 86(4),564 - 584.

Liu, Z. L. , Q. F. Min, Q. G. Zhai, and R. Smyth (2016), "Self-Disclosure in Chinese Micro-Blogging: A Social Exchange Theory Perspective", *Information & Management*, 53(1),53 - 63.

Lord, R. G. , J. E. Dinh, and E. L. Hoffman (2015), "A Quantum Approach to Time and Organizational Change," *Academy of Management Review*, 40,263 - 290.

Ma, Andrew Man Joe, and Bramwell Osula (2011), "The Tao of Complex Adaptive Systems (CAS)," *Chinese Management Studies*, 5(1),94 - 110.

March, J. G. (1991), "Exploration and Exploitation in Organizational Learning," *Organization Science*, 2,71 - 87.

Markus, H. R. , and S. Kitayama (1991), "Culture and The Self: Implications for Cognition, Emotion, and Motivation," *Psychological Review*, 98(2),224 - 253.

Maslow, A. H. (1969), "The Farther Reaches of Human Nature," *The Journal of Transpersonal Psychology*, 1(1),1 - 9.

Meglino, B. M. , and M. A. Korsgaard (2004), "Considering Rational Self-Interest as a Disposition: Organizational Implications of Other Orientation," *Journal of Applied Psychology*, 89 (6),946 - 959.

Meyer, K. E. (2006), "Asian Management Research Needs More Self-Confidence," *Asia Pacific Journal of Management*, 23,119 - 137.

Monkhouse, L. L. , B. R. Barnes, and T. S. Hanh Pham (2013), "Measuring Confucian Values among East Asian Consumers: A Four Country Study," *Asia Pacific Business Review*, 19(3),320 - 336.

Mourkogiannis, N. (2014), *Purpose: The Starting Point of Great Companies*. London: Palgrave Macmillan.

Nisbett, R. E. , I. Choi, K. Peng, and A. Norenzayan (2001), "Culture and Systems of Thought: Holistic versus Analytic Cognition," *Psychological Review*, 108(2),291 – 310.

Norenzayan, A. and Nisbett, R. E. (2000), "Culture and Causal Cognition," *Current Directions in Psychological Science*, 9(4),132 – 135.

Norenzayan, A. , E. E. Smith, R. E. Nisbett, and B. J. Kim (2002), "Cultural Preferences for Formal Versus Intuitive Reasoning," *Cognitive Science*, 26(5), 653 – 684.

O'Reilly, C. A. , and M. L. Tushman (2013), "Organizational Ambidexterity: Past, Present, and Future," *Academy of Management Perspectives*, 27,324 – 338.

Pan, W. , and L. Y. Sun (2018), "A Self-Regulation Model of Zhong Yong Thinking and Employee Adaptive Performance," *Management and Organization Review*, 14 (1),135 – 159.

Pekaar, Keri A. , Arnold B. Bakker, Dimitri van der Linden, and Marise Ph Born (2018), "Self- and Other-Focused Emotional Intelligence: Development and Validation of the Rotterdam Emotional Intelligence Scale (REIS)," *Personality and Individual Differences*, 120,222 – 233.

Peng, K. , and R. E. Nisbett (1999), "Culture, Dialectics and Reasoning about Contradiction," *American Psychologist*, 54,741 – 754.

Poole, M. S. , and, A. H. Van de Ven (1989), "Using Paradox to Build Management and Organization Theories," *Academy of Management Review*, 14(4),562 – 578.

Prince, Lesley (2005), "Eating the Menu Rather than the Dinner: Tao and Leadership," *Leadership*, 1(1),105 – 126.

Qu, R. J. , O. Janssen, and K. Shi (2015), "Transformational Leadership and Follower Creativity: The Mediating Role of Follower Relational Identification and the Moderating Role of Leader Creativity Expectations," *The Leadership Quarterly*, 26(2),286 – 299.

Romar, Edward J. (2002), "Virtue is Good Business: Confucianism as a Practical Business Ethics," *Journal of Business Ethics*, 38 (1 – 2),119 – 131.

Romar, E. J. (2004), "Managerial Harmony: The Confucian Ethics of Peter F. Drucker," *Journal of Business Ethics*, 51(2),199 – 210.

Rushton, J. P. , R. D. Chrisjohn, and G. C. Fekken (1981), "The Altruistic Personality and the Self-Report Altruism Scale," *Personality and Individual Differences*, 2,293 – 302.

Salmieri, G. (2016), "Egoism and Altruism," in *A Companion to Ayn Rand*, ed. by Gotthelf Allan and Gregory Salmieri. New Jersey: John Wiley & Sons.

San Martin, A. , J. Schug, and W. W. Maddux (2019), "Relational Mobility and Cultural Differences in Analytic and Holistic Thinking," *Journal of Personality and Social Psychology*, 116(4),495 – 518.

Schad, J. , M. W. Lewis, S. Raisch, and W. K. Smith (2016), "Paradox Research in Management Science: Looking back to Move Forward," *Academy of Management Annals*, 10(1),5 – 64.

Schroeder, D. A. , L. A. Penner, J. F. Dovido, and J. A. Piliavin (1995), *The Psychology of Helping and Altruism: Problems and Puzzles*. New York: McGraw-Hill.

Schwartz, S. H. (1992), "Universals in the Content and Structure of Values: Theoretical Advances and Empirical Tests in 20 Countries," *Advances in Experimental Social Psychology*, 25 (1),1 – 65.

Schwartz, S. H. , and K. Boehnke (2004), "Evaluating the Structure of Human Values with Confirmatory Factor Analysis," *Journal of Research in Personality*, 38(3),230 – 255.

Shao, Y. , Nijstad, B. A. , and Täuber, S. (2019), "Creativity under Workload Pressure and Integrative Complexity: The Double-Edged Sword of Paradoxical Leadership," *Organizational Behavior and Human Decision Processes*, 155,7 – 19.

Smith, A. , and M. Kaminishi (2020), "Confucian Entrepreneurship: Towards a Genealogy of a Conceptual Tool," *Journal of Management Studies*, 57 (1),25 – 56.

Smith, W. K. , and M. W. Lewis (2011), "Toward a Theory of Paradox: A Dynamic Equilibrium Model of Organizing," *Academy of Management Review*, 36 (2), 381 – 403.

Sun, Y. , T. C. Garrett, and K. H. Kim (2016), "Do Confucian Principles Enhance Sustainable Marketing and Customer Equity?," *Journal of Business Research*, 69 (9),3772 – 3779.

Tang, S. , S. Nadkarni, L. Wei, and S. X. Zhang (2021), "Balancing the Yin and Yang: TMT Gender Diversity, Psychological Safety, and Firm Ambidextrous Strategic Orientation in Chinese High-Tech SMEs," *Academy of Management Journal*, 64(5),1578 – 1604.

The Chinese Culture Connection (1987), "Chinese Values and the Search for Culture-Free Dimensions of Culture," *Journal of Cross-Cultural Psychology*, 18(2),143 – 164.

Torelli, C. , A. Özsomer, S. W. Carvalho, H. T. Keh, and N. Maehle (2012), "Brand Concepts as Representations of Human Values: Do Cultural Congruity and Compatibility Between Values Matter?," *Journal of Marketing*, 76 (July), 92 – 108.

Triandis, H. C. (1995), *Individualism and Collectivism*. Boulder, CO: Westview Press.

Tsai, H. T. , and C. L. Tsai (2022), "The Influence of the Five Cardinal Values of Confucianism on Firm Performance," *Review of Managerial Science*, 16(2),429 – 458.

Viengkham, D., C. Baumann, and H. Winzar (2018), "Confucianism: Measurement and Association with Workforce Performance," *Cross Cultural & Strategic Management*, 25(2),337 – 374.

Wang, C. L. (2007) "*Guanxi* vs. Relationship Marketing: Exploring Underlying Differences," *Industrial Marketing Management*, 36 (1),81 – 86.

Wang, L., and H. Juslin (2009), "The Impact of Chinese Culture on Corporate Social Responsibility: The Harmony Approach," *Journal of Business Ethics*, 88, 433 – 451.

Wang, Shu-Yi, Y. Joel Wong, and Kuang-Hui Yeh (2016), "Relationship Harmony, Dialectical Coping, and Nonattachment: Chinese Indigenous Well-Being and Mental Health," *The Counseling Psychologist*, 44(1),78 – 108.

Wang, X., F. Li, and Q. Sun (2018), "Confucian Ethics, Moral Foundations, and Shareholder Value Perspectives: An Exploratory Study," *Business Ethics: A European Review*, 27(3),260 – 271.

Warner, Malcolm (2010), "In Search of Confucian HRM: Theory and Practice in Greater China and Beyond," *International Journal of Human Resource Management*, 21(12),2053 – 2078.

Xing, Yijun, and Mark Starik (2017), "Taoist Leadership and Employee Green Behaviour: A Cultural and Philosophical Microfoundation of Sustainability," *Journal of Organizational Behavior*, 38(9),1302 – 1319.

Xing, Yijun, Yipeng Liu, Shlomo Tarba, and Geoffrey Wood (2020), "A Cultural Inquiry into Ambidexterity in Supervisor-Subordinate Relationship", *The International Journal of Human Resource Management*, 31(2),203 – 231.

Xu, N. H., X. Z. Xu, and Q. B. Yuan (2013), "Political Connections, Financing Friction, and Corporate Investment: Evidence from Chinese Listed Family Firms," *European Financial Management*, 19(4),675 – 702.

Yan, Jun, and Ritch Sorenson (2006), "The Effect of Confucian Values on Succession in Family Business," *Family Business Review*, 19(3),235 – 250.

Yan, Z. J., T. M. Wang, Y. Chen, and H. Zhang (2016), "Knowledge Sharing in Online Health Communities: A Social Exchange Theory Perspective", *Information & Management*, 53(5),643 – 653.

Yang, M. M. (1986), *The Art of Social Relationships and Exchange in China*. Berkeley, CA: University of California.

Yang, X. L., P. N. Zhang, J. B. Zhao, J. B. Zhao, J. Q. Wang, Y. Chen, S. Y. Ding, and X. Y. Zhang (2016), "Confucian Culture Still Matters: The Benefits of Zhongyong Thinking (Doctrine of the Mean) for Mental Health," *Journal of Cross-Cultural Psychology*, 47(8),1097 – 1113.

Yao, T., Q. Y. Zheng, and X. C. Fan (2015), "The Impact of Online Social Support on Patients' Quality of Life and the Moderating Role of Social Exclusion", *Journal of Service Research*, 18(3),369 – 383.

Zhang, M. , and B. F. Huo (2013), "The Impact of Dependence and Trust on Supply Chain Integration", *International Journal of Physical Distribution & Logistics Management*, 43(7),544 – 563.

Zhang, S. B. , Y. Gao, Z. Feng, and W. Z. Sun (2015a), "PPP Application in Infrastructure Development in China: Institutional Analysis and Implications", *International Journal of Project Management*, 33(3),497 – 509.

Zhang, Y. , D. A. Waldman, Y. L. Han, and X. B. Li (2015b), "Paradoxical Leader Behaviors in People Management: Antecedents and Consequences," *Academy of Management Journal*, 58(2),538 – 566.

Zhou, K. Z. , Q. Y. Zhang, S. B. Sheng, E. Xie, and Y. Q. Bao (2014), "Are Relational Ties Always Good for Knowledge Acquisition? Buyer-supplier Exchanges in China", *Journal of Operations management*, 32(3),88 – 98.

Zhou, Zhijin, Hongpo Zhang, Mingzhu Li, Cuicui Sun, and Hualin Luo (2020), "The Effects of Zhongyong Thinking Priming on Creative Problem-Solving," *Journal of Creative Behavior*, 55(1),145 – 153.

Zu, L. (2019), "Purpose-Driven Leadership for Sustainable Business: From the Perspective of Taoism," *International Journal of Corporate Social Responsibility*, 4(1),1 – 31.

理论思想篇

第一章
品牌关系质量的理论建构[①]

　　"基于顾客的品牌资产"(customer-based brand equity,下简称 CBBE)是从消费者角度理解品牌价值的核心构念(Keller,1993)。对其测量有两种理论基础——认知心理和社会心理(何佳讯,2005a),相应地,存在两种测量视角——认知视角和关系视角。本章在回顾关系视角研究成果的基础上,采用主位方法(emic approach),将立足于中国文化背景的有关关系质量的研究成果,应用于消费者与品牌关系质量构念的建立和测量上。[②] 同时,适当兼顾跨文化比较视角,从更广的背景中突出本土角度的独特意义。[③] 通过学理研究,首先归纳总结中国人际关系质量构面的成分,然后再进行转换,把它们应用于消费者与品牌关系的情形中进行讨论,对中国消费者—品牌关系质量(Chinese Consumer-Brand Relationship Quality,下简称 CBRQ)的各个构面进行定义,从而建立中国本土的品牌关系质量理论模型。

---

① 本章是笔者开发的中国消费者—品牌关系质量模型的理论建构部分,为首次完整发表。该模型的简要理论陈述、数据分析和实证部分此前已发表,详见本书的姐妹篇《长期品牌管理》(上海格致出版社,2016 年)第九章。
② 这个出发点对于我们寻找本土化的概念和理解自己社会的关系特征具有极为重要的意义,是探讨中西关系差异的起点(翟学伟,2001,pp. 226—228)。
③ 但中西方不必然存在着对立的关系(翟学伟,2001,p. 49)。事实上,虽然中国人所讲的关系不等同于西方所说的关系营销,但是也包含着许多关系营销的基本因素(Arias,1998;庄贵军和席酉民,2003)。因此在某些具有中西共性的方面,笔者也将引用西方的成果。

第一节　基于顾客的品牌资产测量：关系视角的研究回顾

在探究品牌资产来源的问题上，研究者们注意到，消费者不仅在如何感知品牌上存在差异，而且也在他们与品牌的关系上存在不同（eg.，Fournier，1998；Muniz and O'Guinn，2001；Aggarwal，2004）。这在学术界形成了认知视角和关系视角两条路线。它们的基本差异在于，认知视角的研究以认知心理学为理论基础，关系视角则以社会心理学为理论基础。这决定了两者对品牌资产具有不同的解释能力和应用图景（何佳讯，2005a）。

受关系营销范式（格罗鲁斯，1994）对营销科学研究的根本性影响，以及现实环境中品牌忠诚度维护①的迫切使命驱使（Fournier，1994，pp. 1—2），研究者们开始提出并使用"关系隐喻"（relationship metaphor）来研究消费者与品牌之间的关系（eg.，Blackston，1992，1993；Fournier，1994，1998；Ambler，1995，1997a；Aggarwal，2002，2004），对品牌资产的来源提供了新的理解。这个研究视角亦成为对顾客关系研究的重要贡献（Barnes，2001；Ambler et al. 2002）。

如果说认知视角认为，品牌资产来源于消费者对品牌知识的差异（Keller，1993，1998），那么关系视角认为，品牌资产来源于消费者与品牌关系的强度和深度（Fournier，1994，p. 124）。它们从不同的角度回答品牌资产的核心问题，并试图建立各自的战略品牌管理架构（eg.，Fournier，1994；Keller，1998，2003）。相对于已广泛开展的认知视角的研究，关系视角的研究还相当有限，但学术界和工商界已对之显露出增长的兴趣（Aggarwal，2004）。特别是，Fournier（1994，1998）使用关系的术语对品牌强度的概念化和测量进行重新构造，被誉为是一项迷人的研究（Keller，2003，p. 471），这表明关系视角对品牌资产研究具有创新的贡献。本节对这个领域的研究进行梳理和回顾，以揭示关系视角对 CBBE

---

① 据 DDB Needham 生活方式数据库的调查，从 1975 年到 1991 年之间的历史趋势看，美国消费者对著名品牌的忠诚度总体下降了约 15%。见 Crimmins（1992，p. 137 图 1）。

测量研究的基本进展。

一、概念化及理论基础

关系视角表达 CBBE 的术语有"消费者—品牌关系"(consumer-brand relationship)、"顾客—品牌关系"(customer-brand relationship)、"品牌—消费者关系"(brand-consumer relationship)等,也常被简称为"品牌关系"(brand relationship)。从 CBBE 测量的角度看,关系视角的构念是品牌关系质量(brand relationship quality,BRQ)(Fournier,1994,p.124),这类似于认知视角的(消费者)品牌知识(Keller,1993,p.2)。

关系视角对 CBBE 的概念化总体上是以社会心理学的有关理论为基础[①],由若干核心构念组成,又以多学科基本理论为研究取向,彼此间相互影响,并又相对独立。其整体图景见图 1-1。下面展开阐述。

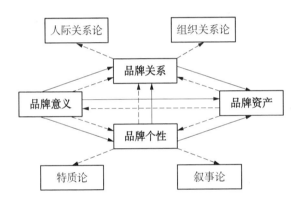

来源:本书作者。

注:　──▶表示影响关系,　---▶表示理论视角;加粗字体为核心构念,其他为理论基础

图 1-1　关系视角发展的概念框架

（一）基本假设

关系视角对 CBBE 的研究线路基于两种基本假设,一是把品牌人格化作为基本假设,二是把品牌作为组织的品牌的假设。

把品牌人格化作为基本假设,即"作为人的品牌"(Aaker,2001 中文

---

① 由于社会心理学有心理学、社会学和比较文化等三种取向(时蓉华,1998,pp.6—9),因此,关系视角对 CBBE 的概念化也涉及社会学、文化人类学等学科基础理论。

版,p. 49),于是消费者与品牌的关系便转变为人与人之间的关系来考虑。它借助于社会心理学中的人际关系理论来研究。在这个假设下,又形成两个研究分支:一是把个性用于品牌上,即品牌个性,如 Plummer(1984)和 Aaker(1997)已经通过实证研究表明,消费者很容易把各种性格特征赋予不同的品牌。有关品牌个性已有较为成熟的成果(eg., Aaker, 1997; Aaker, Benet-Martinez and Garolera, 2001; Aaker, Fournier and Brasel, 2004)。二是把关系隐喻用于消费者与品牌的相互作用上,把品牌作为关系伙伴(brand-as-relationship parter, BARP)(Fournier, 1994, p. 14),形成消费者—品牌关系。社会心理学的研究表明,"关系"是一种社会化过程(Duck and Sants, 1983),人们确定一种关系,是通过他们的认知、情感和动机等内部因素和外部因素的不断发展的相互作用过程。正是由于关系的复杂性,品牌关系论被认为是超越品牌个性的研究(Blackston, 1993)。

另一个基本假设是:消费者对一个品牌的(购买)考虑和关系产生,是把它以人类的组织的关系来看待的(Kaltcheva and Weitz, 1999),这时的品牌是"作为组织的品牌"(Aaker, 2001 中文版,p. 49)。这个组织在特定品牌名称下进行产品或服务交易,并被看作是一个共享同样目标、动机和价值观的社会群体。它借助于社会心理学中人与群体的关系来研究。消费者从产品/服务的可辨别的和象征的品质角度推断社会组织的目标、动机和价值观,大众广告或活动,以及定价和分销特色等都代表了品牌。接受或消除一个象征意义,表明自己认同或区别于把心力投入于品牌化的产品或服务的其他人。

现有研究文献显示,目前关系视角的研究主要是基于第一种假设。在这种假设前提下,品牌个性研究和品牌关系研究相对独立,但又可作为同一模型中的因果变量进行研究(eg., Aaker, Fournier and Brasel, 2004)。

(二)品牌意义

社会心理学和社会学的基本理论之一是符号互动论。该理论研究人们在日常生活中是如何交往的,他们又是如何使这种交往产生实质性意义的,认为象征符号乃是社会生活的基础(时蓉华,1998,pp. 19—20;波普诺,1999 中译本,pp. 19—20)。在人际关系的假设前提下,符号互动论指出了关系视角对 CBBE 研究的原点是品牌意义。

Barnes(2003)提出"意义"(meaning)在营销和消费者心理学背景中有三种应用:第一种解释偏向于文字或语言上的反映,强调有效的传播,包括品牌的特征、属性和表现品质等,它是建立成功品牌的开始。第二种被视为文化人类学的观点,是指品牌通过广告和其他途径传达的文化意义。第三种是指公司和品牌如何能对某类顾客"意义独特"。

第二种来自文化人类学的观点把品牌定义为"意义的包裹或容器",品牌之所以具有附加价值,是因为它们给消费商品增加了文化意义。从这个角度研究品牌,需要回答三个基本问题:对于特定品牌而言,它所拥有的文化意义是什么?这些品牌的文化意义是如何产生的?为什么会在意品牌的文化意义?文化人类学观点从意义的角度区分强弱品牌:强势品牌具有诱人、实用的品牌意义,帮助消费者建立理想的自我;而弱势品牌的人文意义可能是无趣的、矛盾的或微弱的,无法满足消费者的需求(McCracken,1993)。

第三种观点涉及关系中意义的获得,以及公司和品牌如何以某些顾客的情感(与行为相反)忠诚度区分。这种"意义"与人类学观点的差别在于,品牌对于顾客的意义不在于品牌或公司自身,而在顾客的心中。它回答了一个中心问题:为什么一些公司和品牌与其他公司和品牌相比,让顾客感觉更亲近。对顾客"意味着什么",就在他们心智中占据了一个独特的位置(Barnes,2003)。用符号互动论的观点,我们认为消费者与品牌关系中的意义产生于品牌行为与消费者行为交互作用的过程中,既包括品牌行为,认为消费者与品牌之间关系的建构是管理人员为消费者所为,或包含于文化中的品牌形象(Solomon,1985;McCracken,1986b);也包括消费者行为,认为是消费者对品牌所为,给他们的生活提供附加意义(Sweeney and Chew,2000)。符号互动论从关系质量的角度来测量品牌资产,用品牌关系质量的构念作为个人与品牌关系强度和深度的指标,高品牌关系质量预示消费者与品牌之间的这种联结能够进一步发展,并在有利的情形下取得顺利进展(Fournier，1994，p. 124)。

（三）品牌个性

品牌个性的概念很早就被学术界提出(Gardner and Levy，1955)，并为广告界所熟知和应用(Plummer，1984)。这个概念开发了品牌中的情感成分(Landon，1974)，并把品牌的本身意义添加给了消费者(Levy，1959)。围绕"什么是品牌个性""品牌个性的测量"，以及"品牌个性及其概念化能带来的管理意义"，研究者们提出了不同的视角(Aaker and Fournier，1995)，包括叙事理论(narrative theory)的观点(Allen and Olson，1995)、关系方法(relationship approach)的观点(Fournier，1994)[①]和特质方法(trait approach)的观点(Aaker，1997)。

叙事理论的观点是把品牌个性的定义建立在这样的基础上，即参照"朴素心理学"(naive psychology)和"民间心理学"(folk psychology)来理解人的相互作用。通过建构叙事，人们形成他们的经历，建立随机事件之外的秩序，解释异常活动，获得观点并作出评价。因此，叙事通过对围绕一个目的或结局的暂时性元素的联合，提供了意义产生的精神组织结构(Escalas，1996)。

"朴素心理学"的观点认为，观察者自然地把意义归结于每天的社会情形，从中寻求对人际关系的解释。这样，个性就被定义为"观察者建构的意义集合，以描述他人的内部特征"。这种逻辑应用到品牌个性的概念化上，就是说对一个品牌的个性归因需要这个品牌"活"起来，成为一个行动角色，执行有意图的行为。简言之，"品牌个性"被定义为"描述一个品牌内部特征意义的特定集合，这些意义由消费者依据被拟人化的品牌或品牌角色展示的行为来建构"。"民间心理学"的观点认为，与用于形成品牌印象的更科学的思想过程相反，个性印象涉及一种叙事思想过程(Bruner，1990)。按此方式，营销者要让品牌在广告中"做事情"，实质上就是让品牌在一个故事中扮演角色的过程。这种观点也为品牌个性测量

---

① 这是表达品牌个性论与品牌关系论关系的一种观点，即认为品牌关系是品牌个性论的研究分支。但也有学者认为品牌关系论是品牌个性论的发展(Blackston，1993)。笔者同意后者的观点，并认为广义的品牌关系论应包括对品牌个性的研究。

提供了方向。使用叙事理论的方法[1]，研究者能够识别出一个品牌最突出而又有意义的行为方式(Allen and Olson，1995)。

特质方法的观点是运用人格[2]测量理论。在这种观点下，Aaker(1997)把品牌个性定义为"与一个品牌相关联的人类特征的集合"，并通过实证研究识别出了能够代表品牌个性的核心因子(就像西方表示人格的"大五"模型)。这项研究通过对 631 名被试的测试，总共测定了 37 个品牌在 114 个性特质上的表现，探索性因子分析法得到五个个性维度，它们分别是：真诚(sincerity)、刺激(excitement)、能力(competence)、高级(sophistication)、粗犷(ruggedness)，累计解释方差为 89.8%。再通过验证性因子分析，得到 15 个构面的 42 个个性特质，对这五个维度提供稳定性支持。

（四）品牌关系

Fournier(1994，1998)提出，品牌在营销中不应该被当作被动的交易对象，而应该作为关系体(relationship dyad)中积极的、有贡献的关系伙伴。这种将关系隐喻用于消费者与品牌的相互作用上，把"品牌作为关系伙伴"的主张扩展了传统品牌理论(如品牌态度、品牌满意、品牌忠诚以及品牌个性)对品牌概念的理解。Blackston(1992)也指出，品牌关系是品牌个性概念的一种逻辑扩展，因为一种"关系"可以更通俗地看成是自己的个性和对方个性之间的相互作用。[3] 这种相互作用的逻辑表明关系由两个方面组成。一是消费者对品牌的态度和行为，通常是传统的品牌形象角度的评价；二是"品牌如何看待顾客"，即"品牌对消费者的态度和行为"，后者其实是造成品牌差异的关键变量。例如，在消费者与信用卡和信用卡品牌的关系调查中，发现存在两组典型的关系，一组关系是"受尊重的"，另一组关系是"备感压迫的"，前者很典型地发生在信用卡持有人

---

[1] 例如，告诉我关于某品牌的故事；在这种情况下，某品牌会如何做？ 如果某品牌是个人，它会如何反应？

[2] "人格"与(品牌)"个性"同为英文 personality，但在心理学界，通常把"personality"译为"人格"，在营销科学界，通常把"personality"称为"个性"。本章尊重两个学科的习惯性用法。

[3] 笔者认为，如果存在广义消费者—品牌关系研究的提法，则应该包括对品牌个性研究的内容。

身上,后者通常发生在非使用者身上。两个群体几乎拥有相同的人口统计和社会经济背景,而值得注意的差异是他们感知信用卡(对他们)的态度不同(Blackston,1993)。

这里要强调的是,基于社会心理学视角的品牌关系概念化,其基本前提是把"品牌作为关系伙伴",这里把关系的内涵看成是"人与人之间的联系"(即人际关系隐喻)。这有别于其他场合对品牌关系的概念化,如格罗鲁斯(2002中译本,p. 220)提出的关系导向的品牌定义:"品牌是通过持续开发品牌关系,使顾客对有形产品、服务、解决方案、信息及其他要素有区分性的认识,这些都基于顾客所面对的所有品牌接触。"此时的关系内涵是指"事物之间相互作用、相互影响的状态",而非人际关系的假设。

在中国文化中研究品牌关系,不仅具有理论上的延展意义,而且具有实践价值,即与品牌个性相比,品牌关系可能具有更强的行为预测能力。这是因为在中国文化中,社会行为最有力的决定因素并不在于个体本身,而在个体之外的关系背景(何友晖、陈淑娟和赵志裕,1991,p. 59)。对中国人而言,Hsu(1985,p. 27)呼吁我们"忘记'性格'一词,并注意人之所以为人即在于人际关系"。

二、 探索性研究成果

为了证明能够发展出"品牌作为关系伙伴"的概念,因而在消费者—品牌现象的描述中能够潜在地使用"关系隐喻",Fournier(1994)在她的博士论文中,首先使用现象学访谈方法,通过对三位女性的个案研究,对消费者—品牌关系的形态进行了探索性的定性研究。这项研究也为发展品牌关系质量量表,进行关系视角的CBBE测量提供了相关性和可能性。

之后,Fournier(1998)在博士论文基础上发展出的论文,对调查所得的112个品牌关系的描述重新进行了数据的文本分析,得到了15种形态的分类,见表1-1。这项研究建立在七个重要的维度上,它们分别是:自愿与非自愿,正面与负面,极端与表面,持久(长期)与短期,公共与私人,正式(角色或任务导向)与非正式(个人的),对称与不对称。

表 1-1　消费者—品牌关系形式的分类

关系形式	定　义	个案例子
安排的婚姻 （Arranged marriages）	由第三方偏好所强迫的非自愿关系，虽然情感依恋度很低，但还是有长期的、排他性的承诺。	Karen 使用其前夫偏好的品牌；Jean 使用肥皂制造商推荐的品牌。
普通朋友 （Casual friends/buddies）	情感和亲密程度较低的友谊，不常或偶尔的约会，对互惠（reciprocity）与报偿（reward）并无太大的期待。	Karen 使用特定五个品牌的清洁剂，购买时挑其中有促销活动的品牌。
便利的婚姻 （Marriages of convenience）	相对于深思熟虑的选择，是因环境影响而促成的长期的、承诺性的关系，并且受满意原则支配。	Vicki 因为搬家后，该地区的超市没有售卖其原来喜爱的品牌而改用新品牌，但还是会想念原来的品牌。
承诺的伙伴 （Committed partnerships）	长期的、自愿性的关系，在社交上有高度的爱、亲密、信任和承诺支持的联合，不管环境的改变，遵循期望的排他性原则。	Jean 对其使用的烹调、家务用品的品牌；Karen 与其爱用的运动饮料品牌。
好朋友 （Best friendships）	基于互惠原则形成的自愿性关系，彼此提供正面的报偿。特征是表现出真实的自己、亲密和诚实，伙伴形象与个人趣味协调一致。	Karen 与 Reebok 运动鞋；Karen 与经典可乐；Vicki 与 Ivory 沐浴露。
区分的友谊 （Compartmentalized friendships）	高度特殊化，情境限制的持久友谊，比其他友谊形态的亲密度更低，但有高度的情感报偿和相互依赖，易进易退。	Vicki 比较过市面上的香水品牌后，决定使用某一香水品牌作为自己专属的香味。
亲戚关系 （Kinships）	受血统纽带而形成的非自愿性联合。	Vicki 和 Karen 对某些品牌的偏好继承了她们母亲的影响。
反弹/逃避 （Rebounds/avoidance-driven relationships）	想要离开先前或可利用的伙伴而促成的联合，与受被选择的伙伴自身的吸引相反。	Karen 购买的某三种米饭品牌，是在没有其他更好选择的情况下所形成的关系。
孩提友谊 （Childhood friendships）	不常会面，充满早期相关的情感回忆，产生过去自我的舒适感与安全感。	Vicki 和 Jean 对某些品牌的使用，是因为唤起了对母亲的回忆。
求爱 （Courtships）	迈向承诺的伙伴契约之前的暂时性关系。	Vicki 与其香水品牌建立关系前的尝试过程。
依赖 （Dependencies）	感觉无可替代，基于强迫性、高度情感性的、自我中心的吸引而巩固此关系，若分离会产生焦虑，对对方的过错后果高度妥协。	Karen 与 Mary Kay，Vicki 与 Soft'n Dry，有强烈的依赖，不可替代。

关系形式	定　义	个案例子
一夜情 (Flings)	具有高度情感性报偿的短期和受时间限制的约会,但缺乏承诺和互惠需求。	Vicki 试用多种新上市的洗发水品牌,依当时的心情而定。
敌意 (Enmities)	强烈的具有负面影响并希望避免或将痛苦施加于他人的关系。	Karen 与减肥可乐的关系,她认为减肥可乐是减肥者才需要喝的。
秘密恋情 (Secret affairs)	高度情感性、私密性的关系,暴露于他人可能会有风险。	Karen 在工作时偷吃的糖果品牌。
奴役 (Enslavements)	完全是由关系伙伴控制的非自愿性联合,具有负面的感觉,但因环境因素还是持续此关系。	Karen 所使用的电信公司品牌,是因为没有其他可以选择。

来源:本书作者根据 Fournier(1998)整理归纳。

在 Fournier 作出开创性成果之后,很多学者进行了类似的探索性研究。从消费对象上看,有研究妇女(Olsen,1999)和儿童(Ji,2002);从品牌对象上看,也有扩展到服务领域(Sweeney and Chew,2000),以及在线世界(Thorbjornsen et al. 2002)。除个体品牌关系研究之外,还有集体性的消费者—品牌关系的研究(如同性恋群体)(Kates,2000)。

Olsen(1999)使用深度访谈方法调查了五位年龄在 50 岁左右的城市职业妇女,探索她们与品牌的关系,以建构中年消费的人种论(ethnographies)。美国的中年妇女除了购买防皱霜和低脂食品,表现出进入标准成熟期的社会化图景,研究还揭示了体现这群消费妇女生活历史结构的另一面。后者是一种内部对话,在一定程度上通过与喜爱的品牌和消费实践建立强有力的关系,中年妇女得到了对生活主题的满足。五位妇女分别怀有各自的生活主题:舒适、安全、欧洲玩耍、控制和挑战,她们从不同的品牌中满足了各自对生活主题的关注,从而与它们形成了良好的关系质量。

Ji(2001)建立了一个称为 MOA 的框架用于分析儿童与品牌之间关系的形成,它包括动机(motivation,意为建立自我的程度)、机会(opportunity,意为直接或间接地与品牌接触的经验)和能力(ability,意为认知发展）。Ji（2002）的调查研究表明，儿童与广泛的品牌发展出关系，包括的类型有初恋（first love）、真爱（true love）、安排的婚姻（arranged marriage）、秘密赞赏者（secret admirer）、好朋友（good friend）、有趣的伙伴（fun buddy）、老伙伴（old buddy）、熟人（acquaintance）、一夜情（one-night stand）、敌意（enmity），这些关系印证了儿童生活和成长的社会环境，揭示了把他们培育成广泛品牌的忠诚顾客的高潜在性。

以关系隐喻构建基于消费者—品牌关系的战略品牌管理框架，还包括关系发展阶段与周期的基本内容。这是因为关系是一种动态的过程，因双方一连串的互动而开始和结束，并随着环境而改变，可分为开始、成长、维持、衰退和解散五个阶段（Hinde，1995）。Fournier（1994，1998）提出了关系解除模型，包括压力模型（stremm model）和熵模型（entropy model）。在熵模型中，除非刻意维持否则关系会渐渐消失，例如普通的关系；在压力模型中，关系的解除由个人、品牌、双方或环境压力因素所导致，如具有承诺性的关系。Fajer 和 Schouten（1995）通过对人际破裂的潜在原因和方式的理解，把它们折射到品牌关系的忠诚度等级模型上，提出了一个人与品牌关系破裂的整合模型。人与品牌关系的终止既可能由消费者引起，也可能由品牌引起。总体上，忠诚度等级越高，关系破裂的方式越复杂，对消费者更具破坏性或更令人烦恼。从关系解除的过程看，包括关系损坏、关系衰退、关系脱离和关系解除等连续动态环节。对品牌关系不满意，消费者可能具有以下四种反应中的一种或多种：退出（exit）、讨论（voice）、忠诚（loyalty）和忽视（neglect）。在解除过程的不同阶段，它们可能具有相应的定时性反应。

值得指出的是，消费者—品牌关系的探索性研究正是对品牌资产核心要素——品牌忠诚概念的重新思考。Fouriner 和 Yao（1997）在消费者—品牌关系架构下，对8位咖啡消费者的深度访谈结果进行分析研究，发现从强度或特征上看，并非所有的忠诚品牌关系都是相同的；很多按照主导理论概念衡量并非"忠诚"的品牌关系，从消费者的观点看却是特别有意义的。据此，两位作者提出，从基于份额的忠诚架构转向基于意义的关系观点,能把丰富性、敏感性和消费者相关性运用到品牌忠诚分析,这正是当前所缺乏的。

三、 操作化及量表开发

作为关系视角对 CBBE 的测量,其核心构念是品牌关系质量(brand relationship quality,BRQ)。[①] 这个构念吸收了以往关系质量研究的一般成果,又结合消费者与品牌关系的特定情形而发展。尽管关系质量构念的确切性质还存在相当多的迷惑和争论(Glenn,1990),[②]但现有的成果表明,品牌关系质量在测量研究上已有基本成果,可分为多构面和单构面两类研究。

(一) 多构面的研究

Fournier(1994)认为,由于总体评价测量几乎不能捕捉关系质量构念的丰富信息,因此,只有开发多成分(构面)的模型,把关系质量的来源具体化,才能够提供诊断的洞察力,满足管理目标的需求。这种见解可见诸于很多学者有关关系质量的构念中。如 Blackston(1992)对公司品牌的消费者关系研究发现,"信任"和"顾客满意"是成功的、积极的关系的两个不变的组成要素。在关系营销文献中,关系质量被认为包含信任和承诺两个变量(Morgan and Hunt,1994),或顾客信任和顾客满意(Crosby,Evans and Cowles,1990),或由相对质量、顾客信任和顾客承诺构成

---

① 也有一些学者(如 Hess,1998;周志民,2003)提出了品牌关系维度构念并进行了实证。笔者认为,从揭示和反映品牌资产的角度看,有必要对"品牌关系"和"品牌关系质量"给以明确区分,合适的构念应该是"品牌关系质量",而非"品牌关系"。两者的区别有三个方面:首先,"品牌关系质量"反映"品牌强度",而"品牌关系"不直接反映品牌强度。品牌资产的来源评价无论是基于消费者认知还是顾客关系的视角,核心的、关键性的测量构念是品牌强度,从关系视角看,品牌强度是按照消费者—品牌关系联结的强度、深度和持久度来定义,这个多构面的概念是品牌关系质量(Keller,2003,p. 471)。其次,从成分构成看,"品牌关系质量"直接借用人际关系(亲密关系)质量的研究概念,而"品牌关系"无此约定。最后,从关系研究的有关概念模型中,也可看到两者的区别。这类研究把关系维度的各个构念作为关系质量(绩效)的输入(input)要素(Wong and Leung,2001)或先行变量(Mavondo and Rodrigo,2001),或关系质量又是关系(Guanxi)正面影响商业绩效的调节变量(Lee,Pae and Wong,2001)。

② 两个确认的竞争模型分别是:一种模型把关系质量看作是关系满意的一种总体评价表达(在品牌态度测量上即为赞誉倾向);另一种模型把关系质量假定为构成关系的可识别和支持特征的一种高阶(higher-order)构念(即为认知、情感和意动的三元论态度模型),但它们对质量的概念化并非对立,给研究者提供了在既定的研究情形和目标上的不同效用(Fournier,1994,pp. 125—126)。

（Hennig-Thurau and Klee，1997）。由此，我们可认为信任、承诺和满意是构成关系质量的常用变量。

Fournier(1994)在她的博士论文中，通过概念改造使之适合品牌领域，并结合定性研究数据，提出品牌关系质量（BRQ）的六个理论构面，它们分别是：行为依赖、依恋、亲密、爱与激情、个人承诺和伙伴质量。通过实证研究结果，调整为热烈的依恋、个人承诺、怀旧依恋、自我概念联结、亲密、爱和伙伴质量等七个构面。但在后来的研究中，Fournier（1998，2000）仍以六构面结构作为概念模型，并得到了实证结果的支持。见表1-2。

表 1-2　Fournier 的品牌关系质量构面

构面	定　义
爱与激情 （love/passion）	从热烈、喜爱到激情、迷恋、自私和强迫性依赖等范围里变动的爱的感觉。
自我联结 （self-connection）	反映品牌传达重要的身份（*identity*）关注、任务或主题，从而表达了自我的一个重要方面的程度。
相互依赖 （interdependence）	消费者与品牌相互影响的程度，与品牌相关活动的范围和多样性，以及个别交互作用事件的突出强度。
承诺 （commitment）	不管环境是可预见还是不可预见，与品牌保持长久关系的行为意图。
亲密 （intimacy）	品牌信息个人化地储存于消费者的记忆中，诸如为品牌起爱称，虚构表现神话。
伙伴质量 （partner quality）	反映消费者对品牌在它的伙伴角色中的表现评价，包括五个成分：品牌带给消费者感觉的正面取向；品牌整体可靠性、可信性、可预言性的判断；对品牌坚持各种内隐关系契约原则的判断；品牌传达期望的而非令人担心的信任和信念；对品牌为它的行动负责的舒适感。

来源：本书作者根据 Fournier(1998)、Keller(2003，pp. 471—474)有关资料整理。

与以往认知角度的品牌资产测量构念相比，Fournier 开创的"品牌关系质量"测量至少在三个方面有所发展。

首先，更好地诊断消费者与品牌的长期关系的动力机制。这个构念作为一种基于顾客的品牌资产测量，不同于传统的认知结构的操作性定义，反映了消费者与品牌之间持续联结的强度和发展能力，提供了对长期顾客价值的非常必要的标度,以检验品牌广告、研发和营销等累积的财务投资回报(Fournier,1994,pp. 124—125)。

第二,品牌关系质量也被当作是品牌忠诚概念的一种改良表达,多构面的 BRQ 构念试图把品牌忠诚的态度成分维度化,并具体指出正面影响态度发展的来源。从这个意义上看,BRQ 构念在追求更好地理解消费者—品牌动力的目标上,包含并延伸了现有的品牌忠诚概念(Fournier,1994,p. 125)。

第三,BRQ 模型的贡献在于使用人际关系领域中确认的质量因素(如结合、满意、紧张或决策中的合意)之外的构念,但这些构念又具备这些质量因素本身的功能,如同高关系质量的结果(outcomes)或后果(consequences)一样(Fournier,1994,p. 126—127)。所以,这些构面是建立凝聚力和满意的基础,是构成关系满意和稳固的认知、情感和行为成分,强调了拉动正面情感之外的更多保持关系活力的东西(Fournier,1998,p. 363)。正因如此,BRQ 具有优于竞争强度测量的诊断价值,基于 BRQ 的测量被成功地应用于品牌跟踪研究,成为市场绩效的有效预测指标,以及通过管理活动增强和稀释品牌资产的特定指南。

除 Fournier 的研究外,还有学者从社会心理学的角度提出更多影响强大持久关系的重要因素,如 Barnes(2001,pp. 118—127)概括为信任、承诺、投资、依赖、双向沟通、依恋、互惠、共享利益和相互性等 9 个因素;Hess(1998)引用 11 个有关关系质量因素的量表中的测项,最后通过验证性因子分析,得到四个因子:功能性利益交换,情感性利益交换,价值匹配和价值表达,情感承诺/依恋。

(二) 单一要素的研究

另外一类研究选择品牌关系质量的个别要素来解释品牌资产,进行量表开发和验证。Ambler(1997)认为,信任是关系评估最常用的测度,同样可能成为品牌资产最重要的指标。现有成果也反映品牌信任测量得到了学者们较多的关注。

西班牙的 Delgado-Ballester、Munuera-Aleman 和 Maria Jesus,Yague-Guillen(2003)开发了品牌信任量表,通过验证性因子分析得到量

表由两个因子组成：品牌可靠性（brand reliability）和品牌意向（brand intentions）①，进一步分析与总体品牌满意和品牌忠诚这两个理论构念的相关性，确认量表具有建构效度。这个量表亦被证实具有跨品类（除臭剂和啤酒）的应用能力（Delgado-Ballester，2004）。品牌信任的研究在国内也有开展，如霍映宝和韩之俊（2004）提出了一个品牌信任模型并进行了验证；金玉芳（2005）引入总体性信任维度，开发的品牌信任量表由能力表现的信任、诚实善良的信任和总体性信任三个维度组成，并验证了三者之间的关系。总体而言，品牌信任的结构维度是比较稳定的。

四、因果关系研究

对应上述关于品牌关系质量操作化的两种情形，下面回顾品牌关系质量与品牌资产结果变量之间的关系研究，也包括基于多构面和单一要素两个方面。已有成果显示，在品牌价值链中，品牌关系质量的作用比较复杂。

（一）主效应关系的研究

在定性研究的基础上，Fournier（1998）提出一个品牌关系质量的初步模型，认为品牌关系质量发展于有意义的品牌和消费者行动，以不同的互惠（reciprocity）原则形成不同的品牌关系形态。这种联结的性质明确地表明，消费者与品牌行动能够增强或稀释品牌关系质量，最终对关系的稳固产生影响。见图 1-2。

Fournier（1994）早期的实证研究已表明，高水平的多构面 BRQ 具有很好的关系维护和加强效果，包括重复购买倾向、竞争性威胁的抵制、支持性的顾客反应（如肯定的口碑、品牌延伸品的适用和品牌犯规的容忍）。具体的数据表明，七个构面的品牌关系质量集合对九项顾客反应的结果具有重要的方差解释贡献。其中，对"支持性的顾客反应"解释性最强（$R^2 = 0.66$），"关系深度和持久性"居次（如对"重复购买倾向"$R^2 = 0.60$），"竞争性隔离"居后（如对"不受新的竞争品影响"$R^2 = 0.27$）。总

---

① 这里的品牌意向是基于消费者对品牌的信念，即当出现意外的产品消费问题时，品牌能支持消费者的利益。

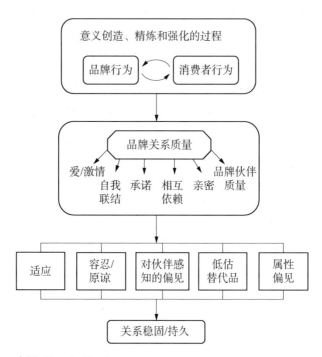

来源：Fournier(1998)。

图1-2   品牌关系质量初步模型及对关系稳固的影响

之，从区分效度看，与传统的品牌态度和品牌满意评价相比，品牌关系质量对九项顾客反应结果的预测力更强，比品牌态度评价平均高约12%的方差，比品牌满意评价平均高约8%的方差。因此，BRQ比传统的品牌联想测量(即品牌态度和满意评价)更优越。

在单一构面研究方面，Delgado-Ballester、Munuera-Aleman 和 Yague-Guillen(2003)开发的品牌信任量表，在进行与构念有关的效度检验时，证实品牌信任与总体品牌满意和品牌忠诚正相关，总体品牌满意能解释品牌信任的一个重要方差量，其中在品牌信任的两个因子中，品牌可靠性比品牌意图更倚重总体满意($R^2_{品牌可靠性}＝0.77$；$R^2_{品牌意向}＝0.20$)，品牌信任对品牌忠诚具有重要影响，能解释超过它的一半方差($R^2＝0.85$)。

(二)中介或调节作用的研究

在顾客关系研究中，关系质量被发现具有重要的中介作用。例如，

Morgan 和 Hunt(1994，p. 22)提出了信任与承诺(关系质量的核心构成)是核心中介变量(key mediating variable，KMV)的理论,并以汽车轮胎零售商的数据进行了实证检验。具体而言,关系终止成本、关系利益、共享价值、沟通和机会行为是关系承诺和信任的先行因素,默许、离开倾向、合作、功能冲突和不确定性是关系承诺和信任的行为结果。Hennig-Thurau 和 Klee(1997)提出关系质量在顾客满意和顾客保留之间充当中介角色,也就是说,顾客满意对关系质量具有直接影响,并经由关系质量对顾客保留产生影响,顾客满意与顾客保留之间只是一种间接影响关系。但 Garbarino 和 Johnson(1999)对非营利剧院的观众进行实证研究表明,对于高关系型的顾客(持续订票者),态度与未来意向之间的主要中介变量是信任与承诺,对于低关系类型的顾客(偶尔购票者),态度与未来意向之间的主要中介变量是满意。也就是说,对高关系型的顾客来说,顾客信任与顾客承诺是更为重要的关系因子,而顾客满意与未来意向之间没有直接影响关系。这项研究推进了我们对关系质量要素作用机理的理解。在消费者—品牌关系中,Hess 和 Story(2005)发现,满意是信任的先行因素,但主要贡献于功能联结(functional connections),而个人联结(personal connections)来自信任。个人和功能联结的相对强度决定了关系承诺的性质和结果。

以上这些研究基本确认了关系质量在关系营销中所具有的重要的传递效应。在消费者与品牌关系的情形中,有些研究也证实品牌关系质量具有中介作用。另一些研究还发现品牌关系质量具有调节作用。这种调节作用[①]在关系研究中也有相关成果(eg.，Lee, Pae and Wong，2001)。

Delgado-Ballester 和 Munuera-Aleman(2001)的研究表明,品牌信任是产生顾客承诺的关键变量,特别在高涉入的情形中,它要比总体满意的

[①] 杨国枢(1992)在论述中国人的"关系决定论"(relational determinism)时,就指出关系的类型好像是一种干预或节制(moderator factor,即为调节因素),它可以决定两造之间的对待方式与反应类型。笔者认为,关系质量可以用来区分关系类型,因此,在一般意义上,关系质量的调节作用是可以确认的。

影响效果更强。国内霍映宝和韩之俊(2004)提出的品牌信任模型有与之类似的结果,即品牌满意和品牌形象是形成品牌信任的决定因素,品牌信任又是品牌忠诚的决定性力量,品牌满意和品牌形象对品牌忠诚的作用主要是通过可靠性品牌信任[①]来传递的。这些研究都表明,在影响品牌资产结果(如品牌忠诚、未来意向等)的来源因素研究中,品牌关系质量(如品牌信任)的构念为基于消费者知识和经历(如感知质量、满意等)的传统主张提供了新的、扩展的解释。

Park 和 Kim(2001)把品牌关系质量用于品牌延伸评价研究,认为消费者与品牌具有强势的关系,与缺乏这种关系相比,可能更正面地影响延伸评价。路径分析表明,品牌关系质量直接地影响延伸后的购买意图,不管延伸产品与原品牌(类别)是否相似;另外,品牌关系质量还通过影响延伸后的感知质量(评价)间接影响购买意图。在延伸产品与原品牌(类别)不相似(对比相似)时,这种效果更显著,同时品牌关系质量与原品牌质量(认知评价)相比,更重要地影响延伸效果评价。之后,Park、Kim 和 Kim(2002)进一步研究了产品类别相似性、利益主张的典型性和品牌关系质量对品牌延伸接受的交互影响,结果同样表明品牌关系质量在总体上给消费者对计划延伸的接受程度产生显著的正面影响,此外,还与利益主张的典型性和产品类别的相似性产生显著的交互作用。当消费者与品牌关系微弱,延伸类别(与原品牌类别)相似时,利益主张典型性与原品牌联想一致与不一致的情况相比,延伸评价将更正面;对比之下,当消费者与品牌关系很强时,结果相反。而当消费者与品牌关系不管强还是弱,延伸类别不相似时,典型的利益主张与非典型的利益主张相比,总能得到更支持的评价。这两项研究的启示是,当品牌管理者不只是依赖认知观点,而是用关系的角度管理时,他们会做得更好。

Hess(1998)提出消费者—品牌关系[②]在产品绩效和体验性消费者结

[①] 该研究中品牌信任由可靠性和友善性两个变量构成,其中友善性信任与 Delgado-Ballester 等人的量表中品牌意向因子的内涵基本一致。

[②] 从其原文作者对消费者—品牌关系量表的构建来源看,这里的消费者—品牌关系其实就是品牌关系质量。

果(主观)之间具有调节作用的模型,重点考察高功能性利益交换,但情感性利益交换有高低变化的情形,假定在产品失败严重性水平(产品绩效)上,消费者出现反应差异的变化。因变量包括绩效感知、满意、持续关系的意图和绩效来源信息的评价等。实验结果发现,处于高情感利益交换(相对于低情感利益交换)的消费者,在低度失败的严重性水平上,具有减弱的消极反应;但如果是中度和高度失败的严重性水平情况,他们的反应则变为增强的消极反应。正如社会心理学中的关系文献所揭示的,Hess(1998)的研究与 Park 和 Kim(2001)、Park、Kim 和 Kim(2002)的研究都说明,强势的品牌关系能帮助克服品牌营销中的某些障碍。

五、 关系视角对战略品牌管理架构的贡献

近 10 年来,基于关系视角的探索性研究和实证研究成果,逐步影响了战略品牌管理理论和操作架构。这种影响存在两种应用,一是关系学派把关系视角作为基本管理框架,二是认知学派把关系视角作为品牌管理的高级目标。

作为关系学派的代表人物,Fouriner(1994)试图以消费者—品牌关系架构全面指导战略品牌管理,因此,这种关系视角被用来作为基本管理框架的出发点。在图 1 - 2 中我们可以看到这种思路。还比如,Ford(2005,pp.38—40)把消费者与品牌之间的关系从低到高分为三个层次: 交易(transactions)、商业原则(business principles)和联结(connections),[①]概括了关系管理的框架。

关系学派也影响认知学派,具体表现为在以认知心理为基础构建的品牌管理模型中,也吸收品牌关系概念,并把它作为高级管理目标,代表性的有 Keller(2001a;2003,pp.75—103)的 CBBE 金字塔模型,[②]Aaker

---

① 按 Ford(2005,pp.38—40)的解释,交易是关系的最低层次,强调的是产品或服务传送的非个人方面,包括基本要求和效率。中间层次有商业原则,包括商业伦理和授权(*empowerment*),后者的意思让消费者感觉自己说了算,能够表现自己,作出个人化选择。最高层次是品牌和顾客之间的联结,让顾客开始感觉与品牌亲近,很私人化的关系,它包括刺激(品牌带给顾客兴奋和好奇)和涉入(品牌价值的紧密认可,感到某些特别之处)。

② 对比 Keller 的《Strategic Brand Management》的第 1 版(1998)和第 2 版(2003),可发现新版的一个重要更新是增加了 CBBE 金字塔模型,完善了 CBBE 管理架构。

等提出的消费者深度关系模式（Aaker，2001中文版，pp. 315—317），
Millward Brown 国际公司的品牌动力金字塔（Brand Dynamics™
Pyramid)模型等。这里以CBBE金字塔模型略加说明。见图1-3。

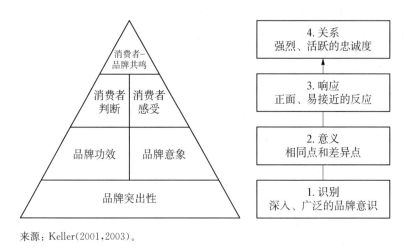

来源：Keller(2001,2003)。

图1-3　基于顾客的品牌资产金字塔模型

根据CBBE模型,建立强势品牌可以按照一系列的步骤进行思考。
每个步骤的实施建立在前个步骤成功的基础上。第一步是要在顾客心中
建立品牌识别和与特定产品大类或顾客需要相联系的品牌联想。第二步
是要在顾客心中战略性地建立牢固的品牌意义,即一大串有形和无形的
品牌联想。第三步是引发顾客对品牌识别和品牌意义的恰当反应。最后
一步是把这种反应转换成顾客与品牌之间强烈的、活跃的忠诚关系。一
个强势品牌的根基就在于逻辑性与顾客建构六个"品牌建立模块",它们
分别是突出性（salience）、功效（performance）、意象（imagery）、判断
(judgments)、感受(feelings)和共鸣(resonance)。

在Keller的模型中,"品牌共鸣"是指顾客与品牌建立起最终关系的
性质,以及顾客对品牌感觉协调(in sync)的程度。"共鸣"这个词表达了
顾客与品牌心理联结(psychological bond)的强度和深度,以及由这种忠
诚度产生的行动水平(如重复购买率,以及顾客搜寻品牌信息、事件和其
他忠诚顾客的程度)。具体地,品牌共鸣可以分解为四类:(1)行为忠诚

(behavioral loyalty)，指重复购买和品牌所占品类销量的份额；（2）态度依恋(attitudinal attachment)，指品牌成为顾客心中特别的感知，顾客认为他们"爱"它，成为他们喜欢的拥有物；（3）社区意识（sense of community)，让顾客感到与品牌相关的其他人（同类用户或顾客，甚至可能是公司的雇员或代表）有一种亲密关系；（4）主动约定（active engagement)，最强的品牌忠诚度会使顾客在购买和消费之外，愿意投入时间、精力、金钱或其他资源于品牌之中。品牌关系的判断标准有两个维度：强度(intensity)和活跃度(activity)。前者指态度依赖和社区意识的强度；后者指顾客对品牌的购买和使用，以及与购买和消费无关的活动参与的频率情况。

第二节　关系质量的本土概念化

本节基于社会心理学(包括社会学)对本土化关系研究的经典成果，探究关系质量的概念化和构成成分，并对中西观点的差异做出比较。

一、关系的概念化与关系质量

"关系"（guanxi)，这个中文词指的是人际关系（Alston，1989；Arias，1998；Su and Littlefield，2001；Fan，2002；Wong and Leung，2001，p. 12)[①]，反映了在中国这个集体主义文化的国度中，人与人之间卷入相互依赖的社会规范（Hofstede，2001)。在社会心理学中，人际关系大多被定义为："建立在个人情感基础上的个体与个体之间心理距离和行为倾向(杨宜音，1995)。"从20世纪80年代开始，"关系"一词出现在西方的大众商业著作中，被指示为在中国做生意时的文化影响因素。尽管90年代后期以来，西方文献对"关系"的商业和社会研究兴趣大增，但对其概念的理解仍相当混乱(Fan，2002)。

对关系进行概念化的重要做法是对人际关系进行分类，这也是研究

---

① 乔健(1988)曾把"关系"定义为"一个或一个以上的个人或团体与一个或一个以上的个人或团体间相互作用，相互影响的状态。"可以看出在社会心理中，"关系"与"人际关系"这两个用语可通用。

人类心理和行为不可缺少的一步(Ho，1998)。长期以来，社会学、人类学和社会心理学研究者都在致力于有关人际关系原型或分类的研究，其目的正是希望发现人们在不同的人际关系背景中所使用的交往规则(张志学，2001，p. 159)。在基于中国文化背景的人际关系经典成果中，很多学者从不同的理论出发，提出了关系的分类。费氏(1947/1985)曾用家族主义(familism)对农村人际关系作出最简单的分类："自家人"和"外人"；黄光国(1988a；1988b)以社会交换的理论将人际关系分为三种：情感性、工具性和混合性，认为中国人在进行资源交换时，其基本过程的文化特点在于把"关系判断"作为主要考虑因素；杨国枢(1992)从关系决定论的社会取向角度把人际关系划分为常用的三个类别：家人、熟人和生人。他们都是以关系分类为基础，并以连接关系分类与交往型式或对待方式为主题，对关系进行概念化，得到的结果也极为相似。

杨中芳(2001b, pp. 14—15)认为，作为对人际关系的基础研究，用关系分类来研究人际关系本身及其运作，已经到了它的尽头。原因在于对人际关系概念化时，把关系分类与实质的人际关系以及关系在人际交往的运用混为一谈。因此，有必要在概念上把人际关系与人际交往区分开来，即把人际关系视为影响两人交往的前因之一，以及两人交往的结果，而不是把它们等同。从当代学者对人际关系的概念界定看，有一类代表性的定义就是把人际关系看成是"人们在社会交往过程中为满足精神需要而建立起来的"。它又分为三个亚定义：(1)心理关系；(2)感情关系；(3)个体与他人的心理距离和行为倾向。这类定义的人际关系可用"交往质量"来替代，而为了不与国内学者习惯所用的词汇差距太大，交往质量又可称为关系质量，此处的"关系"相当于动名词"交往"(刘萃侠，2001，pp. 29—34)。由此可看出，关系质量是关系方在交往过程中主体对对方的主观感受的评价。

在讨论中国文化中的"关系"问题的文献中，很少出现"关系质量"的提法。但是最早对关系进行初步概念化的人类学家和社会学家费孝通(1947/1985)，根据早年在中国农村的调查研究，所提出的"差序格局"的概念，却从一开始就隐含了关系质量评价(亲疏远近)的出发点。他认为中国人人际交往模式有"自我中心主义"的特色,以自己为中心,把与自己相互交往的他人按亲疏远近分为几个同心圆圈,与自己越亲近的,在与中心越贴近的小圆圈内。"差序格局"的概念引出了与关系类别相对应的策略性原则。即人们会以不同的交往法则来对待属于不同圈层里的人,越接近中心的,对他们越好。①

从上文可看出,最初对关系概念化的讨论就涉及了关系质量的含义问题。下面,从更广泛的关系研究成果中探寻关系质量的成分。

二、 关系质量的成分

在源于中国文化背景的关系研究,或涉及中国人的跨文化的关系研究中,还未有学者直接对关系质量提出相关构念及模型。但相关的研究成果已隐含或涉及了关系质量的成分。本研究认为,可以从关系取向和关系分类两个方面去寻找影响关系质量的来源成分。关系取向隐含了中国人对关系质量评价的观念,它与关系质量的总体评价有关;关系分类反映了关系质量的输入因素,与态度模型的三成分(认知、情感和行为)相关。

在以中国文化为背景的关系研究中,关系取向是最重要的成果。翟学伟(2001,pp. 133—138)认为,社会取向或任何接近于强调"关系"方面的提法,是中国人较为根本的、长久稳定的价值取向。何友晖等(1991)有相似的提法,认为关系取向体现了中国社会心理学的精髓。在这方面的代表性成果有:杨国枢(1992)提出的关系取向说,在凡事以关系为依归的文化特征背景中,中国人社会取向的重要运作特征是关系取向,其重要特征包括关系形式化(角色化)、关系互依性(回报性)、关系和谐性、关系宿命观和关系决定论。何友晖等(1991)认为,关系取向意含着个体间的回报、互依与相连性,回报的规范的强制力比在西方文化里大得多;儒家思想的意识形态全力主张和谐和睦的人际关系。类似地,Yau(1994,pp. 67—84)也曾根据 Kluckhohn 和 Strodtbeck(1961)提出的价值取向分类

---

① 在消费者与品牌关系的研究中,也有等级差异的提法。Fajer 和 Schouten(1995)通过"品牌忠诚度"和"承诺和投入的退出障碍作用",把人与品牌之间的关系从低到高分为五种等级。

模型,描述了与之对应的每一种中国人的价值观。其中包括关系取向和时间取向这两个基本类别,前者的价值观有尊重权威、相互依赖、群体取向和面子,后者的价值观有连续性和过去时间取向。在另一个"个人—行动取向"的类别中,则有"与他人和谐"的价值观。因此,可认为杨国枢、何友晖等与 Yau 关于关系(价值)取向的共同之处有两项,即相互依赖(互惠互依)和和谐。如应用在企业间的营销上,则有所谓的关系营销取向。Sin 等人(2005)提出它是一个由六个成分构成的单一维度构念:信任、联结(bonding)、沟通、共享价值、移情(empathy)和互惠(reciprocity),中国内地和香港地区的样本数据支持了量表的稳定性。在中国文化中,信任、联结、互惠和移情对建立真正的、健康的和持久的关系是重要的,而共享价值并非必须,因为关系的魔力在于把两方绑在一起,即使他们不出于一个必要的共同目的(Yau et al. , 2000)。

在关系研究中,关系分类(类型和维度)的研究是基本性的成果。基本上,一类成果是按交往对象进行分类,如杨国枢(1992)把关系分为家人关系、熟人关系和生人关系;Fan(2002)把关系分为家人(family)关系、帮助者(helper)关系和生意(business)关系等三类。另一类成果是按成分性质进行分类,如黄光国(1988a;1988b)将人际关系分为三种:情感性、工具性和混合性;翟学伟(1993)提出由人缘、人情和人伦构成的三维模式;杨中芳(2001c)以感情成分、工具成分和既有成分对人际关系构念化。这些分类都是为了更好地理解关系的复杂性和差异性。两种角度是相互渗透和印证的。

从质量的角度看,家人关系是最强的、稳固的和持久的关系,它的文化和社会根基是中国文化价值观,其核心价值是亲情/感情,义务和移情,而熟人关系、帮助者关系和生意关系的共同核心价值是人情和面子;不同类型的关系,其相互依赖的形态存在差别(有条件还是无条件)。Wong(1998)提出的关系维度有四个:顺应(adaptation)、依赖(dependence)、恩惠(favor)和信任(trust)。通过实证发现,顺应和信任与总体关系质量存在显著的正相关性。Mavondo 和 Rodrigo(2001)提出六个关系维度构成商业关系的先行变量,分别影响人际间承诺和组织间承诺,他们分别是社会联结、合作、信任、面子、时间取向和互惠。其中,社会联结、信任、面子、时间取向和互惠都根据中国的关系文献给出了特定的内涵解释。针对澳大利亚和中国两个样本的跨文化实证结果表明,关系维度存在不同的层级次序,其中社会联结最重要,它直接或间接地影响所有其他的维度;处于第二个层级的是合作、信任和面子;而时间取向和互惠处于最低的层级。

三、 中西观点的差异

在对关系的解释和研究上,中国和西方存在明确差异已成为共识。尽管中国的"关系"(guanxi)与西方的关系交换(relational exchange)具有某些相似之处,如交换双方抱有长期的想法;聚焦于关系本身而非单独交易;努力维护关系;试图以和谐的方式解决冲突;从事于多重角色而非简单的买卖关系(Alston,1989;Arias,1998;Dwyer,Schurr and Oh,1987;Morgan and Hunt,1994;Lee,Pae and Wong,2001)等,但两者的差异又是根本性的。Lee、Pae 和 Wong(2001)在前人的基础上总结得到七项基本区别,见表 1-3。

表 1-3 中国的"关系"与西方的关系交换比较

特征	中国的"关系"	西方的关系交换
关系中涉入的类型	感情	经济
承诺的类型	感情的承诺	算计的承诺
关系中期望的角色	含蓄的	直接的
角色边界	超过目前角色的期望	在预先确定的角色期望之内
关系行为	关怀和恩惠	合作
互惠行为的动机	顾全面子	相关性
指导原则	道德和社会规范	合法和规则

来源:Lee,Pae and Wong(2001),p.55.

从理论上看,西方对关系的主要代表性解释包括交易成本分析(TCA)、社会交换理论(social exchange theory)和互动理论(interaction theory)等,它们成为在西方文化中分析关系营销的有用工具。但在中国,正统儒家思想要求人际互动以仁义道德为基本原则,这促成了中西人论的根本差异,也由此决定了直接搬用西方的社会交换论来分析中国人的行为并不合适(彭泗清,1998)。在中国文化中,社会网络强调在既定社会中的和谐,要求人际关系的合适处理,人情、面子等本土概念的研究(Yang,1986)在理解中国人的社会行为中扮演了重要角色(Wong and Tam,2000;Wong and Leung,2001,pp. 32—33)。

　　中西关系之道的差异见图1-4。从中可理解,西方人的人际交换具有等值的倾向,具有理性、短暂性和间断性的特点,通常以清算、明算和等价、不欠、公平为原则;而在中国,人际交换具有长期性和连续性的特点,算账、清账等都是不通人情的表现(翟学伟,1991)。

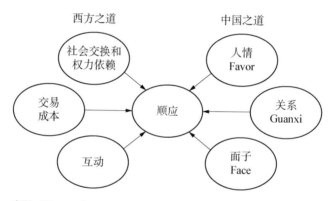

来源:Wong and Leung(2001),p.33.

图1-4　商业关系中公司间顺应的中西之道

　　那么,从西方关系营销的观点来看"关系"(guanxi)的要素,其本质的差异就在于,西方关系营销的基本目标是行动者之间的商业交互作用,此时,社会化过程作为进行中的商业关系的一个结果而出现;而在中国的"关系"中,"关系"意味着关系建立在既定(pre-existing)关系的基础上(Yang,1988),社会关系网络是建立商业关系的一个先决条件。两者的共同之处在于,承诺的交换和履行,以及信任的发展都极为重要(Arias,1998)。因此,在中国成功开展关系营销依赖于关系(guanxi)网络

（Pearce Ⅱ and Jr，2000）。这也表明，在中国开展关系营销，从人际关系角度把握关系质量可以得到更趋本质的答案。

在人际关系的中国概念中，"关系"一般涉及到关系的一种层级结构网络，它通过面子、人情（renqing，指恩惠）和有关符号的一种自我意识操纵，而镶入了彼此的义务（Yang，1986），人情、面子和报（bao，指互惠）是共同的要素（Su and Littlefield，2001）。Luk 等人（1996）在研究中国的直销时，提出并证实"关系"的社会概念由"群体取向"的元素——人情、感情（ganqing，指友谊（friendship））和面子整合而成，并成为影响购买来自各个销售人员的顾客承诺的理由。Merrilees 和 Miller（1999）以澳大利亚为背景重复此项研究时发现，虽然关系的一些要素，如互惠、友谊、以及信任在澳大利亚的样本中非常相关，但它们是分开的维度。而在中国，关系是一种连贯的、整体性的方式，并形成一个特定的文化构造。这与 Sin 等（2005）的研究存在共同之处，后者发现中国企业的关系营销取向是一个单一维度（六个成分）。这些成果表明中国开展关系营销的基础性差异。

由此，我们可以得出这样的结论，"关系"（guanxi）是在中国开展关系营销的基本手段和过程因素，它在整体上为中国文化所独有，但在成分上与西方的关系交换具有共同之处。中西方对关系理解和处理方式的差异并不影响彼此对关系结果（绩效）的评价要求。因此，如果要在中国市场中寻找关系结果（绩效）的影响要素和机理，从"关系"的本土概念出发显然直接有效。

第三节　中国消费者—品牌关系质量概念模型的建立

本节根据上述本土关系研究的经典结果和相关成果，从关系取向观点中抽取有关关系质量评价性质的概念，从关系维度观点中选择涉及关系质量成分性质的概念，并以"品牌作为关系伙伴"（Fournier，1994，1998）作为基本前提，考虑它们是否适用于消费者与品牌关系的情形，提出 CBRQ 的可能构面(见表 1－4),[①]并逐一进行阐述。[②] 对消费者—品牌关系质量(BRQ)的概念,采用 Fournier(1994,p. 124)的定义:作为一种基于顾客的品牌资产测量,它反映消费者与品牌之间持续联结的强度和发展能力。在某种意义上说,它捕捉到了个人在面对抵制和压力时,仍然和品牌保持在一起的正面吸引力。高 BRQ 意味着个人与品牌之间的联结能够进一步发展,在有利的环境中,这种关系将不断增强。

表 1－4   中国文化背景中的关系质量:已有研究的概括

CBRQ 的构成	关系取向的研究	关系分类的研究	相关本土化的研究
信任 trust	Yau et al.(2000)	Wong(1998);Mavondo and Rodrigo(2001)	Yau et al.(2000);杨中芳和彭泗清(1999);彭泗清(1999);王飞雪和山岸俊男(1999);李伟民和梁玉成(2002)
相互依赖 interde-pendence [含互惠互依、依赖]	杨国枢(1992);何友晖等(1991);Yau(1994)	Wong(1998);Wong and Leung(2001)	Yau(1994);Bond and Hwang(1986)

① 从理论上看,对人际关系的分类可分为维度观(dimensional perspective)和类别观(categorical perspective)两种(张志学,2001,p. 160)。维度观认为个体是以一些隐含的、连续的维度去表征社会关系,人们在心中将这些关系排列在连续的维度空间上。而类别观则认为,社会关系是由离散的类别而非连续的维度来表示的。在方法上,持维度观的研究者通常用因素分析或多维度发挖出潜藏在数据背后的因素或维度,而持类别观的学者则用聚类分析法支持他们的论点(Haslam,1994)。同样,对关系质量的分类亦适用维度观和类别观两种。国外对消费者—品牌关系质量的经典研究成果采用的是维度观(Fournier,1994)。本章对中国消费者—品牌关系质量量表的开发同样准备采用维度观。

② 与 Fournier(1994,1998)的思路类似,笔者在构建 CBRQ 构面时,也不把"满意"这个最常用的构念包括在内。这主要是考虑如下原因:(1)满意度测试已经成为一个相对独立的、成熟的构念,已被广泛地、单独地使用。而 CBRQ 量表开发的一个目的就是要寻找并解释在传统的忠诚度或满意度测试中不能得到的关系成果的差异。已有成果表明,这个目的是可以实现的。Fournier(1994)基于美国背景开发的品牌关系质量量表,在区分效度方面,比传统的品牌联想测量(即品牌态度和满意)更为优越。(2)满意度究竟是关系质量的构成(Crosby,Evans and Cowles,1990)还是影响关系质量的先行因素(Hennig-Thurau and Klee,1997;de Ruyter,Bloemer and Peeters,1997)存在长期争论;满意度对长期关系的影响性质也存在疑义(Garbarino and Johnson,1999)。

续 表

CBRQ 的构成	关系取向的研究	关系分类的研究	相关本土化的研究
承诺 commitment〔时间取向〕	Yau(1994)	Mavondo and Rodrigo(2001)	Kirkbride et al.(1991);Mavondo and Rodrigo(2001);Lee,Pae and Wong(2001)
关系自我 relational self〔含和谐的部分内涵〕	杨国枢(1992)(关系形式化(角色化))/群体取向〔杨国枢(1992);何友晖等(1991);Yau(1994)〕		杨中芳(1991);余英时(2004);何友晖(Ho 1985);张梦霞(2005)
面子 face	Yau(1994)	Fan(2002);Mavondo and Rodrigo(2001)	胡先缙(Hu 1944);何友晖(Ho 1976);黄光国(1988a);陈之昭(1988);翟学伟(1998);金耀基(1988);朱瑞玲(1988,1991)
情感〔人情与感情〕	Fan(2002)	黄光国(1988a,1988b);翟学伟(1993),杨中芳(2001c,2001a)	杨中芳(Yang 1990);杨中芳(2001c);杨中芳(2001a);杨宜音(2001);刘嘉庆等(2005)

来源:本书作者。

一、 构面一: 信任

(一)西方的观点

信任概念的提出,最早源于 20 世纪 50 年代的社会心理学领域。早期的经典定义有:(1)所谓一个人对某事的发生具有信任是指他预期这件事会发生,并且根据这一预期作出相应行动,虽然他明白假如此事并未如预期般地出现,此一行动所可能带给他的坏处比如果此事如期出现所可能带来的好处要大(Deutsch,1958);(2)信任是一种概括化的期望,指一个人认为另一个人的言辞、承诺以及口头或书面的陈述是可靠的(Rotter,1967,p.651)。

在关系营销领域,代表性的定义有:(1)依靠可信赖(trustworthy)交易伙伴的意愿（Moorman，Zaltman and Deshpande，1992，p. 315；Moorman，Deshpande and Zaltman，1993，p. 82）；(2)当一方对交换伙伴的可靠(reliability)和诚实(integrity)具有信心时的存在(Morgan and Hunt，1994)。信任如何影响长期关系已得到了大量学者的证实，如降低终止关系的意图、加强合作、降低不确定性，高度的信任会提高交易双方的承诺，由此关系的长期存在或持续的可能性越大（Moorman，Deshpande and Zaltman，1993；Morgan and Hunt，1994；Ganesan，1994；Doney and Cannon，1997）。

综合学者们的定义，我们发现信任包含了"期望"和"行为意图"这两种观点。前者得到了认同，但后者还存在争议。[①] 从期望观点看，信任方的信心与被信任方的很多品质（也包括信任方的一些特点）有关，学者们从分解信任的构成要素（维度）出发，使信任概念进入到操作化层面。在实证研究中被采用的观点有：善意和诚实（Larzelere and Huston，1980；Wetzels，Ruyter and Birgelen，1998）；可预见、可信赖和信念（faith）（Remple Holmes and Zanna，1985）；可靠和诚实（Morgan and Hunt，1994）；可靠和善意（Ganesan，1994）；能力、善意和诚实（Mayer，Davis and Schoorman，1995）；可靠和善意（Doney and Cannon，1997）；善意、诚实和胜任（Walter et al.，2003）。由此，我们可认为，构成信任的可靠、诚实和善意这三个成分得到了学界的共识。

（二）本土的观点

从中国传统儒家思想看，"信"的本意是指诚实不欺。孔子把"信"作为"仁"的重要表现之一，要求"敬事而信"，"谨而信"（《论语·学而》）；孟

---

① 期望观点突出了信任方的信心，它来自于对可信赖方是可靠的，并且是高度诚实的坚定信念。而 Moorman 等人（1992）的定义增加了"意愿"这个关键的行为意图构面，他们认为如果一个人值得信任，则此时信任方必须要有依赖他人的意愿。如果没有意愿，则无法产生纯粹的信任（pure trust）。所以在测量信任时，必须要有依赖意愿的测项，否则，仅能视此为有限的信任（limited trust）。但 Morgan 和 Hunt（1994）不同意这样的观点，认为行动的意愿已隐含于信任的概念化中，如果没有行动的意愿，则不能表明交易伙伴是"可信赖的"，否则将承担风险。故行为意图最好是看作信任的结果，而非定义的一部分。笔者同意 Morgan 和 Hunt（1994）的观点。Delgado-Ballester 等人（2003）在发展品牌信任量表时，亦没有采用期望和行为意图联合的定义。

子认为"可欲之谓善,有诸己之谓信"(《孟子·尽心下》),自身确实具有善德称为"信"。[①] 因此,可以认为在中国的文化背景中,"诚信"是首要的、无条件的,而"信任"是派生的、有条件的。诚信的内涵包括三个方面:(1)对方是否老实,亦即诚实以及懂得并遵守一般社会交往的基本法则及义务;(2)对方是否愿意与自己进入这种互惠的交换,亦即承担互惠的义务与责任;(3)会不会在这个交往中为对方托付给自己的事尽心尽力,好像做自己的事一样,必要时甚至牺牲自己的利益(杨中芳和彭泗清,1999)。由此可看出,"诚信"包括了"诚实"和"善意"两个成分。此外,"信"还被解释为"确实""信用"和"相信"等,从被信任方看,则是反映了外在行为层面的可预测性、一致性,人格方面的信誉,以及能力方面的胜任,这些可概括为信任中的"可靠"成分。

Zand(1972)相信,大多数西方人把信任看作是这样的一种行为:传达有用的信息,许可共同的影响,鼓励自我控制,并避免其他易遭攻击性的滥用。对于中国人来说,信任具有非常特别的限定:它建立在角色义务的基础上运作(Yau et al. 2000),从儒家思想看,人们是以潜在的道德力量为基本信念,来启动关系交往中相互信任的循环链:先由自己的诚信来取得对方的信任,然后对方以诚信回报,从而产生对对方的信任(杨中芳和彭泗清,1999)。信任对于中国人来说是道德约束,并与互惠要素有关。对人情的回报不必马上兑现,可以是一个长期的承诺,因此需要信任以确保双方不是机会主义的行为。所以在人情的交付中,信任意味着可靠和胜任(Yau et al.,2000)。

尽管信任被认为是中西方在关系发展中的核心要素(Arias,1998;Yau et al.,2000),但很多学者都指出了信任在中西方文化中的差异。基本观点在于:中国人是首先建立信任,然后进行交易,而西方人是先有交易,然后产生关系。在中国的社会关系中,信任被当作是应对不确定性的一种方式,而且信任具有稳固关系的功能(Yau et al.,2000)。在中国,由于制度缺失和市场结构的不发达,带来交易成本的增加以及

[①] 有关"信"的解释都来自《辞海》(1999年版缩印本,上海辞书出版社,2000年,p.299),但并无"信任"的词项。

交易不确定性的困难,故在商业关系的建立和发展中,建立在个人关系上的信任和声誉远比法律契约和外部仲裁来得重要(Arias,1998;Yau et al.,2000)。因此,与西方相比,信任在中国具有更加重要的地位(庄贵军和席酉民,2003),它成为中国人人际关系的基本特征(罗劲和应小萍,1998),是人际关系建立的心理起点(王晓霞和赵德华,2002,pp.191—192)。本研究认为,"信任"是在中国文化中衡量关系质量的一个基本指标。

杨中芳和彭泗清(1999)指出,中西方影响信任的主要因素有一致的地方,也有不同之处。一致的地方在于两者均研究了个人因素及人际关系因素,而对中国人人际信任的研究则较强调后者,包括先赋的及后天的关系及人情。在西方人的信任行为中,被信任者的因素先于关系因素或者独立于关系因素而存在,但在中国人的信任行为中,被信任者的因素,尤其是人格因素在一定程度上是由双方交往关系因素决定的。如按照著名社会学家韦伯(Weber,1951)曾论述的两类信任:普遍信任(universalistic trust)和特殊信任(particularistic trust),中国人的信任方式多属后者,只信任"自己人",而不信任"外人";西方人的信任方式多属前者,即将信任对象扩展至具有相同信仰和利益的所有人。但彭泗清(1999)研究指出,中国人人际信任的程度主要取决于两人之间的实质关系的好坏,而非两人之间的既定关系(如亲属),李伟民和梁玉成(2002)的调查证实了相似的观点。在与美国和日本的比较研究中,王飞雪和山岸俊美(1999)发现,中国人的一般信任水平较低,其信任结构的构成具有本土和多元的特点。

通过上述陈述和分析,我们可以得出这样的结论,信任在中西方的关系营销中,其差异之处在于作用机理和环境条件等方面。在信任的构成成分(或对于关系质量评价)方面,中西方可以认为有一致的方面,即为诚信(含诚实和善意)和可靠两个维度,但其结构差异仍值得研究。

(三)应用于CBRQ情形

消费者—品牌关系情形中的信任(即品牌信任)问题已得到了许多研究。在品牌信任量表的维度构成上,东西方的成果显示了异同。西班牙

Delgado-Ballester，Munuera-Aleman 和 Maria Jesus，Yague-Guillen
(2003)的品牌信任量表由品牌可靠性(brand reliability)和品牌意向
(brand intentions)两个维度组成(总体方差贡献 62%)，金玉芳(2005)开
发的品牌信任量表由能力表现的信任、诚实善良的信任和总体性信任三
个维度组成(总体方差贡献 76%)。就构念来说，后者的前两个维度内涵
与前者的两个维度是一致的。

　　本研究把品牌当作关系体中具有人格的、活跃的伙伴，它对营销计划
和战术的执行即是成为有意义的特质推断结果(trait inferences)
(Fournier，1994,1998)。这样，我们可以更好地理解消费者与品牌之间
的信任：它不仅是存在于物质层面上的能力表现，也包括精神层面的道
德要素；不仅是单向的认知评价，也是基于互动过程中对对方行为预期的
感觉。本研究对反映消费者与品牌关系质量的信任定义为：消费者对品
牌行为按照自己期望发生的认知和感觉程度。它可以是多成分属性评
价，也可以是总体性态度评价。

　　按照中国人际关系中有关信任的成果，可以认为中国消费者对品牌
的信任可能具有这样的一般性情形：与新品牌相比，消费者给予老品牌
更多的信任。这主要是由于老品牌受口碑、历史、来源地和家庭传统的影
响，与消费者之间大多形成了既定关系。新品牌立足于市场最基本的前
提即是建立消费者信任，其基于实际能力和可靠性的营销显得尤为重要。
在信任缺失的中国市场环境中，建立消费者信任是一项长期任务，也是品
牌资产的基本要素(何佳讯，2005b)。

二、　构面二：　相互依赖

(一)西方的观点

　　在亲密关系研究中，相互依赖是指两人之间可以持久地彼此影响，全
身心地关注对方，并尽可能多地共同活动(巴伦和伯恩，2004 中文版，
p.384)。它被当作关系亲近程度的一个行为指标(Thibaut and Kelley，
1959；Kelley et al.，1983)。尽管关系的特征可以用某种程度的依赖性
来表示，但从社会心理的研究看，有必要对自愿和非自愿的依赖性作区分
(Barnes，2001，pp.123—124)。如果自愿依赖他们的合作伙伴并感到替

代关系的个体是很差的,那么这种关系既是依赖性的又是满意的。另一方面,同样依赖于这种关系,但就目前情形认为有更好的替代个体,那么则是非自愿的依赖,某种程度上会感到不满意或被套住了。[①] 相互依赖的本质是,人们想以最小的成本获得最大的回报,总是想得到最好的人际交往。但相互依赖理论的一个主要观点指出,结果是得是失并不重要,重要的是我们评判结果的两个标准,第一个标准是我们的期望,第二个是如果没有现在的伴侣,我们会过得怎样。如果给伴侣提供好的结果能够使想要的关系继续下去,即使需要努力和牺牲,最终也是利己的(布雷姆等,2005 中文版,pp. 141—169)。

在西方文化中,相互依赖的重要性得到了来自社会交换理论角度的解释。在人际关系中,受社会互动背后的个人利益动机的驱使,个体为满足自己的需要而产生对他人的社会行为的依赖(周晓虹,1997,pp. 310—312);在组织关系中,没有一个组织能够内部产生所需要的所有资源,管理者必须寻找资源竞争的最佳方式。由于在依赖性发展中存在固有的权力和控制问题,组织就要寻求(或避免)某种程度的相互依赖(Wong,1998;Wong and Leung,2001,p. 24)。

(二) 本土的观点

尽管西方学者也把相互依赖(Fournier,1994,1998)或依赖性(Barnes,2001,pp. 123—124)作为关系质量的评价指标之一,但在中国文化中,相互依赖有着它独特的意义背景(eg.,Solomon,1971)。

海外学者许烺光(Hsu,1963,pp. 1—4)提出三个(文化)世界的假说,认为中国世界的本质是以情景为中心,其"特征是永恒地将家族中的至亲维系着,在此基本的人类星群上,个体因受制约而追求互倚。"这区别于美国以个体为中心和印度以超自然为中心的本质。此外,在中国人社会行动取向方面,何友晖等(1991,p. 59)提出"关系取向",它"意含个体

———————

① 这涉及到对关系营销中"关系"本质的理解。企业与顾客之间的相互依赖可能是受很多约束(bond)条件(如技术约束、地理约束、知识约束及其他约束)而形成,顾客虽然无法离开企业,但实质并不愿意。因此,格罗鲁斯(2002 中文版,pp. 23—24)认为,从态度的角度理解关系,即以顾客的感觉作为衡量关系的手段,是最接近科学的方法。

间的回报、互倚与相连性";杨国枢(1992，pp. 97—98)提出"他人取向"与"社会取向",认为"在中国传统社会中,社会关系的界定特别强调两造角色的对偶性……而且,在现实生活中,社会关系的对偶角色是互惠的……社会关系的对偶角色既然是互惠的,彼此就自然会相互依赖。"这些经典观点尽管在提法和内涵上有所区别,但都对中国文化的集体主义[①]本质作出了阐释,表明中国传统人己关系具有分化不完全、相互依赖的特点(彭泗清,1998)。因此,"相互依赖"在中国的人际关系中扮演着核心的角色,个人关心建立、保持和改善人际关系被认为是合乎期望的特质;相反,在西方文化中,强烈的交往倾向可能被视为软弱,结果会减低个人的人际吸引力(Bond and Hwang，1986，p. 241)。

在以人情为核心的中国人际关系基本模式中(翟学伟,1993),做人情(doing favours)原则表明了中国人在处理人际关系时的柔性,对其他人做人情经常是因为希望回报的"社会投资"。中国人相信两个人之间的人情往来应该是某种因果关系,它应该是连续的,这样相互之间的密切关系才被建立起来(Yau，1994，p. 73)。由此可看出,中国文化中的"相互依赖"与西方国家不同,中国人际关系中的相互依赖受人情原则驱动,与互惠和回报行为密切相关。"人情"突出了中国人为人处世中"情"的成分。这意味着,用相互依赖区分关系质量的好坏,还有必要看这种互依形态是否存在条件(杨国枢,1992)。在高质量的关系中,互依形态是无条件的,即在心理和行为上彼此全无保留地依赖对方,而不附带明显的具体条件(如对方的回报能力、对方是否令人喜爱)。相反,越是讲条件,则依赖越存在限度,关系质量也越低。杨国枢(1992)曾用相互依赖的形态来区分基本的关系类型:家人关系中相互依赖是无条件的,熟人关系中相互依赖是有条件的,而生人关系中无任何相互依赖。因此,"相互依赖"是在中国文化中衡量关系质量的又一个基本指标。但同时要明确这种"相互依赖"是自愿的、无约束的、不带条件的。

---

① 根据 Hofstede(2001，p. 215)的调查结果,在文化价值观的个人主义与集体主义维度上,美国、澳大利亚和英国的个人主义指数值分别为 91、90 和 89,平均为 90。代表东方的香港、新加坡和台湾(无中国内地数据)的分值分别为 25、20 和 17,平均为 21。

（三）应用于 CBRQ 情形

在消费者与品牌关系的研究中，Fournier（1998，p. 365）把"相互依赖"作为一个质量成分，意指消费者与品牌相互影响的程度，与品牌相关活动的范围和多样性，以及个别交互作用事件的突出强度。基本上，这个概念强调了消费者与品牌关系中的行为表现（按照互动的频率、范围和强度）。本研究把反映消费者与品牌关系质量的"相互依赖"定义为：消费者基于成本和价值回报的比较，与品牌积极互动的心理期待和行为表现。

这里要指出的是，本研究对"相互依赖"的定义与 Fournier（1998）存在区别。后者的重点是考察行为层面的表现，反映品牌在消费者日常生活中根深蒂固的程度。本研究的定义则紧扣亲密关系研究中有关相互依赖的本质，即"相互依赖"不仅体现在日常行为上，而且还要强调评判结果的标准，即"如果没有现在的品牌，消费者会怎样"。同时，还引入"回报"与"成本"相比较的社会交换理论，相互依赖也体现在"只要最终是利己的，那么即使需要努力和牺牲，也值得付出"。

三、构面三：承诺

（一）西方的观点

承诺在关系稳固性中的核心作用早已被注意到（Rusbult，1983）。与信任相似，承诺是长期成功关系的一种基本成分（Dwyer，Schurr and Oh，1987；Morgan and Hunt，1994）。长期以来，承诺一直是社会交换理论中的核心构念，不同的学者分别在社会交换、婚姻和组织等不同领域定义了承诺（Morgan and Hunt，1994）。"对亲密伴侣幸福的依赖可以引起承诺，体现了继续维持关系的意图（布雷姆等，2005 中文版，p. 164）。"在一般的层面上，承诺被当作是行为意图或奉献，外加心理联结进行定义，这个概念抓住了保持或提升关系质量，并投资于它的改善的愿望，反映了保证这种联结不断持续的一种信念（Fournier，1994，pp. 131—132）。

作为关系营销的一个核心构念，承诺常被引用的定义有："顾客维持一种有价值关系的持久愿望"（Moorman，Zaltman and Deshpande，1992，p. 316）；"交易一方相信与其他方正在进行关系的重要性，因而花费最大的努力来维持这种关系的行为"(Morgan and Hunt，1994，p. 23)；"交易伙伴之间关系持续的一种潜在或显性誓约"(Dwyer，Schurr，and Oh，1987)。从这些定义中，我们可看出顾客承诺对顾客忠诚的影响和联系。Oliver(1999，p. 34)对忠诚作出权威性定义："在未来持续重购或再惠顾某一偏好产品/服务的一种深度承诺，从而导致对同一品牌或同一品牌集合(brand-set)的重复购买，尽管存在情境的影响，以及营销努力对转换行为的潜在影响"。也就是说，如果把忠诚分为态度忠诚和行为忠诚的话，那么承诺就相当于态度忠诚。

在组织行为学研究中，权威性的操作性定义是将承诺理解为一个包括情感性承诺、持续性承诺和规范性承诺的三维度概念①(Allen and Meyer，1990；Meyer and Allen，1991；Meyer，Allen and Smith，1993)。在营销学中，有关承诺构念的操作化有两种情况：一是直接借鉴并选用组织行为学中的定义，例如，Fulleron(2003)选用情感性承诺和持续性承诺来研究对它们对服务忠诚的影响关系，Hansen、Sandvik 和 Selnes(2003)选用情感性承诺和算计性承诺来研究顾客承诺对服务雇员留下倾向的影响，这里的算计性承诺在内涵上与持续性承诺是基本一致的；二是在结构维度上与组织行为学中的定义重叠部分很大，例如，Gundlach、Achrol 和 Mentzer(1995)主张承诺有三个成分：一是属于某些投入形式的工具性成分(相当于持续性承诺)，二是可以描述为情感性承诺或心理依恋的态度成分，三是时间性维度，表明关系长时存在。

（二）本土的观点

Mavondo 和 Rodrigo(2001)的研究表明，长期时间取向对人际间承诺和组织间承诺都有显著的直接影响。与西方国家相比，中国文化价值

---

① 情感性承诺是指雇员对组织感情上的依恋、识别和牵连；持续性承诺是指雇员离开组织产生的基于成本考虑的承诺；规范性承诺是指雇员留在组织的义务上的感情。对于这三个维度概念的差别，Allen 和 Meyer(1990，p. 3)形象地描述为："具有强烈情感性承诺的雇员之所以留在组织中是因为他们想要(want to)，那些具有强烈持续性承诺的雇员留下来是因为他们需要(need to)，那些具有强烈规范性承诺的雇员留下来是因为他们感觉到他们应该这么做(ought to)。"

观具有更突出的长期时间取向。Hofstede(2001，p. 356)在 23 个国家和地区开展的调查表明，中国内地、香港地区和台湾地区的长期取向指数值分别为 118、96 和 87，平均为 100；而在西方国家美国、英国和澳大利亚，分别为 29、25 和 31，平均为 28。可见中西方在长期与短期时间取向上的差异非常大。在长期时间取向价值观的社会中，个体更可能产生有利于作出承诺的心理和行为。按庄贵军和席西民(2003)的提法，"中国人的承诺常常是一种文化上的默契"。因此，承诺是在中国文化中衡量关系质量的重要指标。

当关系双方着眼于长期的结果，致力于产生持续的关系时，就存在长期时间取向。Zamet 和 Bovarnick(1986)曾用一种人际关系特征，即长期的相互利益而非短期的个人获取，来定义中国的"关系"。Kirkbride 等(1991)也指出中国的"关系"是双方之间的一种持续关系。Yau(1994，pp. 78—79)概括中国文化价值观的时间取向维度由"过去时间取向"和"持续性"两个方面组成。中国人崇拜祖先和历史，注重传统和家族延续，表明中国是一个倾向于过去时间价值的社会。这意味着中国人破坏一个已经建立的关系，或重建一个破坏的关系，都十分困难(Mavondo and Rodrigo，2001)。中国人际关系中特有的基于人情、面子和报的互惠特性，显然促进了关系的持续性保持。也就是说，中国人际关系中的承诺有着明显的算计成分(即西方的"持续性承诺"概念)，即自己"付出的人情"期待对方在适当的时候回报，否则感到有"损失"；对方给自己的人情，自己也想法回报，否则有"欠债"感。其结果是，在中国的文化中，关系动力的内在机制保证了关系一旦建立，便有延续不绝的可能。笔者的观点与Lee、Pae 和 Wong(2001，p. 55)所指出的不同，后者认为，对比西方关系交换背景中的"算计的承诺"，中国的"关系"中的承诺是"感情的承诺"。事实上，中国人际关系亦存在算计的承诺，只是算计的性质存在不同而已。

（三）应用于 CBRQ 情形

在消费者与品牌关系的情形中，Fournier(1998，p. 365)认为，高水平的承诺同样存在于强势的品牌关系中，她把承诺定义为"不管环境是可预见还是不可预见,与品牌保持长久关系的行为意图",包括自认为的忠实和忠诚,常常表现为申明的誓约和公开的意图;但不单独以造成退出障碍的沉没成本和无法弥补的投资来定义。

本章直接采用Fournier(1998)的定义。在中国这样快速变化的环境中,强调"承诺"定义中的附加条件"不管环境是可预见还是不可预见"十分有意义。这样,才能深入地反映承诺测量的条件性要求。

四、 构面四： 自我概念联结

(一) 本土的观点

儒家认为,人是一种"群"的存在。荀子指出,人的自我价值应在他人和群体中体现。"人之生,不能无群(《荀子·富国》)。"因此,自我的完善并不具有排他的性质,相反,根据人道的原则,个体在实现自我的同时,也应当尊重他人自我实现的意愿,所谓"己欲立而立人,己欲达而达人"(《论语·雍也》)。这种"成己"与"成人"的联系,意味着个体超越自身而指向群体的认同。总的来说,在群己关系上,儒家思想具有重群体、轻个体的特征(杨国荣,1994)。

"自我"(self)是"人际关系"概念的逻辑起点(杨宜音,1995)。作为心理学上的工具概念,它具有"独立"(individual)的意义。但在中国传统文化中,在社会中的意义单位不是"个人",而是"家"(或家族、亲族等),因此,"自我"受"人伦关系"牵制,成为"家我"(family oriented self),它的内外群体的界限是相对的、极不明确的。相对于旁系血亲群体,直系血亲群体便是"自我";相对于姻亲关系,血亲关系便是"自我";相对于陌生人,熟人便是"自我";相对于外乡人,同乡便是"自我"……(李美枝,1993)。自我的这种人格非独立性地通过人的社会化而形成,它是存在于关系体中的。

从社会心理学的角度,无论是情景决定论(Hsu, 1963)、关系取向论(何友晖等,1991)还是他人取向与社会取向论(杨国枢,1992),都表明传统中国人在心理和行为上存在十分容易受到他人影响的强烈倾向,对他人系统的注意程度远高于对自己系统的注意程度,将社会观众对自己的看法看得比自己对自己的看法更为重要,外在的社会关系与社会压力在个人心灵中占据的比重,远远压倒个人对自我心理状态的知觉程度(孙隆基,2004,p. 236)。

因此,何友晖等(1991)指出,中国人的自我是关系性自我,"别人在自己现实世界的出现与自我的浮现,已到了水乳交融的境界"。很多学者对此有相同或类似的观点。如孙隆基(2004,p. 145—243)提出"人我界线不明朗",认为"中国人的'个体'并没有清晰明朗的'自我'疆界","'和为贵'或'息争'的态度……造成'自我'的弱化……结果就形成自我压缩的人格。"杨国枢(1992)提出"社会或角色一致性",即是说,在社会互动过程中,传统中国人不是以内在自我意向为重心、强调个人或自我一致性,而是以外在社会情境为重心。中国人以关系来界定身份,实际上也就是以角色来界定自己,每种关系中的角色行为都有许多规范化的信念,它要求角色的扮演者遵循这些信念,以满足对方根据角色规范所形成的期望(杨国枢,1992;庄耀嘉和杨国枢,1997)。因此,中国人的"自我"与一个人的社会角色紧密相连。这在本质上是中国人重视"和合性"(孙隆基,2004)的必然结果。儒家文化提倡"和为贵",注重人己物我之间的和谐共处,既视和谐为人际关系中的理想状态,又把和谐作为现实人际关系追求的重要价值目标之一(王晓霞和赵德华,2002,p. 170)。

(二) 与西方的差异

中国人的自我是关系性自我,本研究的定义是:个人超越自身实体[①],并使之与外在社会关系相结合,以追求两者间的和谐一致为目的,所界定的对自己的期许。在这里,私人的自我(私我)与社会的自我通常交织在一起,融为一体,甚至以社会自我覆盖私人自我。

西方人的自我概念是"个人将他或她自身作为对象的所有思想和情感的总和"(霍金斯、科尼和贝斯特,2000 中文版,p. 253),私人的自我与社会的自我明确区分并独立开来。这两者的差异源自中西文化中对"个人"与"社会"关系构想的不同,见表 1 - 5。

---

① 这里的"自身实体",也就是"个己"(杨中芳,1991)或"私我"(何友晖、陈淑娟和赵志裕,1991)。

表 1-5　中西文化对"个人"与"社会"关系构想的不同

西方"个人取向"社会结构	中国"社会取向"社会结构
1. 以一个独立自主的个体为单位	1. 以"人伦"为经、"关系"为纬组成上、下次序紧密的社会
2. 着重个人的自由、权利及成就	2. 着重个人对社会的责任与义务
3. 着重个人独立、自主的培养;"小我"幸福是社会幸福的基础	3. 着重"大我"概念的培养;"大我"幸福是"小我"幸福的先决条件
4. 追求个人利益是被鼓励及许以重赏的	4. 服从规范,"牺牲小我""完成大我"是被鼓励及许以重赏的
5. 社会的运作靠法律来维系;社会公正:使绝大多数的人得到最大利益	5. 社会的运作靠个人自律及舆论来维系;社会公正:对遵守规范者的奖赏,对违反者的惩罚

来源:杨中芳(1991,p.99)。

在西方文化和价值观系统中,个人的自我取向强调的不是社会或角色的一致性,而是个人或自我的一致性。也就是说,在社会互动过程中,西方人不以社会情境为重心,而以自我意向为重心(杨国枢,1992)。在中国文化中,虽然儒家很重视和肯定个体自身的价值,所谓"人人有贵于己者"(《孟子·告子上》),道家(如庄子)更是注重个体的自我认同(杨国荣,1994),由此看出,中西方的个人主义都是肯定个人和解放的价值,但是西方的个人主义是以个人为本位,中国却在群体与个体的界限上考虑自由的问题(余英时,2004,p.61)。这也正像何友晖(Ho,1985)指出的,对西方人来说,个体的身份是和社群无关的;但对中国人来说,个体和集体身份是纠缠不清的。概括地说,中国价值体系中的"自我",不像西方价值体系中的"自我"那样,以表达及实现"个己"为主,而是以实践、克制及超越转化的途径,来使"自我"①与"社会"结合(杨中芳,1991,p.105)。

但是,西方人的自我概念并非完全不适用于中国文化背景。事实上,在迅速变迁的社会环境中,中国年轻一代的"个我意识"与传统价值观产生了很大变化。正如奥美集团(1998)的一项研究指出的,中国的消费者

---

① 原文中,这段话出现的三个"自我"都是"自己",作者的意图是要用"个己"来代表以自身实体为界限的那个狭窄"自身"的称呼,而以"自己"来泛指对广义的"自身"的称呼(杨中芳,1991,p.105)。这里是为了更好地与上下文统一,改为"自我",英文是self。

已从历史上"儒家的我",到40年代的"无私的我们",到现在的"个体的我",经历了一个变化的过程。现在的中国,"自我一代"正在形成,他们对生活的态度较之前辈和十年前已有巨大的差别(McEwen et al.,2006)。

（三）应用于 CBRQ 情形

在消费者与品牌关系的情形中,Fournier(1998,p.364)把"自我概念联结"作为关系质量的构面,定义为"反映品牌传达重要的身份(identity)关注、任务或主题,从而表达了自我的一个重要方面的程度。"之后,Fournier(2000)对之作了补充,认为这种对自我的表达既是过去的(包括怀旧参照和品牌记忆),也是现在的;既是个人的,也是社会的。这为自我的基础提供了舒适、联系、控制和安全的感觉。它的极端形式是品牌和自我概念的整合。

本研究直接采用 Fournier(1998,p.364)对"自我概念联结"的定义,但对其内涵(测项)增加了中国文化中"关系自我"的内涵。即消费者希望品牌对自我的表达是个我和社会自我的和谐统一,这与"既是个人的也是社会的"有所不同。根据张梦霞(2005a)的实证研究结果,儒家文化价值观中的"行为与地位一致"维度,对象征型购买行为有显著的诠释能力。这说明中国消费者十分注重其消费和购买行为与自身地位、身份、阶层等的适宜性和一致性。

五、 构面五： 面子感

（一）本土的观点

"面子"是中国人社会心理中一个最基本、最细腻和微妙的准则(林语堂,1994中译本,pp.199—206;翟学伟,1991),是解释中国人诸多行为的关键(Stover,1974)。面子具体地调整着中国人人际关系的方向和程度,成为中国人际关系的一个最基本的"调节器"(王晓霞和赵德华,2002,p.187)。"面子"是一个有多少、大小的"量"的概念(金耀基,1988),在量上面子之得失有其强弱度,在质上可分为有面子、没面子及丢脸三种(陈之昭,1988,p.181),双方均无面子的人际关系不可能持久,关系愈亲密,双方所共有的面子也愈多(朱瑞玲,1988),因此,面子可以用作为关系质量的一个成分。"面子感"是在中国文化中衡量关系质量的一个特有指标。

　　面子的定义，最早公认是由我国留美的人类学家胡先缙（Hu，1944）作出的。她把中国人的面子观分为脸和面两类，认为它们是截然不同的概念，指向不同的心理和行为。其中脸涉及的是中国人的道德品质，面子指的是因社会成就而获得的声誉。之后，很多本土学者们的工作都遵循了脸面分离的研究传统。[①] 如朱瑞玲（1988）认为，就广义而言，面子至少包含两种社会赞许的价值，一种是符合外在社会要求的面子（包括个人拥有的身份地位、政治权力、学术成就等），它是由社会赋予的面子；另外一个是个人内化的道德行为，是来自自我要求的面子，不需要他人评价。翟学伟（1998，p. 269）提出，脸是个体为了迎合某一社会圈认同的形象，经过印象整饰后表现出的认同性的心理与行为，而面子是这一已形成的行为在他人心目中产生的序列地位，也就是心理地位。由此我们可认为，脸是由个人对自己行为作出的评价，而面子是个人在社会互动中，对他人评价自己行为的感知结果。鉴于两者存在的差异，这里选用狭义的面子概念。

　　黄光国（1988a）从社会心理学角度，对面子作出的定义是：个人在社会上有所成就而获得的社会地位（social position）或声望（prestige）。这是对面子最普遍的定义。中国人的"面子"动机主要是：通过面子行为，中国人可以使自己保持和拥有更多的社会价值。按费正清（1999，p. 125）的提法，"（中国）人的价值，并不像西方所认为的那样是每个人固有的品质，而是需要从外界获得的。"面子需要实际为一种社会赞许需要（need for social approval）（陈之昭，1988）。因此，面子代表达到社会所认可的成就而获得的声望，属于社会地位的拥有，主要满足了中国人社会尊重感的需要（佐斌，1993），是对中国人社会取向成就动机[②]的恰当说明

[①] 但也有学者认为面子并非全无道德的内涵，如何友晖（Ho，1976）指出，"面子"与"脸"的意义会随着言语的前后关系而不同，面子与脸有时很难完全区分，在某些情况下这两个名词甚至可以交换使用，因此面子与脸的差异不能仅在意义上做区别。陈之昭（1988）则用实证的方法表明，丢脸与没面子之不同不仅是由于事件涉及道德与否，而且是因为所涉及事件的难堪程度不同，丢脸比没面子的难堪程度更大。

[②] 余安邦和杨国枢（1987，1991）曾将成就动机概念区分为社会取向与个我取向两种独立类型，并指出中国特有的社会化过程蕴育出社会取向的成就动机，这更适合解释中国社会的成就行为。

（朱瑞玲，1991，p. 207）。陈之昭（1988）从现象心理的角度对面子的界定是："在自我或自我涉入的对象具有且为自我所重视的属性上，当事人认知到重要他人对该属性评价后，所形成之具有社会意义或人际意义的自我心像。"这个定义强调了自我意识与面子给予之间的互动影响。因此，可以认为中国人的"面子"由两方面构成：个人的面子需要（内在的人格特征），以及关系体中对方的面子给予。

（二）与西方的差异

从字面上看，胡先缙（Hu, 1944）指出，西方人所说的 face，最多只能代表中国人的"面子"，却一点也涉及不到"脸"的观念。美国著名社会学家 Goffman（1955）认为，面子是人类一种共有的心理现象[①]。但中国人"爱面子"的文化特质特别突显，这与中国儒家伦理传统太过重视外在形式的"礼"，以及主张名分阶层（差序）有密切的关系（金耀基，1988；朱瑞玲，1988，1991）。

何友晖（Ho, 1976）认为，"面子是个人基于他在社交网络中所占的地位、合宜的角色表现与被人接纳的行为操守，而从他人那里获得的尊重与恭敬；个人所获得的面子视个人及其关系密切者的生活举止与社会威望是否吻合而定；而在两个人交往的情况下，面子可以说是一种相互的服从、尊重与恭敬，是双方都期望获得且同时准备回报的。"该定义特别指出了个人的面子也受个人关系密切者的影响，这一点体现了中西面子观的基本差异。

在 Goffman（1955）的文章中，他详细地列出了种种保护面子的策略，即"面子工夫"（face-work）。这为后来西方的印象整饰（impression management）[②]理论发展奠定了基础。翟学伟（2001，pp. 74—81）论述，

[①] Goffman（1955）将面子定义为：在某一特定的人际脉络中，个人由他人对其作为之肯定，所获取的正面社会价值，也是个人对于自身所拥有的社会所赞许的属性的意像。

[②] 印象整饰也称为自我呈现（self presentation），它是在某种动机驱使下，而采取一系列的"饰"（修饰、掩饰、装饰）性策略，从而达到控制他人对自己形成某种印象的人际互动现象（参见李琼，郭德俊 1999）。所谓"面子工夫"，其实就是一种印象整饰行为，是个人为了让别人对自己产生某种特定印象，而故意做给别人看的行为（黄光国，1988a，p. 305）。在中国社会中，它被当作是一种常用以对他人施加影响的计策（Bond and Hwang，1986，p. 225）。

face 在该理论中既指个人的印象整饰,又指在他人心目中建立起的心理地位,两者隐含的是一个一致性的心理和行为方式,意即个人对自己形象的塑造和具有脸的资源的多寡直接关系到自身和他人关系的建立和获得面子的多寡。脸面观是同质性的结构。这符合西方个人主义价值观的出发点。但中国人的价值观是社会取向,做人的重点在关系上,从而导致中国人不但在脸面心理与行为中偏向面子,而且还造成了脸与面子的分裂。这个理论观点在实证研究中得到了某种印证,Schlenker(1975)的研究表明,美国人自我呈现的 2 个维度是能力和人际关系,而李琼和郭德俊(1999)得出结论认为,中国人印象整饰具有的 2 个特征是社会道德维度和人际关系维度。

(三)应用于 CBRQ 情形

在消费者与品牌关系的情形中,"面子感"是中国文化中用来反映品牌关系质量的独特成分。这是基于品牌意义在中国的本质上的考虑。Hamilton 和 Lai(1989)以历史资料证明,品牌在中国历史上就曾服务于社会目的,早在明清时期(1368—1911),品牌作为物质符号被用来划分社会地位。Tse(1996)则认为,品牌的这种社会功能在今天仍然十分重要,因为中国消费者把品牌名作为建立社会关系的一种工具。他提出,中国消费者比西方消费者更重视品牌的社会价值;与西方消费者相比,品牌在更大程度上被用于与其他外部群体保持距离同时维持群体内的相似性,群体内部对消费者品牌的选择有更大的影响。中国消费者会在更大的程度上把他们的社会地位和品牌名相匹配。

"面子"是中国人进行社会互动的重要符号。品牌作为一种象征(Levy,1959;McCracken,1986a;Batra et al.,2000),充当了给予面子或加强面子(Bond and Hwang,1986,p.246)的角色和作用。本研究把反映消费者与品牌关系质量的"面子感"定义为:消费者对品牌象征性地赋予自己社会地位、社会性赞赏和影响的知觉程度,它带给消费者的是愉悦性的骄傲情绪,如自豪、神气、得意、优异和受尊敬等。这里所指的"社会地位",其更真实的内涵则是品位与风格。

作为消费者与品牌关系质量的一个衡量方面,消费者个人面子需要的程度，以及品牌能够给予的面子大小，产生了互动作用，共同影响着关系质量评价的好坏程度。从社会互动的角度看，品牌给消费者带来面子，反过来，消费者（使用阶层）也给品牌带来面子。品牌既可能带给消费者"真面子"，也可能是"虚面子"。后者是指个人借助品牌象征，灵巧地从他人的角度不断调节自我呈现的内容和方式，借以整饰自己给予别人的印象，以便在他人心目中留下良好的形象（即名誉），目的是为了防止丢面子或为了追求有面子，但其表现并非表里如一、名实相符。

六、 构面六： 真有与应有之情

（一）本土的观点

儒家认为，人类具有七种最基本的情感：喜（happiness）、怒（anger）、哀（sadness）、惧（fear）、爱（love）、恶（hate）、欲（desire）[①]。它们构成人际交往中"人情"[②]的来源。"人情"是破解中国人情感世界的核心构念。

翟学伟（1993）曾提出一个由人缘、人情和人伦构成的中国人际关系基本模式。在这个模式中，情为人际行为提供是什么，伦为人际行为提供怎么做，缘为人际行为提供了为什么，从而构成一个包容价值预设、心理和规范的系统。杨中芳（2001b，pp. 19—20）对此评价认为，从翟氏这一构架中，可以看到情感是中国人际关系构念化中最重要的因素。她自己也曾指出，中国文化是一个重情感的文化，这反映在任何人际交往中，人们总要给对方最起码的人情（杨中芳，2001c）。

以杨氏的观点，这种"人情"带有很强烈的义务性和强迫性，使得人们在现实生活中表达情感时，"情"与"礼"之间产生了间隙和分离，有时我们知道按"礼"应该给某人"情"，但心中并无种"情"的存在。由此，她提出用"应有之情"（义务的、规范的情感，也称人情）和"真有之情"（真正的、自发的情感，也称感情）的双层结构对人际关系进行分类（杨中芳，2001c），

[①] 出自《礼记·礼运》，原文为："何谓人情？ 喜、怒、哀、惧、爱、恶、欲七者弗学而能。"

[②] 按杨中芳（2001c，pp. 348—350）的定义，人情有三个意义，广义的是指，在文化的指引下，存在于两人之间"应该"有的及给予对方的情感，又称应有之情。狭义地是指，在于两个互不相识的人之间的，"最起码""应该"有的基本情感义务（亦称为"人情味"）。另一义则是泛指用以表达情感时，所给予对方之实质或抽象的好处（一顿饭、一份礼物或一个问候电话等）。与"人情"相区别的是"感情"，泛指两人之间所存在的、自发的真情，又称真有之情。

并阐释中国人的情感世界(杨中芳,2001a)。见表1-6。这个构念得到了实证结果的印证,刘嘉庆等(2005)的研究表明,华人人际关系中普遍存在的情感成分具有义务性质。

表1-6 以情感的双层结构对人际关系的分类

感情(真有之情) 人情(应有之情)	高	低
高	亲人、铁哥们关系 (自己人)	恩情或交情关系 (身份性自己人)
低	友情关系(挚友) (交往性自己人)	市场交易关系 (外人) 路径A

路径B

来源:综合改编自杨中芳(2001c,p.363),杨宜音(2001,p.156)。

从表1-6中可看出,情感成分可以区分关系的性质(质量)和类型,其构成差异区分出了四种基本的关系类型及等级。关系质量最理想的情形是"真有之情"和"应有之情"合二为一,中间没有间隙,最佳的情形是"真有之情"和"应有之情"都处于高状况下的"自己人关系",相反,最差的情形是两者都处于低状况下的"市场交易关系"。杨国枢(1992)亦曾用情感(情绪)来区分自己提出的三种关系类别,家人关系是"亲爱之情",熟人关系是"喜好之情",生人关系是"投好之情"。本研究认为,有这样四种基本形式,即"家人关系""好朋友关系""合作伙伴关系"和"熟人关系",分别代表四种关系类型的典型。在"真有与应有之情"均高的类型中,"家人关系"是典型。在"真有之情"高、"应有之情"低的类型中,"好朋友关系"是典型,反之,"合作伙伴关系"是典型。在"真有与应有之情"均低的类型中,"熟人关系"是典型。

理解"真有之情"和"应有之情"两者的关系和角色,对于关系质量的衡量十分重要。换句话说,从情感维度测量关系质量,是否只需要"真有之情"的构念就可以了？杨中芳（Yang，1990）指出，一方面，在人际交往过程中，这两种不同的情感会同时（分开）在运作[①]，另一方面，针对同一个人，人们可以同时存有这两种情感，而且它们的关系不一定是互斥的或是互补的。它们虽然在人际交往中扮演不同的角色，但同等重要。"在做应有的情感的交换时，如果完全没有真情来相伴的话，就会被认为是相当的虚假。而真情之表露，如果完全不顾当时的场所应该表示的应有之情，那么也会被认为是相当的鲁莽。"（杨中芳，2001a，p. 444）。由此可看出，"真有之情"和"应有之情"的成分多少都会影响关系质量的层次，而真正的情感质量需要在两者均衡发展的基础上综合考量。如果说，"真有之情"是影响关系强度的因素，那么，"应有之情"则是倾向于影响关系持久性的因素。因此，真有与应有之情是在中国文化中衡量关系质量的另一个重要指标。

（二）与西方的差异

中国人处世原则一般是情理合一，但这种情理分配与西方相比有所区别。西方人在交往中重理不重情，而中国人重情不重理（李美枝，1993；翟学伟，1993）。所谓"重情"，是表明中国人在人际交往中，存在着"人情规范"的特色。杨中芳（2001c，p. 345）提出，"由于本土文化对这一规范的重视，我们不能像西方学者那样，只考虑由经验所产生的自发的感情，从而把人际情感的研究只集中在亲密度这一维度的关注上；我们更必须考虑到应该的、义务的这一层面的情感。"

中国人人际情感中这种义务性的、规范性成分的作用，至少可以归纳为四种与西方存在差异的情感特征：相对于美国人所重视的"情爱"，中国人更重视伦理中所隐含的义务之"情"及维系一般生活运作所需的"人情"（Hsu，1971）；中国人的情感可能是"冷"的，复杂的，难以用语言直接表达清楚的，而西方教科书说情感是"热"的，可以找出它的特性和实质元

[①] 按杨中芳（Yang，1990）的解释，人们常常对那些他们认为只有给他们应有之情的人，也还以应有之情；而对那些他们用真心真意来往的人，也回以真心真意。笔者认为，这有些类似于社会心理学中提出的"交换关系"（exchange relationships）规范和"共有关系"（communal realtionships）规范。

素等;中国人的情感受情境和关系决定的影响,因此在研究情感时,要把注意力放在如何把内心自己的情感(未发的情),表现为具体的行动(发出之情),以及在作出这一行动中,考虑了哪些因素,用了哪些准则来帮助决策(杨中芳,2001a,pp. 445—454);"应有之情"亦可以独立地反映中国人际关系的"差序格局"(杨宜音,2001,p. 139;杨中芳,2001c,p. 349),即越是亲密的自己人,应有之情高,越是疏远的外人,应有之情低。从表 1-6可看出,在关系的低级层次,应有之情并无作用,但随着关系的发展,应有之情和真有之情一样,都成为改进和提升(路径 A 和路径 B)关系质量的要素,最终达到理想状态,尽管两者引导的中间状态,其关系类型仍存在性质上的差异。

(三)应用于 CBRQ 情形

在消费者与品牌关系的情形中,Fournier(1998,pp. 363—364)把"爱与激情"作为品牌关系质量的核心构面,定义为"从热烈、喜爱到激情、迷恋、自私和强迫性依赖等范围里变动的爱的感觉。"她指出,在支持品牌关系的持久性和深度上,"情感"(affect)要比品牌偏好这个概念重要得多[①]。Chaudhuri 和 Holbrook(2001)的研究也表明,品牌情感和品牌信任是影响品牌忠诚的先行变量,因为它们对顾客提供了不可替代的独特价值。

本研究采用"真有与应有之情"构念来反映消费者与品牌关系质量的情感构面,把它定义为:在对品牌使用中,消费者由对品牌喜爱产生的难以控制的正面情绪反应(真有之情),如高兴、愉快和乐趣等;以及受文化规范影响(如爱国主义,家庭和传统,场合和礼节)而产生的义务上的感情(应有之情)。这主要基于两点考虑。首先,处于转型经济中的中国消费者,与西方成熟市场中的消费者相比,他们对品牌化产品的涉入度和品牌关系深度水平相对较低(Landry,1998;Prahalad and Lieberthal,1998;Coulter,Price and Feick,2003;林静聪和沙莎,2005),反映在品牌情感上,普遍的情况可能处于 Fournier(1998)的定义中变动范围的低层次,即

---

① 按艾森克和基恩(2003 中文版,p. 489)的提法,"情感"(affect)一词包括的意义非常广泛,它被用来表示各种不同的内心体验,如情绪(emotion)、心境(mood)和偏好(preference)。由此看来,偏好属于情感的一部分。

以"喜爱"为核心。其次,以上述一般关系中有关情感研究的本土化观点(杨中芳,2001c),我们有理由认为,揭示中国人的情感世界,应该考虑纯粹亲密情感之外的应有之情才显得合理和完整。

七、 总结

通过上述的学理性研究,本研究建立了中国消费者—品牌关系质量(CBRQ)的多构面模型,它由六个要素构成:信任、相互依赖、承诺、关系自我联结、面子感、真有与应有之情。在建构过程中,采用的是主位方法,既以本土关系理论研究的代表性观点和成果为核心,又与西方理论进行比较分析,同时还结合中国市场环境和品牌消费行为的当前特征作出选择和判断。从构面名称看,与 Fournier(1994,1998,2000)建立并实证的模型相比,本研究的三个构面(相互依赖、承诺、自我概念联结)与之相同

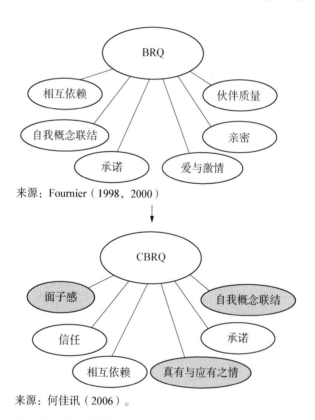

来源:Fournier(1998,2000)

来源:何佳讯(2006)。

图 1-5　西方 BRQ 模型与来自中国本土的 CBRQ 概念模型比较示意

或基本相同,两个构面具有可比性(信任 vs 伙伴质量;真有与应有之情 vs 爱与激情),一个构面为独有(面子感)。从构面实质看,面子感、真有与应有之情和自我概念联结等三个构面体现了中国文化背景的独特内涵。对所有构面的概念内涵和成分均做出了新的讨论,或是肯定和相同,或是调整和补充。

到目前为止,在 CBBE 测量量表的开发上,绝大多数研究者是采用以美国为代表的西方国家背景的主位(局内人)方法,即首先在西方文化中开发,然后在其他文化中进行证实或重复进行。尽管 Yoo 和 Donthu(2001)开发的量表是采用客位(局外人)方法,尝试同时使用多种文化以建立一个跨文化的通用测量结构,但这项研究是基于认知视角,其目的证实品牌资产产生过程的恒常性就在情理之中。

在以关系视角的 CBBE 量表开发上,西方学者 Fournier(1994,1998,2000)开创性建立的 BRQ 构念,无论是概念框架还是实证结果,已被写入教科书(eg. , Aaker, 1996a;何佳讯,2000,2005a; Keller, 2003;谢斯和米托,2004 中文版),足见其影响力。由于这项研究是以社会心理为基本理论,而社会心理本身强调的就是社会/文化/历史等外部环境的影响,这为在中国文化中发展新的测量模型提供了可能性和必要性。本章的研究严格以中国文化背景的主位方法进行,先有本土理论的分析基础,又将用严谨的实证数据加以检验。

第二章
品牌情感结构的实证研究

过去 40 年来,大批学者研究消费行为中情感或情绪的问题,显现了其对于市场营销的重要性不断提升(Hirschman and Holbrook,1982;Erevelles,1998;Agarwal and Malhotra,2005)。就品牌而言,消费者对之的情感正是形成品牌附加值的源泉,这就不难理解为什么情感品牌化成为当今深具影响力的品牌管理范式(Thompson,Rindfleisch and Arsel,2006)。但从有关研究看,不同学者针对品牌情感的测量存在较大差异(参见 Fournier,1994,1998;Chaudhuri and Holbrook,2001,2002;Thomson,MacInnis and Park,2005),对这一构念的内涵并未形成一致看法。事实上,营销学界确实为情感/情绪的结构和内容这两个相关问题所困扰(Bagozzi,Gopinath and Nyer,1999)。有关品牌情感的内涵和构成,将影响到实证研究对这一构念的使用,以及是否能够得到充足的、合理的解释。

本章试图以中国人的人际情感理论建立品牌情感构念及维度。同时为了客观地表明新的情感框架的有效性以及新的情感类型的作用,本章从品牌情感构念对品牌资产驱动关系的角度检验其实际效度。如果新的构念能够在揭示和解释消费者对国产品牌与国外品牌关系的差异上提供切实帮助,并因此得到新的管理含义,那么确实表明了本土化理论建构的现实价值,从而为本土品牌的长期管理提供更有效的战略指引。

第一节　中国文化背景下品牌情感的结构

在消费者行为领域,有关情感/情绪的类型(分类与量表)及效度问题的探究似乎伴随着整个研究的历程(例如,Mehrabian and Russell,1974;Izard,1977;Plutchik,1980;Havlena and Holbrook,1986;Holbrook和Batra,1987;Richins,1997),学界对有关情感的测量评价取得了重要共识。现有的情感/情绪量表和分类框架并未显现跨文化使用上的明显障碍。然而,尽管很多情绪的体验和认识在不同文化间是稳固的,但也同样存在着显著的差别(Aaker and Williams,1998)。这往往是由于截然不同的自我解构(self-construal)方式所致,产生对个体关注点的系统性文化差别(Triandis,1993)。这种差异经常性地体现在东西方的文化对比中。以中国文化为背景,有关情感研究可以或者应该体现出与西方的差异,从而为更深入地认识情感及其作用提供更多证据。

中国文化"重情感"。所谓"重情",是表明中国人在人际交往中,存在着"人情规范"的特色(杨中芳,2001a),这反映了社会取向的人际关系模式和处世原则,与西方存在着根本区别。相对于美国人所重视的"情爱",中国人更重视伦理中所隐含的义务之"情"及维系一般生活运作所需的"人情"(Hsu,1971)。那么,对中国文化背景而言,这种带有普遍性的义务之情,即所谓的"应有之情"是否也体现在消费者与品牌的关系之中,从而为推进和完善品牌情感构念的理解和界定,也为跨文化视角的情绪/情感测量研究提供新的见解? 这正是本节的基本研究目的。

一、理论背景、构念建立与假设

(一)西方消费行为领域对情感/情绪测量的研究

情感和情绪在消费者行为领域得到了广泛的研究。情感(affect)通常定义为"有效价的(valenced)感觉状态"(Cohen and Aerni,1991;Erevelles,1998)。心情(mood)和情绪(emotion)为这种状态的形式。通常,消费情绪(consumption emotion)被定义为对现象的直接认识获取的主观体验,提供了对产品或服务的整体性的、体验性的信息(Chaudhuri,

1997)。对于品牌情感(brand affect),Chaudhuri 和 Holbrook(2001)把它定义为普通消费者使用品牌后产生正面情绪反应的潜能。站在心理活动的角度,两者的区别是:消费情绪更多地与生理需要相联系,而品牌情感则是与社会性需要相关联。

大批学者对情绪的分类进行了广泛的、持续的研究(参见 Laros 和 Steenkamp,2005)。生物学领域代表性的有 Izard(1977)提出差异化情绪量表(DES),包括十种基本情绪,三种为正面情绪,七种为负面情绪;Plutchik(1980)从心理进化角度提出八种基本情绪,其中有六种与 Izard(1977)的一致,分别是害怕、愤怒、欢乐、悲伤、厌恶和惊奇。此外,Mehrabian 和 Russell(1974)从环境心理学背景提出基本情绪三维度,包括愉快(pleasure)、唤起(arousal)和支配(dominance),简称 PAD 范式。

在消费行为领域,研究者们使用这些不同的情绪分类框架,讨论它们的合适性,并引发探究新的、更全面的消费情绪分类。Havlena 和 Holbrook(1986)通过消费体验真实材料的内容分析和统计,对比了 Mehrabian 和 Russell(1974)与 Plutchik(1980)的框架,结果表明前者比后者具有更好的外部收敛效度。Richins(1997)指出,当研究者感兴趣于测量潜在的情绪状态的维度而不需要了解具体的情绪类型时,PAD 量表更适合。这意味着不同的框架适用于不同的研究场合和目的。总的来说,对来源于生物学视角的情绪评价是否适合消费领域存在两种不同意见。一派观点倾向于有差别,其结果往往是发展出更多些的、具体的消费情绪类型。如 Richins(1997)识别出了消费情绪项目(consumption emotion descriptors,CES)集合,包括 20 种类型。另一种情况倾向于相似,其结果表现为简约的维度表示。例如,Holbrook 和 Batra(1987)通过使用各种来源的情绪词库,识别出广告反应的三个基本情绪维度,与 PAD 范式一致。在有关消费体验的研究中,通常使用"愉快"和"唤起"维度(例如,Yüksel and Yüksel,2007)。

事实上,从具体的情绪状态到高等级的情绪维度,存在着从属、相关和层级关系。Laros 和 Steenkamp(2005)由此提出并验证消费情绪的三层结构框架。其最高或最抽象的层面仍为正面/负面情感的基本分类

(Watson, Clark and Tellegen, 1988)。从现有研究看,正负基本维度经常性地被消费行为研究者所使用(例如,Chaudhuri, 1997; Chebat and Slusarczyk, 2005; Lee et al., 2008);也有把多种正面或负面的具体情绪类型(如高兴、有活力、兴奋和放松)联合成为正面或负面情绪维度进行研究(例如,Bagozzi and Dholakia, 2006; Lee et al., 2008)。另一方面,也有学者研究具体的情绪与态度的关系,如 Aaker 和 Williams(1998)在跨文化背景中对比移情(empathy)和骄傲(pride)对于广告说服效果的影响。

从上可看出,西方学者对情绪/情感的基本类型和维度研究已相当成熟,尤其对于高等级的基本维度的确定尤为稳定。要对此现状有所突破,只有找出新的情绪/情感类型,最好归属于新的维度,并能为揭示和解释特定的消费态度提供新的帮助。跨文化的视角或许为我们提供了这样的机会和可能。

(二)中国人的情感特征、构成成分及现代演变

遵循消费情绪来源于人类基本情绪研究的传统(Izard, 1977; Plutchik, 1980),本章探究中国文化背景下消费者品牌情感的构成,试图借助本土社会心理学中有关中国人情感的理论。大批主张本土化研究的学者指出,中西方的情感构念存在根本差异(李美枝,1993;翟学伟,1993;杨中芳,2001a)。这为情感的跨文化研究视角奠定了坚实基础。

以儒家思想为精髓的中国文化追求建立和谐的社会秩序。体现在人际关系和交往中,人们在真实情感之外还普遍受到"人情规范"特色的作用(杨中芳,2001a)。这里的"人情"指人之"应有"的情感,是人们在日常生活中一种难以用语言直接表达清楚的,却又很有约束力的"义务感"(金耀基,1988)。正是出于本土文化对这一规范的重视,我们对界定中国人的情感内涵问题就不能像西方学者那样,只考虑由经验所产生的自发的感情,而必须要考虑到应该的、义务的这一层面的情感(杨中芳,2001a)。较早对中国人的"情"进行概念分析的学者胡先缙(Hu, 1949,转引自杨中芳,2001a;何友晖等,2007)就提出,中国人的"情"有两种:一是应有之情,二是真有之情。前者是根据社会人伦规范而应该具有或表现出的情,

是义务的、规范的情感,也称人情;后者是发自内心的情感,是真正的、自发的情感,也称感情。"应有之情"的存在,使得人们在现实生活中表达情感时,受情境和关系决定的因素影响,"情"与"礼"(规范)之间产生间隙和分离。有时我们知道按"礼"应该给某人"情",但心中并无这种"情"的存在。由此可看出,"应有之情"和"真有之情"具有分离的状态特征。此外,我们还要注意到,人情规范的普遍性又具有自由度与自主性(金耀基,1988)。生活在当今社会中的个体,并非都完全受到传统儒家伦理的影响,不可能同样程度地理解、赞同或遵循人情规范。"应有之情"的状态恰恰可以测量出个人与社会规范之间对应程度关系的实际差异。

通常,情(emotion)和理(reason)被看作是认识世界的两种独立的、又常常是互补的手段。在中国文化中,人情规范基于情感,却又超越了情感,含有与"情"对应的"理"的成分(何友晖等,2007)。因此,中国文化中的情感内涵不仅是西方观念中局限于心理学认识角度的"情感",被视为本能的生理反应,而延伸到了社会学的范畴(翟学伟,2005)。这表明中国人的情感构成中,在"真有之情"之外,普遍同时带有"应有之情"的成分。两者具有密切的关联性和运作的同时性。这如刘嘉庆等(2005)的实证研究所表明的,华人人际关系中普遍存在的情感成分具有义务性质。杨中芳(Yang,1990)从学理上指出,真有之情和应有之情在人际交往中扮演不同的角色,但是它们是同等的重要。针对同一个人,人们同时可以存有这两种情感,而且它们的关系不一定是互斥的或是互补的。运用真有之情和应有之情的双层结构,杨中芳(2001b)合理而完善地阐释了中国人的情感世界。

长期以来,中国传统文化中的人情规范起到了类似制度化的作用,"情理合一"或"情理兼顾"的处世原则具有普遍性,发挥了很强的社会功能。但是,随着经济和社会的发展和变革,情理合一的宗法血源根基已经逐渐瓦解。中国的现代性进程促使"情"和"理"呈现分离的趋势(彭泗清,1997;何友晖等,2007)。作为社会规范的"理"不可避免地发生变化,即法理和事理逐步从伦理中分离出来,并日渐强大。从这个趋势看,当前背景中的"应有之情"概念更清晰地反映了与西方世界中的"理"所对应的情感性质。

（三）品牌情感与中国文化背景中的品牌情感构念

品牌情感是研究品牌态度的核心构念。对于品牌情感的测量，Batra
和 Ahtola（1990）提出了品牌态度的双维度"享乐"（hedonic）和"实用"
（utilitarian），验证了量表的效度。这个基本分类成为研究者对控制变量
的常用设定。"享乐"其实就是反映与"理"对应的"情"。从有关研究对品
牌情感测量的实际操作看，大多体现为"享乐"的范畴，实质接近于"愉快"
这个基本维度。例如，在 Chaudhuri 和 Holbrook（2001,2002）的研究中，
品牌情感的测项有"当我使用这个品牌时，我感觉真好""这个品牌让我高
兴""这个品牌给我愉快"；还比如，在 Tsai（2005）的研究中，对品牌的情感
性价值的各个测项中含有"得到乐趣的""好心情""像朋友""快乐感觉"等
核心词汇。

从消费者与品牌关系的理论角度看，品牌情感构念又分化为很多新
概念，实际上对应于具体的、不同状态的情绪概念。Fournier（1994；
1998）首先在品牌关系质量的测量中引入人际关系概念中的"爱与激情"
构面，定义为"从热烈、喜爱到激情、迷恋、自私和强迫性依赖等范围里变
动的爱的感觉。"她指出，在支持品牌关系的持久性和深度上，"情感"要比
品牌偏好这个概念重要得多。十年后，Roberts（2004）提出"爱标"
（lovemark）之说，认为这个概念包括高度的尊重和高度的爱，超越了仅以
高尊重度为考量的传统品牌境界。Carroll 和 Ahuvia（2006）提出品牌之
爱（brand love），包含了对品牌的积极评价、依恋和激情。Thomson、
MacInnis 和 Park（2005）则专门使用情绪性依恋（emotional attachments）
构念，开发的相应量表包括三个基本维度：喜爱（affection）、激情
（passion）和联结（connection）。这些新概念表达了品牌情感的高境界状
态，也是品牌管理者追求的至高目标。

然而，根据前述的有关中国人情感的双层结构理论，以及消费情绪来
源于人类情绪的基本研究，并与之通常一致的传统，加上人际关系理论在
中国已被证实适用于消费者与品牌关系情境中的基本前提（何佳讯，
2006d；何佳讯和卢泰宏，2007）。本章认为，中国消费者对品牌的情感具

有与之类似的构成和结构特征,这与西方仅聚焦于内在自发的正面情感有所不同。笔者主张采用"真有与应有之情"构念来反映消费者与品牌的情感关系,它包含两个维度,即"真有之情"和"应有之情"。前者定义为在对品牌使用中,消费者由对品牌喜爱产生的难以控制的正面情绪反应,如吸引、高兴、愉快和乐趣等;后者定义为受文化规范影响(如爱国主义,家庭和传统,场合和礼节)而产生的义务上的感情。基于情感本土化的理论视角,我们有理由认为,揭示中国消费者的品牌情感,应该考虑纯粹亲密情感之外的"应有之情"才显得合理和完整。

依据个体对于情绪的知识和类别化加工(Shaver et al. ,1987; Ruth,2001),情绪可以分为从具体到抽象的层级结构。高层次为正面和负面两类情绪/情感(Watson, Clark and Tellegen, 1988);中间层为基本情绪,如 Izard(1977)和 Plutchik(1980)提出的分类。此外,还有从属的更多数量的特定情绪,如得意洋洋、爱、狂喜等。本章提出的真有之情与应有之情属于情绪的基本层面。它既非像正面和负面之分那样过于抽象,因而可以提供有关对象的更多信息(Laros and Steenkamp, 2005),也非如爱、激情等特定情绪那样过于具体,因而具有适中的概括力和普遍性。根据Ruth(2001)的研究,如果与品牌建立起这种基本层级的情绪联系,对品牌偏好态度将具有更大的一致性效用(congruity effects)。

(四)品牌情感与品牌资产的基本关系及在中国背景中的理论假设

情感已被确认为消费行为的基本驱动因素(Hirschman and Holbrook, 1982)。在品牌资产的形成和整体构成图景中,与更为传统的利益驱动相对应,品牌情感被看作是两条基本路线之一(Keller, 2003a,2003b),这得到了许多实证研究的有力支持。

很多学者提出并验证了品牌情感对于品牌忠诚的正面作用关系。Chaudhuri 和 Holbrook(2001,2002)通过多阶段的数据收集和集合水平的统计分析表明,在品牌忠诚(承诺)及其结果的驱动过程中,品牌情感和品牌信任同时起到正面作用。这证实了建立品牌忠诚的两条基本路径。Thomson、MacInnis 和 Park(2005)验证了品牌情绪性依恋量表的三个基本维度"喜爱""激情"和"联结",对品牌忠诚和溢价支付意愿具有出色的预测效度。这表明,有关情绪的一些具体测度比一般态度或高层级的情绪构念具有更好的预测能力。Lee 等(2008)验证了在节庆营销活动中正面情绪对忠诚的显著影响路径。Tsai(2005)在整体理解品牌购买价值的结构模型中,把情感性价值作为与象征性价值和交易价值并列的三种价值之一,结果表明它们都对重复购买意向产生显著的正面作用。在中国市场中,于春玲等(2005)分析了与之类似的功能性价值、象征性价值和体验性价值对品牌忠诚的驱动作用。结果显示,在中国现代性水平较高的区域,象征性和体验性价值对品牌忠诚起到主要促进作用,而在现代性水平较低的区域,功能性价值成为品牌忠诚的主要驱动因素。这基本上肯定了在中国城市市场中,品牌情感对于品牌忠诚的显著正面作用。

　　品牌情感是品牌价值链的重要构成元素。从品牌价值的产生过程看(Keller and Lehmann, 2003),首先开始于公司的营销活动,它影响顾客的知识,转而影响市场上的品牌表现,最终被金融市场确定价值。以情感为主线,营销活动塑造消费者对品牌的情感,品牌情感又影响消费者的品牌知识,表现为对品牌资产的驱动作用,并最终在产品市场和金融市场中体现出品牌的价值所在。在本章中,品牌情感界定为真有之情和应有之情,品牌资产重点研究品牌忠诚,而对于产品市场和金融市场中的绩效,以溢价支付意愿和品牌投资意愿这个两个指标为代表。由此,本章提出这样的理论假设:

　　　　H1:在中国市场中,真有之情显著正面影响品牌忠诚,进而显著正面影响溢价支付意愿和品牌投资意愿。

　　　　H2:在中国市场中,应有之情显著正面影响品牌忠诚,进而显著正面影响溢价支付意愿和品牌投资意愿。

　　笔者通过实证研究曾提出,国产品牌在与本土消费者建立和保持长期关系上,存在着某种潜在优势和独特的本土化驱动因素,值得进一步研究(何佳讯,2006b)。另一项对老字号的定性研究则表明,消费者对中国的老品牌怀有很强的"应有之情"(何佳讯,2007a)。这给了我们这样的启发,"应有之情"可能就是消费者保持对国产品牌忠诚的独特作用因素。对此笔者借用中国文化中人际关系的"差序格局"(费孝通,1985)进行解释。对于不同的交往对象,人们根据亲疏远近,采用与关系类别相对应的交往法则与之互动(黄光国,2006a)。在消费者与品牌关系情形中,人们对国产品牌和国外品牌的关系类似于"家人"和"外人"的既定关系。对于关系愈为亲近的对象,受规范影响的强度越大,亦即"应有之情"愈高(杨宜音,2001,p.139;杨中芳,2001a,p.349)。这就是为什么在通常情况下,国产品牌比国外品牌具有更常有的应有之情。

另一方面,中国本土企业在品牌管理方面存在很多常见错误或误区。主要有:市场份额的成长依赖于低价渗透(Doctoroff,2004),而价格战正是破坏消费者与品牌情感联系的重要原因;习惯于从"制造商角度"而非"消费者角度"进行传播,因而无法切合消费者的动机和偏好引发情感共鸣(Doctoroff,2004);常常采取以产品为焦点而非价值导向的品牌管理思维(陆定光,2002),不知道如何从消费者情感反应的抽象层面衡量品牌的成功(唐锐涛,2003),等等。这些误区的存在表明中国本土品牌还普遍缺乏以真有之情建立品牌忠诚度的有效手段。于春玲等(2007)的研究表明,在多个品类中,国产品牌在"品牌喜爱"维度上的评价基本上都低于国外品牌。由此可以作出推断,与真有之情相比,应有之情对维系消费者与国产品牌的长期关系发挥了更重要的作用。本章提出如下假设:

H3:在中国市场中,对于国产品牌而言,应有之情比真有之情更重要地对品牌忠诚产生显著正面作用,进而正面显著影响溢价支付意愿和品牌投资意愿。

笔者的探索性研究曾表明,与国产品牌相比,国外品牌更多地与消费者建立真有之情高和应有之情低的关系类型(何佳讯和卢泰宏,2007)。这与国外品牌更频繁和熟练地通过情感营销的方式在中国市场建立品牌有关。FCB Worldwide(2002)的调查数据表明,内地的消费者认为国际品牌比许多本地品牌更能切合他们的要求,对这些国际品牌的选择是出于情感的联系而非因为他们是市场主导的品牌。对中国消费者而言,国外品牌并没有通过应有之情维系品牌忠诚的既定基础。因此,可以作出这样的推断,在消费者对国外品牌的品牌忠诚度上,真有之情发挥了比应有之情更重要的作用,进而影响品牌资产的两个重要结果溢价支付意愿

和品牌投资意愿。由此,本章提出这样的假设:

H4:在中国市场中,对于国外品牌而言,真有之情比应有之情更重要地对品牌忠诚产生显著正面作用,进而正面显著影响溢价支付意愿和品牌投资意愿。

上述的理论假设正是用于检验本土化视角对于品牌情感构念界定的合理性,以及在应用上的独特性和有效性。下面,我们开展两项研究。首先是发展品牌情感的测量以及评价双维度结构的拟合优度;其次是检验双维度情感结构对于品牌资产的预测效力,以及在中外品牌态度上的作用差异。

二、 中国消费者品牌情感结构的实证

在本研究中,笔者以品牌情感构念的双维结构发展量表及相应测项,通过在消费品类中的实际测试,评估量表的信度和效度。特别通过验证性因子分析,比较中国文化背景中品牌情感的单维与双维结构的拟合优度。

(一)测项产生及内容效度

本研究的品牌情感测项以中国消费者—品牌关系质量(CBRQ)量表(何佳讯,2006d)中的"真有与应有之情"为基础。该量表中的"真有与应有之情"维度共有五个测项,其中,"这个品牌对我有很大的吸引力"、"我常常情不自禁地关心这个品牌的新情况"、"我一看到这个品牌,就有种亲切的感觉"为"真有之情"的测项,它们相应地反映了正面情绪中的吸引(attraction)、激情(passion)与欲望(desire)(Shaver et al.,1987;Storm和 Storm,1987),以及亲密(intimacy)(Sternberg,1986,1987),这些情感与品牌之爱(brand love)的成分十分接近(Carroll and Ahuvia,2006);"为了一直使用这个品牌,我愿意作出小小的牺牲"以及"我觉得自己应该使用这个品牌"为"应有之情"的测项。前者表达的是消费者出于伦理规范的考虑和义务感的动机而愿意牺牲个人利益的态度,自我牺牲是义务性情感的表达途径之一(杨中芳,2001a,p.349),后者则从总体上测量"应有之情"。

在本研究中,为了进一步提高这两种情感的内容效度,拟在"真有之情"中增加测项"当我不再使用这个品牌时,我心里感觉好像失去了什

么",它反映情感依赖的主要特征"与依恋对象的分离会产生焦虑"(Thomson，MacInnis and Park，2005)。早在 Fournier(1994，p. 215)的品牌关系质量量表中,它是"热烈依恋"(passionate attachment)构面的一个测项。这样,本研究的"真有之情"更全面地反映与品牌钟爱有关的基本情绪。在"应有之情"构面中,笔者拟增加两个测项"这个品牌既适合自己,也迎合了他人对我的看法"以及"使用这个品牌,是与我自己的身份相符的"。前者反映在"社会取向"的文化中,消费者出于"关系自我"表达的需要(何友晖等,1991)而与品牌建立的情感关系。后者反映在中国这样的高权力距离文化中(Hofstede，2001),消费者把品牌的档次与自己所处的社会等级联系起来,试图保持两者之间对应性的情感特征(何佳讯，2007a),从而让合适的品牌使用行为表达和强化自我概念。这样,本研究的四个测项更全面地体现中国文化中"应有之情"的实际内涵。由此,中国消费者的品牌情感量表(Chinese Brand Affect Scale，CBAS)由"真有之情"和"应有之情"两个维度共八个测项构成。

(二) 样本和数据收集

本研究以快速消费品奶糖为测试品类。与很多消费品行业一样,在我国的糖果工业中同样存在着中外品牌竞争的普遍问题。本研究选择确定这个品类中市场份额名列前茅的大白兔、阿尔卑斯、悠哈、金丝猴和喔喔等五个中外品牌为测试品牌,采用入户的方式对上海、武汉、成都三城市的消费者进行问卷调查,对被试的要求是近六个月以来最经常购买的奶糖品牌属于这五个品牌之列,然后选择其中的一个品牌进行答题。对于被调查者的家庭月收入要求,武汉、成都两地在 2 500 元以上,上海在 3 500 元以上。数据收集时间开展于 2007 年 5—6 月。

累计发放问卷 1 300 份,回收有效问卷 1 044 份,有效率为 80.3%。其中上海 300 份(28.7%),武汉 432 份(41.4%),成都 312 份(29.9%)。从年龄分布看,18—24 岁为 353 位(33.8%)，25—29 岁为 231 位(22.1%)，30—39 岁为 238 位(22.8%)，40—49 岁为 222 位(21.3%)。由于奶糖的成年消费者以女性为主,我们事先对被访者的男女性别进行了 3∶7 的配额控制,实际结果为男性占 34%,女性占 66%。在职业分布上,除 26.6％为学生、4.2％为全职家庭主妇外,其余均为各类行业和岗位性质的在职人员(69.2％)。在婚姻状况上,总样本的 48.9％为未婚/单身,51.1％为已婚。

从测试品牌分布看,大白兔为 462 份(44.3％)、阿尔卑斯 364 份(34.9％)、悠哈 97 份(9.3％)、金丝猴 66 份(6.3％)和喔喔 55 份(5.3％),这与这些品牌的实际市场份额地位大致相当,国产的大白兔和外资的阿尔卑斯是国内市场上最强大的两大奶糖品牌。从中外品牌样本数看,国产品牌(大白兔、金丝猴和喔喔)的样本为 583 份(55.8％),国外品牌(阿尔卑斯和悠哈)的样本为 461 份(44.2％),两者比例大致相当。

为更好地检验有关构念的稳定性,本研究中的所有统计都把总样本随机分为两个 50％的子样本进行计量和对比。

(三)项目分析与信度评估

所有测项都采用 Likert 7 点尺度计量。首先,笔者把全部样本随机分为两个子样本进行项目分析。在两个子样本中,所有项目与总体的相关系数都大于 0.4,并且删除后的 Cronbach α 值并不能提高,因此,所有 8 个测项全部保留。总量表和分两表的 Cronbach α 系数在两个子样本中都高于 Nunnally(1978)认为 0.70 是可接受的最小信度值的边界,显示量表具有可接受的内部一致性信度。见表 2-1。

表 2-1　两个子样本中 CBAS 量表的信度和相关统计量

成分	量表测项	随机 50％子样本(n=519)			余下 50％子样本(n=525)		
		该题与总分相关	删除该题后内部一致性系数	内部一致性系数 α	该题与总分相关	删除该题后内部一致性系数	内部一致性系数 α
真有之情	RE1 当我不再使用(吃)这个品牌时,我心里感觉好像失去了什么。	0.481	0.657	0.711	0.543	0.624	0.713
	RE2 这个品牌对我有很大的吸引力。	0.500	0.647		0.506	0.648	

续　表

成分	量表测项	随机 50%子样本（n=519）			余下 50%子样本（n=525）		
		该题与总分相关	删除该题后内部一致性系数	内部一致性系数 α	该题与总分相关	删除该题后内部一致性系数	内部一致性系数 α
RE3	我常常情不自禁地关心这个品牌的新情况。	0.536	0.621		0.511	0.644	
RE4	我一看到这个品牌，就有种亲切的感觉。	0.473	0.660		0.443	0.684	
应有之情　AE1	这个品牌既适合自己，也迎合了他人对我的看法。	0.479	0.743	0.758	0.513	0.737	0.765
AE2	使用（吃）这个品牌，是与我自己的身份相符的。	0.637	0.657		0.597	0.692	
AE3	为了一直使用（吃）这个品牌，我愿意作出小小的牺牲。	0.569	0.696		0.552	0.716	
AE4	我觉得自己应该使用（吃）这个品牌的产品。	0.545	0.709		0.598	0.692	
总量表 Cronbach α 值		0.836			0.846		

（四）因子结构与效度

为探明量表的因子结构，笔者首先对第一个随机子样本采用正交主成分法进行探索性因子分析（$\chi^2_{(28)} = 1\ 257.63$，sig. $= 0.000$，KMO $= 0.878$），得到一个因子，方差贡献为 46.954%。这表明"真有之情"与"应有之情"同属一个因子。为更好地对此进行验证，并与根据本章理论假设提出的双维度结构进行优劣比较，笔者设定单维度结构（同源模型）与双维度结构两个模型，对第二个子样本采用最大似然法（maximum-likelihood method），通过 LISERL8.51 软件进行验证性因子分析。同时,为表明模型结构的稳定性,笔者也对第一个子样本也进行类似的模型对比分析。表 2-2 给出了有关的拟合指标。

对双维度结构与单维度结构作比较,从表 2-2 各项指标可看出,对于第二个子样本而言,χ^2 的减少($\Delta\chi^2_{(1)} = 3.49$)达到 $p < 0.1$,但未达到 $p < 0.05$ 的显著水平,绝对拟合指数 χ^2/df 值略大;近似误差均方根 RMSEA、拟合优度指数 GFI、非规范拟合指数 NNFI、比较拟合指数 CFI 几乎完全相同,而简约规范拟合指数 PNFI 和简约拟合优度指数 PGFI 略差,但没有达到 0.06 至 0.09 的实质性差异的程度(黄铭芳,2005,p.157)。对于第一个子样本,χ^2 的减少($\Delta\chi^2_{(1)} = 8.5$)达到 $p < 0.005$ 的显著水平,χ^2/df 值略小,其他各项指标几乎相同,并无重要差异。综上可认为,在中国文化背景中,品牌情感的双维度结构与单维度结构有差异,在模型拟合优度上旗鼓相当,双维度比单维度略优。这个结果既表明笔者在以前的研究中,以"真有与应有之情"单维度结构(何佳讯,2006a)作为品牌情感测量的合理性,也表明在本章研究中,进一步把"真有与应有之情"区分为两维结构的建设性意义。

表 2-2　CBAS 测量模型的拟合指标

	绝对指数				相对指数		简约指数	
	χ^2(df)	χ^2/df	RMSEA	GFI	NNFI	CFI	PNFI	PGFI
第一个子样本(n=519)								
单维度结构	113.95(20)	5.69	0.094	0.95	0.91	0.93	0.66	0.53
双维度结构	105.45(19)	5.55	0.093	0.95	0.91	0.94	0.63	0.50
第二个子样本(n=525)								
单维度结构	83.46(20)	4.17	0.076	0.96	0.94	0.96	0.67	0.53
双维度结构	79.97(19)	4.21	0.078	0.96	0.94	0.96	0.64	0.51

接下来检验 CBAS 的建构效度。对照 Bagozzi 和 Yi(1988)的提议,表 2-3 显示大多数观察变量在它们设定的潜变量上的载荷系数接近或超过 0.71, t 值在 12.08 至 18.82 之间,表明各变量具有良好的收敛效度(convergent validity)。此外,两个因子的组合信度(ρ_c)都超过 0.60,也为

收敛效度提供了良好证据。但平均方差析出量(AVE)略低于 0.50 的要求。

表 2-3   CBAS 的验证性因子分析结果：变量载荷、组合信度和平均方差析出量

	第一个子样本				第二个子样本			
	标准化载荷 (T 值)	标准误差	ρ_c	ρ_v	标准化载荷 (T 值)	标准误差	ρ_c	ρ_v
真有之情								
RE1($\lambda_{1,1}$)	0.70(16.71)	0.08			0.71(17.48)	0.07		
RE2($\lambda_{2,1}$)	0.60(13.81)	0.07	0.73	0.41	0.65(15.55)	0.11	0.74	0.42
RE3($\lambda_{3,1}$)	0.71(17.14)	0.08			0.66(15.76)	0.08		
RE4($\lambda_{4,1}$)	0.54(12.08)	0.09			0.55(12.68)	0.10		
应有之情								
AE1($\lambda_{5,2}$)	0.54(12.30)	0.08			0.62(14.71)	0.10		
AE2($\lambda_{6,2}$)	0.76(18.82)	0.09	0.77	0.45	0.73(18.03)	0.08	0.79	0.48
AE3($\lambda_{7,2}$)	0.74(18.44)	0.08			0.71(17.42)	0.09		
AE4($\lambda_{8,2}$)	0.69(16.69)	0.08			0.72(17.78)	0.09		
Φ_{21}	0.94(39.43)	0.02	—	—	0.96(43.54)	0.02	—	—

在两个随机子样本中，真有之情和应有之情这两个潜变量(Φ_{21})的相关度很高，我们通过多种方法来检验它们的区分效度(discriminant validaty)。首先按 Anderson 和 Gerbing(1988)的建议，在 95% 置信水平下，潜变量之间相关性数值的置信区间都不能包括 1。经计算，第一个子样本为(Φ_{21})=[0.90；0.98]，第二个子样本为(Φ_{21})=[0.92；0.99]，这说明量表具有区分效度。再进一步按照 Fornell 和 Larcker(1981)的方法，要求每个潜变量的平均方差析出量(AVE)都超过潜变量之间的相关系数的平方。经计算，在两个子样本中，两个潜变量的 AVE(ρ_v)都小于(Φ_{21})²，表明区分效度并非理想。这印证了上述有关单维度结构与双维度结构的拟合优度相似的结果，即"真有之情"与"应有之情"处于"可分"与"不可分"之间的状态。这个性质对理解中国文化背景中的品牌情感结构是非常重要的。

　　此外,再用 CBAS 对中外品牌态度的差异进行评价,以检验量表在应用上的区分效度。结果见表 2-4。在两个子样本中,两种情感在国产品牌和国外品牌之间基本上都存在显著差异。对于同一类或同一个品牌,消费者在两种情感上的评价也大多存在显著差异。

表 2-4　CBAS 量表的区分效度

分量表	随机 50%子样本(n=519)					余下 50%子样本(n=525)				
	国产品牌 (n=288)		国外品牌 (n=231)		T 检验	国产品牌 (n=295)		国外品牌 (n=230)		T 检验
	M	S.D	M	S.D		M	S.D	M	S.D	
真有之情	4.28	1.12	3.86	1.12	4.16***	4.14	1.13	3.89	1.21	2.50*
应有之情	4.02	1.18	3.65	1.22	3.49***	3.81	1.15	3.85	1.29	−0.32
配对 T 检验	4.59***		3.15**		—	6.52***		0.69		—
	大白兔 (n=239)		阿尔卑斯 (n=182)		T 检验	大白兔 (n=223)		阿尔卑斯 (n=182)		T 检验
	M	S.D	M	S.D		M	S.D	M	S.D	
真有之情	4.36	1.12	3.74	1.20	5.42***	4.23	1.12	3.87	1.16	3.16**
应有之情	4.08	1.20	3.53	1.20	4.65***	3.81	1.16	3.80	1.21	0.07
配对 T 检验	4.38***		2.73**		—	6.78***		0.99		—

注: *, **, *** 分别表示显著性水平 0.05, 0.01 和 0.001(双尾)。

　　最后对量表进行法理效度(nomological validity)的检验,即根据先前的研究所识别的理论上的支持关系,对研究构念进行评价,确定量表是否得到相应的结果。本研究采用两种情感类型与品牌关系类型之间的相关性进行验证。品牌关系存在"家人关系""好朋友关系""合作伙伴关系"和"熟人关系"四种基本类型。依据理论的建构,"家人关系"为"真有与应有之情"均高的类型;"好朋友关系"为"真有之情"高、"应有之情"低的类型,反之为"合作伙伴关系"的类型;而"熟人关系"为"真有与应有之情"均低的类型(何佳讯和卢泰宏,2007)。本研究测量了两种构念之间的关系,结果表明,两个子样本中的相关性高低情况与理论建构完全一致,见表 2-5。也就是说,"真有之情"与"应有之情"这两种品牌情感的确能够预测不同的品牌关系。

表 2-5   CBAS 与品牌关系类型的相关性

	家人关系	好朋友关系	合作伙伴关系	熟人关系
随机 50%子样本(n=519)				
真有之情	0.492**	0.444**	0.185**	0.048
应有之情	0.458**	0.376**	0.230**	-0.036
余下 50%子样本(n=525)				
真有之情	0.459**	0.389**	0.259**	0.069
应有之情	0.467**	0.340**	0.293**	0.105*

注：*，** 分别表示显著性水平 0.05 和 0.01(双尾)。

综上，中国消费者的品牌情感可以由"真有之情"和"应有之情"构成，对此进行测量的量表(CBAS)信度和效度基本都达到有关要求，但区分效度略差，这正是表明在中国文化背景中两种情感的特殊密切关系。通过拟合优度的比较，指标显示 CBAS 双维度结构的合理性和有效性。

第二节   品牌情感对品牌资产的作用及中外品牌差异

接下来的研究拟进一步检验两种品牌情感类型对品牌资产的预测作用，并特别区分国产品牌和国外品牌，以揭示两者在品牌情感驱动方式上的不同之处，试图从新的角度论证中外品牌资产存在差异的重要原因。

一、 数据分析与结果

（一）测量设计与操纵程序

本研究采用的调查样本和数据来源与研究一相同，这里交代有关因变量的设定和操纵，以及结构方程模型的构成。

由于研究一的结果已表明核心构念的稳定性，因此本研究不再以两个 50%随机的子样本进行统计，而是主要以总样本以及反映中外品牌对比的两个子样本进行。后者从两个角度进行，一是总体对比，选择总样本中全部的国产品牌样本(三个品牌，共 583 个样本)和国外品牌样本(两个品牌,共 461 个样本);二是个别品牌对比,选择总样本中的大白兔品牌(462 个样本)和阿尔卑斯品牌(364 个样本)。

根据本章的理论假设,本研究确定"品牌忠诚"作为衡量品牌资产的变量,选择常用的"溢价支付意愿"作为品牌资产结果的变量,并自行开发"品牌投资意愿"构念作为新的品牌资产结果变量。根据 Keller 和 Lehmann (2003)的"品牌价值链"(BVC)模型,品牌情感作为品牌资产的来源,为外生变量;品牌忠诚、溢价支付意愿、品牌投资意愿为内生变量,它们形成三层因素的价值链关系结构。所有变量的测项都采用 Likert 7 点尺度计量。

品牌忠诚的测量采用 Yoo 和 Donthu(2001)开发的多维品牌资产量表中的有关测项,共有三句"我认为自己对该品牌是忠诚的"、"这个品牌是我的首选"以及"如果商店里有这个品牌,我不会购买其他品牌"。经过项目分析后全部保留,在总样本中的 Cronbach α 值为 0.741。"溢价支付意愿"采用 Netemeyer 等(2004)研究中的测项和计量方法,原有四个测项,在总样本中的 Cronbach α 值为 0.596,经过项目分析后保留两句用于本研究计量,它们分别是"我愿意购买这个品牌的产品,即使它的价格要比其他品牌高一些"以及"在奶糖中,与其他品牌相比,我愿意为这个品牌花费更多",Cronbach α 值提高到 0.750。自行开发的"品牌投资意愿"量表共有四个测项,在总样本中的 Cronbach α 值为 0.770,经过项目分析后保留两句"如果这个品牌上市,我打算长期持有它的股票"和"如果这个品牌上市,我会购买它的股票",Cronbach α 值提高到 0.820。图 2-1 为本

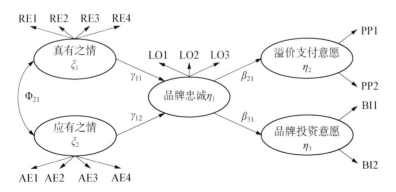

图 2-1　基于品牌情感的品牌资产驱动模型

研究设定的结构模型与路径关系。

（二）变量测量的信度和效度

首先采用验证性因子分析衡量结构方程中所有变量的信度和效度。使用 LISREL8.51 软件的最大似然法，其生成的完全标准化结果显示，大部分测项在相应的潜变量上都具有超过 0.71 的载荷，t 值的范围在 18.62 至 28.18 之间，表明各变量具有足够的收敛效度。见表 2 - 6。整个测量模型的拟合优度除了 χ^2/df 为 5.49，略高于 2.0 到 5.0 之间的范围（侯杰泰等，2004，p. 156）外，其他指标都达到"好"模型的接受要求。在总体拟合度上，拟合优度指数 GFI 为 0.94，调整后的拟合优度指数 AGFI 为 0.91；在相对拟合度上，非规范拟合指数 NNFI、规范拟合指数

表 2 - 6　结构模型的 CFA 结果：变量载荷、组合信度和平均方差析出量

潜变量	观察变量	标准化载荷	t 值	测量误差	ρ_c	ρ_v
真有之情	RE1	0.69	23.77	0.52	0.74	0.41
	RE2	0.64	21.61	0.59		
	RE3	0.66	22.44	0.56		
	RE4	0.58	19.00	0.67		
应有之情	AE1	0.56	18.62	0.68	0.78	0.47
	AE2	0.71	24.78	0.50		
	AE3	0.72	25.51	0.48		
	AE4	0.74	26.46	0.45		
品牌忠诚	LO1	0.74	25.76	0.45	0.76	0.52
	LO2	0.73	24.99	0.47		
	LO3	0.69	23.54	0.52		
溢价支付意愿	PP1	0.77	24.91	0.41	0.78	0.64
	PP2	0.83	27.08	0.31		
品牌投资意愿	BI1	0.87	28.18	0.24	0.84	0.73
	BI2	0.84	27.06	0.30		

注：a.测量模型（5 个构念 15 个指标）的拟合优度为：$\chi^2_{(80)} = 439.22$，RMSEA＝0.069，GFI＝0.94，AGFI＝0.91，NNFI＝0.93，NFI＝0.93，CFI＝0.94，PNFI＝0.71，PGFI＝0.63。

NFI 和比较拟合指数 CFI 分别为 0.93、0.93 和 0.94;简约规范拟合指数 PNFI 和简约拟合优度指数 PGFI 分别为 0.71 和 0.63。与此同时,近似误差均方根 RMSEA 为 0.069。

此外,表 2-6 还报告了各个潜变量的组合信度(ρ_c)和平均方差析出量(ρ_V)。作为内部一致性的可靠度测量,5 个潜变量的 ρ_c 在 0.74 至 0.84 之间,都大于 Bagozzi 和 Yi(1988)提出的 0.60 以上的要求。对于平均方差析出量(ρ_V),真有之情和应有之情这两个潜变量略低于 0.50,其他三个潜变量都大于 0.50 的要求(Fornell and Larcker,1981)。基本上,所有 15 个测项对于设定模型中的 5 个研究构念是可靠和有效的。

(三)结构模型的拟合度、恒定性及路径分析

接下来为本研究的核心内容。首先对总样本进行结构模型的拟合优度评价。除了 χ^2/df 为 5.65,略高于 2.0 到 5.0 之间的范围(侯杰泰等,2004,p.156)外,其他指标都达到"好"模型的要求。见表 2-7。为检验模型的恒定性,笔者按地区(三个子样本)、中外品牌类别(两组,共四个子样本)分别进行拟合度的评价。结果表明,除了武汉样本的 RMSEA、GFI 和 NNFI,成都样本的 RMSEA 和 NNFI 指标略差于良好模型的要求外,其他所有子样本的各项指标都达到了良好模型的理想要求。同见表 2-7。综上可认为,理论假设模型具有整体建构效度,并且模型具有稳定性和强韧性。

表 2-7　结构模型的拟合度及恒定性

	绝对指数				相对指数		简约指数	
	χ^2(df)	χ^2/df	RMSEA	GFI	NNFI	CFI	PNFI	PGFI
全部样本(n=1044)	480.06(85)	5.65	0.071	0.94	0.92	0.94	0.75	0.66
上海市场(n=300)	183.83(85)	2.16	0.069	0.92	0.93	0.94	0.73	0.65
武汉市场(n=432)	348.23(85)	4.10	0.092	0.89	0.87	0.90	0.70	0.63
成都市场(n=312)	264.83(85)	3.12	0.082	0.90	0.88	0.90	0.70	0.64
中资品牌(n=583)	365.61(85)	4.30	0.080	0.92	0.90	0.92	0.73	0.65
国外品牌(n=461)	247.10(85)	2.91	0.067	0.93	0.93	0.94	0.74	0.66
大白兔(n=462)	293.97(85)	3.46	0.079	0.91	0.90	0.92	0.72	0.65
阿尔卑斯(n=364)	207.98(85)	2.45	0.066	0.93	0.93	0.94	0.73	0.66

图 2-2 呈现了模型在总样本中各个潜变量之间的标准化路径系数结果。结果显示，除了应有之情→品牌忠诚的标准化路径系数没有通过显著性检验（$\gamma_{12}=0.32$，$t=1.52$）外，其他路径关系均通过显著性检验。真有之情不但直接作用于品牌忠诚，影响系数为 0.51（$t=2.37$），也通过品牌忠诚间接影响溢价支付意愿，影响系数为 0.36（$t=2.36$）。品牌情感解释了品牌忠诚变异的 67%，品牌忠诚又分别解释了溢价支付意愿和品牌投资意愿的 49% 和 31%。这个结果表明，从总体上看，真有之情是驱动品牌忠诚及其结果的实质性因素，而相比之下应有之情不起显著作用。总体上，本章的假设 H1 得到验证，而假设 H2 没有得到支持。

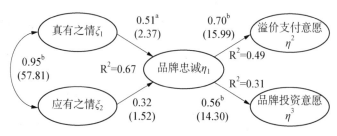

注：括号内的数据为 t 值。[a]$p<0.05$；[b]$p<0.001$。

图 2-2　基于品牌情感的品牌资产驱动模型路径分析结果

（四）基于中外品牌子样本的品牌情感影响作用比较

最后，笔者以中外品牌子样本的数据，分别对模型的路径系数进行对比分析。结果表明，在国产品牌样本中，应有之情显著影响品牌忠诚（$\gamma_{12}=0.71$，$t=2.11$，$p<0.05$），而真有之情对品牌忠诚的影响不显著（$\gamma_{11}=0.09$，$t=0.25$）；与此相反，在国外品牌样本中，真有之情显著影响品牌忠诚（$\gamma_{11}=0.98$，$t=3.03$，$p<0.01$），而应有之情对品牌忠诚的影响不显著（$\gamma_{12}=-0.13$，$t=-0.40$）。从个别中外品牌对比看，对于国产品牌大白兔样本，应有之情对品牌忠诚的影响达到边际显著（$\gamma_{12}=0.43$，$t=1.64$，$p=0.1$），真有之情对品牌忠诚的影响不显著（$\gamma_{11}=0.34$，$t=1.27$，$p>0.1$）；对于国外品牌阿尔卑斯样本，真有之情显著影响品牌忠诚（$\gamma_{11}=0.73$，$t=2.60$，$p<0.01$），但应有之情对品牌忠诚的影响不显

著($\gamma_{12}=0.09$，t＝0.33，p＞0.1）。有关统计量详见表2－8。

表2－8　基于中外品牌样本对比的模型路径分析结果

路径关系	参数	中资品牌 (n=583)		国外品牌 (n=461)		大白兔 (n=462)		阿尔卑斯 (n=364)	
		系数	T值	系数	T值	系数	T值	系数	T值
真有之情→品牌忠诚	γ_{11}	0.09	0.25	0.98[c]	3.03	0.34	1.27	0.73[c]	2.60
应有之情→品牌忠诚	γ_{12}	0.71[b]	2.11	−0.13	−0.40	0.43[a]	1.64	0.09	0.33
品牌忠诚→溢价支付意愿	β_{21}	0.73[d]	12.28	0.67[d]	9.76	0.76[d]	11.53	0.66[d]	8.51
品牌忠诚→品牌投资意愿	β_{31}	0.59[d]	11.35	0.51[d]	8.07	0.56[d]	9.31	0.50[d]	7.94

注：[a] p＜0.1；[b] p＜0.05；[c] p＜0.01；[d] p＜0.001。

由此可看出，不同品牌情感对于品牌资产的驱动作用在中外品牌上具有差异。对于国产品牌，应之情比真有之情更重要地对品牌忠诚及结果产生影响，假设H3得到支持。相反，对于国外品牌，真有之情比应有之情更重要地对品牌忠诚及结果产生影响，假设H4得到支持。这个结果正是表明了中外品牌在建立品牌资产路径上的根本差异。

二、　结论与战略指引

本章发展了中国文化背景中消费者品牌情感的测量量表（CBAS），对其单维结构和双维结构进行了验证和对比，确认了双维结构的建设性意义，并以此探究了其对品牌资产的驱动作用，同时以奶糖品类为例证实了中外品牌建立品牌资产的情感方式差异。这项研究扩展了消费者行为研究领域对正面情感的性质和类型的认识，为营销者如何理解以可选择的差异化营销方式建立消费者与品牌的关系提供了新的视角。特别地，在以国外品牌为竞争参照体系下，对本土企业提升品牌竞争力提供了关键性的管理启示。

（一）中国消费者的品牌情感构成及特征

本章的研究表明，中国消费者的品牌情感由"真有之情"和"应有之情"这两种性质的情感方式构成,它们密切相关,处于"可分"和"不可分"的中间状态。这呼应了中国人的人际情感的普遍性特征,即情感中含有的义务性质(刘嘉庆等,2005)。这个结论也为人际情感构念和理论适用于消费者—品牌关系领域提供了新的证据。

"真有之情"是消费者为品牌的表现而吸引,与品牌产生没有距离的亲密感和不可分离的依恋感,对品牌抱有介于"喜爱"(liking)至"爱"(love)之间的热烈情感。这种情感的产生是出于消费者内心的真正需要,也是良好的持续性品牌塑造活动的结果。而"应有之情"是消费者受到无形的外在力量的驱使,对品牌形成的义务和应该层面上的情感。这种外在的无形因素可以是多方面的。一是出于社会规范的考虑,如送礼、婚礼等特定场合的需要,广义上是从社会关系中他人评价的角度考虑,对选择品牌的情感状态;二是受既定关系和环境的影响,如家庭使用和代际传承,表现出对某个品牌习惯性使用中形成的情感状态。这种品牌关系类似于 Fournier(1994,1998)概括的亲戚关系(kinships);三是遵循关系交往中的"差序格局"和亲疏远近规则(费孝通,1985;黄光国,2006a),对本国或本地品牌给予更多的信任和正面评价。这可称之为既有情感的关系形态(周志民,2007),也可理解为民族中心主义的因素,表现出对国货偏好的积极影响(王海忠,2003)。以上这些应有之情都可以对消费者与品牌(尤其是国产品牌)形成长期的、甚至是排他性的承诺关系产生正面影响。

通常情况下,"真有之情"和"应有之情"两者也不是非此即彼的关系,而是呈高度关联的状态。也就是说,尽管两者的确存在着性质上的差异(内容效度和表面效度),但实际上消费者在评价品牌的时候把两者交织在一起。这与中国消费者普遍的情感方式有关。在中国文化背景中,关系质量最理想的情形是"真有之情"和"应有之情"的融合,中间没有间隙(何佳讯和卢泰宏,2007)。但同时,两者的不同性质又为塑造特定的消费者—品牌关系提供了可能。例如,通过营销活动强化真有之情,弱化应有之情,恰当地分离两者的联系,可以为塑造"刺激"(excitement)的品牌个性提供有力支持。因此,通过营销设计和投入,调节两者情感的不同比重,可以与消费者建立相应的情感关系类型,实现确定性的营销目标。

（二）品牌情感作为品牌资产的重要驱动因素

本章的研究初步揭示了两种情感对品牌资产的作用角色。尽管"真有之情"和"应有之情"都是客观存在,但有证据和理由相信,与应有之情相比,真有之情是更为本源性的驱动品牌资产的先行因素。在本研究中,应有之情在整个结构模型中对品牌忠诚的作用并不显著($\gamma_{12}=0.32$, $t=1.52$)。但在中国消费者与国产品牌的关系中,有证据表明应有之情仍显得比真有之情更为重要,成为驱动品牌资产的主导力量。因此可认为,真有之情是一项具有普适性的品牌资产驱动因素,类似或接近于西方背景中"爱与激情"（Fournier, 1994, 1998）,"品牌之爱"（Roberts, 2004; Carroll and Ahuvia, 2006）或"品牌依恋"（Thomson, MacInnis and Park, 2005）的概念。而应有之情是具有中国本土意义的情感成分概念,它具有文化上的特殊性和发生作用的条件性。从建立品牌资产的一般角度看,管理者要重视与消费者建立真正的品牌情感,理解真有之情的本质,掌握建立真有之情的营销方式和工具。另一方面,站在中国本土化营销的角度,也值得发挥应有之情的作用,使之与真有之情融合,共同缔造和巩固品牌情感的真实内涵。

品牌情感是建立品牌资产的重要力量,本章为之提供了新的证据。事实上,品牌情感对于品牌资产的作用机制还在不断挖掘之中。如果说,高度的真有之情和应有之情构成了共有关系（communal relationship）的状态（何佳讯和卢泰宏,2007）,那么,依据 Aggarwal 和 Law（2005）的研究结论,它引导消费者在更高的抽象层面上评价品牌属性,因而在竞争性比较中,可能作出更有利于本品牌的评价。Aggarwal 和 Zhang（2006）的研究还表明,与交换关系（exchange relationship）相比,共有关系导致更大程度的损失规避,因而可能促使消费者与品牌缔结更牢固的持久关系。今后的研究需要探究两者情感方式对品牌态度和行为的不同作用机制,这远比测量品牌在这两种情感上的评价高低来得重要。把握了其中的规律,将为中国市场中的品牌情感化决策提供重要依据。

（三）品牌情感驱动品牌资产的中外差异及管理启示

基于消费者的角度,中国文化背景中的品牌情感双维度构念清楚地区分出了中外品牌资产建立的差异。国产品牌更重要地依赖应有之情驱动品牌资产及其结果,而国外品牌更突出地凭借真有之情建立和维护消费者的积极品牌态度。尽管本章以奶糖品类为例,表明国产品牌的两类情感评价基本上都高于国外品牌(参见表2-4),但仍有必要提醒管理者注意两类情感驱动品牌资产方式的差异带来的营销启示。

改革开放以来,大量跨国公司和国外品牌进入中国市场。它们通过明确的营销战略,加上高强度营销投入的支持,不断引领和开拓细分市场。这些国外品牌常用"消费者与品牌的情感联结"作为创建品牌的基础(何佳讯和卢泰宏,2004,p.192),营销沟通策略常以消费者的"生活形态和价值观"作为沟通基点,呼应了处于中国社会转型过程中大量西方价值观念引入、传统价值观念变迁的趋势,因而广泛赢得目标顾客的共鸣。在这样的市场竞争环境中,中国的本土企业也不断改善和提升营销策略,经历了从简单定位(档次)到精确定位(细分市场)、产品导向到品牌导向、理性诉求到情感诉求、浅层沟通(基于事实)到深度沟通(基于购买动机)等的各项转变(何佳讯和卢泰宏,2004,p.184)。然而,与国外品牌相比,国产品牌的营销水平和营销投入强度仍有相当差距,特别在情感品牌化策略上普遍缺乏经验。从品牌管理的国际趋势看,情感品牌化是重要战略路径和工具。这里的"情感"与本章的"真有之情"构念一致。中国国产品牌要在与国外品牌的竞争中赢得优势,必须寻找持续有效的"真有之情"的品牌化之道。

从营销活动与品牌情感建立的关系看,"真有之情"与"应有之情"的营销方式和策略存在诸多区别。"真有之情"的品牌化是一种以消费者为中心的,关系导向和故事驱动的营销方式,在消费者与品牌之间锻造深入持久的情感联结。它极少能以有形利益的理性主张或者象征利益的诉求来培育。这种有力的消费者—品牌关系典型地通过叙事和战术表明对顾客的灵感、渴望和生活环境的同感和理解,并在有关品牌用户之间建立热烈的社区感觉(Thompson,Rindfleisch and Arsel,2006)。相反,"应有之情"的品牌化通常是理性诉求或象征主义的策略,这种方式建立的情感也可能是持久的,但与高度的消费者激情有着本质的区别。在很多情况下,对品牌的应有之情关系依赖消费者所处的外部因素(如家庭、使用场合、地缘)就可产生,而品牌的真有之情诉求于消费者的内在感觉和情绪,需要杰出的创意和营销智慧,完全是产品之外的附加价值创造。中国不少本土品牌已进入情感化战略阶段,例如啤酒行业,有力波啤酒的"喜欢上海的理由"(2001)、雪花啤酒的"畅享成长"(2004),以及青岛啤酒的"激情成就梦想"(2005)等。但很多品牌存在一些共性问题,比如以直抒胸臆的口号诉求简化情节演绎和感觉营造,缺乏情感化故事的创作力和持续性,与品牌核心价值的真实性脱节,等等。因此,中国国产品牌还需要在如何塑造和传达"真有之情"上猛下功夫。在理论上,则需要深入研究营销要素和行为与两种品牌情感建立之间的相应关系,为营销实践提供依据和指引。

第三章
长期取向价值观的新结构

　　长期取向是源自中国文化传统而得到世界范围应用的价值观,在当今世界面临可持续性发展的全球问题的背景下,这个价值观具有重要意义。但在个体层面的测量上,长期取向如何更完整地体现中国文化精髓,仍然是需要突破的课题。本章提出了"持续性"新维度,建立了长期取向三维度新量表,并验证它对供应链关系中信任和承诺的影响作用。

　　长期取向是什么样的价值观? 实际上它存在两个层面,一是国家文化体层面,Hofstede(1991,2001)把来自中国人价值观中一个维度儒家工作动力(Confucian work dynamism)(The Chinese Culture Connection,1987),作为文化价值观的第五维度,即长期取向,在国家层面的数据验证中得到了支持。在该维度中,存在正向负荷和负向负荷的两极,Hofstede(1991,2001)把正向负荷的项目命名为长期取向,把负向负荷的项目命名为短期取向。但这个结构仅存在于国家文化体层面,并不适合个体层面(De Mooij and Hofstede,2010;Bearden,Money and Nevins,2006;Grenness,2012),因而 Bearden、Money 和 Nevins(2006)开发了个人层面的长期取向量表,包括传统性和规划性两个维度。但是我们发现其中存在的问题。一是两个量表构成的内容差异很大,Hofstede(1991)和Bearden、Money 和 Nevins(2006)两个长期取向的量表构成,都基于儒家工作动力(Confucian work dynamism)(The Chinese Culture Connection,1987),但在 Bearden、Money 和 Nevins(2006)开发的量表中,只存在儒家动力维度中尊重传统（respect for tradition）和坚持不懈（persistence）两个项目，丢失了绝大部分内容；二是 Bearden、Money 和 Nevins（2006）对长期取向定义的核心是"整体性看待时间"的文化价值观，他们把反映了时间概念上的"过去"（即传统性）和"未来"（即规划性），作为构成维度。那么，把反映过去、现在和未来连接起来的价值观，比如持续性，应该是"整体性看待时间"的观念吗？换言之，如果在长期取向中加入"持续性"，这三个维度会融合在一起，并形成紧密相关又彼此明确区分的结构吗？更进一步地，这样的新结构对信任的影响是如何的呢？三个维度都影响信任进而带来承诺吗？这是本章针对理论要回答的问题。

　　基于上述实践和理论的问题，本章试图通过数据验证我们提出的有关假设。具体来说，有四个研究目标。第一，把 Hofstede（1991，2001）用于国家文化体层面的长期取向，在中国消费者的个体层面进行验证，以表明确实存在不同的结构；第二，从长期取向的核心内涵出发，把儒家工作动力中反映持续性的有关价值观加入，补充并修改 Bearden、Money 和 Nevins（2006）的量表维度，形成更完整的用于个体层面的长期取向结构；第三，我们把新的长期取向放在信任和承诺的关系中，验证长期取向是影响信任关系的前因，进而通过信任又影响承诺。由于长期取向的维度本身在内涵上存在差异，我们预测不同维度对信任的影响作用是存在差异的。上述研究目标的完成，将从理论方面更新我们对长期取向价值观构成的认识，在实践上对如何在当下环境中建立信任和承诺带来重要管理启示。更进一步地，我们本章的研究作为一个例证，在于表明这样的基本思想，即中国传统的儒家思想在以西方价值观为主导的全球化文化环境中，能够显示出它贡献于人类普世价值的卓越力量。这正是本章研究的第四个目标。

第一节　研究回顾与新维度的发展

一、儒家工作动力与长期取向

在不同的文化中，人们着眼于过去、现在和未来的看法是存在差异的

(Spears，Lin and Mowen，2001)。对这个问题的探究可以追溯到中国人价值观调查(Chinese Value Survey，CVS)的研究(The Chinese Culture Connection，1987)。这项研究由 Michael H. Bond 负责,联合国际上 23 位同行一起完成。通过对世界上 22 个国家的大学生进行调查,由 40 个测项构成的中国人价值观量表被区分成四个维度,分别是整合(integration)、仁(human-heartedness)、儒家工作动力(confucian work dynamism)和道德自律(moral discipline)。这个研究表明,这四个维度中的三个与 Hofstede(1980)开发的工作相关的价值观的四个维度中的三个高度相关,这强烈地显示中国价值观的集体主义和同情心(collectivism and compassion)。但是,第二个维度儒家工作动力与 Hofstede 的任何维度都并不相关,却与 1965—1984 年间的经济增长存在 0.70 的相关性。

Bond 把这第二个维度命名为儒家工作动力,是因为构成这个维度的项目让他想起儒家的一些教义(teachings),动力(dynamism)的正极是由未来取向的项目构成,包括坚持不懈、尊卑有序、节俭和知耻;而负极是由过去和当前取向的项目构成,包括稳重、保护面子、尊敬传统和礼尚往来。Hofstede(1991,2001)指出,用实践性术语表达,这正负两极是指生活中的长期取向和短期取向,并认为在西方人的心里,很清楚地认识这些价值观,却通常不会出现在他们设计的调查问卷的关键问题中。

正是由于儒家工作动力维度与 Hofstede 的四个文化价值观都不相关,Hofstede(2001)把它作为第五维度,称为长期取向(long-term orientation)。之后,Hofstede(2001)和很多学者们在不同国家间开展了长期取向的相关调查研究,揭示了这个文化价值观的国家差异,以及与家庭、社会关系和工作、思考方式、经济增长等之间的关系。Hofstede(2001)的研究表明,在 11 个相对富裕的国家样本中,代表儒家价值观的"长期取向"(long-term orientation，LTO)与"权力距离指数"(PDI)呈现高度的正相关关系($r=0.72$, $p<0.01$),而在 9 个相对贫穷的国家样本中,两者没有显著关系($r=-0.27$, $p>0.05$)。

二、 个体层面的长期取向及相关研究

在 Hofstede(1991,2001)基于儒家工作动力提出长期取向(包括长期

取向和短期取向两极)这一新的文化价值观维度及测量后,Fang(2003)从学理上对此提出全面质疑,认为该维度中的长期取向和短期取向的正反两极,在儒家文化中是正好一致的、相互紧密关联的,而非相反的两端。其实,Bond(2002)已指出,文化价值观的研究需要区分国家层面和个体层面,不能将国家层面的总水平测量误用于个人水平。Bearden、Money和Nevins(2006b)也指出,Hofstede的量表是用于在国家水平上测量集合水平的价值观,但已经越来越多地被用来测量和解释个体水平的行为现象,他们用实际数据验证表明,这种应用是一种误导。事实上,为解决这一问题,很多学者在把长期取向构念用于个体层面的测量时,要么在Hofstede(1991)量表的基础上进行了修改(例如,Donthu and Yoo,1998;Furrer,Liu and Sudharshan,2000;Yoon,2009),要么简单地自行发展测量项目(例如,Yoo and Donthu,2002)。但虽然是同样的一个构念,它们的测量项目却都存在差异。有关研究见表3-1的归纳总结。

在这个过程中,Bearden、Money和Nevins(2006)对把长期取向构念从国家文化体层面推进到个体层面做出了重要贡献。他们把"长期取向"定义为:整体上看待时间的文化价值观,与其仅从现在或短期效果出发看待行动的重要性,还不如既重视过去又重视将来。他们使用信件的方式,通过向来自31个国家的美国某校MBA毕业生建立原始测项库的办法,逐步开发量表,并在不同文化体的国家中进行验证。最终量表包含传统(tradition)和规划(planning)两个维度共八个测项。本章即在他们的基础上,进一步对个人层面的长期取向展开研究。

通过梳理文献可知,自Bearden、Money和Nevins(2006)量表问世以来,它较多地消费者研究方面被学术界广泛应用,在企业家精神等方面也有所涉及。在消费者研究方面,由于长期取向价值观的影响,消费者会更加偏好具有未来收益的产品(Tangari and Smith,2012)和环保产品(Nguyen,Lobo and Greenland,2017);He、Chen和Alden(2016)还发现长期取向对购买后品牌态度具有重要影响作用;通过加强消费者长期取向,则能促进消费者的消费节俭,进而提升消费者幸福感(Nepomuceno and Laroche,2017);另外,Arli和Tjiptono(2014)通过对印度尼西亚的

表3-1　长期取向的相关营销学研究成果

作者(年代)	分析水平	来源	被试所在国家	研究主题	与长期取向相关的研究结果	备注：测项/信效度
Donthu and Yoo(1998)	个体层面	修改自Hofstede(1980, 1991)	加拿大、英国、印度和美国	文化如何服务质量期望	短期时间取向的消费者具有更高的服务质量期望。	信度0.7
Furrer, Liu and Sudharshan(2000)	个体层面	修改自Hofstede(1991)	美国、中国等亚洲国家以及瑞士	文化与服务质量感知之间的关系	长期取向与服务质量的可靠性和响应性显著正相关，与保障性和有形性显著负相关。	1. Willingness to subordinate oneself for a purpose is normal; 2. People should be perseverant toward long-term results; 3. Traditions should be respected(—); 4. Social obligations should be respected regardless of cost (—).
Liu, Furrer and Sudharshan(2001)	个体层面	Furrer, Liu and Sudharshan(2000)	美国、中国等亚洲国家以及瑞士	文化与对服务的行为意向之间的关系	长期取向与消费者对服务的正面口碑相关（边缘显著）。	同上
Tsikriktsis(2002)	个体层面	Furrer, Liu and Sudharshan(2000)	北美、南美、西欧、东欧等国家。	文化如何影响网站的服务质量期望	长期取向与视觉性吸引、情绪性吸引、创新性和整合传播等期望相关。	同上

续　表

作者(年代)	分析水平	来源	被试所在国家	研究主题	与长期取向相关的研究结果	备注：测项/信效度
Yoo and Donthu (2002)	个体层面	作者开发	美国	营销教育和个体文化价值观对学生营销道德的影响	长期取向与营销道德规范(包括信息与合同规范,产品和促销规范,告知义务规范,诚实和正直)显著相关。	1. Careful management of money (thrift); 2. Going on resolutely in spite of opposition (persistence); 3. Personal steadiness and stability; 4. Long-term planning; 5. Giving up today's fun for success in the future; 6. Working hard for success in the future. 组合信度 0.76
Yoon (2009)	个体层面	Hofstede (2001)	中国	国家文化价值对消费者在线购物接受度的影响	长期取向越高,信任对在线购物使用意向的影响越大。	1. Thrift; 2. Persistence (perseverance); 3. Ordering relationships by status and observing this order (dropped); 4. Having a sense of shame. 组合信度 0.785; AVE0.552
Van Everdingen and Waarts (2003)	国家层面	Hofstede (2001)	比利时,丹麦,芬兰等 10 个欧洲国家	国家文化对创新采纳的影响	在具有高长期取向分数的国家里,公司的创新使用率更高。	直接使用 Hofstede(2001)的文化指数作为自变量进行多元回归分析。

续　表

作者(年代)	分析水平	来源	被试所在国家	研究主题	与长期取向相关的研究结果	备注：测项/信效度
Dwyer, Me-sak and Hsu (2005)	国家层面	Hofstede (2001)	奥地利、比利时、丹麦等13个欧洲国家	国家文化对跨国产品扩散的影响	长期取向与技术性产品创新的扩散率呈显著负回关系。	直接使用 Hofstede (2001) 的文化指数作为自变量进行多元回归分析与非参数相关分析。
Williams and Zinkin (2008)	国家层面	Hofstede and Hofst-ede(2005)	阿根廷、澳大利亚、巴西等28个国家	文化对惩罚公司不负责行为的影响	在长期取向的国家里，利益相关者太愿意惩罚不负责的行为，在短期时间取向的国家里则相反。	直接使用 Hofstede and Hofst-ede(2005)文化指数对国家进行区分。
Paul, Roy and Mukho-padhyay (2006)	国家层面	Yoo and Donthu (2002)	印度和美国	文化价值观对营销道德规范的影响	在两个国家中，长期取向都对诚实和正直、信息和合同、产品和促销等规范有正向影响；在美国，长期取向对还对告知对义务规范有正向影响。	个体层面收集数据，通过多组分析，比较限制与非限制性模型检验国家的调节作用。
Hewett, Money and Sharma (2006)	国家层面	Hofstede's (1994) VSM 94	美国和拉丁美洲国家(阿根廷、智利、哥伦比亚等6个国家)	国家文化如何影响工业品市场中买卖双方的关系	长期取向对买卖双方关系强度与重复购意向的关系起到正向调节作用。	个体层面收集数据，再把国家设哑变量进行调节作用分析。

来源：本书作者。

消费者调查发现,长期取向对消费者伦理同样具有影响作用。在企业家精神方面,有关研究发现企业家的长期取向会显著影响企业家个人成长模式和对创新企业的开拓意识(Mathias and Williams,2017;Kashmiri,Nicol and Arora,2017);首席执行官(CEO)的长期取向价值观则会影响其在任期内对企业财务业绩的影响(Brauer,2013)。

伴随着个人层面长期取向的不断应用以及跨文化研究的兴起,Bearden,Money 和 Nevins(2006)开发的长期取向量表在跨文化检验上受到了一些质疑。Hassan,Shiu 和 Walsh(2011)通过对欧盟十个国家的个体调查,发现该量表的"传统性"和"规划性"这两个因子在四个国家中并不具有明显的区分效度,未来应继续对其开展相关深入研究,并在跨文化领域研究中谨慎使用。基于此,我们认为在学理上对 Bearden、Money和 Nevins(2006)提出的长期取向定义进一步修正和完善,相应地对其量表进行调整,并进一步检验其实际应用效度是十分必要的。

在供应链合作关系研究中,还有通常作为因变量的长期取向(Anderson and Weitz,1992;Ganesan,1994)构念。这个构念通常是指合作双方为获得长期收益而形成的稳定、长久的关系结果。而本章研究的长期取向是价值观变量,通常作为自变量。两者在术语表达中是一样的(long-term orientation)。目前,个人层面的长期取向价值观在供应链伙伴关系中的研究还非常少,比如有关于供应链管理者和相关工作人员的时间取向对合作伙伴关系质量的影响作用研究(Wang and Bansal,2012;Croom et al.,2018)。事实上,Hofstede(1991)从国家文化价值观层面发展的第五维度"长期取向"是面向工作环境中职员的调查而得,而Bond 牵头开发的中国人价值观维度,其中被 Hofstede(1991)用来作为"长期取向"的维度,其本身的名称是儒家工作动力(Confucian work dynamism)(The Chinese Culture Connection,1987),也反映了面向工作的价值观。因此,我们认为在工作环境中修正和验证个体层面的长期取向,遵循了长期取向来源的精神实质,而这在 Bearden、Money 和 Nevins(2006)的研究中被忽略了。所以,本章把验证的角度及相应的数据收集的来源放在供应链合作关系中进行研究,是合理而且是有必要的。

三、 新维度的增加与发展

Bearden、Money 和 Nevins(2006)对长期取向定义的核心是，人们整体性看待时间的方式。这存在三种可能：过去时间取向，未来时间取向，以及把过去、现在和未来连结起来的持续性取向。但在 Bearden、Money 和 Nevins(2006)具体展开这个定义，并进行量表开发的时候，仅包括过去时间取向和未来时间取向，即传统性和规划性这两个维度，而且最终的测项丢失了儒家工作动力的大部分内容。

事实上，从中国传统文化的精髓看，在长期时间取向上的核心特质应该是持续性。这是由中国文化价值观的集体主义性质决定的。与西方文化价值观的个人主义特征不同，中国人的文化价值观是集体主义，即思维和行为的出发点首先考虑他人，而非考虑自身的需要和利益。这个核心表现在中国人的关系取向和关系规范上（Arias，1998；Fan，2002；Hofstede，2001）。它包括两个最基本的关系互动方式，即人情和面子。所谓人情，即是在人际交往中相互给予对方帮助、利益和资源，带有很强烈的义务性和强迫性（Fan，2002；Yang 1990）；而面子是个人在社会上有所成就而获得的社会地位（social position）或声望（prestige），是个人在社会互动中，对他人评价自己行为的感知结果（Ho，1976；Hu，1944；Mavondo and Rodrigo，2001；Yau，1994）。这两者发生作用的共同方式是互动往复进行。具体地说，就是假设今天我给某人一个人情，那么对方以后会还我一个人情，通常还我的人情要比我之前给对方的人情要大些，这样我感到欠了对方的人情，于是会再还对方一个更大的人情，如此往复，就使得关系接连不断地持续发展下去。面子可以是人情往来的一个工具和一种资源。它的交往方式也有类似的性质，即相互给对方，对方给了自己的一个面子，自己就要想法还对方一个面子。

由此可以理解，中国人的人际交换建立在既定（pre-existing）关系的基础上（Yang 1988），具有长期性和连续性的特点（Kirkbride，Yang and Westwood，1991；Zamet and Bovarnick，1986），算账、清账等都是不通人情的表现。而西方人的人际交换具有理性、短暂性和间断性的特点，通常以明算和等价、不欠和公平为原则。中国人之间的关系一旦建立，就很难被打破,就像中国的谚语所说的,"一日为师,终身为父"(If you have been my teacher for a day, I will treat you like my father forever)(Yau, 1988)。因此,中国人在"时间取向"的价值观上,具有更突出的对过去、现在和将来的延续性取向。

那么,如何从中国人价值观中提炼出"持续性"维度的构成项目呢? 我们从 The Chinese Culture Connection(1987)研究中得到的四个维度中,逐一分析所有负荷超过 0.55 的 29 个项目,按其与持续性涵义的相关性进行分析。我们认为有四个项目紧密相关,它们分别是"礼尚往来"、"稳重"、"知耻"和"信用"。其中前三个项目属于中国人价值观的第二维度,即儒家工作动力,信用则属于中国人价值观的第一维度"整合"(integration)。下面,我们逐一加以解释。

首先,"礼尚往来"反映了人情往来的核心规范,蕴含了持续性的时间性质。如前面所述,中国人的人情是相互欠着,不要马上还清,如果还清了人情,那么关系维系的必要性就减弱了。因此,礼尚往来其实反映了人情的欠与还,还与欠。在这样的关系互动过程中,显示了持续性的含义。

第二,"稳重"反映了个人追求稳妥、可靠、踏实,为人处事考虑缜密,有好的规划,不浮躁冒进的价值取向。这些意涵的核心都显示了因稳定和谨慎而带来的持续性。一个人如果被人感觉具有稳重的品质,那么该人的行为就更有可预测的结果,其个人发展也更有可预期的未来。这就显示出时间上的持续性。

第三,"知耻"就是一个人要懂得羞愧和荣辱,它是自尊的重要表现。唯有知耻,才有自尊。"知耻"是一个人所具有的最基本的道德感,是一个人持续发展的最基本要求;民众的集体性"知耻"水平,也是社会可持续发展的最基本保障。儒家说"知耻而后勇",意思是知道羞耻而勇于改过,要有奋发进取的精神状态。这就反映出了观念上的持续性。

第四,"信用"反映在个人价值取向上,就是人际之间的相互信任感,它是形成双方自觉自愿反复交往的基本动力因素。信用要靠长时间积累的信任和诚信度建立起来,因一时一事的不当言行而易失去。没有信用或不讲信用,就不会有持续性的关系维系。因此,"信用"反映了持续性的时间取向。

理解中国文化在长期取向上的持续性很重要。这在某种程度上回答了中国人究竟是过去取向还是未来取向的矛盾所在。学者们指出，中国人在某些情境下有规划的未来取向（Fang，2003），但也有相当多的研究指出，中国人是过去取向的，历史上的中国是把过去取向放在首位的社会，祖先崇拜和强烈的家庭传统都表明了这一偏好（Kluckholn and Strodtbeck，1961；Yau，1988）。这看起来是矛盾的。事实上，中国人以传统为中心，伴生出这样一种信念：当前和未来出现的新事物都已经发生过（Kluckholn and Strodtbeck，1961），这表明中国人既不是单纯的过去取向，也不是单纯的未来取向，而是把过去、现在和未来联结在一起的持续性取向。

第二节　霍氏第五维度用于个体层面的实际结果

一、霍氏第五维度在个体层面的基本结构

（一）目的与方法

本研究是为了在中国文化背景下，探明 Hofstede(2001，p. 354)第五维度"长期与短期取向"的 8 个测项用于个体层面测量将得到什么样的实际结构，即是对 40 项从中国文化价值调查（CVS）中得到的"儒家工作动力维度"（Chinese value connection，1987）在个体层面进行测量。

采用问卷调查的方法在我国上海和广州两城市收集数据，得到有效样本 222 份。其中上海 102 份（45.9%），广州 120 份（54.1%），从年龄分布看，18～24 岁占 18.9%，25～29 岁占 37.8%，30～39 岁占 39.6%，40～49 岁占 3.6%；女性占 40.5%，男性占 59.5%。未婚/单身占 49.1%，已婚占 50.9%。全部受过高等教育（大专以上）。对 8 个价值观测项的测量采用 Likert 7 点量表。

（二）探索性因子分析

对 8 个测项采用正交转轴进行探索性因子分析（KMO 值为 0.819；巴特利特球体检验的 $\chi^2_{(28)} = 535.842$，sig=0.000），抽取两个因子，即有

两个维度,方差贡献为 46.821%。这两个维度之间的相关系数为 0.444(p<0.01),属于中度相关。显然结果表明,8 个测项的结构在个体层面并非属于霍氏研究中得到的一个维度两极的状况,而是属于两个维度。

项目分析表明,维度一包括四个测项"耐力""节俭""稳重"和"知耻",信度为 0.813,各测项与总体之间的相关系数处于 0.561~0.698;维度二也包括四个测项,分别是"要面子""尊卑有序""礼尚往来"和"尊敬传统",信度为 0.665,各测项与总体之间的相关系数处于 0.424~0.471。

但是,如果按照霍氏原有的结构进行分析,8 个测项与总体之间的相关系数除"要面子"为 0.319 外,其余 7 个测项处于 0.420~0.589 之间。如果这 8 个测项按霍氏研究得到的两极分开进行分析,我们发现第一极"长期取向"的信度为 0.675,其中"尊卑有序"与总体之间的相关系数只有 0.245,删除此项量表信度提高到 0.755,其他三个测项与总体之间的相关系数处于 0.500~0.564;第二极"短期取向"的信度为 0.645,各测项与总体之间的相关系数处于 0.361~0.492。与新设定的结构相比,显示两个子量表的信度和收敛效度更差。

表 3-2　霍氏第五维度测项的因子载荷结果

测项	因子载荷	
	维度一	维度二
耐力(毅力)	**0.821**	0.088
节俭	**0.710**	0.126
稳重	**0.701**	0.288
知耻	**0.572**	0.372
要面子	−0.043	**0.659**
尊敬传统	0.303	**0.548**
礼尚往来	0.344	**0.523**
尊卑有序	0.197	**0.497**
特征值	2.246	1.500
方差贡献率%	28.075	18.746

续　表

测项	因子载荷	
	维度一	维度二
测项数	4	4
平均值	5.811	5.091
标准差	0.835	0.904

注：抽取方法：Principal Axis Factoring；转轴法：Kaiser 正规化最大变异法；转轴收敛于 3 次叠代。因素载荷量大于 0.4 者标以黑粗体。

本研究初步表明，"儒家工作动力"维度在个体层面实际存在两个因子。这两个因子正向相关，而非霍氏研究中在国家文化体层面得到的同一维度分属正负两极的状况。

二、　霍氏第五维度在个体层面的进一步验证

（一）目的与方法

本研究是为了在前面研究的基础上，对儒家工作动力维度的结构在个体层面进一步验证。同时以 Bearden、Money 和 Nevins(2006)的长期取向(下简称 B-LTO)构念为效标，探究两者之间的相关性(同时效度)。

在中国的上海、武汉和无锡三城市收集数据，得到有效样本 519 份。其中上海 210 份(40.5%)、武汉 194 份(37.4%)、无锡 115 份(22.2%)；从年龄分布看，18～24 岁占 35.3%，25～29 岁占 22.7%，30～39 岁占 17.1%，40～49 岁占 24.9%；女性占 68.0%，男性占 32.0%。受过高等教育(大专以上)的占 82.8%。对儒家工作动力维度的 8 个测项以及 Bearden、Money 和 Nevins(2006)的长期取向校标，均采用 Likert 7 点量表进行测量。

（二）验证性因子分析

共设立三个 3 个模型，通过理论模型与样本数据之间的拟合检验，比较不同模型的优劣。

第一个模型是按霍氏的结果(Hofstede，2001，p. 354)，设定为单维度模型。结果表明，观察变量"要面子"对潜变量的标准化系数只有 0.33，其余各观察变量对潜变量的标准化载荷系数处于 0.60～0.83 之

间。组合信度为 0.84,平均方差抽取量(AVE)为 0.41。这个结果与前面研究的结果一致,即"要面子"与总体之间的相关性最差,但全部是显著正向载荷,而非霍氏的两极状况。

第二个模型是在霍氏研究的基础上,把其两极设定为二因子模型,我们简称为霍氏二因子模型,即把"耐力(毅力)""尊卑有序""节俭"和"知耻"作为"长期取向"因子,把"稳重""要面子""尊敬传统"和"礼尚往来"作为"短期取向"因子。第一个因子的组合信度为 0.78, AVE 为 0.47,各观察变量对潜变量的标准化载荷系数处于 0.60~0.74 之间;第二个因子的组合信度为 0.71, AVE 为 0.40,各观察变量对潜变量的标准化载荷系数处于 0.32~0.87 之间。两个潜变量(Φ_{21})之间的相关系数为 0.91,因此按 Fornell 和 Larcker(1981)的方法,两个因子的 AVE 值都小于相关系数的平方,表明变量的区分效度较差。

第三个模型是根据本节前面探索性因子分析得到的结果,调整个别测项的归属,即以前面的研究为基础,设定新二因子模型。因子 1 包括"耐力(毅力)""节俭""稳重"和"知耻";因子 2 包括"要面子""尊卑有序""尊敬传统"和"礼尚往来"。结果表明,在第一个维度中,各观察变量对潜变量的标准化载荷系数处于 0.68~0.82 之间,t 值都远大于 1.96。该因子的组合信度为 0.82,平均方差抽取量(AVE)为 0.53。在第二个维度中,除"要面子"的标准化载荷系数为 0.39 外,其他三个观察变量对潜变量的标准化载荷系数处于 0.65~0.70 之间,t 值都远大于 1.96,该因子的组合信度为 0.69,平均方差抽取量(AVE)为 0.37。两个潜变量(Φ_{21})的相关系数为 0.84。虽然按 Fornell 和 Larcker(1981)的方法,两个潜变量的 AVE 值仍都小于相关系数的平方,区分效度较差,但相比第二个模型的结果,有所改善。

上述三个模型的拟合指数见表 3-3。从表中看出,霍氏二因子模型与霍氏单因子模型相比,χ^2 显著下降(p<0.001);而新得到的两因子模型与霍氏二因子模型相比,χ^2 显著又下降(p<0.001)。其他拟合指数也比霍氏二因子模型略好。在三个模型中,新二因子模型的表现最优。

表 3‐3　霍氏第五维度各测量模型的拟合指标

竞争性模型	χ^2 (df)	χ^2/df	RMSEA	GFI	NNFI	CFI	PNFI	PGFI	χ^2变化检验
霍氏单因子模型	181.04(20)	9.05	0.13	0.92	0.84	0.89	0.63	0.51	—
霍氏二因子模型	165.36(19)	9.70	0.12	0.92	0.85	0.90	0.60	0.49	−15.68***
新二因子模型	139.37(19)	7.34	0.11	0.94	0.88	0.92	0.61	0.50	−25.99***

注：*** 表示显著性水平小于 0.001。

　　本研究再次验证，在中国文化背景中，霍氏第五维度在个体层面呈现两个维度的结果，彼此之间呈高度相关关系，这显现了儒家工作动力价值观的内在一致性，但非霍氏单因子模型所呈现的正反两极的状态。

　　结果呈现的两个维度表明，前者由"耐力（毅力）""节俭""稳重"和"知耻"构成；后者由"要面子""尊卑有序""尊敬传统"和"礼尚往来"构成。但从这些测项的构成看，两个因子构成的实际含义并不清晰，无法对两个维度进行定义。因此，不能把霍氏维度在个体层面测量得到的结果作为可靠的工具，用于个体层面测量。

第三节　长期取向的基本结构及验证

一、　基本结构的建立

（一）目的与方法

　　前面第二节的两个研究作为辅助，探明了将霍氏用于国家文化体层面的长期取向用于个体层面出现不同的结构，所以不能直接用于个体层面测量。因此，本研究发展完整的用于个体层面的长期取向量表。

　　根据前面对长期取向的学理分析，在 Bearden、Money 和 Nevins (2006)个人长期取向（以下简称 B‐LTO）的基础上，增加一个新的维度，即持续性，从中国人价值观调查（CVS）中选择"信用"、"礼尚往来"、"稳重"和"知耻"四个价值观词汇，形成测项，把它们与 Bearden、Money 和

Nevins(2006)量表中的 8 个测项放在一起,成为新的长期取向构念的测量。其中的三个测项"礼尚往来"、"稳重"和"知耻"来自中国文化价值观调查(CVS)中的"儒家工作动力"维度。

我们采用线上问卷调查的方法,在中国上海对企业供应链工作岗位和领域的员工进行数据收集。问卷通过设置甄别问题筛查调查对象,这个问题是"请问您所在工作部门是否为公司供应链相关部门,或者您所在公司是否属于工业品市场(B2B)",以确保调查对象符合本章研究的要求。在调查中,共填写问卷 634 人,其中符合供应链背景的 339 人,占总数的 53.5%。在 339 位符合调查背景要求的问卷中,经检查有 99 人的填写不符合质量要求,予以删除处理。最后共得到有效样本 240 个被试数据。我们把这 240 个被试数据通过随机的方式一分为二,得到两个子样本各 120 个被试数据。

第一个子样本用于本研究的探索性因子分析。从年龄分布看,18～24 岁占 0.8%,25～29 岁占 28.3%,30～39 岁占 55.8%,40～49 岁占 14.2%,55 岁以上占 0.8%;女性占 38.3%,男性占 61.7%;从工作岗位看,一般员工占 30.0%,基层管理人员占 30.8%,中层管理人员占 30.0%,高层管理人员占 9.2%;就企业规模看,50 人以下占 15.0%,51—300 人占 26.7%,301—1 000 人占 25.0%,1001 人及以上占 33.3%。对 12 个测项的测量统一采用 Likert 5 点量表。为了体现个人层面的测量,与 B-LTO 量表的测项问法一致,本研究对测项语句都进行了个人导向的处理,详见表 3-1。

(二)探索性因子分析

首先进行项目分析,本研究新设定的维度"持续性",其四个测项"信用""礼尚往来""稳重"和"知耻"的信度为 0.73,各测项与总体之间的相关系数处于 0.43—0.51 之间。第二个维度"传统性"的四个测项信度为 0.68,各测项与总体之间的相关系数处于 0.47—0.63。第三个维度"规划性"的四个测项信度为 0.70,各测项与总体之间的相关系数处于 0.52—0.70。

接下来对 12 个测项采用正交转轴进行探索性因子分析(KMO 值为

0.811;巴特利特球体检验的 $\chi^2_{(66)} = 375.121$,sig$= 0.000$),得到三个因子,第一因子即为本章设定的"持续性",另外两个因子即为 Bearden、Money 和 Nevins(2006)原有的"传统性"和"规划性"。方差贡献为 56.746%。所有指标均符合统计标准。具体统计参数见表 3 - 4。

表 3 - 4　长期取向测项的探索性因子分析

测项	因子负荷		
	持续性	传统性	规划性
1. 知耻对我是重要的	**0.75**	0.18	0.10
2. 我认为在关中礼尚往来是重要的	**0.73**	0.15	0.11
3. 稳重对我是重要的	**0.67**	0.10	0.09
4. 信用对我是重要的	**0.63**	−0.20	0.44
5. 家庭传统对我是重要的	0.36	**0.67**	0.16
6. 尊重传统对我是重要的	0.32	**0.69**	0.00
7. 传统价值观对我是重要的	0.10	**0.67**	0.23
8. 我很看重我的过去	−0.27	**0.66**	0.22
9. 坚持不懈对我是重要的	0.17	0.00	**0.76**
10. 我为将来的成功而努力工作	0.17	0.37	**0.67**
11. 为了将来的成功,我不介意放弃今天的玩乐	−0.12	0.38	**0.63**
12. 我为长远做规划	0.29	0.18	**0.62**
特征值	3.901	1.739	1.17
方差贡献率%	20.113	18.620	18.01
测项数	4	4	4
平均值	4.55	4.00	4.25
标准差	0.46	0.60	0.58

注:抽取方法:Principal Axis Factoring;转轴法:Kaiser 正规化最大变异法;转轴收敛于 7 次叠代。因素载荷量大于 0.4 者标以黑粗体。

　　其中,"传统性"和"规划性"两个因子之间的相关系数为 0.52(p< 0.01),"持续性"和"规划性"两个因子之间的相关系数为 0.37(p< 0.01),"持续性"和"传统性"两个因子之间的相关系数为 0.27(p< 0.01)。这表明,三个因子之间既存在相关性,又有差异性。

　　本研究初步表明,个人层面的长期取向维度实际存在"持续性"、"传统性"和"规划性"三个因子,在学理基础上的数据验证初步表明了其合理性。

二、 结构与效度的进一步验证

(一)目的与方法

在研究一的基础上,本研究采用随机得到的第二个子样本 120 份被试数据,对三因子长期取向的结构进一步验证。从年龄分布看,18~24 岁占 0.8%,25~29 岁占 16.7%,30~39 岁占 60.8%,40~49 岁占 20.0%,55 岁以上占 0.8%;女性占 53.3%,男性占 46.7%;岗位上看,一般员工占 12.5%,基层管理人员占 32.5%,中层管理人员占 32.5%,高层管理人员占 22.5%;企业规模上看,50 人以下占 25.8%,51—300 人占 27.5%,301—1 000 人占 24.2%,1001 人及以上占 22.5%。对 12 个长期取向价值观测项的测量采用 Likert 5 点量表。

(二)验证性因子分析

通过理论模型与样本数据数据之间的拟合检验,比较 B-LTO 二因子、本研究设定的三因子和全部 12 个测项组成的单因子这三个不同模型的优劣。上述三个模型的拟合指数见表 3-5。从表中看出,同样作为 12 个测项的模型,单因子模型明显劣于三因子模型。B-LTO 二因子和新三因子模型拟合指标都在可接受范围之内,B-LTO 二因子模型略优。

表 3-5 验证性因子分析结果

模型	χ^2 (df)	χ^2/df	RMSEA	GFI	NFI	CFI	PNFI	PGFI	χ^2 Difference Tests
B-LTO 两因子模型	28.91 (19)	1.52	0.07	0.94	0.91	0.97	0.62	0.50	—
三因子模型	100.54 (51)	1.97	0.09	0.87	0.85	0.92	0.66	0.71	71.63**
单因子模型	163.72 (54)	3.03	0.13	0.80	0.76	0.82	0.62	0.55	63.18***

注:** $p<0.01$;*** $p<0.001$。

第一个模型是 B-LTO 二因子模型,包含"传统性"和"规划性"两个维度。"传统性"的组合信度为 0.74,AVE 平方根为 0.66,各观察变量对潜变量的标准化载荷系数处于 0.31~0.79 之间;"规划性"的组合信度为 0.81,AVE 平方根为 0.72,各观察变量对潜变量的标准化载荷系数处于 0.58~0.82 之间。两个潜变量(Φ_{21})之间的相关系数为 0.55,因此按 Fornell 和 Larcker(1981)的方法,两个因子的 AVE 值的平方根都大于两两之间的相关系数,表明变量的区分效度较好。

第二个模型是根据本章的理论分析,提出的三因子模型。即是在 B-LTO 研究基础上,增加来自中国人价值观的一个新的维度,包括"信用""知耻""稳重"和"礼尚往来",成为"持续性"这一新因子。结果表明,"持续性"的组合信度为 0.81,AVE 平方根为 0.73,各观察变量对潜变量的标准化载荷系数处于 0.50~0.88 之间;"传统性"的组合信度为 0.73,AVE 平方根为 0.66,各观察变量对潜变量的标准化载荷系数处于 0.30~0.79 之间;"规划性"的组合信度为 0.80,AVE 平方根为 0.71,各观察变量对潜变量的标准化载荷系数处于 0.61~0.85 之间。三个潜变量之间两两之间的相关系数,均小于三个因子的 AVE 值的平方根,表明变量的区分效度较好,详见表 3-6。

表 3-6   长期取向维度的区分效度

变量	均值	标准差	AVE	持续性	传统性	规划性
持续性	4.50	0.61	0.53	0.73[a]		
传统性	3.71	0.71	0.43	0.44*	0.66[a]	
规划性	4.23	0.71	0.51	0.66*	0.55*	0.72[a]

注:a. AVE Square Root;* $p < 0.05$,双尾。

第三个是单因子模型。将 12 个测项全部作为一个因子,设定为单维度模型。结果表明,组合信度为 0.88,AVE 平方根为 0.63。其中"我很看重过去"的标准化载荷系数只有 0.14,其余观察变量对潜变量的标准化载荷系数处于 0.55~0.83 之间。

从上面的分析可以得到这样的结论,长期取向存在明显的会聚效度,这从单因子模型的拟合指数上可以看出，但其内部存在需要区分的不同维度，B-LTO二因子和本研究开发的三因子均表明了不同维度的存在，但从本章的学理分析，需要把长期取向构念的二因子推进到三因子，即增加"持续性"维度。

第四节　长期取向对信任和承诺的影响作用

一、　研究目的与理论假设

前面两个研究已探明，个人层面的长期取向价值观由"持续性"、"传统性"和"规划性"这三个紧密相关的因子组成。因此，本研究采用结构方程模型，在供应链关系背景中进一步验证新发展的三因子长期取向量表的法理效度。

在平台经济和共享经济环境下，供应链关系变得更为复杂。平台模式把创造价值和需求价值的多方链接在一起，彼此关系的错综复杂，如果某个环节出现的问题导致信任被破坏，那么就会形成一系列连锁反应，最终整个平台出现危机，甚至毁于一旦。比如在中国，强大的平台型公司百度和滴滴出行，均有过重大负面事件，导致平台声誉受到重创。而随着互联网金融的兴起和大量新兴线上金融交易模式的诞生，如果它们未能坚守基本的价值观，则会滋生破坏客户利益的土壤，任其自然发展，最终就会形成极大的负面社会事件。比如在中国，有很多P2P平台一夜之间倒闭，大量客户的投资付之东流。如果我们要从学术的角度回答问题性质的核心，那么仍然是商业关系中的"信任"。只是在当下环境中，我们需要追问建立信任的前因，更进一步地，要追寻是什么样的稳定的因素，比如价值观，更有助于形成信任关系。在本章中，我们提出长期取向是一个重要影响前因。人类、社会和商业企业等各个层面，都面临可持续性发展的共同问题，而且变得越来越重大。显然，长期取向是与之紧密相关的人类价值观。但是，在基本的商业单位中，长期取向影响信任吗？长期取向影响信任进而带来承诺吗？这是本章面向实践要回答的问题。

以往研究证明，价值观对企业供应链合作伙伴关系具有重要影响，尤其在跨国型企业合作中更为明显(Cannon et al.，2010；Ketkar et al.，2012)。其中，个人层面的时间取向对供应链合作关系的可持续性发展影响越来越大，供应链管理者应认真考察自身和合作伙伴的长期取向价值观，并据此对双方合作进行判断和调整(Wang and Bansal，2012；Croom et al.，2018)。因此，在供应链伙伴关系中纳入时间取向价值观研究是非常重要的。在供应链合作中，秉持长期取向价值观的合作伙伴追求长期目标，不会为了眼前利益牺牲长远利益，更加看重合作关系的持久性；相反，秉持短期取向价值观的合作伙伴则更注重短期有形收获(Goel，2013)。因此，具有较高水平的长期取向价值观者则更可能被合作伙伴认为是可靠的，甚至为此愿意承担更多的未知风险(Villena，Revilla and Choi，2011)。当供应链合作需要在充满不确定性的全球市场中完成时，长期取向价值观对合作伙伴间关系的影响尤为重要(Ferriani et al.，2013)。

信任作为供应链合作关系中的基石。通常我们认为当交换双方的一方确认另一方诚实可靠时，便会产生信任(Morgan and Hunt，1994)。在供应链背景中，信任的评价即表现为一方认为合作方是可靠的、善意的，不会因为追求短期利益而破坏长期关系，以此为基础，合作双方才有可能实现供应链的长期合作和发展(Wang，Yeung and Zhang，2011)。因此，信任是供应链合作关系的重要基石。本章在Bearden、Money和Nevins(2006)的长期取向测量研究的基础上，增加了"持续性"这一个新的维度，形成了包含"持续性"、"传统性"和"规划性"的新量表。从时间概念上看，"持续性"代表个体在从过去、现在到未来的连续持久的时间观念，个体越是拥有持续性价值观，那么越是会拥有稳定可靠的信念，从而产生信任对方的内在动力；在Bearden、Money和Nevins(2006)的研究中，"传统性"代表个体从过去到现在的时间观念，"规划性"代表个体从现在到未来的时间观念。他们证实这两个维度对个人伦理价值观(personal ethics values)产生显著正向影响(Bearden，Money and Nevins，2006；Nevins，Bearden and Money，2007)，因此我们推断传统性和规划性观念高的个体，更拥有内心向善的信念，从而产生更信任对方的可能性。据此，本章

提出长期取向的三维度分别都对供应链合作伙伴间的信任具有正向显著影响,假设如下:

　　假设1:持续性对信任具有正向影响作用。

　　假设2:传统性对信任具有正向影响作用。

　　假设3:规划性对信任具有正向影响作用。

　　信任是对付不确定性的一种方式,具有稳固关系的功能(Yau et al., 2000)。根据已有供应链合作关系研究可知,信任是产生承诺的重要基础,二者都是建立长期组织关系的关键因素(Fehr,2009;Morgan and Hunt,1994)。在社会交换理论中,承诺也被普遍认为是比信任更强的关系度量(Ko,Price and Mueller,1997)。通常,我们理解承诺是交易伙伴之间关系持续的一种潜在或显性誓约(Dwyer,Schurr and Oh,1987),是顾客维持一种有价值关系的持久愿望(Moorman,Zaltman and Deshpande,1992,p. 316),交易一方相信与其他方正在进行关系的重要性,因而花费最大的努力来维持这种关系的行为(Morgan and Hunt,1994,p. 23)。在组织行为学研究中,有关承诺的操作性定义是将承诺理解为一个包括情感性承诺、持续性承诺和规范性承诺的三维度构念(Allen and Meyer,1990;Meyer and Allen,1991;Meyer,Allen and Smith,1993)。具体到供应链合作中,情感性承诺是指成员对合作组织的归属感和依恋感;持续性承诺是建立在对财务成本考虑基础之上成员对合作组织的判断;规范性承诺是成员从文化制度上对合作组织的道德义务性表现。据此,为更准确检验三因子长期取向量表的法理效度,本章在模型中继续验证长期取向对信任产生作用后,后者进一步对三种承诺的影响作用,提出信任对三种承诺具有正向影响作用,假设如下:

　　假设4:信任对情感性承诺有正向影响作用。

　　假设5:信任对持续性承诺有正向影响作用。

　　假设6:信任对规范性承诺有正向影响作用。

二、　方法与结果

　　本研究把研究一和研究二的样本合并,即把收集得到的240份被试数据进行检验。在总样本中,从年龄分布看,18~24岁占0.8%,25~29

岁占 22.5%，30～39 岁占 58.3%，40～49 岁占 17.1%，50—55 岁占 0.4%，55 岁以上占 0.8%；女性占 45.8%，男性占 54.2%；从工作岗位看，一般员工占 21.3%，基层管理人员占 31.7%，中层管理人员占 31.3%，高层管理人员占 15.8%；从企业规模看，50 人以下占 20.4%，51—300 人占 27.1%，301—1 000 人占 24.6%，1001 人及以上占 27.9%。对供应链关系中的信任和承诺，都采用现成量表，以 Likert 7 点量表进行测量。其中信任有 6 个测项（Wang，Yeung and Zhang，2011；Zaheer，McEvily and Perrone 1998），情感性承诺有 4 个测项、持续性承诺有 3 个测项，规范性承诺有 4 个测项（Allen and Meyer，1990；Wu et al.，2004）。

首先，本研究对该模型的测量模型进行验证，拟合效果较好（$\chi^2_{(356)}$ = 743.51，RMSEA = 0.07，GFI = 0.82，NFI = 0.81，PNFI = 0.71，PGFI=0.67），各变量题项因子载荷均在 0.4 以上，说明该模型中所有变量的测量具有较好的信度和效度。对理论模型进一步进行验证，结果表明拟合度较为理想。总体来看，在 6 条假设路径中，共有 4 条路径显著成立，即假设 1、假设 4、假设 5 和假设 6 成立，而假设 2 和假设 3 不成立。见图 3-1。

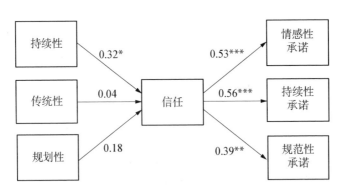

注：Model fit（$\chi^2_{(368)}$ = 911.52，RMSEA = 0.08，GFI = 0.78，NFI = 0.77，PNFI=0.70，PGFI=0.66）。
* $p<0.05$；** $p<0.01$；*** $p<0.001$。

图 3-1　长期导向对信任和承诺的影响关系概念模型和路径系数

　　结果表明，在供应链合作关系中，B-LTO 量表中的传统性和规划性两个维度对信任没有显著影响，进而无法通过信任对承诺产生作用。而本章提出的新维度"持续性"，在同时假设"传统性"和"规划性"作用于信任和承诺的情况下，对信任产生显著影响作用，后者再进一步影响情感性承诺、持续性承诺和规范性承诺。也就是说，当长期取向中出现"持续性"维度时，"传统性"和"规划性"的可能作用消失了。在后面的讨论中，我们对此作出进一步解释。

第五节　结论与战略指引

　　本章通过三个研究得到了基本的结论。首先，在个体长期取向价值观的构成上，增加"持续性"维度显示了学理上的合理性和数据验证结果上的可靠性。"持续性"维度由四个测项组成，分别是"知耻""礼尚往来""稳重"和"信用"。这四个测项有效反映了个体把过去、现在和未来连结在一起看待时间的观念，这个维度与"传统性"和"规划性"既存在相关性又存在区分性，它们很好地共同反映长期取向的内涵。

　　我们的研究还表明，当把"持续性""传统性"和"规划性"放在一起的时候，"持续性"对信任和承诺产生显著作用，但"传统性"和"规划性"并不对信任和承诺产生显著作用。但是，当我们把"持续性""传统性"和"规划性"单独作为自变量，信任作为因变量的时候，它们都分别对信任产生显著影响作用（$\beta_{持续性} = 0.390$，$p < 0.001$；$\beta_{传统性} = 0.267$，$p < 0.001$；$\beta_{规划性} = 0.363$，$p < 0.001$）。这表明，在个体的长期取向影响信任和承诺的关系上，"传统性"和"规划性"的作用被"持续性"削弱和取代了。

　　究其原因，我们认为存在两个方面。第一，在对信任和承诺的影响上，"持续性"比"传统性"和"规划性"的影响作用更大。这是由持续性、传统性和规划性之间的内涵差异决定的。持续性由测项"知耻""礼尚往来""稳重"和"信用"构成。就"知耻"而言，其内涵有强烈的道德规范约束意义，而信任本身就有善意的成分，也属于道德的范畴；就"礼尚往来"而言，其内涵包含着友好的、互惠的、平等的互动意愿，当然更可能形成彼此之间的信任感;"稳重"包含着稳健、不变、稳定、谨慎等含义,这些含义都是反映了确定性,其实就是减少了不确定性,而信任本身就是基于不确定性的减少;至于"信用",它是指能履行诺言而取得的信任,直指信任的实质内涵。这些测项加在一起,对信任产生了强烈的作用。相对而言,虽然"传统性"和"规划性"也对信任产生影响,但这种影响没有"持续性"的影响强烈。如我们前文给出的假设,由于已有研究证明"传统性"和"规划性"对个人伦理(personal ethics)产生显著正向影响,因而我们推断这两个维度会驱动内心向善的信念,从而对信任产生影响。这种力量显然小于持续性的作用。第二,"持续性"涵盖了"传统性"和"规划性"的内涵,因而把后两者分开来的独立作用替代了。"持续性"的内涵是把过去、现在和未来的时间观念连结在一起,而"传统性"只反映过去,"规划性"只反映未来,显然,后两者独立开来的作用要小于前者。

一、结论与理论贡献

本章的研究有多个方面的理论贡献,无论在文化价值观还是在供应链合作关系的研究中,都做出了新的成果,修正或弥补了过往研究的不足。更重要的是,本章在更一般的层面上,证实了传统儒家的精神财富对全球化文化影响下的商业关系,所产生作用的路径和方式,这意味着来自东方的文化瑰宝与西方的价值观存在融合的路径和方式,这样的学术观念和学术思想给我们的学术研究指引了一个重要方向,蕴含了理论创新的很多可能性。

首先,本章对长期取向价值观研究带来了新的贡献,建立了新的个体层面长期取向价值观的维度结构,本质性地改变了Bearden、Money和Nevins(2006)的量表结构,把我们对长期取向价值观的理解推进到一个新的境地,即我们不能认为长期取向仅是面向过去和关注未来的两维度构成,而是还有把过去、现在和未来联结起来的第三维度,即持续性。与传统性和规划性相比,持续性这个维度似乎更加重要。至少我们在供应链关系中得到的结论是,持续性显著影响信任进而再影响承诺,它抵消了传统性和规划性的作用。与此同时,本章的研究也再一次回答了国家文化价值观和个人层面价值观的不同,即同样的价值观,比如本章的长期取向，在国家文化体层面和个人价值观层面，它们的维度结构是不同的，不能把国家文化层面的量表用于个人层面进行测量，如果这样的话，就会犯"生态性谬误"（ecological fallacy）（De Mooij and Hofstede，2010）。也就是说，本章的研究表明，Fang（2003）对 Hofstede（1991）建立的长期取向这个第五维度的质疑是错误的。Fang（2003）通过以定性的方式，分析指出 Hofstede（1991）建立的第五维度的八个测项应该是完全一致的，并不存在正向和负向的一个维度的两极。从八个测向对个体层面可能存在差异的衡量来看，或许确实并不存在正负相反的内涵关系。但是，这八个测项也并不是单维度性质。本章的研究表明，其中的三个测项"知耻""礼尚往来""稳重"和加上 Chinese Culture Connection（1987）第一个维度中的"信用（trustworthiness）"，构成了一个独特的维度"持续性"。而其他测项则属于其他维度。

　　其次，本章的研究对供应链合作关系领域的研究也做出了新的贡献。研究企业间关系和供应链关系的文献汗牛充栋，这些研究大大推进了我们对建立良好商业关系的认识和行动。其中最基本的是信任和承诺的关系。它们始终是建立高质量关系的核心要素，信任是前因，承诺是结果。但是，本章从价值观的角度，有效地推进了对影响信任的前因的认识，即长期取向价值观能够有助于建立信任。这个研究从根本上推进了我们对信任性质的理解。通常，我们把信任理解为一种结果。在这种情形下，我们首先需要作出有利于信任的行动，比如在供应链的任何环节中，都有严格的制度要求保障，那么，我们当然更容易对最终制造的产品形成信任感。但是，本章的研究表明，信任也可以是一种前因。也就是说，我们在没有对具体行动和行为的评判前，可以先拥有信任感。这种信任感是个人的价值观带来的。按本章的研究，如果个人拥有长期取向中的持续性价值观，则明显有助于建立信任评价。很显然，后者是一种更高级的信任。在当前的信任研究中，以这个角度的研究还十分有限。本章探寻到了影响信任感的个人稳定的特质，为发展这个视角的信任研究做出了一个例证。

　　最后，本章对如何在东西方文化背景中开展研究提供了一个新的视角。通常,站在文化价值观的层面看,东西方的差异十分明显,甚至正好是对立的关系,比如 Hofstede(1991)维度中的集体主义和个人主义;Schwartz(1992)维度中的自我超越(self-transcendence)和自我提升(self-enhancement)。这些成果已得到广泛共识,且影响巨大。顺着这样的思路,我们开展的跨文化研究往往旨在揭示出东西方的差异,或者因这种差异而带来的不同结果。但是,今天在全球化环境中,东西方文化的相互影响比以往任何时候更大。如果换一种思路,那么我们可以寻找东西方文化及文化价值观相互融合的路径和可能性,这样站在东方文化的立场,我们既不必妄自菲薄,也不要夜郎自大,而是以一种开放的心态,把自己的文化融入到全球文化之中,寻找自身的价值,寻找对世界文明作出贡献的可能性。这样我们就找到了传统儒家的时代新意义,而且这种意义比以往任何时候来得更重要。本章的研究表明,来自儒家文化的价值观对普适性的长期取向作出了显著的理论贡献,并对普遍意义上的信任和承诺产生正面影响。

二、 管理含义

今天,互联网和人工智能技术带来了商业环境的巨大变化。但是商业关系的建立、维系和发展,仍然坚持了基本的法则。那就是,信任是核心,信任形成承诺,即保持长期关系的意愿和行为。本章对管理实践的贡献在于,通过探寻到影响信任的价值观前因,即长期取向正向影响信任进而再正向影响承诺,表明在企业内部和企业间关系,比如在供应链合作关系中,塑造高管和员工的长期价值观是极其重要的,而且这种作用的积极影响是长期稳定存在的。

总体上,我们可以认为长期价值观有助于建立更加信任的合作关系。当我们单独看待长期取向的三个维度的时候,它们都分别对信任产生正面影响作用,即传统性影响信任($\beta_{传统性}$=0.267,p<0.001),规划性影响信任($\beta_{规划性}$=0.363,p<0.001),持续性影响信任($\beta_{持续性}$=0.390,p<0.001)。这意味着,在企业经营和品牌战略管理中,保持重要的传统是必要的,同时建立面向未来的明确统一的愿景和使命也是必要的。与此同时,我们还要富有智慧地理解传统和未来的联结关系,找到承上启下、继

往开来的实现路径和方式。只有这样,我们才能更好地保持传统,同时迎接面向未来的变革。

但是,我们要意识到,在三个长期取向的价值观中,持续性比传统性和规划性来得更重要。我们的数据表明,当把传统性、规划性和持续性放在一起,探究它们对信任的影响作用时,只有持续性对信任产生显著的影响,进而再影响承诺,而传统性和规划性的影响作用消失了。这其实不难理解,因为持续性是把过去、现在和未来连结起来,是建立传统性和规划性两者关系的桥梁。在实践中,我们要重视持续性的四个构成,即知耻、礼尚往来、稳重和信用,要把这四个方面作为员工品性的基本要求,并不断训练加以提升。具体地说,就是要有羞耻感的社会公义底线认知,要有基于平等互惠的友谊关系往来的社交情商,要有踏实可靠、稳重谦和的个人行事风格,要有彼此讲究信用、守候信用的心理契约。

在企业经营和品牌战略管理的实践中,我们要通过多种方式和途径塑造员工的长期取向价值观。它可以成为企业价值观的有机构成,可以成为团队建设的任务目标,可以成为员工招聘的基本要求,可以成为高管选拔的考虑因素。总之,长期取向价值观可以成为企业文化的构成要素。与此同时,企业还要在商业关系的建立、维护和发展中,通过各种手段和方式把长期取向价值观影响到合作伙伴的高管和员工群体中,使得对方也拥有长期取向价值观或提升长期取向价值观,这样彼此拥有共享的长期取向价值观。如果形成这样的良性互动关系,则显然大大降低企业关系合作中的交易成本,有助于建立和谐的商业文化和可持续发展的社会风貌。

第四章
面子需求融入全球化相关构念的实证研究

2020 年开年，新冠疫情的爆发引发了全球化与逆全球化之争。一方面，新冠疫情将强化国家权力，促使民族主义抬头，加速逆全球化；另一方面，新冠疫情也将引起权力和影响力转化，促使全球化由以美国为中心转向更不确定性的未来(Allen et al.，2020)。政治经济力量的转变也促使个体的价值观变得冲突和多元化(Balabanis，Stathopoulou and Qiao，2019)。与此呼应，在全球品牌化领域，相关研究也指出，一方面，受到美国优先政策和中美贸易争端的影响，中国消费者的国家边界意识和国货意识逐渐增强(Steenkamp，2019)；另一方面，受到"一带一路"和"人类命运共同体"等全球化政策观念的影响，中国消费者的世界主义意识和文化自信程度不断提高(刘伟和王文，2019；Guo，Heinberg and Zou，2019)。为迎合这些多元化的价值观，诸多企业尝试利用不同的定位诉求吸引中国消费者。例如，以融入中国元素作为全球品牌本土化战略的关键手段(Guo，Heinberg and Zou，2019；He and Wang，2017)，或强调本土品牌的原产地信息以期获取国货意识者的支持(何佳讯等，2017)。然而，目前为止，还尚未有研究系统性地比较这些不同的营销战略的效果，其在何种程度上吸引何种价值观的消费者仍是需要解决的研究问题。考虑到目前新冠疫情的背景，探究这些冲突的价值观如何驱动消费者的品牌态度显得尤为迫切。

在理论上，学界发展和验证了一系列旨在揭示消费者如何选择、评估和购买不同来源地的品牌的心理构念(Bartsch,Riefler and Diamanto-poulos,2016)。何佳讯等(2017)明确提出,由于全球化环境容易激发消费者多种差异化的心理倾向,因而,单独地考虑某一心理构念的影响效应是不完整的。为此,研究者比较了一系列心理构念的差异化影响效应(He and Wang,2015;Zhang and Khare,2009)。顺应此研究逻辑,尽管消费者民族中心主义(consumer ethnocentrism)(Shimp and Sharma,1987)、消费者世界主义(consumer cosmopolitanism)(Zeugner-Roth,Žabkar and Diamantopoulos,2015)和消费者外族中心主义(consumer xenocentrism)(Balabanis,Stathopoulou and Qiao,2019;Balabanis and Diamantopoulos,2016)这三个构念通常被全球品牌化研究学者所提及且在某种程度上有重叠之处,但目前为止,还尚未有研究同时对这三者的预测效力进行剖析和区分。前者作为国际营销中的经典构念,已得到广泛研究。后两者作为新近引入的构念,其应用图景还需进一步探究。

在全球品牌化领域,Burgess 和 Steenkamp(2006)曾专门撰文指出,新兴市场有其特殊性,研究者不仅需要考虑新兴市场与发达市场的共性,更需要把其特殊的文化价值观考虑在内,以提高营销学科的理论相关性和实践应用性。考虑到中国文化价值观,中国消费者除内携上述普适性心理表征外,其同时还受传统儒家文化影响。其中,作为千百年来最重要的文化价值观之一,面子需求是揭示中国消费者消费动机的关键切入点(Li and Su,2007;施卓敏和郑婉怡,2017;郭晓琳和林德荣,2015)。但目前为止,这种源于中国文化的独特价值观很少受到全球品牌化研究学者的关注,其如何与全球普适性心理构念——消费者世界主义、消费者外族中心主义和消费者民族中心主义——共同发挥影响效应还尚未可知。这一研究缺陷限制了基于文化内部的视角对相关心理构念的理解。

在相关文献中,全球品牌和本土品牌通常被作为对比的客体进行分析(参见何佳讯,2013)。但在实践中,全球品牌在本土化过程中通常考虑融入本土元素,以构建本土消费者文化定位(local consumer culture positioning),本土品牌在全球化过程中亦往往考虑融入全球元素,以构建全球消费者文化定位(global consumer culture positioning)(Steenkamp,

2019；Alden，Steenkamp and Batra，1999）。事实上，全球品牌、本土品牌、全球消费者文化定位和本土消费者文化定位在定位诉求上存在差异（Winit et al.，2014）。前两者从品牌原产地信息上进行判断，特别是对于新兴市场的消费者而言，全球品牌一般被视为源于西方发达国家的品牌。后两者则强调文化的多元性，因为不同来源国的品牌均可实施全球消费者文化定位和本土消费者文化定位，即文化的多元性可以弱化原产国概念（Steenkamp，2014）。但目前为止，还尚未有研究从实证层面对全球品牌化领域中的这些核心定位诉求进行区分和比较。

基于上述考虑，本研究追溯支撑消费者世界主义、消费者外族中心主义和消费者民族中心主义的理论根源，即系统正当性理论（system justification theory）和社会认同理论（social identity theory），结合不同定位诉求的特征，探究三者如何驱动消费者的品牌态度倾向。特别地，考虑到中国独特的文化价值观，引入面子需求作为调节变量，探究其在上述影响效应中如何发挥调节效应，进一步区分不同心理构念的影响机制差异。总体上，本研究的创新之处体现在三处：第一，厘清了消费者世界主义、消费者外族中心主义和消费者民族中心主义对消费者行为意向的预测效力差异，有助于促进学界进一步理解这三个构念的性质；第二，引入源于中国传统文化的面子需求，把全球普适性心理特征和本土文化价值观结合起来，深化了面子的正负效应研究和拓展了全球品牌化研究的视角；第三，揭示了全球品牌化领域所涉的不同的品牌定位类型在定位诉求上的差异，首次从实证层面上对这些核心定位诉求进行区分。

第一节　文献回顾与理论假设

一、消费者的世界主义、外族中心主义与民族中心主义

依据社会认同理论，个体有依附于社会群体的倾向，且会利用这种群体身份来规范自身的行为意向。其旨在揭示人们希望归属于某一群体来表达身份认同，并远离厌恶群体以显示认同差异。基于该理论，可衍生出两个衡量消费者心理倾向的构念：其一为消费者民族中心主义（Shimp and Sharma，1987；Sharma，2015）；其二为消费者世界主义（Cleveland et al.，2014）。尽管这两个构念均源于社会认同理论，但两者在驱动消费者行为意向上存在差异（Zeugner-Roth，Žabkar and Diamantopoulos，2015）。

（一）消费者世界主义和消费者民族中心主义

作为国际营销研究中的经典构念，消费者民族中心主义已得到诸多研究者的关注（Shimp and Sharma，1987；Balabanis and Siamagka，2017）。从社会认同理论视角分析，民族中心主义者之所以产生内群体倾向，主要源于道德性判断，即购买国外产品或品牌是否适当。另一方面，其又反映了在面对外来竞争的情景下，消费者对地方经济、政府、组织和个人的自卫反应。从这个角度分析，消费者民族中心主义既是一个亲内群体构念，又是一个反外群体构念。但依据 Shimp 和 Sharma（1987）两位学者最初对该构念性质的探讨，可以明确民族中心主义者对内群体社会产生认同更多是源于"规范性"影响，即义务性的"应有之情"，因而，其对消费者行为意向的预测效应不具稳定性，通常随情境变化而产生差异（何佳讯等，2017；Balabanis and Siamagka，2017）。

与民族中心主义者聚焦于国界内不同，不断深化的全球化进程催生了超越国界的社会空间和以全球范围为基点寻求品牌符号的消费者群体（黄海洋，何佳讯和朱良杰，2019a）。在这种背景下，消费者世界主义作为衡量消费者外倾性的心理构念近年来引起了学界的关注（Zeugner-Roth，Žabkar and Diamantopoulos，2015；Cleveland et al.，2014；Riefler and Diamantopoulos，2009）。该构念主要衡量消费者在何种程度上对外来文化、世界多样性和非本土产品持开放的态度（Riefler，Diamantopoulos and Siguaw，2012）。其实质上超越了社群及文化限制，对于日趋频繁的跨国消费行为意向具有较好的解释力（郭功星，周星和涂红伟，2017）。从这个意义上讲，消费者世界主义属于亲外群体构念，即超越国界的普适性认同。但需明确的是，世界主义者并不对内群体产生偏见，其驱动消费者追求产品和品牌的内在动因源于对文化多样性的欣赏（Zeugner-Roth，Žabkar and Diamantopoulos，2015）。因此，与基于"应有之情"的消费者民族中心主义不同，世界主义者更多是出于对文化多样性的"真有之情"。

（二）消费者外族中心主义

与上述两个构念不同，消费者外族中心主义并非源于社会认同理论，其基础为系统正当性理论（Balabanis，Stathopoulou and Qiao，2019；Balabanis and Diamantopoulos，2016）。该理论的核心思想在于，社会地位或物质地位低的群体往往会表现出贬低内群和偏袒外群的倾向，以此来论证和接受卑劣的合法性。基于该理论，相关学者发展了消费者外族中心主义这一新构念，其主要指消费者在刻板印象中就把源于本土的产品和品牌视为低劣，并反过来借助外来的产品和品牌来显示社会地位（Balabanis，Stathopoulou and Qiao，2019；Balabanis and Diamantopoulos，2016）。该构念包括两层含义：第一，消费者难以欣赏、甚至有贬低和诋毁本土产品和品牌的倾向，即感知劣质性（perceived inferiority）；第二，消费者利用非本土产品和品牌的象征性价值作为提高感知社会地位的途径，即社会强化（social aggrandizement）。从这个角度分析，外族中心主义者不仅持有自我否定的刻板印象，贬低和有意识地偏离其所处的内群体，同时他们还公然亲近、接受、甚至褒扬外群体。这种现象在新兴市场，特别是有殖民历史的国家，更为普遍（Balabanis，Stathopoulou and Qiao，2019）。可见，消费者外族中心主义是一个反内群体且亲外群体构念。

基于以上分析，在综合多个研究的基础上，表4-1梳理了消费者世界主义、消费者外族中心主义和消费者民族中心主义三个概念的性质。

表4-1　消费者世界主义、消费者外族中心主义和消费者民族中心主义的性质比较

	消费者世界主义	消费者民族中心主义	消费者外族中心主义
理论基础	社会认同理论	社会认同理论	系统正当性理论
内外群体态度	亲外群体但不排内群体	亲内群体且反外群体	亲外群体且反内群体
情感性质	真有之情	应有之情	真有之情/应有之情
心理机制	文化多样性追求、真实性追求、个人心理聚焦	国家主义、民族主义、社会规范聚焦	个人优越性追求、社会地位追求、个人心理/社会规范聚焦

注：综合 Riefler 等（2012）、Cleveland 等（2014）、He 和 Wang（2015）、Zeugner-Roth 等（2015）、Balabanis 和 Diamantopoulos（2016）、Balabanis 等（2019）和何佳讯等（2017）等多篇研究进行整理。

二、　面子需求及其相关研究

在中国文化里,面子是人情社会中一个非常重要的潜规则(杜伟宇和许伟清,2014;潘煜,2014)可视为中国人的精神纲领,也是分析和比较中西方消费动机差异的关键文化因素(Li and Su, 2007; Hu, 1944;施卓敏,范丽洁和叶锦锋,2012)。在人际关系网络情境中,驱动个人追求面子的动机可归结为渴望提升、维护和避免丢面子,以期获得他人的尊重和认同(Li and Su, 2007;郭晓琳和林德荣,2015; Bao, Zhou and Su, 2003; Zhang, Cao and Grigoriou, 2011)。

顺应面子需求的动机,研究者在解释国人的品牌行为意向上产生了诸多研究。总结起来,可归为两类:第一,以面子作为主效应,解释相关炫耀性消费的动因。比如,Wong 和 Ahuvia(1998)及 Bao 等(2003)的研究表明,相对于西方消费者,儒家社会中的面子需求正向驱动消费者对公共可见消费品的偏好,以及强化消费者的品牌意识。类似地,张新安(2012)和施卓敏等(2012)关于面子需求与奢侈品消费的研究表明,中国人对面子的追求正向影响其对炫耀性奢侈品和西方奢侈品的行为意向。与该主题相关的具体研究,还可参见 Zhang 等(2011)、Li 和 Su(2007)及 Lin 等(2013)的研究;第二,以面子作为中介效应,解释某些中国文化价值观影响消费者行为意向的内在机制。比如,杜伟宇和许伟清(2014)把面子需求作为解释权力影响高声望产品行为意向的中介变量,即国人对权力的追求正向增强其面子需求,进而推动他们对高声望产品有更强的购买动机。施卓敏和郑婉怡(2017)则把追求面子作为解释国人的道德受到威胁而产生道德性消费行为的内在机制,即个体的道德受胁时,其偏向于进行心理防御,为减少丢面子而产生道德性消费行为,以实现道德补偿。与该主题相关的具体研究,还可参见 Liao 和 Wang(2009)、郭晓琳和林德荣(2015),以及张翠娟和白凯(2015)的研究。

需要指出的是,与作为主效应和中介效应相比,目前还少有研究把国人的面子需求作为调节变量,剖析相关消费行为的情境性。更是缺乏相关研究把面子需求的研究范畴推进至全球品牌化领域,探究全球文化和本土文化相互结合的可能性。实际上,这一新兴的研究取向已经隐含在Steenkamp(2019)对全球品牌化相关研究的综述中,即研究者应该基于文化内部的视角剖析相关普适性心理构念的影响。具体而言,延伸至本研究,需要回答的问题为:消费者世界主义、消费者外族中心主义与消费者民族中心主义如何与面子需求产生交互效应,共同驱动消费者的行为意向?

三、 消费者文化定位、全球品牌与本土品牌

从消费者认知角度分析,全球品牌的概念主要源于感知品牌全球性(Perceived Brand Globalness)这一构念的发展和可操作化(Steenkamp, Batra ansd Alden,2003)。该构念的核心在于,把全球性的本质视为人的认知,而非现实市场存在(尽管两者在很大程度上并不冲突)。其中,"全球"由感知高品牌意识(awareness)、感知高品牌可得性(availability)、感知高品牌接受度(acceptance)和感知高品牌需求(demand)构成。因此,对不同的消费者而言,其对全球品牌可能存在差异化认知,即作为全球品牌,可以存在更多或更少的全球性。沿着这一思路,基于不同国家消费者的认知分析,"全球"与"本土"一般与原产国紧密相关。在新兴市场上(如中国),消费者通常把"全球"与西方联系起来(Zhou and Belk,2004)。但对于发达市场消费者而言,由于绝大多数全球品牌源于发达国家,因而,"本土"在一定程度上又反映"全球"之意(Winit et al.,2014)。

与全球品牌和本土品牌强调来源地不同,全球消费者文化定位和本土消费者文化定位聚焦于品牌本身的文化特征。其中,前者是指把品牌和全球共享的文化联系起来,而后者是把品牌和本土文化联系起来(Steenkamp,2019;Alden,Steenkamp and Batra,1999)。营销者可通过营销组合中的语言(主要指广告中或包装中所采用的语言种类)、美学风格(主要指广告所表达的整体内涵和象征性意义)及故事主题(主要指广告所表达的整体内涵和象征性意义)把品牌与特定的消费者文化联系起来。因此,不管是源于发达市场的品牌,还是源于新兴市场的品牌,其均可采用这两种定位诉求。本研究主要关注融入中国元素实施本土消费

者文化定位的西方发达市场的品牌,以及融入全球元素实施全球消费者文化定位的中国品牌。

接下来,本研究基于上述三个心理构念的性质,结合不同定位诉求的特征,论证和比较其驱动消费者品牌态度倾向的内在逻辑,并推演面子需求的调节效应。

四、 主效应假设与调节效应假设

(一)消费者世界主义影响效应关系假设

如前所述,世界主义者具有亲外不排内的特性,渴望文化的真实性,对文化多样性持"真有之情"。从消费者文化定位的本质上分析,不管是全球品牌融入中国元素实行本土消费者文化定位,或是中国品牌融入全球元素实行全球消费者文化定位。其实际上均体现为不同文化之间的相互交流和对话,即品牌上的"全球性"信息(globalness)和"本土性"信息(localness)相互交融。从这个角度分析,可以推测世界主义者作为传递不同国家文化的文化中介,对全球消费者文化定位和本土消费者文化定位均有更高的偏好。

对于消费者世界主义如何影响全球品牌和本土品牌的行为意向,学界存在差异化的观点(Zeugner-Roth,Žabkar and Diamantopoulos,2015;Balabanis and Diamantopoulos,2016;Riefler,Diamantopoulos and Siguaw,2012)。一方面,Riefler 等(2012)在辨析全球消费导向(global consumption orientation)和消费者世界主义时,明确提出这两个构念看似相关,实质具有不同的内涵。具有全球消费导向的消费者对全球化持积极的态度,他们欣赏日益增强的全球同质化,如观看相同的电影、穿同样的牛仔裤和吃相同的快餐等。因此,这类消费者对全球品牌有非常积极的倾向。而世界主义者追求文化的多样性及认同多种差异化的文化,因而,他们有可能对全球化进程及全球标准化持消极态度,甚至有可能挑战全球品牌的真实性和对本土品牌产生好感(Zeugner-Roth,Žabkar and Diamantopoulos,2015;Balabanis and Diamantopoulos,2016;Riefler,Diamantopoulos and Siguaw,2012)。另一方面,由于世界主义者具有外倾性,特别是对于新兴市场的消费者而言。这种外倾性减弱世界主义者形成"无条件支持母国,把母国利益放在第一位和保护母国利益"的理念(Riefler and Diamantopoulos,2009)。因而,消费者世界主义有可能对全球品牌行为意向产生正向影响和对本土品牌行为意向产生负向影响。鉴于现有文献的冲突观点,本研究并不对此提出假设,只对消费者世界主义与消费者文化定位态度偏好的关系提出假设。具体如下:

H1a:消费者世界主义正向影响消费者对全球消费者文化定位的态度偏好;

H1b:消费者世界主义正向影响消费者对本土消费者文化定位的态度偏好;

(二)消费者外族中心主义影响效应关系假设

如前所述,基于系统正当性理论的消费者外族中心主义实际上反映了消费者对本土产品和品牌劣质的刻板认知,以及倾向于借助非本土产品和品牌来达到社会强化的倾向。据此,本研究提出品牌本身的原产地可作为外族中心主义者判断态度偏好的关键依据。Lawrence(2012)提出外族中心论(Xenocentrics),他认为外族中心主义者以外国群体作为参考中心,甚至为此对内群体产生强烈的厌恶。与此观点类似,Balabanis 和 Diamantopoulos(2016)在实证研究中发现,消费者外族中心主义负向影响集体主义自尊(collective self-esteem),正向影响物质主义(materialism)和虚荣(vanity)。外族中心主义高的消费者对源于内群体的自我概念及附诸其上的情感评价较为负面。据此,可以推测外族中心主义者对本土品牌有更为负面的态度评价,而对全球品牌有更为正面的态度评价。基于此,提出以下假设:

H2a:消费者外族中心主义正向影响消费者对全球品牌的态度偏好;

H2b:消费者外族中心主义负向影响消费者对本土品牌的态度偏好;

对于反映不同文化融合的全球消费者文化定位和本土消费者文化定位,消费者外族中心主义有可能对两者的态度偏好的影响不显著。一方面,对于带有"全球性"特征的全球品牌,当其融入中国元素实行本土消费者文化定位战略时,中国元素所带来的"本土性"有可能削弱外族中心主义者以全球品牌作为社会强化的途径。换言之,对于这类消费者而言,带有本土文化象征价值的全球品牌并不具有展示身份地位的价值。因此,消费者外族中心主义有可能难以对实行本土消费者文化定位战略的全球品牌的态度偏好产生显著的正向影响。另一方面,对于带有"本土性"特征的本土品牌,当其融入全球元素实行全球消费者文化定位战略时,附诸其上的"全球性"可以为本土品牌带来声望和质量上的积极认知(Steenkamp,Batra and Alden,2003;Özsomer,2012)。因而,对外族中心主义者而言,本土品牌的劣质性有可能被全球元素所冲淡,进而使消费者外族中心主义难以对实行全球消费者文化定位战略的本土品牌的态度偏好产生显著的负向影响。为此,提出以下假设:

H3a:消费者外族中心主义不能显著影响消费者对全球消费者文化定位的态度偏好;

H3b:消费者外族中心主义不能显著影响消费者对本土消费者文化定位的态度偏好;

(三)消费者民族中心主义影响效应关系假设

从定义上分析,消费者民族中心主义被视为一种带有明显国界偏见的消费信念。其通常用于衡量消费者的价值判断和价值追求,即"是否国产"和"是否爱国"(郭功星,2017)。据此,可以推测品牌本身的原产地可视为消费者判断是否符合道德规范的关键依据。Sharma(2015)指出,具有高民族中心主义的个体会贬低和驳斥外来产品及其优势,甚至有可能对偏好这些产品的其他个体进行惩罚。另一方面,民族中心主义者有更高的国家主义,并且更为保守。因而,他们会出于保护本国经济、维护本土产业和降低失业率的目的而拒绝全球品牌。为此,提出以下假设:

H4a:消费者民族中心主义负向影响消费者对全球品牌的态度偏好;

H4b:消费者民族中心主义正向影响消费者对本土品牌的态度

偏好；

与文化认同相比，消费者民族中心主义对消费者行为意向的影响效应不具稳定性，即社会道德规范着消费者"需要"和"理当"做什么，而非"想要"做什么（何佳讯等，2017）。实际上，已有研究表明，消费者民族中心主义对消费者行为意向的影响随品牌特性（庄贵军，周南和周连喜，2006）、产品品类（Balabanis and Siamagka，2017）和消费者人口统计特征（Cleveland，Laroche and Papadopoulos，2009）等产生差异。在本研究中，我们提出当品牌原产地被模糊时，即对于反映不同文化融合的全球消费者文化定位和本土消费者文化定位，消费者民族中心主义有可能对两者的行为意向的影响不显著。一方面，对于融入中国元素实行本土消费者文化定位战略的全球品牌，民族中心主义者有可能因为本土文化被全球品牌所接纳，进而缩短了他们在评估全球品牌时的"道德鸿沟"。因此，消费者民族中心主义有可能不再显著负向影响这类品牌的行为意向。另一方面，对于融入全球元素实行全球消费者文化定位战略的本土品牌，其本身所内蕴的"全球性"给由"应有之情"所驱动的民族中心主义者提供了一个品牌"失德"的借口。以这类本土品牌作为衡量是否道德和是否适当的标准被弱化。因此，消费者民族中心主义有可能不再显著正向影响这类品牌的行为意向。为此，提出以下假设：

H5a：消费者民族中心主义不能显著影响消费者对全球消费者文化定位的态度偏好；

H5b：消费者民族中心主义不能显著影响消费者对本土消费者文化定位的态度偏好；

（四）面子需求与消费者世界主义

由于受到传统儒家文化的影响，中国人的自我并非独立存在，往往需要在社会交往中通过与他人的交互关系进行衡量（Bao，Zhou and Su，2003）。相关研究指出，面子具有社会外在性，即个人期望因其所取得的成就或所具有的品质而被他人赞赏。因而，面子需求高低不同的个体受外在社会规范和人际关系影响的程度有所不同（施卓敏和郑婉怡，2017；潘煜等，2014）。相对于面子需求较弱的个体，面子需求较强的个体更容易受到人际关系的影响,更加在乎别人对自己的看法。从这个角度分析,有较强面子需求的消费者往往渴望在所涉社会群体中,通过品牌消费来实现炫耀自我,展示社会声望的目的。而如前所述,消费者世界主义代表了消费者出于对文化多样性的"真有之情",进而对品牌产生源于内心的偏好。因此,承载社会规范性偏好的面子需求与强调"真有之情"的消费者世界主义在价值取向上存在冲突。在面子需求较高水平上,消费者更加关注使用某种品牌是否能影响其参考群体而非聚焦内心偏好,因而,消费者世界主义的正向影响效应有可能被削弱。为此,提出以下假设:

H6a:面子需求削弱消费者世界主义对全球消费者文化定位态度偏好的正向影响效应;

H6b:面子需求削弱消费者世界主义对本土消费者文化定位态度偏好的正向影响效应;

(五)面子需求与消费者外族中心主义

已有研究表明,对面子需求的关注可以逆转亲自我消费者的自私行为(即降低追求自我利益最大化的动机)。施卓敏等(2014)关于面子需求与生态消费行为关系的研究表明,相对于低面子需求者,高面子需求的亲自我者更有可能参与对环境有利的消费行为,向内群体成员证明自己可以牺牲自我利益以顾全集体利益,进而获得群体认同和赞赏。即使这种消费行为由社会规范所附加,而非源于个人内心。实际上,对于内群体成员而言,持外族中心主义的消费者有较强的自私行为倾向。Balabanis 和 Diamantopoulos(2016)在探究消费者外族中心主义的法理效度时,发现该构念与社会支配导向(social dominance orientation)正相关,即外族中心主义者反对群际之间存在平等关系,往往认为外群比内群有更高的等级性。因而,这些消费者持有较低水平的集体自尊,甚至诋毁内群体及其品牌。考虑到面子需求对自私行为的逆转作用,本研究推测面子需求有可能削弱消费者外族中心主义对本土品牌态度偏好的负向影响效应。另一方面,面子需求高的消费者更倾向于利用全球品牌来表达自我,追求全球品牌上所内蕴的全球神话。因此,面子需求有可能强化消费者外族中心主义对全球品牌态度偏好的正向影响效应,即外族中心主义者出于对炫耀性消费的关注,导致他们更加偏好利用全球品牌来展示身份地位。为此,提出以下假设:

　　H7a:面子需求削弱消费者外族中心主义对本土品牌态度偏好的负向影响效应;

　　H7b:面子需求强化消费者外族中心主义对全球品牌态度偏好的正向影响效应;

(六)面子需求与消费者民族中心主义

如前所述,消费者民族中心主义源于道德性动机来驱动消费者对全球品牌和本土品牌的态度偏好。因此,为获取更多的外在道德性评价,相对于面子需求低的消费者,面子需求高的消费者更容易从与消费者民族中心主义相期望的活动中获得满足。比如,Li和Su(2007)在探讨中国面子和西方面子时,把中国面子视为群体面子、义务面子和他人导向面子,其包含遵从内群体规范的成分。顺应此逻辑,本研究推测面子需求有可能强化消费者民族中心主义对本土品牌态度偏好的正向影响效应。此外,Zhou和Belk(2004)在探究中国消费者对全球性诉求广告和本土性诉求广告的反应时,发现中国消费者出于面子需求,在消费过程中会出现矛盾的行为意向。一方面,由于受国家民族主义的影响,他们渴望消费反映中国文化价值观的品牌。另一方面,他们又渴望利用全球性象征价值来满足追求地位的欲望。据此,本研究推测面子需求有可能削弱消费者民族中心主义对全球品牌态度偏好的负向影响效应,即民族中心主义者出于对面子消费的追求,降低了他们拥有和消费全球品牌的道德负罪感。为此,提出以下假设:

　　H8a:面子需求削弱消费者民族中心主义对全球品牌态度偏好的负向影响效应;

　　H8b:面子需求强化消费者民族中心主义对本土品牌态度偏好的正向影响效应。

综上,本研究的理论模型如图4-1所示。

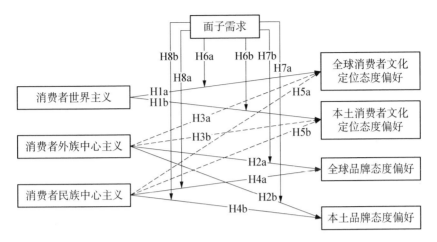

注：图中实线表示假设有显著影响，虚线表示假设无显著影响。

图 4-1　理论模型

第二节　研究方法、数据分析与结果

一、测试客体、抽样方法及样本

为保证测试客体的有效性，本研究参考全球品牌化领域中的成熟范式进行操作（Alden，Steenkamp and Batra，1999；Dimofte，Johansson and Bagozzi，2010；Westjohn，Singh and Magnusson，2012）。具体地，在筛选测试客体时，设定以下标准：第一，参考 Alden 等（1999）的研究，从故事主题、美学风格和语言上甄别可有效反映全球消费者文化定位和本土消费者文化定位的平面广告。以 Özsomer（2012）对全球品牌特征的综述性总结为参考（全球广泛可得性、全球标准化和高认知度等），结合品牌来源国特征（新兴市场 VS. 发达市场）来甄别可有效反映全球品牌和本土品牌的平面广告。第二，Dimofte 等（2010）在探究消费者对全球品牌的态度偏好时，曾明确指出消费者有可能把全球品牌和某个具体的品牌联系起来，淡化全球品牌的概念。基于这一考虑，本研究分别以多个品牌作为集合，以测量被试对全球品牌、本土品牌、全球消费者文化定位和本土消费者文化定位的整体态度。第三，在测量上述每一类品牌集合的态度偏好时,参考现有文献,选择常见的耐用品、电子品和快消品作为测试客体(Alden, Steenkamp and Batra,1999；Zhou and Belk,2004),以提高研究的外部效度。

基于上述三大标准,本研究以2018年Interbrand全球百佳品牌排行榜为标准,同时考虑到相关测试客体在中国市场的可得性,选取耐克、阿迪达斯、苹果、三星、可口可乐和麦当劳作为全球品牌的集合。对于本土品牌测试客体,参考以往文献及其可得性(He and Wang,2015)选取李宁、安踏、小米、魅族、娃哈哈和农夫山泉作为集合。对于本土消费者文化定位测试客体,选取哈根达斯月饼、肯德基皮蛋瘦肉粥、HP mini VT 牡丹上网本、戴尔 Inspiron 1320 鱼漾纹饰上网本、Gucci 赤龙纹包和Tiffany Charm 红包挂坠作为集合。何佳讯等(2017,2014)的相关研究已经表明,上述测试客体可有效表征本土消费者文化定位。对于全球消费者文化定位测试客体,本研究从故事主题、美学风格和语言三个核心组成要素上加以评估。为此,参考 Westjohn 等(2012)的做法,在线搜索了若干可能反映全球消费者文化定位的平面广告,并邀请三名管理学背景的博士研究生,要求他们基于上述要素评估这些广告的有效性。依据他们的评估,选取徐福记奇欧比、海尔卡萨帝、联想 ThinkPad、OPPO FINE ME、波司登和罗莱家纺的平面广告作为全球消费者文化定位的测量表征。

参考全球品牌化领域中的相关文献(Dimofte, Johansson and Bagozzi,2010；Alden et al.,2013),本研究采用在线的方式收集数据。利用线上调研平台"问卷星"设计调查问卷,并生成网络链接和二维码。此后,委托数据调研机构(985 大数据中心经管科研基地)进行收集数据。调研时间从 2017 年 12 月 25 日至 2018 年 1 月 15 日。由于本研究所关注的品牌及其定位类型在日常生活中较为常见,可被各类消费者感知到。基于这一考虑,本研究并没有对被试进行限制。作为酬劳,完成问卷的被试可获得金钱奖励。通过在线方式,本研究一共收集问卷 410 份。在此基础上,为保证问卷数据的有效性,参考 Krosnick(1991)所识别的问卷调查的陷阱,本研究根据问卷题项之间的逻辑关系,以及某一特定选项是否被过多重复选择而对问卷进行甄别,剔除了 78 份答题不认真的问卷,保留有效问卷 332 份。其中,男性占 45.2%,女性占 54.8%;25—39 岁年龄段占 72.9%;本科及以上学历占 74.4%;家庭月收入万元以下占 72.0%。

二、 测量与共同方法偏差

为减少共同方法偏差,提高测量的有效性,本研究并没有按照变量间的因果关系顺序进行测量。在操作中,首先测量被试的消费者世界主义。此后,分别测量被试对不同的品牌定位类型的整体态度。接下来,分别测量被试的消费者民族中心主义、面子需求和消费者外族中心主义。最后,收集被试的人口统计变量。

对于消费者世界主义的测量,参考 Cleveland 等(2014)的研究,测项包括:我喜欢观察生活在其他文化中的人,看看我能从他们身上学习什么;我有兴趣进一步了解生活在其他国家的人;我喜欢与来自其他文化和国家的人交流思想;我喜欢学习了解其他文化的生活方式;我喜欢和其他国家的人交往,学习他们独特的观点和方法。对于消费者民族中心主义的测量,参考 Shimp 和 Sharma(1987)的研究,测项包括:中国人不应该购买外国产品,因为这有损本国的产业并引起失业;购买外国进口产品是不对的,因为这会导致国人失业;一个真正的中国人应该经常购买中国产品;相比外国产品,我总是倾向于购买国内产品;我们应该购买中国制造的产品,不要让别的国家在我们这里把钱赚走。对于消费者外族中心主义的测量,参考 Balabanis 和 Diamantopoulos(2016)的研究,把感知劣质性和社会强化两个维度合并起来作为对该构念的整体反映,测项包括:很少国产产品可以在质量上和外国产品相提并论;在大部分产品品类中,外国品牌优于国产品牌;与国内企业相比,我更加相信外国企业,因为外国企业更加专业且拥有更多的资源;与国产产品相比,我更加相信外国产品;在我所购买的外国品牌中,我想不到任何可以与之相比的国产品牌;使用外国品牌可以提高我的自尊;购买国产品牌的人很少受到别人的尊敬;与国产品牌相比,我更加喜欢外国品牌,因为我的大多数熟人都是买外国品牌;购买外国产品让我更加时髦;我购买外国品牌是为了让我与众不同。对于面子需求的测量,参考潘煜等(2014)的研究,测项包括:受到别人的称赞和羡慕让我很自信;我希望将自己最好的一面展现在别人面前,以免让人看不起;不要直接或公开指责对方的过失,以免伤害对方的自尊;被别人拒绝是一件很丢面子的事情;恰当的赞美能表达对他人的尊重;地位高的人说话更有分量。以上测量语句采用 Likert 量表衡量,1 表示"完全不同意",7 表示"完全同意"。对于态度偏好的测量,参考 Shepherd 等(2015)、Kubat 和 Swaminathan(2015)的研究,采用 -3 到 3 的评分方式,测项为:不喜欢/喜欢;负面态度/正面态度;没有好感/有好感。此外,Steenkamp 和 Jong(2010)的研究表明,被试的人口统计变量有可能影响他们对全球化和本土化的倾向。基于此,所考虑的个人特征变量包括性别(男=1,女=0)、教育水平(低到高分 6 个档次)、年龄(低到高分 7 个档次)及收入(低到高分 12 个档次)等背景信息。

本研究通过不同的方式来减少共同方法偏差对结果的干扰,以揭示变量间的真实关系。第一,被试在填写问卷时,被告知答案没有对错之分,并鼓励如实地回答,以降低社会期望效应的影响;第二,采用不同的测量方式对所涉构念进行测量。比如,采用 Likert 量表对消费者世界主义和面子需求进行测量,采用语义差别量表对态度偏好进行测量;第三,如前所述,本研究并没有按照变量间的因果关系顺序进行测量;第四,采用 Harman 单因素法对所涉的自变量、因变量和调节变量做未旋转主成分分析。结果表明,第一个因子的方差解释率占 21.25%,低于 50%。据此,可以推测本研究的测量较为严谨可靠。

三、 信度、效度与描述性统计

本研究通过验证性因子分析检验建构效度和 Cronbach's α 值检验信度。为此,构建了一个包含自变量、调节变量和因变量的测量模型。表 4-2 为各构念的测量操作、信度和效度;表 4-3 为各构念间的相关系数和 AVE 的平方根等。结果显示,拟合度达到可接受水平($\chi^2_{(634)}$ = 1412.661,χ^2/df = 2.228,CFI = 0.907,IFI = 0.908,TLI = 0.897,RMSEA = 0.061)。除两个测项略低于 0.5 外,各构念的标准化因子荷载值(β)均大于 0.5;组合信度(CR)和 Cronbach's α 值均大于 0.7;AVE 的平方根均大于对应构念与其他构念间的相关系数。这些指标表明各构念具有良好的信度和效度。

表 4-2　相关构念的测量操作、信度与效度

构念及测量	标准化 β	t 值	CR	Cronbach's α
消费者世界主义				
我喜欢观察生活在其他文化中的人,看看我能从他们身上学习什么	.634	13.705	.867	.865
我有兴趣进一步了解生活在其他国家的人	.796	14.190		
我喜欢与来自其他文化和国家的人交流思想	.796	14.196		
我喜欢学习了解其他文化的生活方式	.769	11.165		
我喜欢和其他国家的人交往,学习他们独特的观点和方法	.757	—		
消费者民族中心主义				
中国人不应该购买外国产品,因为这有损本国的产业并引起失业	.912	7.699	.850	.865
购买外国进口产品是不对的,因为这会导致国人失业	.880	11.100		
一个真正的中国人应该经常购买中国产品	.620	16.052		
相比外国产品,我总是倾向于购买国内产品	.437	16.451		
我们应该购买中国制造的产品,不要让别的国家在我们这里把钱赚走	.742	—		
面子需求				
受到别人的称赞和羡慕让我很自信	.772	9.038	.761	.737
我希望将自己最好的一面展现在别人面前,以免让人看不起	.665	8.433		
不要直接或公开指责对方的过失,以免伤害对方的自尊	.601	7.938		
被别人拒绝是一件很丢面子的事情	.417	6.095		
恰当的赞美能表达对他人的尊重	.557	—		
地位高的人说话更有分量	.500	6.944		
消费者外族中心主义				
很少国产产品可以在质量上和外国产品相提并论	.706	15.067	.956	.956
在大部分产品品类中,外国品牌优于国产品牌	.758	16.786		

构念及测量	标准化 β	t 值	CR	Cronbach's α
与国内企业相比,我更加相信外国企业,因为外国企业更加专业且拥有更多的资源	.803	18.389		
与国产产品相比,我更加相信外国产品	.862	20.820		
在我所购买的外国品牌中,我想不到任何可以与之相比的国产品牌	.853	—		
使用外国品牌可以提高我的自尊	.900	22.613		
购买国产品牌的人很少受到别人的尊敬	.824	19.239		
与国产品牌相比,我更加喜欢外国品牌,因为我的大多数熟人都是买外国品牌	.889	22.072		
购买外国产品让我更加时髦	.828	19.382		
我购买外国品牌是为了让我与众不同	.824	19.229		
全球品牌态度偏好				
不喜欢/喜欢	.868	17.201	.886	.885
负面态度/正面态度	.879	17.371		
没有好感/有好感	.798	—		
本土品牌态度偏好				
不喜欢/喜欢	.810	21.798	.852	.852
负面态度/正面态度	.855	20.815		
没有好感/有好感	.766	—		
全球消费者文化定位态度偏好				
不喜欢/喜欢	.844	18.229	.880	.879
负面态度/正面态度	.818	17.520		
没有好感/有好感	.865	—		
本土消费者文化定位态度偏好				
不喜欢/喜欢	.899	14.243	.912	.912
负面态度/正面态度	.870	14.647		
没有好感/有好感	.873	—		

注:把所涉的－3 到 3 分编码为对应的 1 到 7 分后,再计算相关指标。

四、 假设检验

采用最小二乘法对假设进行检验。因涉及调节效应,为减少共线性问题,对所涉连续变量进行中心化。此后,在考虑相关控制变量的基础上,构建了消费者世界主义、消费者外族中心主义、消费者民族中心主义及其与面子需求的交互作用分别对全球消费者文化定位、本土消费者文

表 4-3　相关构念的描述性统计

构念	1	2	3	4	5	6	7	8	9	10	11	12
1. 消费者世界主义	**.753**											
2. 消费者民族中心主义	.057	**.739**										
3. 面子需求	.238**	.240**	**.600**									
4. 消费者外族中心主义	.040	.269**	.105	**.827**								
5. 全球品牌态度偏好	.187**	−.091	.323**	.075	**.849**							
6. 本土品牌态度偏好	.250**	.175**	.177**	−.223**	.174**	**.811**						
7. 全球消费者文化定位态度偏好	.335**	.055	.331**	.001	.442**	.287**	**.843**					
8. 本土消费者文化定位态度偏好	.243**	.094	.252**	.086	.416**	.173**	.539**	**.881**				
9. 收入	.061	−.150**	.022	−.068	.057	−.038	−.010	.031	—			
10. 教育	.066	−.099	.138*	−.002	.011	−.059	−0.04	.058	.302**	—		
11. 年龄	.077	.219**	.119*	−.038	.081	.132*	.020	.023	.051	−.071	—	
12. 性别	−.059	−.128*	−.120*	−.078	−.076	.007	−.102	−.055	.202**	.124*	−.108*	—
均值	5.692	4.687	5.711	3.197	5.815	6.276	5.904	5.918	3.858	3.837	3.325	.452
标准差	1.099	1.491	.886	1.722	1.135	.845	1.065	1.108	2.138	.653	.944	.498

注：* $p<0.05$，** $p<0.01$，*** $p<0.001$。把所涉的−3到3分编码为对应的1到7分后，再计算相关指标。对角线上为 AVE 的平方根，对角线下为相关系数。

化定位、全球品牌和本土品牌态度偏好的影响模型,结果如表 4 - 4 和表 4 - 5 所示。在以下各个模型中,VIF 值小于 2,Tolerance 值接近 1,说明不存在共线性问题。另外,Durbin-Watson 值接近于 2,说明残差自相关的可能性小,参数估计稳健。

表4-4 假设检验——全球消费者文化定位与本土消费者文化定位

变量	全球消费者文化定位态度偏好			本土消费者文化定位态度偏好		
	标准化 β	t 值	标准误	标准化 β	t 值	标准误
控制变量						
收入	.001	.027	.027	.021	.376	.029
教育	−.103	−1.937	.086	.011	.194	.094
年龄	−.035	−.678	.058	−.011	−.196	.064
性别	−.032	−.622	.111	.001	.014	.121
主效应						
消费者世界主义(COS)	.261***	4.990	.051	.173**	3.142	.055
消费者民族中心主义(CE)	−.052	−.948	.040	.002	.026	.043
消费者外族中心主义(XC)	−.032	−.575	.035	.056	.951	.038
面子需求(MZ)	.299***	5.562	.065	.202***	3.581	.071
调节效应						
COS * MZ	−.116*	−2.246	.050	−.143**	−2.636	.055
CE * MZ	.143**	2.770	.039	.150**	2.765	.042
XC * MZ	.021	.378	.037	.038	.657	.040
全模型						
F value		8.394			4.846	
R^2		.244			.143	
Adjusted R^2		.197			.113	
Durbin-Watson		2.043			1.888	

注: $^*p < .05$, $^{**}p < .01$, $^{***}p < .001$。

表 4-5 假设检验——全球品牌与本土品牌

变量	全球品牌态度偏好			本土品牌态度偏好		
	标准化 β	t 值	标准误	标准化 β	t 值	标准误
控制变量						
收入	.043	.785	.029	−.043	−.815	.021
教育	−.064	−1.188	.094	−.046	−.880	.068
年龄	.076	1.442	.064	.051	1.009	.046
性别	−.034	−.648	.121	.067	1.309	.087
主效应						
消费者世界主义(COS)	.094	1.759	.055	.179**	3.477	.040
消费者民族中心主义(CE)	−.253***	−4.479	.043	.169**	3.093	.031
消费者外族中心主义(XC)	.083	1.457	.038	−.379***	−6.885	.027
面子需求(MZ)	.352***	6.413	.070	.152**	2.876	.051
调节效应						
COS * MZ	−.030	−.579	.055	.050	.981	.039
CE * MZ	.142**	2.707	.042	.127**	2.512	.030
XC * MZ	.035	.623	.040	.197***	3.648	.029
全模型						
F value		6.815			9.519	
R^2		.190			.247	
Adjusted R^2		.162			.221	
Durbin-Watson		2.152			2.107	

注：$^*p<.05$，$^{**}p<.01$，$^{***}p<.001$。

实证分析表明,消费者世界主义分别正向影响消费者对全球消费者文化定位($\beta=0.261$, $p<0.001$)和本土消费者文化定位($\beta=0.173$, $p<0.01$)的态度偏好。因此,假设 H1a 和假设 H1b 均得到验证。与此不同,消费者外族中心主义并不能显著影响全球消费者文化定位态度偏好($\beta=−0.032$, $p>0.05$)和本土消费者文化定位态度偏好($\beta=0.056$, $p>0.05$),即本研究所提出的假设 H3a 和假设 H3b 均得到验证。在对全球品牌和本土品牌态度偏好的影响上,消费者外族中心主义出现差异化结果。与假设 H2b 预测一致,其显著负向影响消费者对本土品牌的态度偏好($\beta=-0.379$,$p<0.001$)。尽管消费者外族中心主义在影响全球品牌态度偏好的方向上符合本研究的预测($\beta=0.083$,$p>0.05$),但其并不显著,即假设 H2a 没有得到验证。对于消费者民族中心主义,其分别显著正向影响消费者对本土品牌($\beta=0.169$,$p<0.01$)和负向影响对全球品牌($\beta=-0.253$,$p<0.001$)的态度偏好。因此,假设 H4a 和假设 H4b 均得到验证。但在影响全球消费者文化定位($\beta=-0.052$,$p>0.05$)和本土消费者文化定位($\beta=0.002$,$p>0.05$)的态度偏好上,消费者民族中心主义均不能产生显著影响。这个数据结果证实了假设 H5a 和假设 H5b。

从调节效应的实证结果上看,面子需求与消费者世界主义的交互项分别负向影响消费者对全球消费者文化定位($\beta=-0.116$,$p<0.05$)和本土消费者文化定位($\beta=-0.143$,$p<0.01$)的态度偏好。因此,面子需求削弱了消费者世界主义对这两种文化定位态度偏好的正向影响效应,即假设 H6a 和假设 H6b 均得到验证。图 4-2 的简单斜率分析显示(高低面子需求以加减一个标准差为准)(Aiken and West,1991),相较于面子需求低的情况下,消费者世界主义对这两者的正向影响斜率在面子需求高的情况下明显变小。对于消费者外族中心主义,面子需求与其的交互项显著正向影响消费者对本土品牌($\beta=0.197$,$p<0.001$)的态度偏好。换言之,面子需求削弱了消费者外族中心主义对本土品牌态度偏好的负向影响效应。但两者的交互项并不能对全球品牌态度偏好产生影响($\beta=0.035$,$p>0.05$)。因此,假设 H7 得到部分验证。这体现在图 4-3 的简单斜率分析中,对于本土品牌态度偏好而言,相较于面子需求低的情况,消费者外族中心主义对其的负向影响斜率在面子需求高的情况下变得更为平坦。但对于全球品牌态度偏好而言,两条影响斜率几乎平行。对于消费者民族中心主义,面子需求与其的交互项均显著正向影响消费者对全球品牌($\beta=0.142$,$p<0.01$)和本土品牌($\beta=0.127$,$p<0.01$)的态度偏好。换言之,消费者民族中心主义对本土品牌态度偏好的正向影响效应被面子需求进一步强化,而其对全球品牌态度偏好的负向影响效应则被面子需求削弱。因此,假设 H8a 和假设 H8b 均得到验证。图 4-4 的

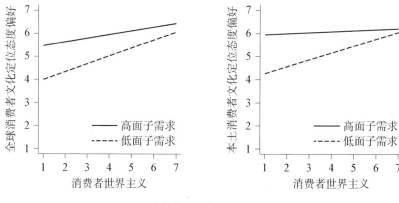

图 4-2 消费者世界主义的简单斜率分析

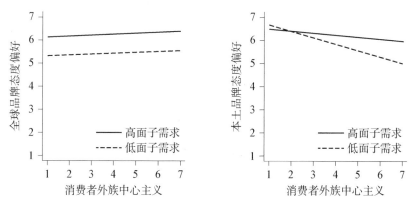

图 4-3 消费者外族中心主义的简单斜率分析

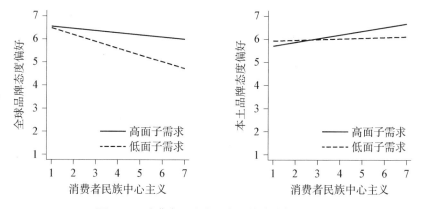

图 4-4 消费者民族中心主义的简单斜率分析

简单斜率分析进一步证实了这一结论,在面子需求高的情况下,消费者民族中心主义对本土品牌态度偏好的正向影响斜率变得更为陡峭,而对全球品牌态度偏好的负向影响斜率变得更为平坦。

第三节　结论与战略指引

总体上,本研究首次把源于中国文化的面子需求和全球品牌化领域中的消费者世界主义、消费者外族中心主义和消费者民族中心主义结合起来,探讨它们对不同的品牌定位类型的影响效应。这个研究呼应了Steenkamp(2019)近期所倡导的全球品牌化研究方向,即应基于当地特殊的文化价值观视角来考虑全球普适性心理构念的影响效应,以进一步拓展全球品牌化的研究视角。同时,本研究也呼应了近期国内主流管理学期刊所倡导的研究取向,即应基于中国的实践背景,并融合国际研究成果来探究相关管理学问题,以促进学术理论本土化。总体上,除假设 H2a和假设 H7b 没有得到验证外(将在理论贡献部分讨论),其他假设均得到验证。本研究具有以下明确的理论贡献和实践意义。

一、结论与理论贡献

第一,本研究回应了全球品牌化领域的诸多研究者所倡导的,共同探讨不同心理构念如何影响消费行为意向的研究取向(Bartsch, Riefler and Diamantopoulos, 2016; Zhang and Khare, 2009; Zeugner-Roth, Žabkar and Diamantopoulos, 2015),首次揭示和比较了消费者世界主义、消费者外族中心主义和消费者民族中心主义驱动消费者行为意向的内在逻辑。这有助于从理论上进一步区分三者的性质差异。具体而言,对于消费者世界主义,现有研究一般将其作为预测全球品牌和本土品牌行为意向的关键构念,但却存在不一致的结论(Zeugner-Roth, Žabkar and Diamantopoulos, 2015; Balabanis and Diamantopoulos, 2016; Riefler and Diamantopoulos, 2009; Riefler, Diamantopoulos and Siguaw, 2012; Cleveland and Laroche, 2007)。而事实上,从该构念定义的本质上分析,本研究提出其驱动消费者偏好品牌的原因在于对文化真实性和多样性的"真有之情"。在实证研究中,该构念较好地预测了反映不同文化混搭的全球消费者文化定位和本土消费者文化定位的态度偏好,且比消费者外族中心主义和消费者民族中心主义有更强的解释力。基于此,本研究提出消费者世界主义并不是一个有效预测具有明确国界信息的品牌的行为意向的构念,但其可有效预测文化混搭类品牌的行为意向。在剖析该构念的影响效应时,研究者应聚焦于品牌本身的文化资产,而非现有研究所强调的原产地信息(Zeugner-Roth, Žabkar and Diamantopoulos, 2015; Balabanis and Diamantopoulos, 2016; Riefler and Diamantopoulos, 2009; Riefler, Diamantopoulos and Siguaw, 2012; Cleveland and Laroche, 2007)。

对于消费者民族中心主义,本研究提出品牌原产地可视为消费者判断是否符合道德规范的关键依据。实际上,当明确品牌原产地后,出于保护本国利益的"应有之情",消费者民族中心主义在同时预测全球品牌和本土品牌的态度偏好上有更强的预测效力。这一点与现有研究保持一致(He and Wang, 2015; Shimp and Sharma, 1987)。进一步地,本研究发现该构念的预测效力会随品牌的文化定位特性而产生差异,这一点是对现有研究的补充和拓展。即当本土品牌融入全球消费者文化,或当全球品牌融入本土消费者文化,该构念对这两类品牌的影响效应均消失。这个发现有助于进一步理解消费者民族中心主义的预测效力缺乏稳定性。

对于消费者外族中心主义这一新近开发的构念,本研究从两个角度贡献于现有文献:其一,Balabanis 和 Diamantopoulos(2016)指出,外族中心主义者有贬低本土品牌和褒扬全球品牌的倾向。实际上,他们的观点在本研究中仅得到部分支持。对于中国消费者而言,其外族中心主义越高,对本土品牌偏好程度越低。换言之,国产品牌的质量确实成为外族中心主义者贬低的借口。但与 Balabanis 和 Diamantopoulos(2016)的研究不同,本研究发现消费者外族中心主义并没有显著影响全球品牌态度偏好。在 Balabanis 和 Diamantopoulos(2016)的样本中,他们以希腊作为对象,而本研究则以中国作为对象。考虑到该构念与自信、集体自尊的负向关系,本研究推测相对于希腊近年来的经济发展境况,中国经济的高速发展及其所带来的文化自信降低了外族中心主义者以全球品牌显示自我身份的优越感。这表明该构念的影响效应随国家发展趋势而有所差异。其二,Balabanis 和 Diamantopoulos(2016)还提出,品牌的全球性和本土性是外族中心主义者判断行为意向的重要依据。本研究对这一观点进行了延伸。当全球性和本土性共存于同一品牌时,消费者外族中心主义的影响效应消失,即其不能显著影响文化混搭类品牌的行为意向。

第二,本研究将全球文化和本土文化结合起来,把面子需求放在全球化的背景下探讨,拓展了全球品牌化研究的视角,并深化了面子需求作为调节变量的正负效应研究。如前所述,尽管现有关于面子需求的文献较为丰富,但少有研究系统性地探讨其正负效应(杜伟宇和许伟清,2014;潘煜等,2014;施卓敏,范丽洁和叶锦锋,2012;张新安,2012)。通过剖析其与全球普适性心理构念的交互作用,本研究发现全球文化和本土文化在不同的情境下会产生相融和相斥。这种一定程度上回应了 Hu(1944)关于国人面子需求中的“脸”与“面”的观点。一方面,在面对内群体的本土品牌时,面子需求可以逆转外族中心主义者的自私行为,削弱其对本土品牌态度偏好的负向影响效应,或可增强与消费者民族中心主义相期望的行为,强化其对本土品牌态度偏好的正向影响效应。这体现出“脸”的道德性。另一方面,在面对外群体的全球品牌时,面子需求可以驱动民族中心主义者以全球品牌的象征性价值来表现自我,弱化其对全球品牌态度偏好的负向影响效应。这体现出“面”的攀比性。这些发现深化了对中国人面子文化的理解,拓展和补充了现有文献聚焦于把面子需求作为主效应和中介效应的研究取向。

第三,本研究从实证层面厘清了全球品牌化领域所涉的四个核心概念:全球品牌、本土品牌、全球消费者文化定位和本土消费者文化定位。尽管有研究曾指出这四者存在差异,但并没有在实证中验证(黄海洋,何佳讯和朱良杰,2018)。此外,也有研究把全球品牌等同全球消费者文化定位,把本土品牌等同本土消费者文化定位(Winit et al.,2014)。与此不同,本研究提出与文化混搭型品牌相比,全球品牌和本土品牌强调原产国概念。因此,强调国家界限的消费者民族中心主义和消费者外族中心主义能较好地预测这些品牌的偏好。与此相反,全球消费者文化定位和本土消费者文化定位并不强调原产国概念,而是强调文化多样性和真实性。因而,与强调国家界限的心理构念相比,消费者世界主义可更为有效地预测这些品牌的偏好。这些发现进一步证实了 Steenkamp(2014)所提出的观点,即消费者文化定位可以突破品牌原产国的刻板印象。全球品牌不等同于全球消费者文化定位,本土品牌也不等同于本土消费者文化定位。此后的研究需严格区分和操作这四个概念,否则有可能导致不一致的结论。

二、　实践意义

本研究对实践有明确的指导建议。第一,在价值观多元化的商业环境中,营销者需综合考虑不同的市场细分变量以提高经济效益。本研究表明,不同的心理构念可有效区分不同营销战略的效果。对于持世界主义的消费群体,他们在消费过程中追求文化多样性和真实性。因此,针对这类细分市场,营销者可弱化品牌的原产国信息,采取全球消费者文化定位或本土消费者文化定位,强调不同国家文化的混搭和融合。对于持民族中心主义的消费群体,营销者需要在品牌上强调和突出纯粹的内群体信息。但需要明确的是,消费者民族中心主义并不能影响全球消费者文化定位态度偏好($\beta = -0.052$, $p > 0.05$)。这表明本土品牌的国产标签如果被模糊,那么也难以吸引国货意识者。对于外族中心主义群体,由于其对本土品牌的刻板印象,因此,短期内难以改变他们的消费倾向。从长期看,一方面,国产品牌需要从功能价值入手,改变这类群体的感知劣质性;另一方面,需要从象征价值入手,融入文化自信等诉求,提高这类群体的集体自尊。

第二,在实行品牌战略时,营销者应遵循"全球思考,当地行为"的指导性原则。站在中国文化内部视角分析,营销者应重视面子需求的正负效应,以进一步精确描绘细分市场。对于全球品牌,营销者不仅需要识别低民族中心主义的细分市场,同时还应把面子需求考虑在内,识别该细分市场中的高面子需求者,以最大化全球品牌战略的经济效益。同样地,对于本土品牌,营销者一方面需识别高民族中心主义和低外族中心主义的细分市场。另一方面,也需要把该细分市场中的高面子需求者作为优先考虑对象。对于全球消费文化定位和本土消费者文化定位,营销者除考虑目标消费市场中的世界主义倾向外,还应衡量其面子需求的高低,把该目标消费市场中的低面子需求者作为优先考虑对象。

第三,本研究对发展中的中国品牌也有一定的指导意义。何佳讯等(2017,2015)相关研究表明,在品牌战略中实行文化认同战略比国货意识战略更加有效。其潜在含义在于,与强调借助规范性的义务爱国之情的营销做法相比,聚焦于利用消费者对中国文化的"真有之情"来构建品牌资产更加符合现阶段的消费需求。本研究借用消费者世界主义这一构念对该观点进行延伸。与文化认同相比,消费者世界主义包含更多的内涵,既包含认同全球文化,也包含对本土文化真实性的追求。因而,该构念可有效契合文化自信与全球开放交织的时代背景。实际上,本研究的数据也显示,消费者世界主义(M=5.692)显著高于消费者民族中心主义(M=4.687, t=10.172)和消费者外族中心主义(M=3.197, t=22.681)。因此,中国品牌可综合考虑全球文化与本土文化,在品牌战略中对两者进行混搭。一方面,需要考虑利用"软实力"来提高品牌本土相关性;另一方面,需要考虑借用全球元素来提高品牌声望。考虑到现阶段"国潮"消费文化兴起,营销者需要思考的一个重要方向是,如何将全球文化与中国文化进行融合创新,以高效地吸引世界主义者。

制度情境篇

第五章
中国消费者的文化认同与品牌态度

近些年来,文化自信已成为中国民众广泛认同的价值取向。它是中国软实力建设的重要成果。文化自信是一个民族、一个国家以及一个政党对自身文化价值的充分肯定和积极践行,并对其文化的生命力持有的坚定信心。它从根本上影响民众的消费心态和行为。在这样的盛世中国时代背景下,很多企业纷纷以"中国"这个国家的强盛为后盾设计营销战略,外资企业以此亲近中国消费者,本土企业则以此建立差异化优势。例如,洋快餐品牌肯德基和麦当劳在近两年又掀起了新一轮的"中国风"之争:坐落于上海国展的肯德基概念店"original+"主打"江南 style",青瓦白墙,圆形洞门,古树流水,尽显水乡风情;而在新开幕的麦当劳旗下餐厅Eatery 中,随处可见大红灯笼和算盘珠子、竹编蒸笼和墙面花纹等,处处透露浓郁的本地民俗特色。这种"明争暗斗"也延续到广告创意上。肯德基戏谑地为其招牌人物形象"肯德基爷爷"换上黑白唐装,而麦当劳则推出一系列以玉帝、七仙女、许仙等古典人物为主题的工笔风漫画,甚至将四大名著融入广告中。这些做法的共同点是在营销中嵌入了国家文化因素。它与从经济角度出发,以保护本国产业为诉求的营销战略显然是不同的。后者的目的是通过激发消费者的民族情感,鼓励消费者购买国货、排斥外国货。与之相关的营销事例在现实生活中也比比皆是。例如,南海仲裁案的最终判决结果一出,各大 P2P 平台及淘宝家卖纷纷展开借势营销,主打口号不外乎"抵制美日韩菲,爱我中华民族"等等,通过挑动消费者的爱国热情而促进销售业绩。又如上世纪 90 年代中期消费者耳熟能详的广告口号"非常可乐,中国人自己的可乐"、TCL 的取名由来"Today China's Lion(今日中华雄师)"等等。

从理论角度来看,企业利用"国家文化"或"民族情感"设计营销战略,其有效性可以通过引入不同的价值观构念进行分析。对于前者,营销者试图调用的是消费者对本国民族文化的整体认同,反映的是消费者对于自己作为某国国民的身份认同程度,建立在文化的基本元素(宗教、历史、习俗和社会制度)之上,是"在国家边界内把亚文化连结在一起","带来国民身份的感受"(Keillor and Hult,1999),可以通过语言、文化产品及像国旗那样的象征等多种方式得以强化(Billig,1995),强调的是文化象征性因素。确切地说,国家认同是文化认同。对于后者,营销者激发的是消费者的国货意识或消费者民族中心主义,即"本国消费者对于购买外国产品的适宜性、甚至道德性所持的信念(Shimp and Sharma,1987)",或"本国消费者出于本国或本民族的热爱以及对外国货可能给本国利益造成伤害的忧虑而对于源自本国企业的品牌之认同和推崇程度(庄贵军等,2006)"。也就是说,后者反映出于对本国与外国在经济力量方面存在差距的考虑,消费者所表达的支持购买国货而非外国货的信念。

有关理论和实证研究表明,尽管文化认同与国货意识在概念上非常相关,都为道德性驱动的行为提供解释力(Steenkamp and Geyskens,2006;Verlegh,2007),但两者表面上看似相似,实际性质是不同的构念(He and Wang,2015;Verlegh,2007;Zeugner-Roth et al.,2015)。前者反映的是消费者的社会心理动机,而后者则聚焦于经济性动机。但综观现有文献,仍有一些问题悬而未决:第一,目前的研究成果过于关注文化认同和国货意识对国产/国外产品或品牌的差异化影响机制,而作为归属于具体类型的社会认同,如何共同或单独地存在于消费者心智,进而表现于其消费行为,未能得到深入研究;第二,文化认同究竟仅仅是个体层面的构念,还是亦能够反映更高层面(如城市、国家等)的群体认同程度,以更有效指导营销者制定合适的营销战略战术,未能得到充分关注与说明;第三,尽管在理论上国家认同是多维度构念(Dinnie,2002;Keillor et al.，1996)，但现有研究仅将其作为单维度构念与国货意识进行直接比较，单独的文化认同的影响作用未能得到凸显。

为此，本章试图通过实证的方式探究文化认同与国货意识在细分市场方面的有效性。本章的工作及创新性贡献在于三个方面。首先，从学理和实证上厘清文化认同与国货意识的差异，指出 Keillor 等(1996)提出的国家认同构念实际包含了文化认同与国货意识两大方面，应该加以区分对待。其次，在前面的基础上，本章使用文化认同与国货意识两大构念作为特征变量对中国城市消费市场进行不同层面的细分探索，从多个角度检验其作为细分变量的有效性，并进一步验证两者的差异化内涵。最后，本章对结果进行了广泛的讨论，表明两个构念在理论和实践上加以区分的必要性以及蕴含的实践价值。

第一节　文献回顾与概念框架

一、国家认同

国家是某种形式的社群，公民是该群体的组成部分。因此，国家认同(national identity，亦可译为民族认同，或民族国家认同)是一种具体形式的社会认同，指的是"归属于某一国家的重要程度及该国成员赋予其与特定国家间内在联系的主观意义(Blank and Schmidt，2003)"，表明了人们对自身国家的认同程度、因归属于该国而产生的积极感受的程度大小及赋予该感受的重要程度(Feather，1981)。这是一个跨学科的构念(Keillor, et al.，1996；Keillor and Hult，1999；Treanor，1997)，最早起源于社会学和政治学领域，也在心理学、政治地理学和历史学等多个学科领域得以发展(Treanor，1997)。

基于社会认同理论，个体对其所在群体的认同程度越高，则对该群体的判断就会存在更大程度的偏差(Tajfel，1978)。所以，与国家认同较低的消费者相比，国家认同较高的消费者往往对本国产品持有更加积极的态度。遵循这种基本逻辑，营销学者们也开始关注国家认同对消费者行为的可能作用。例如，Steenkamp 和 Geyskens(2006)以网站为研究对象进行跨国(23个国家)调查,发现高"国家认同"国家的消费者对网站与他们自身之间的文化一致性给予更高的关注,说明国家认同具有调节作用。Carvalho和Luna(2014)发现,当在媒体报道中激活消费者的国家认同意识时,与未被激活的消费者相比,他们对突出国家认同符号或词语的广告和产品持有更为积极的态度。即使是对于那些没有刻意表达国家认同信息的产品广告,被激活的国家认同意识也会影响消费者的广告态度。然而,这些研究共同反映出"国家认同"构念在概念界定上的某些不一致性。

第一,国家认同究竟是在消费者层面还是在国家等更高层面进行衡量比较的构念。一方面,国家认同可被视作特定文化所拥有的、使其区别于其他文化的意义集合(Keillor et al.，1996)。这是从国家或文化的角度进行的界定。Steenkamp和Geyskens(2006)、Keillor和Hult(1997)、Thelen和Honeycutt Jr.(2004)等研究均采用了这一视角,以进行跨国(区域)、跨文化(体)比较,或是描述经历重大社会和经济转型的国家内不同世代族群的差异化表现。另一方面,国家认同属于个体自我概念的一部分(Mackie and Smith，1998)。受保持积极自我形象的动机驱动,国家认同往往促进个体夸大并拥趸所在国家的特殊性和优越性(Turner，1999；Mackie and Smith，1998)。所以,即使身处同一国家,个体成员的认同程度也存在高低之分,因为由此引起的评价偏差对个体自身存在影响(Tajfel，1978；Turner，1999)。Verlegh(2007)及Zeugner-Roth等(2015)的研究都从个体层面出发,关注国家认同如何差异化地影响消费者关于本国和外国的产品/品牌态度及行为。

第二,国家认同究竟只是单维度构念还是存在多维度的内涵划分。个体对其所在国家认同程度的大小,源于"一国地域范围内人口所共享的历史领地、宗教神话、历史记忆、重大事件、公共文化、经济体制、法律义务及所有成员承担的相同责任(Smith，1991)"。因此,可将个体对国家整体的认同进一步细分成对不同方面的认同程度(Dinnie，2002)。在所有的维度划分方式中,在营销领域得到最广泛应用与讨论的是Keillor等(1996)的操作化测量,即将国家认同创新性地定义为由四大维度共同组成的构念(Keillor et al.，1996；Keillor and Hult，1999；Phau and

Chan，2003）。但是，那些关注国家认同与消费者行为关系的研究，却更多地将国家认同当作单维度构念进行测量（Steenkamp and Geyskens，2006；Verlegh，2007）。不同维度的国家认同是否对消费者存在差异化的影响机制，现有研究尚未进行充分探讨。

　　本章认为，既需要从个体层面理解国家认同对消费者行为的影响机制，又需要从更高的层面揭示城市或国家的国家认同程度。同时，将国家认同看作多维度构念，则更有利于从理论和实践的角度把握这一构念在营销领域的作用。因此，在后续研究中，我们将国家认同视作多维度构念进行操作化测量，并试图通过统计分析证明，国家认同是需要同时从个体和城市层面进行关注的构念。

二、国货意识

　　在社会学领域，消费者民族中心主义是指"人们将其所在群体视为一切的中心并以其作为评定他人的标准。群体内成员都会存在夸大自身优越性而蔑视群体外成员的倾向（Sumner，1964）。"Shimp 和 Sharma（1987）另辟蹊径地将该概念引入营销学领域，提出"消费者民族中心主义（consumer ethnocentrism）"概念以反映消费者关于购买外国产品的适宜性和道德性的信念，同时开发出 CETSCALE 量表用于操作性测量。该量表的各类信效度及跨文化适用性在随后三十多年间在世界范围内得到了广泛的检验与应用（王海忠，2003；Cleveland et al.，2009）。本章采用庄贵军等（2006）的观点，根据国内的实际情况，直接明白地称之为"国货意识"。一般而言，国货意识源于人们对本国的热爱关切，以及对本国是否会因产品进口而经济利益受损的担忧。因此，高国货意识者往往偏爱本国产品甚于外国产品，甚至对外国产品持有个人偏见（Shimp and Sharma，1987；Sharma，2015）。

　　尽管关于国货意识的研究已日趋成熟丰富，近期的一些研究却为我们理解国货意识的预测作用提供了不同的视角。Sharma（2015）指出，CETSCALE 的测项内容过于直接强调个体对于"外国产品"的态度和行为，侧重聚焦社会规范或经济利益对消费者的约束作用。但从定义来看，国货意识实质上是一种稳定的社会心理特质，其测项内容应该能够预测而非直接强调消费情境下个体关于进口产品或进口服务的一般性态度。与之对应的是,一些学者也开始将国货意识视为某种形式的社会认同,将其与作为单维度构念的国家认同放到一起,区分两者在概念内涵和影响机制上的异同(e. g., Verlegh, 2007; He and Wang, 2013; Zeugner-Roth et al., 2015)。事实上,国货意识确实与国家认同存在中等程度的正相关(r=0.40, p<0.01,见 Verlegh, 2007),而在 Keillor 等(1996)开发的 NATID 量表中,国货意识则是组成国家认同的维度之一。

综上所述,有必要从理论上厘清国家认同和国货意识的关系,并进一步检验和区分它们共同对国产及国外产品或品牌产生影响的机制。这也是本章试图基于中国城市消费者展开研究的目的之一。

三、 国家认同、文化认同与消费者民族主义

国家认同与国货意识是两种不同的概念(Verlegh,2007)。从心理机制来看,前者反映了对个体所处文化群体的积极感受,更具社会心理学意涵,属于亲内群体(pro-in-group)构念;而后者则反映出个体因保护本国经济利益等而表现出的既对外群体或其他国家持有消极情绪,又对内群体或自身国家持有积极情绪,因而既属于亲内群体构念,又属于反外群体(anti-out-group)构念(He and Wang, 2015; Zeugner-Roth et al., 2015)。

在对产品或品牌消费行为的影响机制上,高国家认同的消费者关于本国产品的综合评价不会完全脱离客观现实,与之相关的积极内群体偏见(in-group bias)不一定能弥补本国产品在感知质量、性价比等客观属性上的不足。因此,国家认同只能正向预测消费者关于本国产品的评价与意愿,而国货意识则同时负向预测消费者的国外产品评价(Verlegh, 2007)。进一步地,由于国家认同聚焦于消费者稳定的社会心理动机,国货意识则因发端于经济规范动机而仅显著作用于特定情境(如竞争情境或群体内成员感知到潜在威胁),国家认同对消费者关于国产产品态度评价和购买意愿的促进效应高于国货意识(Zeugner-Roth et al., 2015)。

事实上,学者们对国家认同的界定始终落足于对文化意涵的关注。对国家认同最精简的定义是,某一文化认同其"文化重心(cultural focus)"的程度,而"文化重心"则是指各文化在某些方面具备更高的差异性,而这些方面则能被用来对特定文化进行刻画(Herskovits,1948)。很多研究在操作化定义国家认同时,对国家与文化的概念也并不做特别清楚的区分(参见 He and Wang,2015；Gomez and Torelli,2015)。Keillor 等(1996)的 NATID 量表同样侧重于对文化内涵的界定,认为国家认同包括四个维度：信仰系统(belief system)反映的是个体的宗教信仰融入社会整体架构、能够代表整个国家或民族的程度；民族传统(national heritage)和文化同性(cultural homogeneity)则分别指的是个体认为特定文化的社会制度对形成其整体国家认同的重要性和特殊性；国货意识(consumer ethnocentrism)反映的是个体出于利于国家或文化的考虑所维持的自身消费行为。

我们结合中国市场背景对该量表进行重新审视。首先,由于中国是统一的多民族国家,其民族国家模式是"多族多教一国",在多神信仰基础上发展出来"和而不同"的儒家文化,这与西方世界的"一族一教一国"论有本质上的不同(张践,2012)。信仰系统维度是基于 Huntington(1993)文化四要素中的"宗教"元素而建立,其测项围绕"一种特定宗教思想"而发展,因而对该维度的测量并不适合中国消费者。其次,民族传统和文化同性都反映对国家文化的认同性,从理论角度存在意义相关,体现了"文化"和"国家"两个概念的联系(Keillor et al.,1996),因而可共同形成更具宽泛意涵的"文化认同"概念。国货意识沿袭了 Shimp 和 Sharma(1987)所界定的内涵,有关测项直接来自他们所开发的量表,本身就是独立完整的构念。最后,Keillor 和 Hult(1999)基于美国、瑞典、日本、中国香港和墨西哥等五个国家和地区的调研已经发现,在特定国家文化中,较高水平的民族传统和文化同性并不伴随着对应水平的国货意识,说明两者在理论含义上存在一定程度的区别性。

综上,本章提出,Keillor 等(1996)提出的国家认同概念在中国消费者上会进一步区分成文化认同与消费者中心主义两大构念。具体地,更具普遍意义的文化认同概念是指一种基于某国共同历史和文化传统的、存在于特定范围群体间的文化认同(Jameson,2007),而国货意识则不从属于反映"文化重心"的国家认同的概念范畴。同时,NATID量表也正好可以被用来探索并验证文化认同和国货意识在内涵及作用机制上的差异。在表5-1中,我们概括了文化认同与国货意识这两大构念在多个维度上的差异。

表5-1　文化认同和国货意识对消费者国产/国外品牌态度的影响

	文化认同	国货意识
心理机制	认同国家的文化遗产 社会心理性聚焦 对国家文化遗产的正面感受	民族主义 经济规范性聚焦 对群体外或其他国家的负面情绪 对群体内或自身国家的正面情绪
国产品牌态度	对国产品牌的喜爱源于其象征性文化意涵	对国产品牌的偏好出于规范性义务,但不一定喜欢这些品牌
国外品牌态度	不一定排斥国外品牌	因道德合法性而排斥国外品牌
偏好与行为的关系	受内在情感的驱动,对国外/国产品牌的偏好与品牌购买行为一致	受外在规范的约束,对国外/国产品牌的偏好可能与品牌购买行为不一致

来源:本书作者整理。

第二节　研究方法、数据分析与结果

一、　样本、测试品类与品牌选取

（一）样本

本章针对上海、南昌、深圳、昆明、杭州和长春六地的消费者展开问卷调查。这些城市在地理区域上覆盖了东部沿海、中西部和北方地区,且均属于中国的一线和二线城市(AC尼尔森,2010)。数据来源包含两个部分:一是通过各地高校任课教师向其所在学校的在校大学生和在职MBA学员发放并回收;二是通过作者的社会关系向企事业单位员工发放并回收。共发出1491份问卷。在剔除存在重要项目缺失及答题不认真的问卷后,得到有效问卷1268份,有效率达85.0%。

从地理区域看,上海226份(17.8%)、南昌204份(16.1%)、深圳202

份(15.9％)、昆明 208 份(16.4％)、杭州 208 份(16.4％)、长春 220 份
(17.4％)。在最终的样本中,男性占 49.2％,女性占 50.8％;未婚占
45.9％,已婚占 54.1％;出生年代在 1986—2000 年间的占 30.7％,
1974—1985 年间的占 31.2％,1965—1973 年间的占 22.4％,1951—
1964 年间的占 15.8％;教育程度在本科及以上占 75.2％,其余为大专及
以下学历;家庭经济条件由被试进行主观评估,在高等、中上、中等、中下
及低等五档水平中选择,它们的占比依次为 3.3％、14.7％、55.1％、
19.7％、7.2％,总体上呈正态分布。

(二) 测试品类与品牌选取

本章选取洗发水、运动鞋、手机和瓶装水四个品类进行测试。针对四
大品类,设计四个版本的问卷,在具体施测时为每个被访者随机分配某一
个品类。这主要出于以下考虑:第一,这些品类市场覆盖广泛,消费者对
其具有普遍的实际使用与购买经验。第二,这些品类在价格、用途、评价
属性、技术含量、购买频次方面存在显著差异,可以提高研究结论的外部
效度。第三,在中国市场上,所选品类下存在许多国内外知名品牌供消费
者选择。从测试品类看,洗发水、运动鞋、手机及瓶装水的实际有效样本
分布分别是 320 份(25.2％)、319 份(25.2％)、313 份(24.7％)及 316 份
(24.9％),分布较为均衡。

按照下述步骤筛选各品类下的品牌。首先,查询欧尚、家乐福、沃尔
玛、苏宁、国美、淘宝网、太平洋在线网(手机 IT 产品门户网站)等官方网
站,记录每类产品的所有品牌名称。其中,洗发水 43 个,运动鞋 24 个,手
机 41 个,瓶装水 30 个。接着,参考某全国性市场调研公司调研报告以及
中华排名网等网站上的品牌知名度年度排名,选出知名度相对最高的品
牌。这样可以保证被试听说过至少一个被调查品牌,进而能够回答问卷
中的问题。最后,为 4 类产品各选定 10 个品牌,包括国(境)外知名品牌
和国内知名品牌。

二、 问卷和测量

问卷首先询问被访者关于每个品类中 10 个中外品牌的知名度、质
量、性价比、偏好度的评价,并请其勾选过去一年里购买过的品牌名称。

接下来是对被试有关文化认同和国货意识的测量,最后是人口统计信息问项。

（一）文化认同和国货意识

对该部分的测量采用 Keillor 等(1996)创立的 NATID 量表。该量表涵盖"重视国家遗产"(3 个测项)、"重视文化同一性"(4 个测项)、"重视信仰系统"(5 个测项)以及"重视国货意识"(5 个测项)等四个维度,同时涉及文化认同和国货意识两方面内容,可以方便地使本研究把相关概念放在一起。

首先采用翻译加回译(back-translation)的方法把该量表转变为中文,保证与英文原意的一致性。然后,先后召开两个焦点小组(18～24 岁女生组及 25～30 岁男生组,各 6 人,均为来自上海某 985 高校的本科生和研究生),对各测项的适用性进行讨论。意见集中认为,国家认同中"重视信仰系统"维度的 5 个句子不适用于中国情境,这与笔者先前的分析判断是一致的。因此删去这一维度,采用余下三个维度(共 12 个测项)。根据测项内容,我们把"重视国家遗产"和"重视文化同一性"作为"文化认同"构念的构成,但其是双维度还是单维度需要检验。而该量表中的"重视国货意识"下的所有测项均源自 Shimp 和 Sharma(1987)开发的"国货意识"量表(CETSCALE)。测量使用 Likert 7 点量表,即 1 分表示"完全不同意",7 分表示"完全同意"。

（二）品牌偏好、品牌资产和品牌购买

对品牌偏好、品牌资产的测量以及品牌选取的方式均参考了庄贵军等(2006)的做法。采用相对测量方式,并在考虑到被访者的最佳调查时长和调研实际情况的基础上进行适当调整。所有测量均采用 Likert 7 点量表,1 分表示"非常低",7 分表示"非常高",另设 0 分表示"无法回答"。

针对随机选择的特定品类下的 10 个品牌,请每位被试按照个人喜爱程度进行逐一评价。然后,以品类为单位,计算各品牌的平均得分,再按照由高到低的顺序,将各品类下的中外品牌进行配对抽取,结果如表 5－2 所示。例如,在洗发水中,共有 7 个国(境)外品牌和 3 个国产品牌,只能配出 3 对。最后,分别计算每一品类中被抽出的国产品牌和国(境)外品牌的总体均值,再用国产品牌总体均值除以国(境)外品牌总体均值乘以100,作为被试对国产品牌偏好的分值。当样本的数据值大于100时,说明消费者偏爱国产品牌更甚于国(境)外品牌。按照类似的步骤,计算国(境)外品牌偏好。

表5-2　基于品牌偏好的配对结果

	洗发水	运动鞋	手机	瓶装水
国产品牌	舒蕾(4.03) 拉芳(3.84) 霸王(3.77)	李宁(4.85) 安踏(4.27) 361°(3.95) 特步(3.85) 匹克(3.80)	OPPO(4.04) 联想(3.84) 步步高(3.77) 金立(3.24)	农夫山泉(5.53) 娃哈哈(5.27) 康师傅(4.82)
国(境)外品牌	海飞丝(5.09) 飘柔(5.08) 潘婷(5.07)	耐克(5.49) 阿迪达斯(5.35) 匡威(4.55) 彪马(4.43) 背靠背(4.40)	诺基亚(5.69) 苹果(5.57) HTC(4.85) 三星(4.74)	雀巢(4.88) 屈臣氏①(4.74) 依云(4.36)

注:括号中为各品牌偏好均值。

在衡量品牌资产时,首先,请被试分别从知名度、质量和性价比三个方面对各个品牌进行评价。接着,基于品牌偏好的配对结果,分别计算被试对于被抽出的国产品牌总体和被抽出的国(境)外品牌总体在三个方面的平均得分。最后,用国产品牌在三者的均值分别除以国(境)外品牌的对应均值,并乘以100,作为国产品牌资产的评价分数。按照相同步骤,计算国(境)外品牌资产得分。

在衡量品牌购买时,要求被试勾选过去一年中购买过的每一个品牌,然后统计购买过的国产品牌和国(境)外品牌的实际个数。将前者减去后者,即为被试对国产品牌的购买分数。反之,则为国(境)外品牌的购买分

① 屈臣氏是香港和记黄埔有限公司旗下屈臣氏集团所拥有的品牌,该品牌大约于1828年由一位叫A. S. Watson的英国人在广州创立的西药房,1841年迁至香港,1984年成为和记黄埔全资子公司。根据Samiee等(2005)的定义,品牌来源国是与品牌相关联的特定国家,或者消费者所感知的品牌所有者的总部所在国,而不考虑品牌是在哪里生产的,并结合屈臣氏和香港的特殊历史背景,在本研究中把该品牌归入"国(境)外品牌"处理。

数。值得指出的是，这里所测的品牌购买是指实际购买，而非购买意向。

三、数据分析与结果

（一）文化认同和国货意识构念的信效度检验

由于 NATID 量表在中国文化背景下的适用性尚未得到验证，需要对该量表的信效度进行检验。前文的焦点小组访谈结果在一定程度上保证了该量表的内容效度。项目分析结果显示：第一，三个分量表下的各测项在对应维度的高低分组[①]上的 t 检验结果均为显著，对应 t 值均高于 2.58，说明各测项的区分性明显。第二，国家认同总量表的 Cronbach α 值为 0.87，"重视国家遗产""重视文化同一性"及"重视国货意识"三个分量表的 Cronbach α 值分别是 0.64、0.72 和 0.81。第三，各测项与对应维度的相关系数均大于 0.65，且删除后都不提高分量表的信度，因此全部保留。

针对所有的 12 个测项进行探索性因子分析。采用主成分方法，以 Kaiser 正规化最大变异法抽取因子，得到两个因子（KMO＝0.87），总体方差贡献率为 54.58%。但是，"我们最好购买国货"这一测项在两个因子上的负荷都超过 0.40，将其删除后再进行因子分析，仍然呈现两个因子（KMO＝0.860），总体方差贡献率为 55.42%，且各测项均只在一个因子上的负荷超过 0.40。对照原始 NATID 量表，发现原"重视国家遗产"维度与"重视文化同一性"维度合而为一（共 7 个测项，Cronbach α ＝0.83），而"重视国货意识"（共 4 个测项，Cronbach α ＝0.80）与原量表一致，验证了本章开始的理论推演，也印证了焦点小组访谈结论。

按得到的两因子结构进行验证性因子分析，结果如表 5-3 所示。各拟合指数和因子载荷表明，该模型基本可以被接受，且量表的建构效度良好。进一步地，为了比较现有的两因子结构与 Keillor 等（1996）原量表设定的三因子结构（不包括"重视信仰系统"维度）之间的优劣，按后者设定进行再次分析。拟合指数显示，$\chi^2_{(41)}＝635.43$，$\chi^2/df＝15.50$，CFI＝0.93，IFI＝0.93，NFI＝0.93，RFI＝0.90，RMSEA＝0.11。总体拟合

---

① 对应分量表总分的最高和最低的 27% 对应为高分组和低分组。

优度与两因子模型相差不大,但拆分出的"重视国家遗产"维度与"重视文化同一性"维度之间的相关系数为 1.05,大于 1,表明模型估计不恰当。

表 5-3　文化认同与国货意识的测量操作与量表信度

维度	测项	标准化路径系数	t 值
文化认同	ρc = 0.82；AVE = 0.40；Cronbach α = 0.83；M=5.11；SD=1.09		
	中国人为他们的国籍感到骄傲。	0.69	——
	人们经常参加一些能表明他们是"中国人"的活动。	0.72	22.17
	中国以前的重要人物为现在的人们所敬仰。	0.71	21.74
	中国人拥有其他人所不具备的某些文化特质。	0.55	17.49
	中国的优势之一就是它重视历史上的重要事件。	0.66	20.57
	中国人通常认为他们来自一个共同的历史背景。	0.58	18.36
	中国拥有强大的历史遗产。	0.49	15.71
国货意识	ρc = 0.80；AVE = 0.51；Cronbach α = 0.80；M=3.62；SD=1.38		
	从长远看,购买国产货会花费我更多的钱,但我宁可主张购买国货。	0.62	——
	中国人不应该购买外国产品,因为这有损本国的产业并引起失业。	0.75	19.86
	我们应该购买中国制造的产品,而不是让其他国家从我们这里把钱赚走。	0.81	20.55
	只有那些在中国市场买不到的产品才应该进口。	0.66	18.25
拟合指数	$\chi^2_{(43)}$ = 637.76, χ^2/df = 14.83($p<0.001$), CFI = 0.93, IFI = 0.93, NFI = 0.93, RFI = 0.91, RMSEA = 0.11		

因此,应该选定由 11 个测项构成的两因子模型为最终模型。按照其实际内涵,将"重视国家遗产"与"重视文化同一性"合并形成的新因子正式命名为"文化认同"。如表 5-3 所示,除测项"中国拥有强大的历史遗

产"外,各变量维度的标准化因子载荷值均大于 0.50,并在统计学意义上显著(t>1.96);组合信度均大于 0.7,超过 0.5 的判断标准,收敛效度良好;而两个因子之间的相关系数为 0.55(t=11.50),且其 AVE 值均大于两个维度间方差,说明因子间的区分效度良好。

进行后续分析的基本前提是:关于文化认同和国货意识两个变量的测量方式在六个城市具有恒等性,即具体测项对潜变量的载荷路径和路径系数一致(表 5-4)。

表 5-4　跨群组测量恒等性

模型	χ^2	Df	$\Delta\chi^2$ (p 值)	CFI (ΔCFI)	NFI (ΔNFI)	RMSEA (ΔRMSEA)	CAIC (ΔCAIC)
模型 1:形态恒等性	966.33	258	—	0.92 (—)	0.89 (—)	0.11 (—)	2 075.39 (—)
模型 2:测度恒等性	1 054.93	303	88.60 (p>0.10)	0.91 (−0.01)	0.88 (−0.01)	0.11 (0.00)	1 812.44 (−262.95)

按照 Steenkamp 和 Baumgartner(1998)介绍的步骤,首先验证形态恒等性。按照前文的模型设定,将 6 个城市作为 6 个不同的群组,限定各测项对不同因子的载荷路径,但允许自由估计对应的路径系数,进行多群组分析。模型的整体拟合优度良好($\chi^2_{(258)}$=966.33,χ^2/df=3.75,p<0.001;CFI=0.92,IFI=0.92;NFI=0.89,RFI=0.86,RMSEA=0.11)。在不同城市内部,60 条路径(共 66 条路径)的标准化路径系数超过 0.50。因此,两因子结构在 6 个群组中均成立,本研究采取的测量操作与结构划定在不同城市间存在形态恒等性。

接着,限定各测项向对应因子的路径系数在 6 个群组中相同,再次进行多群组验证性因子分析。$\Delta\chi^2_{(45)}$=88.38(p>0.10),变化不显著,其余拟合优度指标也不具有明显变化($\chi^2_{(303)}$=1 062.23,χ^2/df=3.51,p<0.001;CFI=0.91,IFI=0.91;NFI=0.88,RFI=0.87,RMSEA=0.11),但 CAIC 值大幅下降。这进一步证明了测度恒等性的存在。接下来可进行正式的市场细分研究。

（二）基于文化认同和国货意识的消费者细分

基于文化认同和国货意识的均值，分两个步骤细分整体样本。首先，进行层次聚类分析，采用 Ward 法并基于欧氏距离平方值，以确定合适的聚类数量。谱系图和聚类系数变化显示，将原始数据聚为 3 类是较优的选择，与两步聚类分析的结果一致。在随后的步骤中，采用 K -均值聚类法，选定 3 个类别群体，对整体样本数据进行聚类分析。表 5 - 5 表明，文化认同和国货意识在三类间差异的显著性均达到 0.000，表明这两个变量能够有效区分城市消费者。

表 5 - 5　基于整体的市场细分结果及人口统计学轮廓

	细 分 市 场			检验值
	双低特征族	文化认同族	双高特征族	
细分市场规模(样本%)	319(25.2%)	498(39.3%)	451(35.6%)	—
文化认同	3.68	5.45	5.73	922.136***
国货意识	2.61	2.92	5.10	1 173.185***
性别(组内%)				
女	157(49.2%)	247(49.6%)	240(53.2%)	1.660
男	162(50.8%)	251(50.4%)	211(46.8%)	
出生年份(组内%)				
1951—1964 年	35(11.0%)	68(13.7%)	97(21.5%)	
1965—1973 年	65(20.4%)	98(19.7%)	121(26.8%)	46.326***
1974—1985 年	123(38.6%)	143(28.7%)	129(28.6%)	
1986—2000 年	96(30.1%)	189(38.0%)	104(23.1%)	
婚姻状况(组内%)				
单身/未婚	159(49.8%)	249(50.1%)	173(38.4%)	17.403**
已婚	160(50.2%)	248(49.9%)	278(61.6%)	
收入水平(组内%)				
高等水平	9(2.8%)	11(2.2%)	22(4.9%)	
中上水平	39(12.2%)	70(14.1%)	77(17.1%)	18.281*
中等水平	175(54.9%)	291(58.4%)	233(51.7%)	

	细 分 市 场			检验值
	双低特征族	文化认同族	双高特征族	
中下水平	72(22.6%)	100(20.1%)	78(17.3%)	
低等水平	24(7.5%)	26(5.2%)	41(9.1%)	
教育程度(组内%)				
中学/中专/技校	26(8.2%)	46(9.2%)	68(15.1%)	
大学专科	35(11.0%)	67(13.5%)	72(16.0%)	
大学本科	141(44.2%)	243(48.8%)	204(45.2%)	58.363***
MBA/硕士	112(35.1%)	123(24.7%)	76(16.9%)	
博士	3(0.9%)	9(1.8%)	5(1.1%)	
其他	2(0.6%)	10(2.0%)	26(5.8%)	

注：* $p<0.05$，** $p<0.01$，*** $p<0.001$。

最终类中心值可以进一步表征各聚类群体特征。双低特征族表现出较低的文化认同(3.68，7点量表)和较低的国货意识(2.61)，即既未怀有对本国文化的亲近感，也不轻易受经济规范压力而改变自己的消费决策。这类群体占整体消费者的比例最低，为25.2%。文化认同族具有较高的文化认同(5.45)和较低的国货意识(2.92)，他们认同本身的民族文化，但不会出于保护本国产业等经济或道德性目的而进行消费决策。这类消费者所占比例最高，达到39.3%。该群体的基本特征和占有比例均表明，文化认同是与国货意识存在不同意涵的构念。双高特征族具有较高的文化认同(5.73)和较高的国货意识(5.10)，既受文化认同感的驱动，又拥有很强的国货意识。该群体占整体消费者的35.6%，略低于文化认同族。

基于人口统计特征的卡方检验表明(表5-5)，三类群体在年龄、婚姻状况、收入水平、教育程度的比例分布均具有显著差异($ps<0.05$)，性别在类别间的差异则不显著($p>0.10$)，说明该市场细分结果能够有效反映不同消费者特征。具体地，文化认同族中年轻消费者(出生年份在1974—2000年间)的比例(66.7%)稍高于双高特征族(51.7%)，这表明，越年轻，文化认同的影响面越大。事后检验同样证实，三类群体在年龄分布上存在两两之间的显著差异（$ps<0.017$）①。文化认同族和双低特征族在婚姻状况、收入水平和教育程度的比例分布相似,但与双高特征族存在显著差异（$ps<0.017$）。具体地,两个群体中已婚消费者的比例（文化认同族：49.9%；双低特征族：50.2%）均低于双高特征族（61.6%）；从收入状况看,在三个群体中,文化认同族的中产群体最大（无论是看中等水平还是看中等水平加上中上水平的分布比例）。从教育程度看,文化认同族比双高特征族相比,受过大学或大学以上教育的比例更大（文化认同族：75.1%；双高特征族：63.2%）。

基于行为变量再次描绘该市场细分结果,以进一步证明上述市场细分结果的有效性（表5-6）。ANOVA检验结果显示,不同群体的消费者在国产/国(境)外品牌资产、国产/国(境)外品牌偏好和国产/国(境)外品牌上均存在显著差异（$ps<0.001$）。考虑到变量内涵上的关联性,将国产品牌资产、国产品牌偏好和国产品牌购买同时作为因变量,进行MANOVA检验,同样发现三个群体在对国产品牌的态度和行为上存在显著差异（Wilk's $\lambda=0.972$, $F=5.434$, $p<0.001$）。类似地,将关于国外品牌消费的三个行为变量同时作为因变量的MANOVA检验也证实存在显著差异（Wilk's $\lambda=0.957$, $F=8.557$, $p<0.001$）。

表5-6　三类基本族群的国产品牌消费行为

行为变量	细分市场			F值	事后检验
	双低特征族	文化认同族	双高特征族		
国产品牌资产	92.70	94.47	98.54	9.401***	(1, 3); (2, 3)
国产品牌偏好	84.30	88.17	100.31	14.788***	(1, 3); (2, 3)
国产品牌购买	−0.81	−0.41	−0.21	7.661***	(1, 2); (1, 3)
国外品牌资产	113.47	110.36	104.53	12.601***	(1, 3); (2, 3)
国外品牌偏好	148.85	140.23	115.00	23.277***	(1, 3); (2, 3)
国外品牌购买	0.81	0.41	0.21	7.661***	(1, 2); (1, 3)

注：* $p<0.05$, ** $p<0.01$, *** $p<0.001$。

---

① 根据卡方分割法,进行两两比较需要调整 α 检验水平,调整后的检验水平 $\alpha'=(2*\alpha)/[k*(k-1)+1]$, k 为实验组数。在本章中,调整后检验水平为0.017。

进一步的事后检验采取 Scheffe 法进行分析。在品牌资产评价和品牌偏好方面,双高特征族对国产品牌资产和偏好的评价都显著高于文化认同族,这表明国货意识因素确实对国产品牌态度产生正面影响。但是,在对国产品牌购买方面,双高特征族与文化认同族并无显著差异。这蕴含着这样的意义,即国货意识者对国产品牌的偏好与购买行为并不一致。另一方面,双高特征族对国外品牌资产和偏好的评价都显著低于文化认同族,这表明国货意识因素确实对国外品牌态度产生负面影响。但在对国外品牌购买方面,双高特征族与文化认同族并无显著差异。这同样蕴含着这样的意义,即国货意识者对国外品牌的偏好与购买行为并不一致。有意思的是,如果我们观察品牌购买变量,发现文化认同族对国产品牌的购买显著高于双低特征族,对国外品牌的购买又显著低于双低特征族,这表明,文化认同因素的确对国产品牌购买产生实际的正向影响,对国外品牌购买产生显著的负向影响。因此,我们可以认为,与国货意识构念相比,文化认同构念更能有效地预测消费者对国内品牌和国外品牌的行为。

（三）基于文化认同和国货意识的城市细分

对城市进行细分的前提是,文化认同和国货意识在城市层面具有理论分析的价值和意义。本章的数据来自个体消费者,因而必须证明这些数据在城市层面能够进行聚合(Kenny and La Voie,1985)。首先,经计算发现,六个城市下文化认同的 $r_{wg(j)}$ 值在 0.972—0.983 之间,国货意识的 $r_{wg(j)}$ 值在 0.962—0.975 之间,均超过 0.70 的最低阈限,即其群体内部一致性较高。其次,两个变量的 ICC(1)值均大于 0,且对应 F 检验的显著性都达到 0.000。最后,文化认同和国货意识的 ICC(2)值分别为 0.866 和 0.950[①],同样超过 0.70 的最低阈限,说明其评分者间信度良好。综上,个体层面的文化认同和国货意识可以聚合到城市层面(Klein et al.,2000)。

用矩阵表征文化认同和国货意识在总体样本及各城市中的均值,如图 5-1 所示。横轴代表文化认同(NCI),纵轴代表国货意识(CET),横

[①] 由于六个城市的样本量不等,这里取其均值(221)进行计算。

纵两条中间线分别反映总体样本在两个构念上的均值得分。与两个构念的总体均值进行比较,六个城市分布于由两条中间线勾勒的四个不同象限中,即Ⅰ-高 NCI 和高 CET(长春)、Ⅱ-高 NCI 和低 CET(南昌)、Ⅲ-低 NCI 和低 CET(昆明、上海和深圳)、Ⅳ-低 NCI 和高 CET(杭州)。

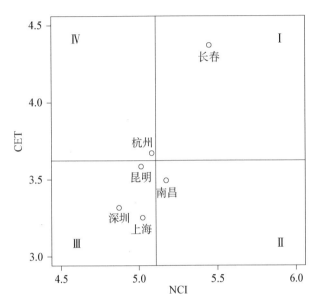

图 5-1　基于文化认同和国货意识整体均值的城市分布

对文化认同、国货意识和品牌消费行为进行描述性统计,如表 5-7 所示。在不同城市之间,上述各变量的均值均存在显著性差异($ps < 0.001$),再次说明从城市层面进行分析的必要性。总体上,消费者对国产品牌的偏好和品牌资产评价略低于国(境)外品牌,在过去一年内对其购买的比例也少于国(境)外品牌。城市层面的品牌消费行为与该城市在矩阵上的对应区间存在一定的吻合之处。长春和杭州消费者对国产品牌的资产评价和偏好均高于总体均值,且两城市正好处于矩阵的第Ⅰ、Ⅳ象限。南昌和上海消费者对国外品牌的资产评价和偏好均高于总体均值,且两城市分别位于矩阵的第Ⅱ、Ⅲ象限,不仅说明双低特征族更容易接纳本国之外的品牌,还表明高文化认同的消费者不一定完全排斥国外品牌。在实际购买上,上海和深圳的消费者整体上购买国(境)外品牌的数

量更多。但是,尽管昆明位于双低特征区间,但其对国产品牌的购买数量相对于国(境)外品牌更多,可能原因在于其经济发展水平相对落后。

表5-7   城市差异:均值和标准差

城市	文化认同	国货意识	国产品牌资产	国产品牌偏好	国产品牌购买	国外品牌资产	国外品牌偏好	国外品牌购买
上海	5.02	3.25	93.80	82.85	−0.66	109.43	148.41	0.66
	(1.01)	(1.22)	(14.74)	(38.24)	(1.89)	(18.77)	(79.10)	(1.89)
南昌	5.17	3.49	93.28	90.79	−0.38	115.13	140.88	0.38
	(1.04)	(1.38)	(20.99)	(44.80)	(2.40)	(40.28)	(88.71)	(2.40)
深圳	4.87	3.32	95.20	92.87	−0.55	109.80	136.35	0.55
	(1.07)	(1.43)	(23.43)	(55.32)	(2.09)	(22.41)	(75.18)	(2.09)
昆明	5.01	3.58	95.27	89.96	−0.06	108.22	137.41	0.06
	(1.19)	(1.36)	(16.68)	(35.79)	(2.51)	(19.58)	(86.45)	(2.51)
杭州	5.08	3.67	97.18	96.49	−0.52	108.69	126.30	0.52
	(1.09)	(1.30)	(23.57)	(54.10)	(2.15)	(26.87)	(61.78)	(2.15)
长春	5.45	4.37	97.87	96.85	−0.44	104.14	111.42	0.44
	(1.04)	(1.28)	(13.17)	(27.32)	(1.69)	(15.94)	(36.37)	(1.69)
总体均值	5.11	3.62	95.51	91.62	−0.44	109.01	133.21	0.44
	(1.09)	(1.38)	(19.05)	(43.68)	(2.14)	(24.83)	(73.70)	(2.14)

注:括号外为均值,括号内为标准差。

因此,虽然所涉及的城市数量偏少,难以进行城市层面的聚类分析,但仍可将该层面的变量与总体进行均值比较,得到与个体消费者市场细分结果相似但不相同的四大子群。长春属于双高特征群,消费者整体上表现出较高的文化认同和较高国货意识;南昌属于"文化认同群",仅表现出比全国平均水平更高的文化认同感;深圳、昆明和上海同为"双低特征群",对本国文化的亲近程度和国货意识均低于全国平均水平;杭州则单独位于个体细分结果中未包含的"国货意识群",即该城市消费者比整体城市消费者更易受民族情感的影响。需注意的是,无论是文化认同还是国货意识,杭州的城市均值与总体均值的差异不及其他子群与总体均值的差异明显。因此,在城市层面是否存在单独的"国货意识群",值得后续研究。综上所述,通过计算城市层面的均值,可以从文化认同和国货意识的角度为每一个城市进行新的特征界定。

第三节 结论与战略指引

一、结论与理论贡献

（一）结论

本章通过中国六个城市的大样本调查，对多品类的集合数据进行分析，验证了在中国文化背景中，Keillor 提出的国家认同构念（Keillor et al.，1996；Keillor and Hult，1999）中的"民族传统"和"文化同性"合并为同一因子"文化认同"。同时，定性访谈的结果表明，"信仰系统"不适用于中国情境。因此，原构念被进一步区分成"文化认同"和"国货意识"两个因子。

基于这两个因子，中国城市消费者可被细分成"双低特征族""文化认同族"和"双高特征族"三大基本族群。其中，文化认同族所占比例最高。同时，国产/国外品牌资产、国产/国外品牌偏好和国产/国外品牌实际购买能够有效地由基于文化认同和国货意识而形成的细分群体的特征反映出来。双高特征族对国产品牌资产和偏好的评价都显著高于文化认同族，但在对国产品牌购买方面，双高特征族与文化认同族并无显著差异。双高特征族对国外品牌资产和偏好的评价都显著低于文化认同族，但在对国外品牌购买方面，双高特征族与文化认同族并无显著差异。这表明，国货意识者对国内品牌/国外品牌的偏好与购买行为并不一致。另一方面，文化认同族对国产品牌的购买显著高于双低特征族，对国外品牌的购买又显著低于双低特征族，因而可以认为文化认同因素对国产品牌购买产生实际的正向影响，对国外品牌购买产生显著的负向影响。总体上，我们可以认为，与国货意识构念相比，文化认同构念更能有效地预测消费者对国内品牌和国外品牌的行为。

进一步的统计指标表明，个体层面的文化认同和国货意识可以聚合到城市层面，在更高层面进行分析。将城市均值与总体均值进行比较，可以将六大城市划分为"双高特征群""文化认同群""国货意识群"及"双低特征群"四大类别。四大类别层面的品牌消费行为基本上也与其消费者族群特征一致。就本章抽样的六个城市而言,长春属于双高特征群,南昌属于文化认同群,杭州属于国货意识群,昆明、上海和深圳属于双低特征群。

（二）理论贡献

本章的研究在若干方面具有显在的理论贡献。首先,本章提出并验证,文化认同和国货意识两个构念之间虽然存在一定相关性,但具有实质性区别。一方面,基于对 NATID 量表的结构调整,"民族传统"和"文化同性"则合并为单独的"文化认同"因子,与原来的"国货意识"存在区分。以往研究在探讨本国消费者关于国内外产品或品牌的态度与行为时,最常使用的变量是国货意识或消费者民族中心主义（Shimp and Sharma,1987；王海忠,2003；庄贵军等,2006）。本章则结合了新的构念"文化认同",对中国城市消费者进行市场细分,结果表明"文化认同族"是占比最高的族群,与国货意识构念相比,文化认同构念更能有效地预测消费者对国内品牌和国外品牌的行为。这些结论为 Verlegh（2007）、He 和 Wang（2015）及 Zeugner-Roth 等（2015）的研究提供了新的证据。总体上,我们有理由认为,在当前时代背景中,我们需要特别重视文化认同的研究,区分文化认同与国货意识两者的差异,并理解文化认同所具有的独特内涵和预测效力。

其次,过去关于国家认同的研究,通常以国家为单位,而忽视地区间差异（Keillor et al.，1996；Phau and Chan，2003）。然而,中国不同城市间的地域文化存在较大差异,这种做法既不能准确描绘中国城市消费者的文化认同特征,也不能有效解释城市消费者关于国产品牌的偏好与购买情况。本章从理论上进一步辨清了国家（文化）认同的概念内涵,将它们界定成可同时从个体层面和群体层面进行定义、测量和分析的多维度构念。这在国家（文化）认同研究领域还属首次。我们在实际测量时,从地域代表性和品牌消费意识的角度,选取了六大城市进行调研。后续的统计检验指标表明,可以将文化认同进行城市层面的归集。同时,本章还建立起基于文化认同和国货意识的城市层面描述性轮廓。这些都为对文化认同构念的理解与应用提供了新的理论视角。

二、 实践意义

本章研究也蕴含了丰富的实践指导价值。首先需要认识到,在当前全球化环境与中国经济发展的新阶段下,企业利用国货意识战略以激发消费者对于国货偏好的时代可能已经过去,迎来的是文化认同战略的新时代。我们的数据显示,国货意识的总体均值仅为3.62(Likert 7点量表),而文化认同的总体均值却高达5.11(Likert 7点量表)。同时,文化认同族是占比最高的细分族群,对国产/国外品牌的实际购买数量与双低特征族存在显著差异,即与双低特征族相比,文化认同族对国产品牌的购买更多,而对国外品牌的购买更少。因此,与以往惯常的利用民族情绪的营销战略相比,利用国家"软实力"进行品牌建设和营销战略将更为有效。虽然很多外来的全球品牌在中国市场中已经开始在产品或沟通中融入中国文化元素(如哈根达斯的冰淇淋月饼、可口可乐的春节广告等),但与外国品牌相比,根植于本土的中国企业对本国文化拥有更深刻的理解。因此,在利用本土文化元素进行品牌定位和品牌形象塑造时,中国企业理应开发出更有效的创新性战略,从而占得市场先机。

其次,文化认同可与国货意识一起作为细分全国市场的关键变量。这有助于企业找到适合自己产品和品牌定位的核心目标群体,对进入中国市场的全球化企业、以及面临国外品牌竞争的本土企业而言均具有重要指导意义。对于同时具有高文化认同和高国货意识水平的目标群体,兼具"国家文化"和"民族情感"的营销活动将最行之有效。在美特斯邦威的"我是新国货"运动中,带有本土内涵和文化印记的创意元素(如上影厂经典动画)被设计入T恤之中,而来自不同行业的新锐人物则激发出年轻一代的民族自豪感;对于仅表现较高文化认同水平的目标群体,企业可以在营销沟通或产品研发中直接利用本国在文化、艺术和娱乐方面的遗产,为品牌进行形象重塑或再定位,如泸州老窖集团的高端品牌"国窖1573"推出的"中国品味"款白酒等;对于文化认同和国货意识都不高的消费群体,则应该采用世界主义或全球认同的战略,以与这类群体形成价值观念上的共鸣。上述营销战略同样适用于中国市场上的外国品牌。

最后,在中国市场上,当企业试图从文化认同和国货意识的角度开展营销活动时,应该意识到地区之间存在的差异。在本章的研究中,与总体均值相比,长春具有较高的文化认同和较高的国货意识,杭州只具有较高的国货意识,南昌仅具有较高的文化认同,而昆明、上海和深圳同归属较低的文化认同和较低的国货意识。也就是说,在全国范围内进行营销实践时,应该基于不同城市在文化认同和国货意识两个变量的均值水平而形成不同区域细分市场,制定相应的营销战略,而并非基于地理位置作简单划分。

第六章
中国元素与全球品牌全球本土化战略

　　很多年以来,"中国元素"在全球品牌中国市场营销活动中得到了大量运用,近年来这一趋势愈演愈烈。例如,2014 年 4 月,麦当劳在全球推出首家中国风旗舰店 Eatery,餐厅设计含有灯笼、蒸笼、算盘和青砖墙面等中国元素。过去,这种运用主要体现在营销组合的广告环节,现在则渗透于产品研发、设计和包装等方面。在产品研发上,"中国元素"通常被用来调整产品成分、推出新产品。例如,联合利华旗下的夏士莲不仅主打黑芝麻系列洗发水,还与南京同仁堂联合推出中药配方的洗发水;在产品设计上,"中国元素"的广泛运用于珠宝、服饰、汽车、家具、数码产品等品类,如 Swatch 的艺术家中国风系列手表、阿迪达斯的龙腾系列服饰、宜家的中国"乒乓"(PING PONG)系列家具等,均具有浓郁的中国风情。越来越多的西方设计师在中国元素中寻找灵感,织锦刺绣、写意泼墨、云龙图腾、青花瓷等中国民族特色的元素频频出现在路易威登、迪奥、普拉达、香奈尔等品牌中。我们甚至可以看到 LV 的"蛇皮袋"民工包、Chanel 的"中药包"手袋和 Bagigia 的"热水袋包"等被误认为"中国元素"的例子。舆论认为,这种应用已到了泛滥的程度。"中国元素"运用的广泛流行,折射了中国文化作为国家"软实力"(Sheth,2011;Wang and Lin,2009)的提升,无论对全球品牌还是本土品牌,这都预示着一种建立品牌定位、创建品牌资产的新方式(何佳讯,2013a),但从企业发展营销战略的层面上看,迫切需要我们从消费者态度角度把握其运用的边界,探究其影响消费者正面态度的条件和过程。

　　在理论上,有关国际营销标准化和当地适应性的研究由来已久(Theodosiou & Leondou,2003;胡左浩,2002)。自Levitt(1983)在《哈佛商业评论》上发表著名的"市场全球化"(The Globalization of Markets)一文后,围绕"全球化与本土化"这一核心议题的争论,研究者们提出了从全球标准化到本国当地化的两极以及介于之间的各种混合的战略选择(Douglas and Craig,2011;Kapferer,2012;Ritzer,2003;Shocker,Srivastava and Ruekert,1994)。在全球扩张过程中,品牌通常是"通过本地化生存而获得全球化繁荣"(Shocker,Srivastava and Ruekert,1994),因此如何把握本土文化要素的运用效果显得十分重要。在Steenkamp、Batra和Alden(2003)的开创性研究中,他们把品牌本土象征价值(brand local icon value)作为与品牌感知全球性(perceived brand globalness,PBG)相对应的构念,研究它们对品牌购买可能性的影响。之后,Swoboda、Pennemann和Taube(2012)研究了这两者对中国消费者惠顾国外零售商和本土零售商的影响,Özsomer(2012)则研究了这两者在新兴市场和发达市场中对本土品牌和全球品牌的相互作用。这些研究为我们在新兴市场上进一步探究品牌感知全球性与品牌本土象征价值的作用机制提供了良好基础。但我们需要深入揭示在新兴市场中影响品牌感知全球性或品牌本土象征价值的前因,以及这种影响效果是否在不同细分市场中存在差异。

　　基于上述考虑,本章试图建立一项新的研究,把全球品牌在产品研发和设计中使用"中国元素"视为一种非常显著的全球本土化战略,探究这种战略的有效性,既具有明确的实践价值,也有普遍的理论意义。本章预计有三大创新性贡献。首先,从理论上分析营销领域中"中国元素"的现象与做法,对"中国元素"进行定义,并引入"刻板印象一致性"概念,把它作为评价本土文化元素运用合适性的一个新构念;其次,我们建立一个基本模型,分析这种"刻板印象一致性"如何对全球品牌的产品态度产生影响,我们引入品牌本土象征性作为中介变量;最后,我们分析这种影响过程如何对不同细分市场产生不同的实际效果,引入全球—本土认同构念,探究它们的调节作用。

第一节　文献回顾与理论假设

一、中国元素

对"中国元素"提法的公开正式使用来自于中国的广告界(Wang and Lin，2009)。2006 年 10 月，中国广告协会主办首届"中国元素国际创新大赛"，其使命是复兴中华文化，重建民族自信。大赛鼓励广告界、设计界、创意界深度挖掘中国传统文化内涵，中西融合、古意新法地创新中国元素的运用，用中国元素打造高端形象，协助民族品牌走向世界，提升中国创意经济软实力。之后"中国元素"概念在媒体中被大量使用。但学术界对此尚无公认的严格定义。有学者(徐协，2011)总结现有文献，将"中国元素"的定义归纳成三个层面：第一，从符号层面定义中国元素的外在表征系统，可将中国元素归纳成动物、人物、景观、建筑、色彩等多种类别；第二，从观念层面明确中国元素的内核，是指"中国几千年发展、积淀下来的无形的思想精髓"；第三，从文化层面进行理解，强调中国元素是根植于社会语境中的、与时俱进的文化系统，兼具外在有形符号和内在无形精神两个方面。

在上述种种理解中，文化部和人文中国系列活动组委会于 2007 年创办"人文中国"大型系列活动时的提法颇有代表性，即凡是被大多数中国人(包括海外华人)认同的、凝结着中华民族传统文化精神，并体现国家尊严和民族利益的形象、符号或风俗习惯，均可被视为中国元素(陈培爱和张丽萍，2010)。我们认为，中国元素不应局限于符号和精神层面，还应拓展至实物层面。这样在营销学领域，我们对中国元素的研究和讨论可以从传统的营销传播范畴，拓展至产品研发和设计方面。为此，我们对"中国元素"进行如下定义：来源于中国文化传统，或在中国现代社会发展中产生的与"中国文化"紧密联系的符号、精神内涵或实物，它们为大多数中国人认同，消费者能够借之联想到"中国文化"而非其他国家文化。这里值得指出的是，全球品牌在营销组合中运用"中国元素"，是一种重要的本土适应性战略,但两者并非等同。例如,肯德基在国内推出"深海鳕鱼条",尽管是适应本土化需求的做法,但并非"中国元素"战略。因为"深海鳕鱼"并非让人与"中国文化"联想到一起。但是肯德基推出"皮蛋瘦肉粥",可认为是"中国元素"策略,因为"皮蛋瘦肉粥"是经典的广东汉族特色美食,反映中国饮食文化。

对国内外现有文献检索表明,目前大部分研究采取广告学或传播学的视角,对广告中的中国元素进行描述、分析及解读,仅少数文献从营销学的角度进行研究。Wang 和 Lin(2009)通过回顾中国消费者价值观的变迁路径,提出当前的中国消费者对传统文化元素的需求正日益增长,进一步强调在品牌塑造与产品设计中引入中国元素的重要性;Wu(2011)运用肌电描记法(electromyography,EMG),研究产品中的中国文化元素对 60 位来自中国台湾地区的女性被试的愉悦反应的影响。临床试验结果显示,蕴含文化元素的产品更能引起被试的愉悦感受,且事先理解产品中文化元素意义的被试表现出的愉悦程度更高;笔者(何佳讯,2013)、Heine 和 Phan(2013)、Song(2013)等以案例研究的方法,分别阐释中国元素在李宁、上海滩服饰及红旗汽车等品牌中的运用状况。

综上所述,"中国元素"已成为一个跨界关注的话题。但从学术研究的角度看,目前主要以概念分析和案例研究为主,尚未进入实证研究阶段。为此,本章试图作出开拓性贡献。

二、 刻板印象一致性

全球品牌在运用中国元素时,方式和途径差异很大。有些品牌保留了中国元素的外形和内涵,将其与自身相融合。例如,可口可乐每年推出的春节系列广告,不仅充分运用鞭炮、春联、烟花、舞龙等传统文化元素,还将品牌口号"分享快乐"嵌入到极具中国特色的家庭团聚场景中。有些品牌则只保留元素的外形,赋予其新的内涵,如哈根达斯的冰淇淋月饼、星巴克的星冰粽等。有些品牌只保留元素的实质,对其使用情境和场合进行创新,如高露洁冰爽茶香牙膏、夏士莲黑芝麻洗发水等。这些被"化用"于不同品牌和产品的中国元素,有些和消费者的固有认知非常吻合,有些却会引起消费者的困惑甚至排斥。那么,是否只要使用了中国元素,产品就能大获成功? 对于产品中的中国元素而言,哪种表现形式最为有效? 我们引入"刻板印象一致性"的概念对上述问题进行探究。

从刻板印象的定义(Greenwald and Banaji, 1995;王沛,2002)来看,对于不同的中国元素,本土消费者拥有特有的观念和认知结构,包括外形、内涵、使用情境等。由于刻板印象是基于以往经验形成的总结,本土消费者关于中国元素的原有"印象标签"会在其融入的产品情境中重新进行信息处理。对此,我们使用"刻板印象一致/刻板印象不一致"进行表征。具体而言,刻板印象一致性反映产品中的中国元素与其在消费者心中固有形象关联程度的高低。刻板印象一致性高,表明产品中的中国元素与其在消费者心中固有形象关联度高,反之则低。

刻板印象的作用机制包括自动(刻板印象激活)和控制(刻板印象应用)两种过程(Martin, Lee and Lancy, 2011)。自动过程是指人们在某一环境中接触到刻板印象化的物体,会自动激发刻板印象。该过程是无意识的,具有自发性,其结果是记忆中的刻板想法更易被获取(Devine, 1989)。控制过程指的是个体能够控制刻板印象的自发过程,从而改变由刻板印象产生的对事物的固有看法(Blair and Banaji, 1996; Kawakami et al. , 2000)。一般情况下,刻板印象效应占主导地位,与刻板印象相关的联系更易于获取(连淑芳,2006)。因此,延伸到本章情境,消费者在看到包含中国元素的产品时,如果产品中的中国元素与刻板印象一致程度高,中国消费者会自动激活关于该中国元素的所有想法,对产品试图传递的信息与含义产生更深的理解。相反地,即使产品中有意识地融入了某些中国元素,但其表现形式让消费者感到与传统认知中的印象存在差距,刻板印象一致程度低,该产品则不会激发消费者关于该元素的刻板印象。

关于刻板一致性信息的专门研究也支持上述推断。首先,与刻板不一致信息相比,个体更易记住刻板一致信息(Fyock and Stangor, 1994; Kashima, Lyons and Clark, 2013)。那么,个体也很有可能对携带刻板一致信息的事物(融入的中国元素与刻板印象的一致程度较高的产品)心生亲近,产生更为积极的评价。其次,人们倾向于传播刻板一致信息,刻板不一致信息则会在传播过程中逐渐消弭(Lyons and Kashima,2001),这在同一社会群体内的个体之间表现得尤为明显(Kurtz and Lyons,2009)。主要原因在于,如果需要传播的信息与刻板印象差距过大,人们会怀疑信息的真实性(Lyons and Kashima,2003),甚至认为接收者无法理解该内容(Clark and Kashima,2007),进而选择性地传播刻板一致信息。从该角度而言,如果产品中包含的中国元素刻板印象一致性高,消费者则更愿意表达并接受关于这些产品的积极想法,形成具有良好口碑效应的潜力。最后,非西方文化背景下的个体更易受刻板印象效应的影响(Williams and Spencer-Rodgers,2010),来自亚洲的被试更倾向于传递刻板一致信息(Yeung and Kashima,2012)。因此,如果设计得宜,全球品牌推出的本土文化元素产品更易获得中国消费者青睐。综上所述,我们提出如下假设:

　　H_1:消费者对全球品牌产品中中国元素的刻板印象一致性越强,那么他们对于产品的购买可能性越大。

三、 全球品牌、品牌感知全球性与本土象征性

一般地,在国际市场上广泛可得并且在世界上具有高认知度的品牌被称为全球品牌(Dimofte, Johansson and Ronkainen,2008;Dimofte, Johansson and Bagozzi,2010)。在学术界,对全球品牌的定义首先来自营销标准化的有关研究(何佳讯,2013b)。按照营销标准化的思路,公司建立全球品牌的首要动机是从强大的范围经济和规模经济中获益。因此,标准化的品牌能够从营销、研发、采购和制造中节省巨大的成本(Buzzell,1968;Levitt,1983)。从这个角度出发,全球品牌通常被认为是在大多数市场中使用相同的品牌名称、定位战略和营销组合。因此,全球品牌即是在多个国家以相同的名称,一般采用相似的集中式协调的营销战略的品牌(Steenkamp, Batra and Alden,2003)。但事实上,对全球品牌如何标准化并没有共识。大多数研究认为完全标准化是不可能的,品牌只是在标准化程度上存在差异而已。按照标准化程度的差异,一些品牌比其他品牌更为全球化。这是按照在不同市场中使用标准化营销战

略和方案的程度对全球品牌进行定义(何佳讯,2013b)。

基于消费者感知对全球品牌进行定义化解了标准化的争议,为研究全球品牌打开了新的视角(Alden,Steenkamp and Batra,2006;Batra et al.,2000;Hsieh,2002)。所谓全球品牌,是被消费者感知为全球性的程度。这个定义以 Steenkamp、Batra 和 Alden(2003)提出的品牌感知全球性(PBG)构念为基础,认为消费者对这种"全球"的感知能够这样形成,即当消费者相信品牌在多个国家出销并且在这些国家中总体上被认为是全球的。这个定义基本上认同全球品牌是一个认知构念,不同个体的评价存在差异(Dimofte,Johansson and Bagozzi,2010)。这样,全球品牌的有关跨市场标准化程度的界定就转变为品牌"全球性"(globalness 或者 globality)程度的衡量。按 Steenkamp、Batra 和 Alden(2003)的做法,品牌的全球性是根据消费者感知品牌在本国之外的外国市场进入数量程度进行操作化测量。也就是说,作为全球品牌,可以存在更多或更少的"全球性"。

另一方面,全球化与当地化总是交织在一起(Strizhakova,Coulter and Price,2012)。从跨文化的角度看,Griffith、Hu 和 Ryans(2000)的研究,以及 Kustin(2004)的研究分别证实,营销组合的过程和要素方案在文化相似的国家中是可转移的,标准化的成功可能性较大,而在不同的市场上,标准化是不合适的,其成功可能性不大。通常,很多营销者需要在全球和本土产品之间进行决策(Tu,Khare and Zhang,2012)。由此,研究者们提出了从全球标准化到本国当地化的两极以及介于之间的各种混合的战略选择(Ritzer,2003;Douglas and Craig,2011)。国内一些学者的研究成果也体现了全球标准与本土化相结合的战略取向(胡左浩,2002;王新新和杨德锋,2007;吴晓云等,2005)。正因如此,品牌感知全球性并非是全球品牌获得成功的唯一路径。另一种基本方式是品牌成为当地文化的象征,从而对消费者行为和个体认同产生重要影响。在 Steenkamp、Batra 和 Alden(2003)的研究中,他们把品牌本土象征价值(brand local icon value)作为与品牌全球感知(PBG)相对应的构念,研究它们对品牌购买可能性的影响。结果发现,PBG 正向显著影响对品牌声望和品牌感知质量的评价,本土象征价值正向显著影响品牌声望,但不影响品牌质量。尽管从总体影响效果看,PBG对品牌购买可能性的影响要大于本土象征价值,但是PBG并不直接对品牌购买可能性产生影响,而本土象征价值直接对品牌购买可能性产生影响。类似地,在Özsomer(2012)的研究中,她提出类似的本土象征性(local iconness)构念,定义为:品牌象征本国成员的价值观、需要和渴望的程度,作为与品牌感知全球性对应的构念。

根据前面的定义,中国元素是反映或代表中国文化的载体,在消费者中具有广泛的共识。但是中国文化源远流长,博大精深,能够反映代表中国文化的元素纷繁复杂,类别众多,它们在反映或代表中国文化方面存在着程度的差异。对于同样的元素,消费者对之看法也会存在差异。正因如此,当品牌以某种方式使用中国元素时,消费者对其带来的本土象征性评价是不同的。品牌本土象征性是衡量品牌使用"中国元素"成效的重要变量。进一步推究,消费者对品牌中使用的中国元素的刻板印象一致性越强,就能激发更多真实的中国本土文化意义,因而能够带来更强的品牌本土象征性评价。根据Steenkamp、Batra和Alden(2003)的研究,品牌本土象征性直接对购买可能性产生正面影响。由此,我们提出如下假设:

　　H₂:"中国元素"的刻板印象一致性,通过品牌本土象征性对产品购买可能性产生影响。换言之,品牌本土象征性是刻板印象一致性对产品态度影响效果的中介变量。

四、 全球认同与本土认同

站在消费者的角度,消费者文化认同(全球认同与本土认同)是解释全球与本土品牌/产品的重要心理学变量(何佳讯,2013b)。这发端于Arnett(2002)发表的"全球化的心理学"(The Psychology of Globalization)一文。多年之后,全球认同(global identity)与本土认同(Local Identity)被用于营销学领域(Tu, Khare and Zhang, 2012; Zhang and Khare, 2009)。现有研究表明,全球认同和本土认同与消费者对全球品牌和本土品牌态度的评价之间存在着较为一致的关系(郭晓凌,2011; Swoboda, Pennemann and Taube, 2012; Strizhakova, Coulter and Price，2012；Zhang and Khare，2009）。Tu、Khare 和 Zhang(2012)根据 Arnett(2002)的开创性理论,进一步明确了全球认同和本土认同的定义,开发了由 8 个测项构成的专门量表,用于对全球认同和本土认同的测量,并验证了它们与消费者民族中心主义、国家主义和全球消费取向构念的区分效度。本土认同由这样的精神表征组成,即消费者信仰并尊重当地传统和习俗,认同当地社群的独特性,对当地活动感兴趣;而全球认同的精神表征构成是,消费者相信全球化的积极效果,更认同全世界人们的共同性而非差异性,对全球活动感兴趣。

Arnett(2002)认为,全球化对身份认同产生重要的心理影响,他把在个人层面测量全球化影响的结果概念化为双文化认同(bicultural identities),包括全球认同与本土认同,即部分认同生根于当地文化,部分来源于与全球文化关系的意识。很多人在发展全球认同的同时仍然保持着本土认同。事实上,只有极少的消费者对全球认同和本土认同是等同的,绝大多数的情况是一种认同强于另一种认同。Zhang 和 Khare (2009)通过系列实验研究表明,无论是稳定的(chronic)还是可及性的(accessible)全球认同或本土认同,当消费者的认同与产品的全球定位或本土定位相一致时,他们对产品的态度评价更积极。值得指出的是,这种效应可以颠倒过来,无论是采用直接操控方式把可及性认同变为非诊断性,还是通过间接的方式引入差异性(对应于整合性)处理模式。可及性认同效应的发生是因为消费者喜欢持有积极的自我观(self-views),因而与认同一致的信息被判断为与处理目标更为相关,与认同不一致信息相比,被赋予更大的权重(Wheeler，Petty and Bizer，2005)。

具体到本章情境,产品中中国元素刻板印象一致性的高低反映了本土文化真实性意义的多少,这为本土认同者或全球认同者提供了处理与本土相关的信息更一致或更相反的可能性,从而被消费者更积极或消极地处理(Wheeler，Petty and Bizer，2005)。与低本土认同者相比,高本土认同者更认同刻板印象一致性的中国元素,因而对其产品购买可能性产生更积极影响。与低全球认同者相比,高全球认同者更不认同刻板印象一致性的中国元素,因而对其产品购买可能性产生更消极影响。因此,我们提出如下假设：

H_3：全球认同和本土认同调节刻板印象一致性对产品购买可能性的整体影响作用：本土认同越高，刻板印象一致性与产品购买可能性的正向关系越强（H_{3a}）；而全球认同越高，刻板印象一致性与产品购买可能性的正向关系越弱（H_{3b}）。

在上文中，我们把品牌本土象征性假设为刻板印象一致性与产品购买可能性之间的中介变量，因此如果把调节作用和中介作用同时纳入考虑，存在着两种可能情况。首先，全球认同和本土认同在第一阶段（刻板印象一致性对产品购买可能性的直接作用）存在调节作用。我们认为该作用微小甚至不显著。这是因为，刻板印象一致性带来的品牌本土象征性评价是客观存在的，并不受消费者不同价值观（比如文化认同）的影响。其次，我们认为全球认同和本土认同调节第二阶段效应（品牌本土象征性对产品购买可能性的影响）。在 Steenkamp、Batra 和 Alden（2003）的研究中，他们假设消费者民族中心主义在品牌本土文化象征性对品牌购买可能性的影响中起到调节作用。即对于高民族中心主义消费者而言，品牌本土文化象征性对购买可能性的影响关系更强。其理由是，对于民族中心主义强的消费者，他们的世界主义和对外来文化的开放性水平更低，因而对全球品牌具有更负面的态度。他们可能甚至愿意牺牲"客观"的获得（高质量、低价格等），享受避免接触外群体（即全球文化）的心理利益。我们认为，尽管消费者民族中心主义与对外来文化的开放性具有相关性，但两者毕竟是不同的概念，因为消费者民族中心主义的定义是"消费者对购买外国制造产品的合适性，实际上为道德性的信念"（Shimp and Sharma，1987），并未涉及文化认同意涵。在 Tu、Khare 和 Zhang（2012）的研究中，他们分析了本土认同与消费者民族中心主义的区分效度，表明这两个构念存在显著的差异性。事实上，在 Steenkamp、Batra 和 Alden（2003）的研究结果中，消费者民族中心在品牌本土象征性对品牌购买可能性影响过程中的调节作用并没有得到证实。由此我们提出如下假设：

H_4：全球认同和本土认同主要在第二阶段发挥调节效应，即品牌本土象征性对产品购买可能性的影响过程中具有调节作用：本土认同越高，品牌本土象征性对产品购买可能性的影响作用越强（H_{4a}）；而当全球认同越高，品牌本土象征性对产品购买可能性的影响作用越弱（H_{4b}）。

我们把上述四个假设关系用图 6-1 的形式标示出来，作为本章研究的概念模型。接下来，我们介绍研究方法。

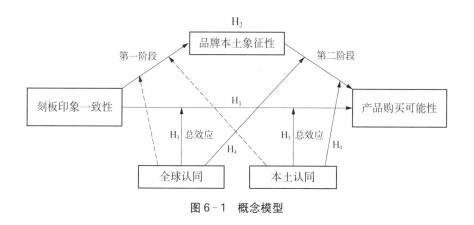

图 6-1　概念模型

第二节　研究方法、数据分析与结果

一、测试产品与样本

本研究采用问卷调查的方法，在真实环境下测试中国消费者对运用了中国元素的全球品牌产品的购买可能性。我们通过三个步骤确定测试的产品范围。

首先，根据近年业界著名的品牌排行榜（如 Interbrand 全球最佳排行榜，BrandZ 全球品牌百强排行榜等），对所有的全球品牌进行筛选。最终留下的品牌符合以下几项标准：第一，近 15 年来该全球品牌曾在本土市场上推出过运用中国元素的产品，且这些产品受到一定关注或欢迎；第二，品牌的目标消费群体在人口统计学变量上存在多样性。例如，高洁丝是面向女性消费者的品牌，不是本研究考虑的范畴；第三，为了保证结论的外部效度,按照快速消费品、耐用消费品和奢侈品三种产品类型,确定品牌的范围。最终得到 13 个品类下共 39 款由全球品牌推出的运用中国元素的产品。

接下来进行前测一,以排除被消费者认为中国元素表现得不太明显的素材。样本主要为南京某重点高校本科生(N=42),男女比为 22∶20,有效问卷率为 95.2%。我们先向被试出示一组产品图片。当其观看完毕后,请被试根据图片,对这些产品中是否含有中国元素、是什么中国元素,以及中国元素的明显程度等三个问题依次进行回答。其中,第一和第三题用语义区分量表进行测量,-3 表示"产品中不含有中国元素/产品体现的中国元素非常不明显",3 表示"产品中含有中国元素/产品体现的中国元素非常明显"。第二题是开放题,让被试具体写出,被试能够准确识别的赋值为 1,否则为-1,核对依据来自企业官网或官方微博对产品的描述和介绍。通过前测一,剔除了三项得分均值为负的产品,留下 13款产品,作为前测二的材料。

最后进行前测二,以确定最终的实验素材。样本为上海某重点高校硕士研究生(N=43),男女比为 20∶23,有效问卷率为 97.7%。与前测一不同,前测二中的产品图片旁增加了对产品的介绍。当被试浏览完毕后,请其根据图片及介绍,为其中的中国元素与传统印象的一致性程度进行等级评分(-3 表示"与原有印象完全不一致",3 表示"与原有印象完全一致"),分别计算出 13 款产品的评分均值,在各品类下分别选择分值最高和最低的产品,作为最终的实验素材。需要指出的是,测试结果中耐用消费品下有两款产品的分值相同,我们结合细分品类的考虑做出进一步取舍。最后确定的测试素材是:属快速消费品的哈根达斯月饼和肯德基皮蛋瘦肉粥;属耐用消费品的 HP mini VT"牡丹"上网本和戴尔Inspiron1320"鱼漾纹饰"上网本;属奢侈品的 Gucci 赤龙纹包和 TiffanyCharm 红包挂坠。

我们采用电子邮件的形式发送问卷,对象是上海某重点高校的 MBA学生,问卷回收期为 10 天。共向 455 位对象发出电子邮件邀请填写问卷,回收 267 份,回收率为 58.7%。在此基础上,我们进一步剔除了空白或不完整问卷、答题不认真的问卷。最终确定有效问卷为 221 份,有效问卷率为 82.8%。其中,男性占 45.7%,女性占 54.3%;33.0% 为未婚,67.0% 为已婚;平均年龄为 31.8 岁;月收入在万元以上的占 81.4%。每个品牌产品的问卷数量为 35 份到 39 份不等,平均为 37 份。

二、　问卷与测量

针对三大品类下 6 个品牌的产品,设计 6 个版本的问卷,卷首放置被测试产品的图片和文字介绍。各变量的测量方法简述如下。

关于中国元素刻板印象一致性的测量,采取 Gardner(1968)的两极特质法,运用语义差别量表测量消费者对实验素材中运用的中国元素与传统印象的一致性强度。设单独题项,采用 −3 到 3 的等级评分进行测量。

对品牌本土象征性的测量,采用 Steenkamp、Batra 和 Alden(2003)研究中使用的量表,其有效性已得到充分验证(Özsomer,2012;Swoboda,Pennemann and Taube,2012),采取 −3 到 3 的等级评分。对全球认同和本土认同的测量,我们采用 Tu,Khare 和 Zhang(2012)开发的 8 测项量表,采用 Likert 7 点量表,1 分表示"完全不同意",7 分表示"完全同意"。对于产品购买可能性的测量,我们使用 Steenkamp、Batra 和 Alden(2003)的测量语句,含"一定会/一定不会购买"和"非常可能购买/一点也不可能购买"两个测项,使用 −3 到 3 的等级评分方式。

对品牌的感知声望、感知质量、品牌熟悉度、先备经验及产品涉入度等协变量的测量,均源自 Steenkamp、Batra 和 Alden(2003)的研究,按照 −3 到 3 的等级评分进行。控制变量包括被访者的性别、年龄、婚姻状况及收入水平等背景信息。其中,性别(男=0,女=1)、婚姻(未婚/单身=0,已婚=1)设哑变量处理;年龄变量使用实际年龄;收入水平以被试家庭的每月总收入进行衡量,从低到高共分 12 个档次(最低档次赋值为 1,依次类推)。其中涉及来自英文文献的量表,都采用中英文回译的方式。所有量表的具体测项构成及信度见表 6−1。

表 6-1　有关构念的测量及信度($N=221$)

量表	测　项
刻板印象一致性	我认为这个产品上的(具体的中国元素)与我对它的传统印象完全不一致/我认为这个产品上的(具体的中国元素)与我对它的传统印象完全一致。
品牌本土象征性 (Cronbach's $\alpha=0.902$)	我将(品牌名)这个品牌与中国的东西相联系/我不将(品牌名)这个品牌和中国的东西相联系;对我来说,(品牌名)代表了和中国相关的一切/对我来说,(品牌名)不代表与中国相关的一切;对我来说,(品牌名)是一个与中国相关的非常好的象征/对我来说,(品牌名)不是一个与中国相关的非常好的象征。
全球认同 (Cronbach's $\alpha=0.750$)	我的心主要属于全世界;我认为人们应该更加意识到,我们是如何与世界其他地方相联系的;我将自己视为一位全球公民;我想了解全球事件。
本土认同 (Cronbach's $\alpha=0.781$)	我的心主要属于本地群体;我尊重本地传统;我将自己视为一位全球公民;我想了解本地事件。
感知质量 (Cronbach's $\alpha=0.811$)	这是个优质的品牌/这是个劣质的品牌;这个品牌的整体质量非常高。/这个品牌的整体质量非常低。
品牌熟悉度 (Cronbach's $\alpha=0.847$)	我对这个品牌非常熟悉/我对这个品牌非常不熟悉;我很了解这个品牌/我从来没听说过这个品牌。
先备经验 (Cronbach's $\alpha=0.976$)	我一直使用这个品牌/我从未尝试过这个品牌;我对这个品牌有丰富的使用经验。/我对这个品牌没有使用经验。
产品涉入度 (Cronbach's $\alpha=0.803$)	如果我买错了(品类名),那是没什么大不了的;买了不称心的(品类名),那真让人懊恼;没选好买什么样的(品类名),我会心烦意乱。
感知声望	这不是个非常有声望的品牌/这是个非常有声望的品牌。
产品购买可能性 (Cronbach's $\alpha=0.976$)	一定会购买/一定不会购买;非常可能购买/一点也不可能购买。

注:所有量表的 Cronbach's α 值均高于 0.700。对采取 -3 到 3 等级评分测量的变量,将相应数值转换成 1—7 后再进行信度检验。

三、 数据分析与结果

采用 SPSS 19.0 进行统计分析。首先对各变量进行描述性统计分析。通过计算平均值,得到各变量的组合分数。表 6-2 所示为各变量的平均值、标准差及变量间的相关系数。其次,通过多元层级回归模型检验品牌本土象征性在消费者刻板印象一致性对产品购买可能性影响过程中的中介作用;最后,使用 Edwards 和 Lambert(2007)提出的"总效应调节模型(total effect moderation model)",分别检验消费者的全球认同和本土认同在刻板印象一致性对产品购买可能性的直接效应及在不同阶段中的调节作用。

(一)品牌本土象征性的中介效应检验

层次回归模型的分析结果如表6-3所示。所有回归模型的R^2均在0.342和0.628之间,证明本研究提出的预测变量对消费者行为的解释程度较高。具体地,由M1可知,刻板印象一致性对产品购买可能性存在显著的正向预测作用($\beta = 0.541$,$p < 0.01$),H_1得到验证。

对中介效应的检验,我们采用Baron和Kenny(1986)提出的因果逐步回归法,该方法目前是被广泛使用的程序。步骤如下:第一,前因变量(刻板印象一致性)与结果变量(产品购买可能性)间存在显著的相关关系;第二,中介变量(品牌本土象征性)与结果变量(产品购买可能性)之间的相关关系显著;第三,构建前因变量(刻板印象一致性)和中介变量(品牌本土象征性)同时向结果变量(产品购买可能性)回归的模型,中介变量的回归系数应该显著,同时前因变量的回归系数不显著或显著减少,则说明中介效应存在。按照该程序,构建3个层次回归模型进行分析,结果如表6-3所示。根据M1结果,刻板印象一致性对产品购买可能性存在显著的预测作用($\beta = 0.541$,$p < 0.000$);由M2可知,刻板印象一致性能够显著提升品牌本土象征性($\beta = 0.783$,$p < 0.000$);最后,M3结果显示,当将中介变量纳入回归模型时,品牌本土象征性对产品购买可能性存在显著的积极影响($\beta = 0.203$,$p < 0.05$),刻板印象一致性对产品购买可能性的预测作用仍显著($\beta = 0.383$,$p < 0.000$),且与第一步检验结果($\beta = 0.541$,$p = 0.000$)相比明显下降。因此,品牌本土象征性在刻板印象一致性对产品购买可能性的影响过程中发挥部分中介作用,从而验证了H_2。

(二)全球认同与本土认同的调节作用

我们采用Edwards和Lambert(2007)提出的"总效应调节模型(total effect moderation model)",将调节效应和中介效应纳入同一个框架中进行分析。具体而言,该模型假设中介过程的三条路径(前因变量→中介变

表6-2　有关构念的平均值、标准差及相关系数（N=221）

构念	1	2	3	4	5	6	7	8	9	10	11	12	13	14
1. 刻板印象一致性	1													
2. 品牌本土象征性	0.774*	1												
3. 全球认同	0.101	0.088	1											
4. 本土认同	0.060	0.063	−0.171**	1										
5. 产品购买可能性	0.542***	0.490***	0.188**	−0.030	1									
6. 感知质量	−0.027	−0.085	0.228***	0.237***	0.071	1								
7. 品牌熟悉度	−0.003	0.061	0.206**	0.102	0.051	0.238***	1							
8. 先备经验	−0.021	0.100	0.204**	0.041	0.066	0.000	0.569***	1						
9. 产品涉入度	−0.061	0.038	−0.027	0.064	−0.071	0.161*	0.111	0.027	1					
10. 感知声望	−0.018	−0.058	0.190**	0.253***	0.008	0.767***	0.245***	0.085	0.164*	1				
11. 性别	0.026	−0.039	−0.099	0.073	−0.074	0.244***	−0.091	−0.285***	−0.022	0.201**	1			
12. 年龄	0.025	0.029	−0.032	−0.084	−0.001	−0.134*	−0.044	0.011	0.045	−0.163*	−0.174**	1		
13. 婚姻	0.048	0.012	−0.010	−0.050	0.120	−0.096	−0.065	0.046	0.020	−0.088	−0.123	0.433***	1	
14. 收入	0.009	0.030	0.057	−0.082	0.009	−0.080	0.066	0.166*	−0.021	−0.159*	−0.190**	0.556***	0.490***	1
M	4.030	3.792	4.962	5.431	3.529	5.830	5.579	4.380	4.302	5.910	0.540	31.830	0.670	6.100
SD	2.011	1.721	1.000	0.964	1.899	0.741	1.004	1.824	1.633	0.944	0.499	4.108	0.471	2.753

注：* $p<.05$，** $p<.01$，*** $p<.001$。对采取−3到3等级评分测量的变量，将相应数值转换成1—7后再进行均值和标准差的计算。

表 6-3　层次回归结果（N = 221）

变量	M1：产品购买可能性		M2：品牌象征本土性		M3：产品购买可能性	
	Step 1	Step 2	Step 1	Step 2	Step 1	Step 2
控制变量：						
性别	−0.085	−0.102	0.017	−0.007	−0.085	−0.101
年龄	−0.031	−0.042	0.018	0.001	−0.031	−0.042
婚姻	0.178*	0.147*	−0.008	−0.053	0.178*	0.158*
收入	−0.093	−0.080	0.003	0.022	−0.093	−0.085
感知质量	0.209	0.229	−0.098	−0.069	0.209	0.243**
品牌熟悉度	0.026	0.006	0.035	0.007	0.026	0.005
先备经验	0.049	0.065	0.084	0.109*	0.049	0.043
产品卷入度	−0.093	−0.060	0.048	0.097*	−0.093	−0.079
感知声望	−0.135	−.142	−0.007	−0.017	−0.135	−0.138
自变量：						
刻板印象一致性		0.541***		0.783***		0.383***
中介变量：						
品牌象征本土性						0.203*
ΔR^2	0.052	0.290	0.021	0.607	0.052	0.305
ΔF	1.281	9.643***	0.505	34.941***	1.281	9.290***
合计 R^2	0.052	0.342	0.021	0.628	0.052	0.357
调整后 R^2	0.011	0.311	−0.021	0.610	0.011	0.324

注：表中所示均为标准化系数。* $p < .05$，** $p < .01$，*** $p < .001$。

量、中介变量→结果变量、前因变量→结果变量）都有可能受到调节变量的影响，因而将直接效应（前因变量→结果变量）和间接效应（前因变量→中介变量→结果变量）结合起来进行调节分析。该模型可分析调节变量在三个方面的作用：首先，对每一路径的调节效应进行统计检验，确定中介模型中受到调节的路径；其次，估计通过中介变量传递的间接效应，同时揭示调节变量对间接效应的影响作用；最后，在单独分析直接效应和间接效应在调节变量不同水平变化情形的基础上，进一步估算调节变量对总效应（直接效应＋间接效应）的调节情况。

本章遵照 Edwards 和 Lambert(2007)的方法,验证全球认同和本土认同的调节作用。首先,构建下列 2 个方程。方程(1)反映第一阶段的影响,方程(2)反映第二阶段的影响及直接效应。

$$PBL = a_{05} + a_{x5}SC + a_{z5}CI_i + a_{xz5}(SC \times CI_i) + e_{m5} \tag{1}$$

$$PL = b_{020} + b_{x20}SC + b_{m20}PBL + b_{z20}CI_i + \\ b_{XZ20}(SC \times CI_i) + b_{mz20}(PBL \times CI_i) + e_{y20} \tag{2}$$

其中,CI_i 代表不同的调节变量(全球认同和本土认同),PBL、SC、PL 分别代表品牌本土象征性、刻板印象一致性及产品购买可能性。然后,通过构建多元回归方程,计算各回归系数,如表 6-4 所示。

表 6-4　参数估计($N = 221$)

调节变量	a_{05}	a_{x5}	a_{z5}	a_{xz5}	R^2	b_{020}
全球认同	0.001	0.773***	0.010	−0.002	0.599	0.024
本土认同	−0.003	0.767***	0.017	0.061	0.604	−0.210

调节变量	b_{x20}	b_{m20}	b_{z20}	b_{xz20}	b_{mz20}	R^2
全球认同	0.389***	0.196*	0.102	−0.148	−0.100	0.378
本土认同	0.386***	0.148	−0.071	0.083	0.264**	0.443

注:在分析之前,已对表中的所有变量进行了中心化处理(使平均值为 0)(Aiken 和 West,1991)。

所有参数值均为非标准化系数。* $p < .05$,** $p < .01$,*** $p < .001$。

接着,基于表 6-4 的参数估计值,计算调节变量在不同水平下的各路径系数、不同效应及差异的数值大小。第一阶段的效应是指前因变量(刻板印象一致性)到中介变量(品牌本土象征性)的回归系数;第二阶段的效应值是中介变量(品牌本土象征性)到结果变量(产品购买可能性)的回归系数;直接效应反映了前因变量(刻板印象一致性)到结果变量(产品购买可能性)的回归系数;间接效应由第一阶段和第二阶段的回归系数值相乘得到;总效应是直接效应与间接效应加总后的结果;差异是不同水平下的效应值相减后的结果。

在上述基础上，通过拔靴法(bootstrap method)确定各路径系数及效应值的显著性。首先以本研究中的221行数据为原始样本，采取有放回的随机重复抽样，每次抽取数量为221。随后，基于抽取的样本(221行数据)计算各单纯路径系数、间接效应和总效应的估计值。重复上述步骤1000次，最终得到1000组样本及估计值，并在此基础上确定"偏差校正置信区间(bias-corrected confidence intervals)"。最后判断各效应的显著性：第一、二阶段的路径系数及直接效应的差异的显著性与表6-4中a_{xz5}、b_{mz20}及b_{xz20}的显著性相同；间接效应和总效应的差异的显著性则需根据偏差校正置信区间进行判断。如果对应置信区间中不包含0，则该系数在该置信水平下显著。具体操作过程参见 Edwards 和 Lambert (2007)，分析结果如表6-4和表6-5所示。

表6-5　简单效应分析($N=221$)

调节变量	阶段		效应		
	第一阶段	第二阶段	直接效应	间接效应	总效应
本土认同					
低	0.706***	−0.116	0.303***	−0.082	0.221**
高	0.828***	0.412***	0.469***	0.341***	0.811***
差异	−0.122	−0.528**	−0.167	−0.423***	−0.590***
全球认同					
低	0.775***	0.295**	0.536**	0.229*	0.765***
高	0.771***	0.096	0.241*	0.074	0.315**
差异	0.004	0.199	0.295	0.155	0.450***

注：表中不同水平(高/低)下的全球认同和本土认同所对应的各行数据，是根据表6-1中关于方程(2)的参数估计值计算而得的。调节变量的分组依据为$Z_{high}=mean+1sd$，$Z_{low}=mean-1sd$，由于表中各变量在分析前已经过中心化处理，各变量均值为0。差异系数等于低组系数减去高组系数。* $p<.05$，** $p<.01$，*** $p<.001$。

由表6-4可知，b_{xz20}是刻板印象一致性对产品购买可能性的直接影响过程中的调节效应系数，结果为本土认同的系数为0.083(ns)，而全球认同的系数为−0.148(ns)，说明消费者文化认同在该过程中发挥的调节作用并不显著。a_{xz5}是指刻板印象一致性对品牌本土象征性的影响过程中调节变量效应的系数,结果是本土认同的系数为 0.061(ns),而全球认同的系数为 -0.002(ns),表明消费者文化认同在该过程中发挥的调节作用也不显著。另外,b_{mz20} 反映的是消费者认同在品牌本土象征性对产品购买可能性的作用过程中发挥的调节作用(全球认同: -0.100,ns;本土认同: 0.264,$p<0.01$)。因此,仅本土认同在第二阶段发挥正向调节作用。

表 6-5 进一步表明不同水平的调节变量下各效应值的大小及显著程度。从本土认同的角度来看,不同本土认同水平下,刻板印象一致性对产品购买可能性影响的总效应存在显著差异(-0.590,$p<0.001$),且高水平群体的系数值高于低水平群体,说明本土认同在该过程中发挥正向调节作用,从而验证了 H_{3a}。从第一阶段影响(刻板印象一致性对品牌本土象征性的影响)来看,本土认同较低和较高的消费者都显示出正向作用(分别为 0.706,$p<0.001$;0.828,$p<0.001$),两者差异不显著(-0.122,ns)。第二阶段中,品牌本土象征性对产品购买可能性影响仅在高本土认同消费者中表现为显著(0.412,$p<0.001$)。不同本土认同水平消费者间,这种影响的差异达到显著水平(-0.528,$p<0.01$),说明本土认同在该过程中发挥正向调节作用。就直接效应而言,刻板印象一致性对产品态度的影响在低高两类人群中均表现为显著(分别为: 0.303,$p<0.01$;0.469,$p<0.01$),两者差异未达到显著性水平(-0.167,ns);间接效应上,仅高本土认同的消费者显著(0.341,$p<0.001$),两者差异达到显著性水平(-0.423,$p<0.001$)。综上所述,本土认同对第二阶段的正向调节作用较显著,从而支持了 H_{1u}。

从全球认同的角度,在不同全球认同水平下,刻板印象一致性对产品购买可能性影响的总效应存在显著差异(0.450,$p<0.001$),说明全球认同对总效应的负向调节效果显著,H_{3b} 得到证实。就第一阶段影响效果来看,全球认同较低和较高的消费者都显示出正向作用(分别为 0.775,$p<0.001$;0.771,$p<0.001$),但两者的差别并不显著(0.004,ns)。从第二阶段影响(品牌本土象征性对产品购买可能性影响)效果来看,全球认同较低和较高的消费者都体现出前者的促进作用(分别为 0.295,$p<$

0.01；0.096，*ns*），两者差异也不显著（0.199，ns）。就直接效应而言，对于全球认同较低的消费者而言，刻板印象一致性对产品购买可能性起到显著的提升作用（0.536，*p*＜0.01），对高全球认同人群也是如此（0.241，*p*＜0.05），且两者差异并不显著（0.295，*ns*）；间接效应上，仅低全球认同的消费者显著（0.229，*p*＜0.05），高全球认同人群的间接效应不显著（0.074，*ns*），两者不存在显著差异（0.155，*ns*）。因此，全球认同对第二阶段的负向调节作用不明显，II$_{4b}$ 不成立。

第三节　结论与战略指引

本章提出的假设基本上都得到了证实。研究表明，消费者对中国元素的刻板印象一致性既直接对产品购买可能性产生正向影响（H$_1$），同时也通过感知品牌本土化对产品购买可能性产生正向影响（H$_2$）。在这个过程中，消费者的文化认同具有调节作用。具体而言，消费者的本土认同在刻板印象一致性对产品购买可能性的整体影响过程中起到正向调节作用（H$_{3a}$），而消费者的全球认同对此起到负向调节作用（H$_{3b}$）。但具体到该过程中的各个阶段，仅消费者的本土认同在品牌本土象征性对产品购买可能性的影响过程中起到正向调节作用（H$_{4a}$），全球认同对此的负向调节没有得到证实（H$_{4b}$）。另外，本土认同和全球认同在刻板印象一致性对产品购买可能性的直接影响过程中发挥的调节作用并不明显。在全球品牌化领域，本章的研究具有若干显在的理论贡献与实践意义。

一、结论与理论贡献

在理论上，本章证实了全球品牌在新兴市场中采用本土适应性战略的一种有效性方式及条件，即采用代表东道国当地文化的元素进行产品开发和设计，可以积极地影响消费者对此新产品的态度，而其基本前提条件则是消费者对其文化元素刻板印象的一致性。这个新构念对全球品牌本土适应性战略评价提供了新的理论视角。

在此前的研究中，研究者们把品牌感知全球性和本土象征性作为先行变量，探究它们对感知质量和感知声望的影响，以及它们如何进一步影响产品购买意愿(Steenkamp，Batra and Alden，2003；Özsomer，2012)。在本研究中，我们进一步探究了影响品牌本土象征性的前因，即对本土文化元素的刻板印象一致性。它既直接影响产品态度，也通过品牌本土象征性影响产品态度。也就是说，我们发现了品牌本土象征性所扮演的中介作用角色。我们的研究还表明，在控制了感知质量、感知声望、品牌熟悉度、先备经验和产品涉入度等因素后，品牌本土象征性仍然对产品态度产生显著影响，这与 Steenkamp、Batra 和 Alden(2003)的研究结论一致。这从理论上进一步证实了本土象征性是全球品牌价值的必要组成部分。在进入新兴市场过程中，全球品牌采用文化取向的本土适应性战略是普遍有效之道。

本章对进一步探明消费者文化认同的影响作用也做出了贡献。在此前的研究中，全球认同和本土认同被用来分析消费者对外国产品和本土产品态度的差异，共同的结论是全球认同者偏好全球产品，而本土认同者偏好本土产品(Swoboda，Pennemann and Taube，2012；Zhang and Khare，2009)。而本章的研究表明，全球认同和本土认同还可以用来解释消费者对全球品牌不同定位效果的差异。即与那些全球认同者相比，本土认同者更易受本土文化元素策略对其产品态度产生影响。这意味着，消费者文化认同是研究全球品牌定位态度与全球/国际市场细分的重要变量。

在 Steenkamp、Batra 和 Alden(2003)的研究中，消费者民族中心主义在品牌本土象征性对产品购买可能性影响过程中的调节作用没有得到证实。而本章的研究证实了本土认同对此影响过程有显著的调节作用，即对于高本土文化认同者，品牌本土象征性对产品购买可能性的影响作用更强。这进一步表明，消费者民族中心主义与文化认同(本土认同)是两个不同性质的构念(Tu，Khare and Zhang，2012)，它们对全球品牌和本土品牌态度具有不同的解释作用(He and Wang，2015)。这是由于前者是出于消费者感知外国经济对本土经济造成威胁而偏向于购买国货，是受外部道德规范的影响，但并非从内心一定喜欢国货；而后者是出于对本土品牌或本土文化的认同而偏向于购买国货，是受内在动机的驱动所致。因此,对于高消费者民族中心者,品牌本土象征性并不能对产品态度产生更强的影响力;而对于高本土认同者,本土象征性对产品态度产生更强的影响作用。改革开放初期,外资大量进入对民族经济造成了很大的威胁。当前,中国已发展成为世界第二大经济体,与之对应的是,民众对本国文化的自信度大大提高。因此,我们有理由相信,在当前环境下,在预测全球品牌与本土品牌态度、评价全球品牌不同定位战略效果等方面,文化认同构念比消费者民族中心主义构念更为有效。

二、　实践意义

在实践上,我们使用刻板印象一致性这个新构念,可以解释并不是所有运用当地文化元素的产品设计都是有效的。全球品牌在采用本土适应性战略时,需要更好地理解本土文化元素的真实内涵,把握其传统意义,以及使用场合与情境,同时结合全球品牌自身的情况(品类及意义),使得本土文化元素更好地融入到全球品牌中,两者并不产生明显的反差。唯有这样才能真正发挥本土文化元素的作用,使其对产品态度产生独特的积极影响。例如,在我们的测试产品中,Tiffany Charm 用珐琅和 18k 金打造的"中国红"吉祥如意红包挂坠,尽管设计很有创新,寓意又吉祥美好,但是在中国消费者的心目中,红包用于送礼场合,如做成坠子挂于胸口,则与其原有的刻板印象有较大距离;而 Gucci 的赤龙纹手提包,是在白色帆布上印上鲜红的双龙形图腾,产生一种强烈的视觉冲击感,在消费者看来,龙是中华文化的主要图腾与象征,使用场合广泛,经常性地被用为装饰性图案,因此,赤龙纹图案出现在手提包上并不觉得唐突。我们的测试表明,两者的刻板印象一致性评价在均值上存在差异,后者高于前者($M_{Tiffany}=3.06$, $M_{Gucci}=5.13$, $p<0.001$)。

我们的研究表明,品牌本土象征性有利于正面影响消费者的产品态度。这不仅意味着,全球品牌在进入新兴市场国家中,以适当的方式建立品牌与当时市场的相关性是提高消费者态度的有效路径,比如在产品设计中融入东道国的当地文化元素。而且也预示着这样的信号:那些惯常使用标准化策略、追求品牌强度的全球品牌,如果转而在营销组合的某些方面融入本土文化元素,则会进一步提升其市场反应效果。一些著名的全球品牌已开始做出尝试，比如本章开头提到的麦当劳，原来是标准化的店面设计，现在则开设中国风旗舰店 Eatery。一般地，在新兴市场中，本土品牌和全球品牌各具差异化优势，前者具有较高的品牌本土象征性优势，后者具有较高的品牌感知全球性优势。根据 Steenkamp、Batra 和 Alden(2003)的研究，感知品牌全球性和品牌本土象征性都能对消费者态度产生正面影响。但从品牌定位的角度看(Keller，2013)，全球品牌只有拥有了品牌本土象征性的特征，才能抵消本土品牌的差异化优势。而对于本土品牌来说，则需要建立品牌感知全球性特征，才能抵消全球品牌的差异化优势。

我们的研究还表明，全球认同在刻板印象一致性对产品态度的影响作用中起到反向调节作用，而本土认同在刻板印象一致性以及品牌本土象征性对产品态度的影响过程中都起到正向调节作用。这意味着消费者的文化认同能够有效地区分他们对全球品牌本土适应性战略的态度反应。也就是说，全球认同和本土认同可以成为细分全球品牌新兴市场消费群体的有效变量。对于高全球认同的消费群体，全球品牌如何运用本土文化元素并非需要十分谨慎的要求，相反，如果刻板印象一致性程度低，反而能够减弱其对产品态度的负面影响；而对于高本土认同的消费群体，则需要严格地把握本土文化元素的内涵，一旦用对了本土文化元素，则可以明显地提高他们对产品态度的评价。因此，只要我们从文化认同取向角度认清和理解了目标市场的特征，那么，营销者对本章开头提到的比如 Chanel"中药包"手袋产品策略正确与否就很容易把握了。

第七章
中国情境下品牌价值观的基础研究

改革开放 30 多年后,中国企业的品牌建设进入了新的历史阶段。大批中国跨国公司在建立全球业务的同时,面临着如何创建全球品牌的重大挑战,即如何在全球市场上扭转低端形象,实现价值链升级,创造品牌附加价值。2013 年 1 月 16 日,世界贸易组织和经济合作与发展组织发布了"全球贸易测算新方法——附加值贸易测算法"。这一更为科学的新测算方法揭示了中国经济在全球价值链中的真实地位与处境:中国虽是"出口大国",却是品牌和技术弱国,附加值很少,利润微薄。总体上,中国品牌仍然缺乏强有力的全球定位战略,缺乏塑造品牌形象附加值的有效路径。从品牌管理理论的角度看,赋予品牌文化象征意义是创建品牌概念、为品牌带来形象附加值的基本手段(Holt,2004;McCracken,1986a;Park,Jaworski and MacInnis,1986),而且有关研究表明,抽象的品牌概念比功能性属性能够更多地引发消费者的有利反应(Monga and John,2010;Park,Milberg and Lawson,1991)。近年来,这种抽象的文化意义与价值以"软实力"(soft power)的提法进入营销领域,正如 Sheth(2011)主张,新兴市场国家要把"软实力"作为创建品牌无形资产的重要手段。然而,站在品牌全球化的角度,如何赋予中国品牌象征意义,什么样的文化象征意义在西方世界中具有积极的评价并影响消费者态度,特别是作为品牌来源国是中国的品牌,如何利用源自中国的国家文化价值精髓,进行品牌附加值的创造,这些问题仍然鲜有实证研究。

从全球化企业制定品牌战略的角度看,一个基本的学术问题是如何在全球市场上兼顾东西方文化差异,实现东西方文化价值及元素的融合,以建立中国品牌的全球定位。Kapferer(2005)曾总结欧洲和美国存在两种不同的品牌文化类型。他认为西欧的奢侈品牌(如香奈尔(Chanel)、伊夫圣罗兰(YvesSaint Laurent,YSL))建立品牌概念非常普遍的做法是借助历史、艺术和工匠精神;而美国的品牌(如拉夫·劳伦(Ralph Lauren)、汤米·希尔费格(Tommy Hilfiger))则依赖英勇的个人故事,契合美国文化的核心。这两种现有的模式都意味着历史和文化遗产对品牌创建的重要性。因此我们不难理解为什么业界人士在讨论中国品牌全球化可能的道路时,常常会提出要"结合东方智慧和当地文化"(霍利斯,2009)的观点。在实践中,我们也不难看到很多融入中国元素的营销案例。例如,李宁(Li-Ning)在产品设计中大量使用低调收敛的东方内涵元素,推出"飞甲""逐风""君临"等系列创新产品;"上海滩"(Shanghai Tang)品牌被历峰集团(Richemont)收购后由西方的团队进行运作管理,但仍然凭借其独特魅力的东方元素和悠久深厚的中国文化吸引西方消费者;上海家化的佰草集(Herborist)以中国文化和传统哲学为底蕴,追求"自然、平衡"的精粹,成为其独特的产品设计理念和品牌理念,征战法国市场。以内蕴中国文化价值观为品牌概念进行全球化定位,可以帮助中国跨国公司品牌在全球市场竞争中建立品牌差异化。这是一个十分重要的研究方向,但目前还未有实际成果。

"中国文化是中国人的命根子。只有深入解析自己的文化,透过现象看本质,与其他文化比较,我们才可以更深刻地了解中国营销的'来龙'并推测其'去脉'"(周南,2012,p. 127)。遵循这样的研究价值取向,本章试图引入"品牌价值观"(brand values)构念,即把人类价值观作为品牌概念表征(Torelli et al.,2012),以此为核心进行一项基础性研究,探明中国作为"国家品牌"所蕴含的价值观,以及中国企业的品牌所蕴含的价值观,揭示两者的联系,讨论其所蕴含的理论价值与管理含义,把品牌象征意义及品牌价值研究引向深入。为此,围绕这个目标任务,本章设计三项研究收集数据并进行分析。第一,采用问卷的方法,选择发达国家、欠发达国家和本国的消费者进行调研,以自由联想法了解他们对"中国"的印象,在此基础上抽出属于价值观的描述,根据 Schwartz 和 Boehnke(2004)的价值观框架进行专门分析,以揭示"中国"作为国家品牌所具有的价值观维度;第二,采用内容分析的方法,选择本土品牌的广告作为研究对象,同样根据 Schwartz 和 Boehnke(2004)的价值观框架进行专门分析,以揭示中国企业的品牌所具有的价值观维度;第三,采用定性访谈的方式,以走向全球的海尔和联想两大品牌为研究对象,分析美国消费者对它们的价值观联想。最后,我们在这三项研究的基础上进行综合讨论,提出研究展望。

我们预期"品牌价值观"将成为继"品牌关系"(Fournier,1994;1998)、"品牌个性"(Aaker,1997)之后的又一个基于品牌拟人化理论的重要构念,将对以社会心理学为理论基础的关系视角的品牌资产研究(何佳讯,2006a)产生重要的长远影响。把品牌象征意义推进到以人类价值观为基础的象征类型研究,能够帮助我们对品牌象征意义来源的理解更为深入和具体,可以把文化象征与品牌消费(McCracken,1986a)、文化方式的品牌创建(Cayla and Arnould,2008;Holt,2004)等研究推进到一个重要的转折点。站在文化的立场,中国品牌的全球化承载着"中国梦",担负着与世界进行"和而不同"的文化和价值观对话的使命。本章的研究试图在实践上为走向全球的中国跨国公司提供战略性管理指引,同时亦可能为全球商业世界贡献新的品牌创建模式。

第一节 理论基础及相关研究述评

品牌价值观(brand values)是把人类价值观作为品牌概念的表征(Torelli et al.,2012),使得品牌所拥有文化象征意义。它可以帮助品牌进行定位,让品牌具有产品之外的附加价值,消费者会对之产生品牌联想信念,因而成为基于顾客的品牌资产来源。在探究品牌资产来源的问题上,学术界形成了认知视角和关系视角两条路线。它们的基本差异在于,认知视角的研究以认知心理学为理论基础,关系视角则以社会心理学为理论基础,两者对品牌资产具有不同的解释能力和应用图景(何佳讯,2006a)。从理论基础的角度看,品牌价值观研究归属于关系视角的品牌资产范畴,是消费者—品牌关系理论(Fournier, 1998)的新拓展。

一、 品牌人格化与品牌价值观研究

关系视角的研究线路基于两种基本假设,一是把品牌人格化作为基本假设,二是把品牌作为组织的品牌(Aaker, 1996, p.82)。品牌人格化即是把品牌"作为人的品牌"(Aaker, 1996, p.83)。在这个假设下,形成两大方向的经典成果。一是把人格用于品牌上,即品牌个性。Aaker(1997)开创性地发展了品牌个性量表,也进行了跨文化的研究(Aaker, Benet-Martínez and Garolera, 2001)。二是把人际关系隐喻用于消费者与品牌的相互作用上,把品牌作为关系伙伴(brand-as-relationship partner, BARP)(Fournier, 1994, p.14),即形成消费者—品牌关系。

品牌价值观是品牌人格化隐喻下的全新视角,目前有关研究处于起步阶段。虽然对品牌象征意义的认识由来已久(Levy, 1959),文化价值观维度与品牌的关系也有很多研究(参见 Gupta, Winkel and Peracchio, 2009, p.234,表 12.1),但直接把价值观内蕴于品牌之中,成为品牌的抽象性概念,正是全新的开始(Torelli et al., 2012; Torelli, Monga and Kaikati, 2012; Zhang, 2008)。品牌概念是"由企业选定的、来源于消费者需要(功能性、象征性和体验性)的品牌内涵"(Park, Jaworski and MacInnis, 1986)。基于品牌概念,企业制定定位战略,并通过营销组合实施定位战略。品牌价值观是把人类价值观作为品牌的象征性概念。从顾客的角度看,品牌价值观反映的象征意义可以帮助消费者建构身份认同(Torelli, Keh and Chiu, 2010),消费者通过与体现他们所崇尚的观念的品牌产生密切联系,帮助他们表达他们想要的自我(Holt, 2004)。如果品牌价值观与消费者看重的价值观一致,那么可以增强购买决策的信心,从而为顾客提供价值(Aaker, 1991)。从企业的角度看,选择合适的品牌价值观,可以帮助企业建立品牌形象和定位,成为品牌资产的来源(Keller, 1998),带来产品之外的附加值,为企业提供价值(Aaker, 1991)。

由于关系视角的研究以社会心理学为理论基础,很好地结合了"文化/社会/历史"等因素,因而很多学者据此在探究跨文化间的普适性与差异性方面取得了重要成果。例如,在品牌个性研究方面,Aaker、Benet-Martínez 和 Garolera(2001)的研究证实了跨文化差异:美国品牌个性的独特性维度在于"粗犷"(ruggedness);而日本是"平和"(peacefulness);西班牙则是"热情"(passion);在中国,黄胜兵和卢泰宏(2003)发展出的包含"仁、智、勇、乐、雅"五维中国品牌个性量表,亦与 Aaker(1997)的量表存在异同性。在品牌关系质量研究方面,笔者(何佳讯,2006b;2006c)在中国文化背景中发展出 CBRQ 量表,与 Fournier(1998)的 BRQ 六维模型对比,存在两个独特的维度"社会价值表达"与"真有与应有之情"。这些成果都揭示了在不同社会文化背景中,消费者与品牌关系的特别之处,对品牌进行跨国市场营销具有特别重要的管理含义。品牌价值观的研究同样需要面对跨文化差异的问题。品牌价值观以人类价值观为隐喻来源,因此必然要反映和体现在不同文化体中价值观存在的基本差异(Hofstede,2001;Schwartz,1992,1994;Schwartz and Boehnke,2004;Steenkamp,2001)。东西方的文化价值观差异是极为明显的,受到了学者们的广泛关注,而中国与美国则成为两种文化对照的代表(Bond,1996)。因此,品牌价值观的研究需要立足文化背景,揭示特定文化体及不同文化体中品牌价值观所拥有的维度及其可能差异。

从国内学术界看,无论是有关品牌个性(e.g.,黄胜兵和卢泰宏,2003;金立印,2006;张俊妮等,2005)还是品牌关系的研究(e.g.,何佳讯,2006b,2006c;黄静等,2012;谢毅和彭泗清,2009;周志民和卢泰宏,2004),都发表了很多成果,取得了重要进展。但到目前为止,还未见以"把人类价值观当作品牌概念表征"为基本前提的"品牌价值观"研究。因此,本章试图进行开拓性的工作。

二、 国家文化差异与品牌价值观研究

以 Hofstede(2001)的国家文化价值观框架衡量,中国(以台湾为对象)在权力距离、不确定性避免、个人主义和男子气等四个维度方面的指数分值分别为 58、69、17 和 45,而美国分别为 40、46、91 和 62,可看出中国和美国分别是集体主义和个人主义文化的代表;在长期时间取向方面,

中国的分值为 118，而美国为 29，差异也十分明显。由于国家文化的差异，来自不同国家的品牌在折射国家的象征性方面也存在相应的差异。例如，Torelli、Keh 和 Chiu（2010）的调查表明，Ford、Coke 和 Nike 等美国品牌被消费者广泛地看作能够代表美国的象征。英国 WPP 集团于2014 年发布《中国梦的力量与潜力》报告，分别向美国、英国及中国消费者调查了美国梦、英国梦及中国梦的内容及其与品牌间的关系。调查结果表明，美国梦与英国梦的内容彼此相似，体现的是人们的个体追求。中国梦则是个人理想与国家发展的综合反映。具体到典型特征上，美国梦是具有冒险精神，英国梦是直接和宽容，而中国梦则是坚定自信、值得信赖、反叛、友好和睿智。

　　进一步的调研结果显示，大部分中国被访者认为全球品牌代表了其来源国的综合实力，中国品牌在世界范围内取得的成功将有助于中国梦的实现，从而将根深蒂固的"中国制造（Made in China）"概念转变成"中国创造（Created in China）"。同时，全面的品牌资产测评发现，一些中国品牌已将能够体现"中国梦"的价值观，融入到自身的品牌塑造中，而这些品牌的业绩表现在各方面都优于其他中国品牌，甚至超过 BrandZ 全球最具价值的前 100 品牌。特别地，就中国消费者感知而言，海尔、联想、华为、李宁等与"中国梦"最相符的中国品牌，不仅体现了中国和中国人所具备的典型价值观，还反映出与众不同、趣味、勇敢、令人满意、关爱等特征的价值观。后者也是中国梦的未来发展趋势。这项调查表明，作为国家品牌的价值观与该国的产品品牌价值观之间存在着必然的联系，前者是后者基本价值观要素的来源。这正是本章要设计三个研究，把国家品牌与产品品牌结合在一起研究的原因。

　　那么，到底哪些品牌价值观维度能够全面地反映不同文化体中的品牌象征意义？来自不同文化体国家的品牌价值观维度有何异同？它们对不同文化体中消费者的品牌态度和行为具有什么样的影响作用？这些问题的回答对全球品牌如何采用一致性的文化象征价值进行全球定位，以提高品牌强度；或者如何结合本土文化象征价值进行差异化的定位，以提高当地市场对品牌的接受度，都具有基础性的战略性管理启示。特别地，这种作用对于正在走向全球的中国品牌(如海尔、联想和华为等),如何在西方发达国家市场有效地建立品牌形象、提高品牌地位和声誉,如何在本国市场增强对外国品牌的竞争力,都显得尤为迫切和重要。

值得指出的是,Torelli 和他的同事(Torelli et al.,2012;Torelli,Monga and Kaikati,2012)在把人类价值观能够作为品牌概念的象征性方面做出了开创性的理论贡献。他们的研究使用的人类价值观框架正是Schwartz 和 Boehnke(2004)提出的。Schwartz(1992)将人类追求实现的基本需求分为个体需要(即人类作为一般生物的需求,如独立、生活乐趣等)和集体需要(即融入社会交往的必然前提或在群体中生存的福利需求,如诚实、社会公平等),并提出 10 项概念内容不同的基本人类价值观范畴,各自对应着特定的抽象目标,从而形成一系列连续的动机。按照人类能否同时实现这些动机,Schwartz(1992)按圆形排列这些范畴,相兼容的价值观彼此靠近,不兼容的价值观则直接对立。随后,这些价值观范畴又被划分成四类高阶的价值观类型,最终形成两极对立(个体主义和集体主义)的基本人类价值观框架。在此理论基础上,Schwartz 和 Boehnke(2004)利用来自多国的问卷数据,通过验证性因素分析验证了上述价值观框架,并将原来的 10 项基本价值观范畴进一步划分成 11 项①。

目前,就 Torelli 和他的同事有关研究涉及的品牌价值观维度(Torelli et al.,2012;Torelli,Monga and Kaikati,2012),仍存在一些不足和未来研究的必要性:第一,把 Schwartz(1992)、Schwartz 和Boehnke(2004)的人类价值观直接等同于品牌价值观概念,没有考虑到两者之间存在的可能差异与部分价值观的不适用性。事实上,根据品牌个性研究的经验(Aaker,1997),"不直接等同"是更可取的方法选择。第二,采用实验的方法以 Schwartz(1992)、Schwartz 和 Boehnke(2004)的高阶价值观类型(自我提升、乐于改变、自我超越和保守)作为品牌概念进行研究,没有考虑到现实世界中品牌价值观概念的复杂性,这是作者自己

① Schwartz 和 Boehnke(2004)将 Schwartz(1992)中的"普遍主义(Universalism)"范畴进一步划分成社会关注和关注自然。前者反映对个体所在群体之外的他人福利的关切,后者则反映对自然的关注与保护。

已认识到的不足(Torelli et al.，2012)。第三，该研究没有揭示品牌价值观维度的跨文化(例如中国与美国)差异，因而对来自新兴市场国家(例如中国)的跨国公司品牌如何进行全球化定位缺乏明显的指导作用。第四，没有探究国家文化价值观与全球消费者文化的融合或冲突关系，而这个关系的研究是非常重要的，因为品牌通常不会纯粹使用最高层面的人类(文化)价值观进行定位。这些不足及未来可能性预示着品牌价值观存在很大的研究空间。本章试图以"中国"和中国品牌为研究对象，揭示品牌价值观维度分布的真实性，建立此领域以中国为背景的首项成果。

第二节　研究一：关于"中国"的品牌价值观联想分析

本研究的主要目标是，以问卷调研的方式探究并描述和比较不同国家消费者提到"中国"时首先联想到的价值观词汇，即"中国"作为国家品牌蕴含了哪些价值观。本研究所要回答的基本问题是，作为中国品牌的来源国，"中国"为它们提供了哪些可能的价值观资源，可以成为商业领域品牌概念的可能要素。

一、样本与数据收集

研究一共选定三组样本。第一组样本是西方发达国家消费者，采用随机拦截的方式，在上海世博会现场对国外游客进行调查，数据采集时间为 2010 年 10 月。共计 406 份有效问卷，分别来自 16 个国家：德国(84)，荷兰(33)，美国(32)，澳大利亚(28)，法国(27)，意大利(25)，英国(24)，加拿大(22)，丹麦(21)，瑞士(20)，瑞典(20)，比利时(19)，芬兰(16)，西班牙(14)，挪威(11)，奥地利(10)。其中：男性占 61.82%，女性占 38.18%；年龄分布上，25 岁及 25 岁以下占 23.15%，26～35 岁占 26.60%，36～45 岁占 20.20%，46～55 岁占 13.05%，56～65 岁占 12.81%，65 岁以上占 4.19%。

第二组样本来自属于欠发达国家喀麦隆，通过喀麦隆留学生在其母国的关系进行调查，数据采集时间为 2011 年 3 月。共计 227 份有效问卷，其中：男性占 62.38%，女性占 37.61%；年龄分布上，25 岁及 25 岁以下占 47.79%，26～35 岁占 39.82%，36～45 岁占 8.41%，46～55 岁占

3.10％，56～65 岁占 0.88％。

第三组样本是中国本土消费者，以上海某重点大学的 MBA 学员和本科生为调查对象，通过任课教师向授课班级学员发放问卷的方式进行数据收集，时间为 2011 年 6 月。共计 256 份有效问卷，其中：男性占 49.22％，女性占 50.78％；年龄分布为：25 岁及 25 岁以下占 24.61％，26～35 岁占 64.45％，36～45 岁占 10.94％。

二、 研究工具、过程与设计

本研究使用 Schwartz 和 Boehnke(2004)修正后的 11 项人类价值观量表作为分析工具。Schwartz(1992)针对 20 个国家 40 个样本进行问卷调查。他采用最小空间分析(smallest space analysis)方法，把 56 个被调查的价值项词语划分成 10 个部分，即 10 种类型的人类价值观。接着，按照兼容/不兼容的标准，Schwartz 将这 10 种人类价值观进一步解读成按照圆形排列的结构，并将其归集为四项高阶维度，即自我提升(权力、成就)、乐于改变(刺激、自我导向)、自我超越(普遍主义、仁慈)和保守(传统、顺从、安全)，享乐主义则单独成一个维度。其中，相邻部分在意义上兼容，而相对部分则有所冲突。之后，Schwartz 和 Boehnke(2004)基于 27 个国家的 46 个样本数据，运用验证性因子分析确立了上述结构的可靠性。同时，他们将普遍主义划分成社会关注和关注自然两个子维度再次进行因子分析，发现模型拟合优度有显著提升，支持了相关文献理论。因此，本研究使用 Schwartz 和 Boehnke(2004)修正后的 11 项人类价值观量表，对相关联想词汇进行语义归集和编码。

研究过程可分为三个阶段。第一阶段，通过问卷收集数据。采用自由联想方法，让被访者分别写下三个短语描述"中国"，从而得到来自不同市场的消费者关于"中国"的联想词汇。问卷结尾让被访者填写国籍、性别及年龄。针对西方发达国家的问卷采用英文，针对喀麦隆的问卷将英文翻译成法文，针对中国本土的问卷则翻译成中文。

在第二阶段，针对所有的联想，我们提取能够反映"中国"的价值观词汇。采取 Kluckhohn(1951)对价值观的经典定义，对反映"中国"的价值观词汇进行界定。具体而言，价值观是一种外显的或内隐的，有关什么是

"值得的"的看法。它是个人或群体的特征,影响人们对行为方式、手段和目的的选择(杨宜音,1998)。在具体判断时,则参照"手段—目的链"的分析方式(Hoyer and MacInnis,2010),将被访者提及的关于"中国"的联想词汇当作将"中国"作为国家品牌时与之相关的各类属性,再基于这些属性推断消费者可能会得到满足的相关利益,并进一步推导与其联系的人类价值观。例如,被访者提到的联想是"友好的",可进一步推断,当被访者与中国人交往时,会感受到自身感受及利益受到了尊重。由此说明,被访者的个体福利受到了保护和提高,根据 Schwartz 和 Boehnke(2004)对人类价值观的划分,体现出"仁慈"维度的价值观。另外,负面联想词汇也可以体现价值观。例如,被访者提到的词汇是"污染",说明中国人并不重视对环境的保护,由此推断保护环境不是与中国相连的典型价值观。依次针对三个市场的问卷数据,两名市场营销方向的硕士研究生同时提取价值观词汇。每次提取完毕后都会进行集体讨论,以进一步明确提取准则。对于无法达成一致的词汇,由第一作者进行识别判断。三次词汇提取的一致率[①]分别是 86.4%、89.8%、89.5%。

　　第二阶段结束后,可以得到关于"中国"的价值观联想的原始词表。在此基础上,根据 Schwartz 和 Boehnke(2004)的人类通用价值维度框架,我们开始第三阶段的编码过程。基本编码步骤是:针对已经提取的价值观词汇,首先判断它是否属于通用价值维度量表范畴,剔除不属于该框架的词汇;对于留下的词汇,再识别它是什么维度下的价值观,进行编码:若词汇无法体现某具体的价值观维度,赋值为 0;词汇与该维度正向一致的赋值为 1,反之为 -1。特别地,被访者提出的词汇可能会被重复归为某一价值观维度。例如,一些被试认为中国既是"友好的(friendly)",又是"仁慈的(kindly)"。出现这种情况,我们只赋值一次,即只将"仁慈"维度赋值为 1。在正式编码之前,两名编码者就量表的内容、具体编码程序和注意事项进行深入讨论,目的是加深编码者对各价值观维度的理解,提高编码过程的客观性与结果的准确率。编码参照上述过

---

① 对于每一个词汇,提取者进行判断的结果只有两种可能:属于价值观范畴或不属于价值观范畴。提取一致率=(两位提取者判断一致的词汇数量/每次需要判断的词汇总数)＊100%。

程,三次编码的一致率[①]分别是 53.5%、78.9%、71.6%。

　　需要指出的是,被访者提出的词汇可能被同时赋值为同一维度下的 1 与−1。例如,有人认为中国既是"风景优美的",又是"污染严重的"。由于这种情况并不多见,为了便于表述与后续分析,我们剔除了回答中出现该情况的被访者,共计 3 位。因此,最终纳入分析的被访者数量为 886 位。

三、 数据编码结果

　　图 7−1 依据 Schwartz 和 Boehnke(2004)提出的价值观维度框架,参

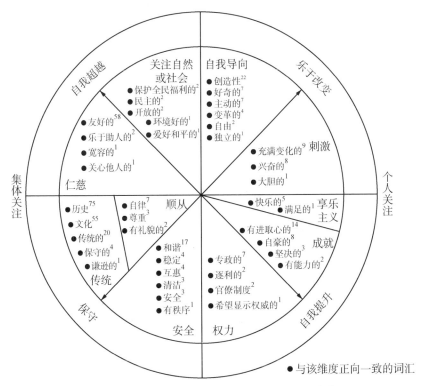

注:图中各个人价值项词汇右上角标注的数值是该词汇被提及的次数。

图 7−1 关于"中国"的联想词汇在 Schwartz 和 Boehnke(2004)价值观框架上的分布状况

---

① 对于每一个词汇,编码者进行判断的结果只有四种可能:两人认为该词不属于价值观框架、两人将该词归入相同的价值观维度、两人将该词归入不同的价值观维度、两人就该词是否属于价值观框架产生分歧。判断一致的情况包括前两种。提取一致率=(两人判断一致的词汇数量/每次需要判断的词汇总数)*100%。

照各维度下包含的个人价值项词汇,对被提及的联想内容进行汇总。总体上,所提取的与"中国"有关的价值观联想总数达 429 个,占所有联想词汇(2543)的 16.87%。在欧美国家、喀麦隆和中国三个样本中,价值观词汇数量分别为 210 个、70 个及 149 个,占各自总联想数量的百分比依次是 18.06%、11.20%和 19.74%,分布较为平均。另外,与各价值观维度一致的正向联想数量(375)远高于与各维度相悖的负向联想(54)。由于价值观联想通常取其正向的意义,而在实际分析中,负向联想在数量上远低于正向联想,因此在后面的研究中,着重对正向联想进行分析与探讨。

对各联想词汇进行编码后各样本在价值观维度上的分布状况如表7-1 所示。从全样本数据上看,被访者对传统(39.08%)、仁慈(17.53%)和自我导向(11.21%)的提及比例最高。不同市场被访者的感知到关于"中国"的正向价值观联想,存在明显的共性,但也有差异。欧美被访者提及比例最高的维度集中于仁慈(28.81%)和传统(24.86%),涉及的个人价值项词汇有"亲切友好的"、"有历史的"和"有文化的"等;此外,成就(10.17%)和安全(9.04%)的被提及比例虽然也较高,但与前两者相比有相当大的差距。来自喀麦隆的被访者将自我导向(38.60%)及传统(21.05%)视为最能反映"中国"的价值观,具体价值项包括"有创造性的"、"有历史的"和"有文化的"等;此外,权力(8.77%)、成就(7.02%)和安全(7.02%)也被该国被访者提及。中国被访者提及比例最高的集中于传统(70.18%),然后是安全(9.65%),但两者比例相差很大。具体反映于"有历史的"、"有文化的"和"和谐的"等词汇上,其他各价值观维度的被提及次数相对分散。

表 7-1　不同市场的数据编码结果在各价值观维度上出现的频次及百分比

类型	维度	欧美	喀麦隆	中国	小计
自我提升	权力	5(2.82%)	5(8.77%)	2(1.75%)	12(3.45%)
	成就	18(10.17%)	4(7.02%)	3(2.63%)	25(7.18%)
乐于改变	刺激	14(7.91%)	2(3.51%)	2(1.75%)	18(5.17%)
	自我导向	13(7.34%)	22(38.60%)	4(3.51%)	39(11.21%)

续　表

类型	维度	欧美	喀麦隆	中国	小计
自我超越	社会关注	2(1.13%)	3(5.26%)	2(1.75%)	7(2.01%)
	关注自然	0(0.00%)	0(0.00%)	1(0.88%)	1(0.29%)
	仁慈	51(28.81%)	3(5.26%)	7(6.14%)	61(17.53%)
保守	传统	44(24.86%)	12(21.05%)	80(70.18%)	136(39.08%)
	顺从	8(4.52%)	2(3.51%)	2(1.75%)	12(3.45%)
	安全	16(9.04%)	4(7.02%)	11(9.65%)	31(8.91%)
无	享乐主义	6(3.39%)	0(0.00%)	0(0.00%)	6(1.72%)
	累计	177 (100.00%)	57 (100.00%)	114 (100.00%)	348 (100.00%)

　　将表 7 - 1 结果按照 Schwartz 和 Boehnke(2004)对高阶维度的划分再次进行归类整理,结果如表 7 - 2 所示。对全样本的统计显示,超过一半的被访者提到"保守(52.34%)"高阶维度的价值观,与中国的传统价值观一致。具体而言,欧美被访者关于中国的联想集中于保守(39.77%)和自我超越(30.99%);喀麦隆被访者体现最多的是乐于改变(42.11%)和保守(31.58%);中国被访者提及比例最高的则集中于保守(81.58%),说明不同文化体的被访者对中国的价值观联想存在共性,但也有各自的差异。

表 7 - 2　不同市场的数据编码结果在各高阶维度上出现的频次及百分比高阶维度

高阶维度	欧美	喀麦隆	中国	小计
自我提升	23(13.45%)	9(15.79%)	5(4.39%)	37(10.82%)
乐于改变	27(15.79%)	24(42.11%)	6(5.26%)	57(16.67%)
自我超越	53(30.99%)	6(10.53%)	10(8.77%)	69(20.18%)
保守	68(39.77%)	18(31.58%)	93(81.58%)	179(52.34%)
累计	171(100.00%)	57(100.00%)	114(100.00%)	342(100.00%)

　　过去学者们一直将中国视作集体主义文化的国家(Hofstede,2001;Torelli et al.,2012)。研究一揭示出,不同文化体的消费者关于"中国"的正面价值观联想集中于传统、仁慈等维度,与中国的文化价值观一致。

但需注意的是,有关联想在原本反映个体主义文化的一些价值观维度上也有一定的体现,如成就和自我导向等。这在非本土样本(欧美和喀麦隆)上体现得尤其明显。一方面可能因为,"中国"不可避免地在一定程度上融合并呈现与西方文化相关的文化价值观;另一方面也表明,被访者的回答还受其本身文化背景的影响。上升到高阶维度,全体被访者提及比例最高的仍是保守和自我超越,与中国传统文化价值观一致。但是在不同文化体中,消费者对"中国"的价值观联想在各高阶维度上分布比例仍有所不同。与欧美及喀麦隆消费者对四项高阶维度相对平均的联想分布特征不同的是,中国消费者提及的价值观联想集中于保守维度上。

进一步地,"中国"作为国家品牌的价值观是否会传递到企业的品牌上?也就是说,企业的品牌是否蕴含了与来源国一致的品牌价值观?这需要探明品牌价值观在中国本土品牌上是如何体现的。具体地,我们需要了解中国本土品牌蕴含哪些价值观?不同价值观的重要性程度如何?与"中国"作为国家品牌所蕴含的价值观是否存在一致性?因此,在接下来的研究二中,我们专门针对中国本土品牌的价值观进行客观分析。

第三节　研究二：通过广告分析中国企业的品牌价值观

本研究的目的是通过对中国本土品牌广告的解读,分析中国品牌试图向消费者传达的价值观内容,同时通过与研究一相联系与比较,探求消费者关于"中国"的价值观联想和商业领域的中国品牌所传播的价值观维度的联系。

一、样本与数据收集

我们对全国具有代表性的 4 家电视台共 6 个频道(CCTV1、CCTV2、CCTV3、北京卫视、江苏卫视及湖南卫视)进行广告采样。选择依据是,这些频道的收视率在全国名列前茅,且基本覆盖了各个类型的目标受众。采样时间是 2012 年 10 月,对该期间黄金时段(晚上 8 至 10 点)各频道播出的广告进行录像,共得到 425 支中国本土企业的品牌广告。随后,剔除不具商业性质的、内容重复的或播放时间不足 5 秒的广告,进入最终分析的中国品牌广告数量是 244 支。

为便于后续的编码与分析,我们根据广告内容,参考各大电商网站对常见商品的分类标准,将广告划分成 15 个品类:食品(15)、饮料(28)、酒类(36)、调料(12)、美容化妆(14)、个人护理(9)、服饰内衣(12)、厨卫清洁及纸品(4)、家电数码(32)、家居建材(16)、保健滋补(8)、药品(23)、汽车(7)、服务(25)、配饰(3)。

二、 编码程序与变量界定

为了保证研究内容的一致性,这里同样根据 Schwartz 和 Boehnke(2004)的 11 项具体价值观维度,对品牌试图通过广告传达的品牌价值观进行编码。如果某广告反映了某一维度的价值观,则对应维度记为"1",否则为"0"。

通常而言,一个广告可反映出两部分内容:广告主题和品牌概念。前者是广告本身宣传的内容,根据不同的广告内容而有所区别;而后者则是品牌的稳定性主张,往往体现在广告最后出现的品牌口号中。举例而言,海尔的品牌概念是"一个世界一个家",但它的某个广告的主题可能是"智享舒适"。因此,我们按照下述流程确定广告传达的价值观:当广告主题与品牌概念一致时,广告宣传的就是品牌概念,针对品牌概念进行编码;当广告主题与品牌概念不一致时,如果广告中有品牌概念的呈现,即广告中有明确的品牌口号时,品牌概念就是需要编码的内容。如果广告中无品牌概念呈现,即没有发现品牌口号时,这里的广告主题相当于该品牌要体现的概念,分析的则是广告主题。

编码由两名市场营销专业的硕士研究生完成。两名编码者均拥有类似的编码经验,且在正式编码前就量表内容及编码程序进行了详细沟通。我们将所有广告均分成三组,依次对子样本进行编码。每次编码结束后针对存在分歧的内容进行讨论,以提高编码一致性。对于经讨论后仍存在疑问的内容,由第一作者最终判定。三次编码的一致率[①]分别是

---

① 针对特定广告,编码者需要对该广告是否体现某一价值观维度进行逐次判断,因此,编码一致率＝(两位提取者判断一致的价值观维度数量/每次需要判断的价值观维度总数)＊100%。

85.8%，90.8%，91.0%。

特别地，为了区分企业国际化对品牌选择和价值观传达可能存在的影响作用，我们设置了"是否国际化"变量。基于通行的对"国际化品牌"的界定标准，我们将在中国以外的其他市场上出口、销售或运营的品牌判定为国际化品牌。具体操作过程是，依次检阅品牌对应的企业年报、官方网站、相关新闻报道并作出判断。最终结果是，纳入分析的所有广告中，93 支广告属于国际化品牌，剩余的 151 支为非国际化品牌。

三、 数据编码结果

总体上，共有 164 支广告明显地传达了人类价值观，占所有广告的67.21%，说明中国品牌向消费者传达价值观信息是品牌塑造的普遍之道。从被提及比例来看，中国品牌的广告最常表达的价值观包括仁慈(14.63%)、成就(13.17%)、传统(11.22%)、安全(10.73%)、自我导向(10.24%)和享乐主义(10.24%)。这也涵盖了各个高阶维度，说明中国品牌广告中体现的价值观维度并不存在明显的偏向性。与之对比，在研究一中，所有被访者关于"中国"的正向价值观联想最常提及的维度是传统(39.08%)，其他维度被提及的比例均低于 20.00%。

表 7－3 和表 7－4 分别反映国际化品牌和非国际化品牌的广告在不同的价值观及高阶维度上的分布状况。从具体的价值观维度来看，国际化品牌最常在其广告中传递的价值观维度依次是仁慈(17.98%)、成就(14.61%)和享乐主义(13.48%)，而非国际化品牌则侧重于对传统(17.24%)、仁慈(12.07%)和成就(12.07%)的表达。值得注意的是，成就和享乐主义并不是中国代表性的文化价值观。上升到高阶维度层面，国际化品牌最经常涉及的高阶价值观是自我超越(35.06%)和自我提升(25.97%)，而非国际化品牌最常反映的是保守(30.84%)和自我超越(28.04%)。

进一步的卡方检验结果显示，国际化品牌和非国际化品牌在权力($\chi^2_{(1)} = 0.231$, $p > 0.10$)、成就($\chi^2_{(1)} = 0.294$, $p > 0.10$)、刺激($\chi^2_{(1)} = 0.620$, $p > 0.10$)、自我导向($\chi^2_{(1)} = 0.219$, $p > 0.10$)、社会关注($\chi^2_{(1)} = 2.187$, $p > 0.10$)、关注自然($\chi^2_{(1)} = 1.249$, $p > 0.10$)、仁慈($\chi^2_{(1)} = $

表 7 - 3 国际化/非国际化品牌广告的数据编码结果在各价值维度上出现的频次及百分比

是否国际化	自我提升			乐于改变		自我超越		保守			享乐主义
	权力	成就	刺激	自我导向	社会关注	关注自然	仁慈	传统	顺从	安全	
国际化品牌	7 (7.87%)	13 (14.61%)	8 (8.99%)	9 (10.11%)	7 (7.87%)	4 (4.49%)	16 (17.98%)	3 (3.37%)	0 (0.00%)	10 (11.24%)	12 (13.48%)
非国际化品牌	9 (7.76%)	14 (12.07%)	9 (7.76%)	12 (10.34%)	5 (4.31%)	11 (9.48%)	14 (12.07%)	20 (17.24%)	1 (0.86%)	12 (10.34%)	9 (7.76%)
累计	16 (7.80%)	27 (13.17%)	17 (8.29%)	21 (10.24%)	12 (5.85%)	15 (7.32%)	30 (14.63%)	23 (11.22%)	1 (0.49%)	22 (10.73%)	21 (10.24%)

表 7 - 4 国际化/非国际化品牌广告的数据编码结果在各高阶维度上出现的频次及百分比

是否国际化	自我提升	乐于改变	自我超越	保守	合计
国际化品牌	20(25.97%)	17(22.08%)	27(35.06%)	13(16.89%)	77(100.00%)
非国际化品牌	23(21.50%)	21(19.63%)	30(28.04%)	33(30.84%)	107(100.00%)
累计	43(23.37%)	38(20.65%)	57(30.98%)	46(25.00%)	184(100.00%)

0.000，$p>0.10$）、传统（$\chi^2_{(1)}=2.887$，$p>0.05$）、顺从（$\chi^2_{(1)}=0.618$，$p>0.10$）、安全（$\chi^2_{(1)}=0.552$，$p>0.10$）和享乐主义（$\chi^2_{(1)}=0.219$，$p>0.10$）等价值观维度上的分布并不存在显著差异。基于高阶维度的卡方检验也表明，国际化品牌和非国际化品牌在自我提升（$\chi^2_{(1)}=0.329$，$p>0.10$）、乐于改变（$\chi^2_{(1)}=1.134$，$p>0.10$）、自我超越（$\chi^2_{(1)}=0.004$，$p>0.10$）和保守（$\chi^2_{(1)}=0.683$，$p>0.10$）上的频率分布无明显差异。

具体到各个品类，仁慈方面的价值观主要体现在服务和饮料品牌上，该价值观在这两个品类下被提及的比例分别是 38.89％和 21.88％；服饰内衣和汽车偏重传递成就的价值观，各品类下被提及的比例分别是 40.0％和 33.33％；酒类广告大多体现的是传统（30.23％）；强调安全价值观的品类则是调料（46.15％）、药品（38.46％）、汽车广告（33.3％）和食品（30.00％）；自我导向在家电数码（38.10％）品牌的广告中得到相对集中的体现。特别地，食品、饮料、酒类、调料、美容化妆、个人护理、家电数码、家居建材等 8 个品类的广告均涉及享乐主义的价值观，比例从 7.69％至 20.00％不等。

与上述 6 项价值观相比，其他维度的价值观被提及次数虽然相对偏低，但也各拥有典型的代表性品类。家居建材品牌倾向于在广告中体现权力（33.33％），服饰内衣广告更注重表现刺激维度（40.00％），个人护理用品多采用社会关注的价值观（50.00％），美容化妆品广告偏重于表现关注自然（50.00％），而仅有一支关于药品品牌的广告体现了顺从维度的价值观（7.69％）。

进一步的卡方检验结果显示，权力（$\chi^2_{(14)}=33.87$，$p<0.01$）、刺激（$\chi^2_{(14)}=22.73$，$p<0.05$）、关注自然（$\chi^2_{(14)}=42.54$，$p<0.001$）、传统（$\chi^2_{(14)}=51.22$，$p<0.001$）和安全（$\chi^2_{(14)}=52.47$，$p<0.001$）等维度的价值观在不同品类广告上的分布存在显著差异。同时，自我提升（$\chi^2_{(14)}=33.926$，$p<0.01$）和保守（$\chi^2_{(14)}=54.709$，$p<0.001$）等高阶维度的百分比分布与产品品类也存在紧密联系。这表明，品牌价值观的运用与品类存在明显的联系。

总体上，与研究一中被访者对"中国"作为国家品牌的价值观联想相比,商业领域的不同品牌在广告中对具体价值观维度的运用分布显得更加均衡,对所有价值观均有所涉及,且品牌价值观的呈现与品类之间存在明显联系。具体而言,仁慈和成就是被着重体现的维度,同时传递出与中国传统文化相符的集体主义导向,以及与之相对的个人主义导向。但归集到高阶维度的全样本统计显示,自我超越和保守的被提及比例仍然最高,符合中国的传统文化价值观取向特征,这与研究一的结果一致。但自我提升和乐于改变两个高阶维度的价值观紧随其后,表明与国家品牌不同的是,企业的品牌概念定位和塑造存在更大的自由度。进一步地细分发现,虽然国际化和非国际化品牌的广告在各价值观维度上的分布不存在统计学意义上的显著差异,但与国际化品牌对仁慈和成就的集中传递相比,非国际化品牌更多地在广告中体现传统维度的价值观。

上述结果表明,中国作为国家品牌所蕴含的价值观与本国企业的品牌价值观具有密切一致的联系,特别是面向本土的非国际化品牌,两者的联系更为密切。这也说明,无论在本土市场还是国外市场,国家文化价值是塑造本国品牌定位和价值的直接资源,在全球化竞争性环境中,也是建立差异化优势的重要手段。那么事实究竟是如何的呢? 为此,我们通过下面的研究三,试图分析在西方市场中,来自中国的全球品牌是否有效地传递了源自中国的价值观,也就是说,西方消费者究竟是如何体验来自中国的全球品牌所蕴含的价值观。

第四节　研究三:基于美国消费者访谈的海尔与联想价值观

在研究二的基础上,我们设计研究三,目的是通过深度访谈了解并分析西方消费者如何感知进入全球市场的中国品牌(海尔与联想)形象,以及在价值观层面上向消费者传递了什么样的重要信息。

一、　访谈样本

美国是世界经济强国,也是中国品牌进入全球市场的制高点。因此,我们将其确定为施访国家,具体地点是新泽西州的著名旅游城市Wildwood。本次访谈主要在该市的 Moreys Piers 主题公园中开展,访谈对象是来自全美的游客。实施时间在 2012 年 8 月,整个执行过程共计两周,执行语言为英文。由于联想(Lenovo)和海尔(Haier)是国外消费者熟悉度最高、实力最强的中国自主品牌①,其生产的电子产品和家用电器也是成年消费者在日常生活中很可能会接触到的产品,我们将其确定为测试品牌。正式施访前,通过甄别问题,确保被访对象曾经购买或使用过联想或海尔的产品,同时控制被访对象在性别和年龄上分布均衡。共对 30位美国消费者进行了正式有效的访谈,其中 17 位针对品牌价值观方面的问题给出了明确回答。其中购买过联想产品的 5 名,购买过海尔产品的12 名;男性消费者 11 人,女性 6 人。被访者教育水平均在高中及以上,年龄在 20—60 岁之间。

二、 访谈过程

访谈全部由一位市场营销方向的研究生执行,整个过程在征得被访者许可后进行录音。访谈者会首先进行自我介绍,说明本次访谈的目的及时长,再通过询问甄别问题确定符合条件的被访者,最后进入正式访谈。整个访谈涉及两大部分问题。与被访者关于中国品牌的整体印象及价值观联想有关的问题主要有:当提及该品牌(联想或海尔)时,您联想到了什么? 假如将该品牌(联想或海尔)比喻成一个人,您觉得他/她具有什么样的价值观?

提问按照一定的顺序进行,访谈者根据被访者的不同回答进行不同程度的追问和互动。在执行过程中,为了确保访谈资料的质量,对于以下几种情况的访谈不予以使用:第一,被访者出现明显敷衍或不耐烦情绪的;第二,访谈执行到中途,出现意外情况(如朋友召唤)需要离开的;第三,访谈执行后,发现被访者实际未购买或使用过调查品牌的。访谈结束后,访谈者通过简短问卷收集被访者的基本信息资料,如年龄、性别和教育背景等。

总访谈时间为 5 小时 26 分钟,其中联想(Lenovo)访谈时间占 2 小时35 分钟,海尔(Haier)占 2 小时 51 分钟,每位被访者平均访谈时间为 11

---

① 根据 Interbrand 公司 2008 年数据、Millward Brown 公司 2012、2013 年数据。

分钟。事后由专人将录音资料转录成文本,共计 39 530 字。另外,特别对各被访者的资料采用编码形式进行记录:以 L(Lenovo)代表联想,H(Haier)代表海尔,F(Female)代表女性,M(Male)代表男性,随后的两个数字代表接受访谈的顺序号。

三、 访谈结果与分析

总体而言,美国消费者对于来自中国的全球品牌(海尔与联想)的主要联想仍停留在品类和产品本身,提及频率最高的价值观也多与性能直接相关,但海尔和联想各有独特的联想与形象。通过具体的质性分析,我们概括为两大方面。

第一,美国消费者对中国全球品牌的联想内容较为简单,整体评价偏向积极。除了一些被访者(17.65%)只是简单地提到自己购买或使用过某一品牌的产品外,关于联想或海尔的品牌联想主要分为三方面内容,但均停留在较浅的认知层次,主要体现在三个方面。

首先,相当比例的被访者(41.18%)首先提到的是产品质量好,价格也让其满意。

"I'm just very happy with it, happy with the price, happy with the brand."(我对海尔的价格和品牌都很满意。)[HF23]

"Quality. You say Lenovo, I say quality. Good quality, good product."(质量。当你说到联想时,我想到的就是质量。它的质量好、产品好。) [LM30]

其次是品类联想。一部分美国消费者(23.53%)认为,来自中国的特定品牌总是对应着特定的品类。具体地,联想(Lenovo)让消费者直接想到的是电脑,而海尔(Haier)则是家用电器。

"Other association I have is only computers, there is no MP3. Maybe they have television, I don't know; maybe they have camera, I don't know."(我对联想的其他想法就是只生产电脑。它们不生产 MP3,也许还生产电视机或照相机,但我都不了解。)[LM28]

"Like that the microwave, small kitchen appliance, and just

realize air-conditioner later. ”(海尔的产品包括微波炉、小型厨电,不久后还会推出空调。) ［HF27］

最后是来源国联想。一部分消费者(11.76%)对之心生疑惑:有人将其视作中国品牌,但也有人认为其成功实现了在美国的实地运营,甚至与 IBM 公司进行合作,中国的特色已并不明显。

“It's not from here, I think so. ”(它应该不是美国的品牌。) ［LF26］

“My association of this brand is not Chinese. I thought before it was American. (我对于联想的想法是,它不是中国品牌。之前我甚至认为它是美国牌子。) ［LM28］

第二,中国全球品牌(海尔与联想)的价值观以“可靠”为主,“勤劳”“友好”为辅。在所有 30 位被访者中,有 17 位就中国品牌的价值观给出了明确具体的描述。其中,大部分美国消费者(58.82%)眼中的中国全球品牌是“可靠的”“稳定的”“牢固的”,反映在 Schwartz 和 Boehnke(2004)的价值观框架上就是安全维度的价值观,对应着保守这个价值观高阶维度。

“Uh, reliability, he is a dependable friend; he is always there for you, if you need him. . . But I don't think he is gonna leave you, I don't think he is gonna walk out of you. ”(可靠性,他是个可靠的朋友,总是在你身边,只要你需要他……但是我认为他不会离开你。) ［HM25］

“Well, it's good quality, it's very nice, like laptop, should be, I think. And I was very happy with that, that's why I like it, and it seems sturdy for some reasons. ”(联想的产品质量很好,比如电脑等,这也是我喜欢这个品牌的原因。从某些角度看来,联想非常稳定坚固。) ［LF19］

也有相当一部分被访者(23.53%)认为中国全球品牌(海尔与联想)是“勤劳的”、“努力的”。具体到各个品牌上,联想的品牌价值观甚至向消费者塑造出“商务”、“精明干练”的成功的、有能力的形象。这些联想对应的均是成就维度的价值观，对应着自我提升的高阶维度。

"OK，a person. Lenovo would be a business man，with a suit，and briefcase，nice hair，and sort of very slim and very fast，going to the next meeting，and very busy." (好吧，一个人。联想像一个商务人士，西装革履，拎着公文包，一头的亮发，精明干练，赶着下一场会议，非常忙碌) ［LM25］

"...It's a hard worker，any works for cheap..." (……他是一个勤劳的人，愿意干些酬劳不高的活儿……) ［HM25］

特别地，有被访者(17.65％)提出，海尔还传递了传统和仁慈维度的价值观，表现为"保守的""友好的"，分别属于保守和自我超越两个高阶价值观维度。

"...I would say conservative，I also would say loyal，like some people stick to a brand，and all they do would buy that brand，loyal conservatives." (……我想说的是保守的，我还想说的是忠诚的。比如说，一些人总是忠于某个品牌，他们做的一切就是只购买这个品牌的产品，他们是忠诚的老派顾客。) ［HM15］

"It was easy to use，like friendly." (海尔的产品很好用，真的对用户很友好。) ［HF13］

研究三的结果显示，关于来自中国的全球品牌(联想和海尔)，美国消费者感知到的品牌价值观大多与安全维度有关。该结果与WPP(2014)的报告结论一致，说明美国消费者对中国全球品牌的认识主要仍停留在产品性能上，中国全球品牌还缺乏与消费者间的情感联系。另外，虽然被提及的比例不高，中国全球品牌也让美国消费者感受到成就、仁慈和传统等其他维度的价值观。整体来看，来自中国的全球品牌向美国消费者传递的高阶维度价值观体现在保守、自我提升和自我超越上，在主要传递代表性的中国文化价值观的同时，还兼具个体主义文化的要素，与前两项研究的结论一致。

更值得注意的是，研究一中的欧美样本结果揭示，消费者关于"中国"作为国家品牌的最突出联想依次是仁慈、传统和成就。同时，研究二还表明,来自中国的品牌(包括国际化和非国际化)在广告中传递的重要价值观也集中在上述三项具体的价值观维度上。而在研究三中,这些也是除基于功能性利益的安全价值观外,来自中国的全球品牌给美国消费者留下的最深刻印象。

上述结论综合表明,西方消费者在对中国品牌进行有关价值观的联想时,会自然地将其与"中国"的价值观联系在一起。这意味着在全球市场上,中国品牌运用与中国文化一致的价值观进行概念定位,具有合理性的优势。

第五节　结论与战略指引

通过三个研究,本章依次揭示了中国作为"国家品牌"所蕴含的价值观、中国的产品品牌向消费者传递的价值观,以及美国消费者对中国全球化品牌所蕴含的价值观感知。研究一表明,消费者关于"中国"的重要正向价值观联想包括传统和仁慈,与传统的集体主义文化一致。此外,原本体现于个体主义文化的成就和自我导向等价值观,也分别被欧美和喀麦隆的消费者较为频繁地提及。总体上,保守和自我超越是"中国"国家品牌的最突出的高阶维度价值观联想。研究二表明,来自中国企业的品牌在广告中倾向于传达仁慈和传统等个体价值观,在高阶维度上也体现为保守和自我超越,与中国国家品牌的价值观一致,但同时也存在相当比例的体现西方文化的价值观,如成就和自我导向,反映在自我提升和乐于改变这两个高阶维度上。此外,来自中国企业的品牌在广告中体现的价值观与其所在产品类别存在较为紧密的联系。研究三表明,现阶段美国消费者对来自中国企业的全球化品牌的主要认识仍缺乏情感成分,价值观联想以基于产品功能性利益的"安全"为主。但具体地,联想更多地传达成就维度的价值观,而海尔体现出仁慈和传统维度的价值观。也就是说,保守、自我提升和自我超越是中国全球化品牌向美国消费者传递的最深刻印象。综合三个研究,我们可以得出这样的结论,即"中国"作为国家品牌与中国企业的品牌在价值观方面存在密切的联系。"中国"作为国家品牌,蕴含了与中国文化一致的品牌价值观,而中国企业的品牌既蕴含了与国家品牌一致的价值观,同时也存在相当比例的反映西方文化的价值观。对于已走向全球的两个中国品牌海尔和联想,目前西方消费者对之的价值观联想主要与中国国家品牌价值观一致。其蕴含的管理含义是,以中国人的价值观建立中国品牌概念是普遍有效之道。特别地,对于走向全球的中国品牌,运用中国文化资源进行品牌概念塑造,是建立起全球品牌定位的重要战略方向,也是中国全球品牌区别于西方品牌的差异化优势。与此同时,如何适当地融入西方文化的品牌价值观,亦是中国品牌走向全球进行全球化品牌定位的必要考虑。

一、　理论贡献与实践意义

在理论上,本章把在品牌理论研究中以品牌拟人化(人格化)为前提创立的品牌个性、品牌关系等经典研究(Aaker,1996,p. 83;Aaker,1997;Fouriner,1994,1998)推进到一个新的领域,即"品牌价值观"(把人类价值观作为品牌概念表征)。需要指出的是,虽然"品牌价值观"与"品牌个性"和"品牌关系"同以品牌拟人化为最基本的理论前提,但是三者在品牌管理中的应用方向和价值不同。品牌个性适用于品牌形象管理,品牌关系适用于顾客关系管理,而品牌价值观用于品牌定位战略制定。从"品牌资产金字塔"模型(Keller,2001)的四个步骤的演进上升路径看,用于品牌定位的"品牌价值观"概念的作用更为基础。

本章把有关"基于顾客的品牌资产"(Keller,1993)研究范式与品牌创建的文化方式(Cayla and Arnould,2008;Holt,2004)结合起来,开拓了新的视角。"基于顾客的品牌资产"研究以个体认知带来评价差异为基础,不强调因(国家)文化而带来的评价差异(变动)问题。结合文化取向研究,可弥补这一不足。但是"品牌化研究中探究文化维度的文献增长迅速,但还处于婴儿期"(Gupta,Winkel and Peracchio,2009,p. 239)。本章的研究融入了这一个新的方向,并率先做出了尝试。

本章也很好地印证了文化动态建构理论(Chiu and Cheng,2007;Hong et al.,2000)。该理论认为,当人们以一种直接或间接的方式体验到某种文化时,他们会发展一种文化的认知表征,进而会期望以这种被激活的文化方式进行思考和行动(Chiu et al.，2009)。我们的研究表明,在西方消费者心目中,对于来自中国的全球品牌,他们会自然地与中国的国家文化价值联系起来。

长期以来,世界上成功的品牌创建模式以欧洲和美国为代表(Kapferer,2005)。本章的研究对进一步探索以扎根于中国文化土壤、内蕴中国核心文化价值观的品牌定位方式,研究其如何影响全球消费文化,以及对西方市场(以美国为例)消费者的实际效果,做出了开拓性贡献。其预期得到的肯定性结论将为全球商业贡献源自中国文化的品牌创建模式提供可能性。本章除了在实践上为中国跨国公司品牌走向全球提供管理指引外,还在宏观上为中国作为新兴市场国家如何在国际社会提升自己的“软实力”(Sheth,2011)提供战略性启示,即哪些独特的文化价值观能够代表中国,通过商业活动影响世界,为人类贡献普世性价值。

二、 研究展望

本章的三个研究表明了以中国人的价值观建立中国品牌概念的有效性,在中国品牌迈向全球化过程中,基于中国文化的品牌价值观概念可以成为中国品牌的差异化优势。但我们要深入研究的是,这种品牌建立方式如何与西方价值观、全球消费者文化进行融合,以建立具有全面竞争优势的混合定位战略。特别地,我们需要考虑全球消费者文化元素对品牌概念融合定位的影响。

首先,需要指出的是,对品牌赋予象征意义以提高品牌形象附加值,并不是指对品牌随意地杜撰概念或虚拟故事的做法,如果那样的话,会使品牌缺失世袭传统以及基础牢固的价值支撑而不具真实性(authenticity)。因此,我们主张的品牌形象附加值塑造是建立在中国核心文化价值观的根基之上的,即把源于中国文化价值观的概念作为品牌概念定位元素,以在全球市场建立品牌的差异化。但是,在全球化过程中,中国品牌还必须考虑以西方文化为核心的全球消费文化概念定位(Alden, Steenkamp and Batra, 1999)的使用问题。因为,“现在的品牌根本性地渗入了全球消费者文化的成分”(Cayla and Arnould, 2008)。Torelli 和他同事的研究(Torelli, et al.，2012;Torelli, Monga and

Kaikati，2012)已表明，以人类价值观作为品牌概念，其意义存在融合或不融合的情况会增加或降低消费者对品牌的评价。那么，中国品牌如何在西方市场上选择合适的品牌价值观? 如何兼容东西方文化价值观进行概念定位，如何兼容国家文化价值观与全球消费文化概念?

在探究混合定位方式设计的时候，我们依据两项重要的研究成果。首先，按 Alden，Steenkamp 和 Batra(1999)的解释，存在混合的消费者文化定位战略。一个品牌可以只定位于全球消费者文化定位(GCCP)、当地消费者文化定位(LCCP)或外国消费者文化定位(FCCP)，也可以主要定位于一种形式，同时包含其他种类的元素，还可以一种形式也不侧重。也就是说，混合定位方式是存在的，而且混合的元素存在主次之分。其次，按 Roth(1992)的研究，把品牌形象战略分为深度和广度两种，前者界定为满足一种需要为主(至少是其他次要需要的两倍)，把后者界定为没有主导性需要，三种需要汇合于总体品牌形象。值得指出的是，Roth(1992)在现实中并没有发现纯粹满足一种需要的形象战略。由此可见，混合性品牌定位战略存在主次或不存在主次之分，其有效性与文化和市场环境相关。据此，我们需要研究深度和广度两种类型、多种方式的混合定位，解释其中可以存在的效果差异。

我们需要深入研究解释融合效果的机制。有多种理论(视角)值得研究和比较，探究它们在何种情形下发生作用。第一，根据同步激发下的调节目标(regulatory goal)融合理论(Labroo and Lee，2006；Lee and Aaker，2004)，认知处理引起冲突性或不流畅会降低评价；第二，根据原产国的晕轮效应(halo effect)模型(Han，1989)，文化元素诱发来源国线索，通过对国家形象的信念来影响消费者的态度评价；第三，根据文化动态建构理论(Chiu and Cheng，2007；Hong et al.，2000)，同时出现的两种文化表征(相比独立呈现)加大了对两种文化差异的感知，由此推测，消费者对单独呈现中国文化价值观的定位概念要比冲突的两种文化价值观组合定位概念的评价高；第四，根据定位的共同点和差异点理论(Keller，1998，p.116)，当在与西方竞争品牌同时出现的空间中，中国文化价值观概念可以带来西方品牌所通常拥有的全球消费者文化或西方文化概念

(共同点)之外的差异性联想,从而得到更高评价。总之,我们寻找最优的定位概念方式,深入了解融合的中西文化概念,确认可能存在冲突的组合概念,并且寻找可以弱化冲突的方式。

在研究中,我们要考虑设计中美文化价值观在定位融合概念中的不同主次侧重。这是出于现实世界中两种文化影响作用差异的考虑。Arnett(2002)指出,西方价值观建立在个人主义、自由市场经济和民主基础上,也包括选择的自由、个人权利、对变革的开放性以及容忍差异,这些价值观主导了全球文化,部分是因为这些价值观在西方特别是美国有效地提供了全球化背后的驱动能量。我们需要研究的是,深入地思考和探索如何通过品牌这个有效的文化载体提高中国文化价值观在全球商业世界中的影响力,分析和验证其实际效果。

作为对聚焦于文化价值观融合效果的延伸研究,我们还需要探究在文化价值观融合方式中质量属性的影响作用。这基于三个原因。一是考虑到理性利益和感性利益作为品牌资产金字塔模型的两条上升路径(Keller,2001),具有广泛的现实性。二是中国品牌在走向全球化过程中,质量在当前及今后相当长的时间内都是西方消费者关注的重要属性。三是由于现有研究对高质量与品牌全球性的关系还存在异议。我们有必要交代一下这一异议的研究背景。

Dimofte、Johansson 和 Ronkainen(2008)对以美国大学生为被试进行定性和定量研究均表明,全球品牌并不与高质量联系在一起。在定量研究中,他们对 8 个全球品牌进行两次调查统计,表明全球性对质量有显著影响,但引入品牌强度作为协变量后,全球性对质量的显著影响消失。前者的结果与 Steenkmap、Batra 和 Alden(2003)的研究一致,即全球性对(感知)品牌质量存在显著正向影响,但不同的是,在 Steenkmap、Batra 和 Alden(2003)的研究中,他们以品牌熟悉度、原产国形象、品牌虚拟变量(如客观质量、渠道覆盖、市场份额)、产品类别等作为协变量,控制对品牌购买可能性(因变量)的影响作用。通常情况下,品牌强度作为行为(意向)而非质量评价的先行影响变量(Park et al.,2010)。如果讨论质量与品牌强度之间的关系,逻辑上应该是质量影响品牌强度,而非相反。按

Dimofte、Johansson 和 Ronkainen(2008)的解释,更高感知质量是由于全球品牌具有更高的品牌资产(即更强势的品牌)所致,而非它的全球性。但事实上,全球品牌所带来的"全球神话"联想(Holt, Quelch and Taylor, 2004; Strizhakova, Coulter and Price, 2008),表明全球性本身就是全球品牌的品牌资产(Johansson and Ronkainen, 2005; Steenkamp, Batra and Alden, 2003)。据此,我们认为在研究文化价值观融合定位效果的过程中,还将加入质量信息,探究它们对品牌全球性感知的影响关系,以及如何进一步影响全球品牌的态度和行为。中国领先企业的品牌全球化定位,承担着改变西方世界对中国制造"低质低价"的刻板印象的艰巨任务。因此,在研究内容中考虑质量因素(变量),其研究结果将为更有效地为产业界的现实出路提供战略性指引。

第八章
国家品牌战略、企业制度性行为
与品牌资产

　　自 2016 年 6 月 20 日国务院办公厅正式发文《国务院办公厅关于发挥品牌引领作用推动供需结构升级的意见》以来,全国上下实施品牌战略如火如荼。其战略核心是以品牌为引领,大力提升产品质量,推动供给结构和需求结构升级,塑造高水平的国家品牌形象,实现经济转型。在国际上,德国和日本也都曾通过实施以提升质量为核心的国家品牌战略来成功扭转质量低劣形象,获得全球消费者的认可,跻身世界强国之列。目前我国拥有的全球知名品牌很少,产品质量也参差不齐,"中国制造"还曾一度被贴上质量差、不安全的标签,中国来源国效应也常常表现为消极影响(Essoussi and Merunka, 2013;Ar and Kara, 2012)。为此,在我国国家品牌战略指导下,2017 年 9 月中共中央国务院联合印发《关于开展质量提升行动的指导意见》,明确指出通过建立公共品牌为引领,引入与全球接轨的高标准质量认证体系,以此促进质量全面提升。相关企业也开始纷纷加入此行列,采用国际最新质量标准,努力与政府通力合作共同打造高品质的强势品牌。那么,这种政企合力的品牌建设制度是否能够以及如何切实有效地促进我国企业品牌发展,这成为我国当前亟待解决的重要课题。

　　虽然国内外学术界对品牌理论的研究由来已久,但基于制度理论视角研究品牌建设却是刚刚起步,目前更是尚无从消费者层面研究国家制度效力与品牌建设的关系。这为本章提供了研究契机,也是本章的创新所在。随着全球经济一体化的发展,越来越多的品牌需要进入国际市场,但很多企业品牌因与目标国制度规范的不一致产生了诸多制度压力,由此国别之间形成制度距离(刘英为等,2017),人们开始认识到制度对品牌的重要影响力。Drucker(1964)就曾指出制度不仅对宏观经济社会产生影响,还会对营销等微观经济领域产生深刻影响,但其更多是从全社会交易角度来阐述该问题。直至 Handelman 和 Arnold(1999)通过实验法明确验证企业可以通过自身合理的制度性行为获得基于消费者认知的营销提升表现和收益,对企业营销利用制度效力具有明确的、可操作性的重要意义。

延续他们的研究思路,有为数不多的学者将某一特殊制度行为与品牌连接起来(Virutamasen et al.,2015;Osman et al.,2015),认为制度化的意识、信念等对社会群体的规范作用会引起消费者品牌感知的变化,进而影响品牌资产。虽然目前此类研究成果较少,且基本为他国环境中的特定制度行为,但却明确揭示出制度和品牌建设之间在消费者层面上存在显著因果关系,值得学者们继续深入下去。另外,中国作为全球最大的新兴市场,本身是社会主义市场经济体制,独特的经济制度环境能更充分发挥制度效力(Peng et al.,2008)。那么,在我国向品牌经济转型的关键历史时期(Thun,2006;Zhang and Yu,2018),研究我国品牌建设制度作用机制将更有助于该理论研究向纵深发展。

因此,本章试图以当前中国推行国家品牌战略为背景,站在消费者角度,探究企业围绕提升质量目标的制度性行为与品牌资产之间的内在关系。本章拟采用实证研究方法通过解决以下三个问题来完成本章研究目标。第一,明确在中国制度环境下,企业制度性行为是否能对品牌资产的提升产生正向影响力。第二,结合制度理论,站在消费者意识规范角度,研究企业制度性行为如何影响企业品牌资产。第三,鉴于企业所处的制度环境是由多种因素动态结合所形成的(Scott,1987),还需探究企业制度性行为对品牌资产的影响作用是否还会受到其他市场环境因素的影响。将此影响因素纳入研究范围内,能更全面、深刻地剖析中国制度环境对品牌建设的影响机制。最后,本章在此研究基础上进行综合讨论,以期为政企合力打造强势中国品牌提供战略性启示与建议,丰富制度理论与品牌理论的交叉研究成果。

第一节　理论基础与研究假设

一、国家品牌战略与制度安排

在国际上,一些享誉全球的国家都曾依靠充分发挥制度效力成功实施国家品牌战略(蒂普曼和粟志敏,2014;张驰,2017),显著促进经济发展,成为全球最具竞争力的国家。整体上看,德、日、美等国均以大力发展科技实现产品创新与质量提升为战略核心,成功打造众多强势全球品牌(张丽虹,2014)。但德国和日本实施国家品牌战略时所处情形是完全不同于美国的,两国在此之前都面临着产品质量低劣的严重问题。美国则是在被后起之秀日本赶超情况下,针对性提出质量振兴法案,意在重建美国世界霸主地位。虽然这些国家的国家品牌战略实施路径和侧重点不同,但其都非常重视提升本国产品质量(制造质量强国战略研究课题组,2015),并以此为基础展开更全面的国家品牌形象塑造与宣传,这点在国家品牌战略实施初期尤为明显。而瑞士、韩国等同样拥有鲜明国家形象的另一部分国家,则是通过特殊政治地位或文化特色在全球独树一帜,使得旅游业和文化产业等发展迅速,深得全球消费者认可。鉴于中国经济体量庞大但缺乏优质高端产品等现状,并结合我国政府实施制定的《中国制造 2025》强国战略,本章将重点分析德日两国以提升质量为核心的国家品牌战略。

19 世纪德国产品因假冒伪劣,深受英国等欧洲国家厌恶和诟病。"德国制造"在二战后更被看作是一个质量低劣且带有侮辱色彩的标志。为此,德国政府采用多项措施在全国范围内不断加强产品质量管理,逐渐摸索出从上到下全方位打造高端品质的"德国制造"的国家品牌战略之路。2008 年开始,德国政府将提升产品质量的重点放在中小企业上,而非大型企业(张驰,2017)。除了给予中小企业持续的制度保障和资金等特别支持,政府还成立"联邦高科技和创业园区协会",专门为中小企业提供各项服务,不断完善从中央到地方的系统性帮扶制度。历经百年努力,德国产品的高品质被世界所公认,饱含"工匠精神"的"德国制造"也已成为精准的代名词。新世纪信息技术革命以来,德国政府又提出"工业4.0"计划,前后相继发布《德国2020高技术战略》及行动计划,引起世界各国高度关注。其战略核心是在新技术时代为全球市场提供更高品质的产品和服务,由此可见,德国将持续打造高品质产品和服务始终作为保持"德国制造"国家品牌优势的重要基础(森德勒,2014)。

　　同德国一样,日本在二战后产品质量低劣问题愈发突显,国家品牌形象更是无从谈起,经济发展受到严重阻碍(黄爱群,1994)。为此,日本政府于20世纪50年代提出"质量救国"的国家品牌战略,主导实施了一系列持续性的质量管理政策(梁红霞和南萍,2011)。其在全社会范围内实施供需双动力策略,以此驱动"日本制造"质量的快速精准提升(Cristiano et al.,2000),这点有别于德国侧重强调提高供给水平的实施策略,但却非常符合日本作为后起发达国家的特点与国情。企业供给方面,日本政府主导开展"产业合理化运动",将提升质量升级到国家战略层面,积极倡导企业树立全面质量意识。日本在1951年设立全球首个国家级质量奖项——"戴明质量奖",以此鼓励在质量提升方面有所成就的组织和个人。同时,其积极借鉴美国国家标准技术体系,逐步建立起市场认证为主、政府认证为底的多重保障质量标准体系,有效降低市场质量信息的不确定性,加速质量提升。消费需求方面,日本于1968年颁布了《消费者保护基本法》,在此基础上相继出台多项消费者质量权益保护的法律法规,并不断培育消费者质量社会组织,加强企业产品质量的消费者外部监管。这一系列质量改革措施,有效促进日本企业从速度转为质量盈利模式,"日本制造"凭借质量优势在全球市场上更是获得了良好的品牌声誉,国家品牌形象也因此大大改善。

　　为提升中国产品美誉度和竞争力,实现经济转型,我国政府自2016年开始制定和实施了一系列以品牌发展为引领的围绕质量提升的品牌建设制度和法规。与德国和日本相比,我国当前制定与实施国家品牌战略正处在市场全球化的新世纪,信息技术使消费者能在全球范围内进行消费选择,这意味着我国企业面临的竞争空前激烈。因此,消费者对质量的感知及评价变得更为重要(Cristiano et al.,2000)。当代质量提升必须要以发展强势品牌为目标和指引(蒂普曼和粟志敏,2014;张丽虹,2014),才能赢得消费者的认可,在全球竞争中取胜。针对这一现状,在我国国家品牌战略指导下,农业部率先于2017年9月发布"中国农垦"公共品牌,对入选优质企业进行该公共品牌背书,实行全产业链质量监督以及推行高标准质量体系,助推一批农垦企业品牌化,以期通过品牌引领整个中国农产品企业提升质量,增强消费者信心,扩大消费。当前中国国家品牌战略实施处于初始阶段,相关研究时间较短,已有理论研究成果中还未有从消费者角度对此开展实证研究。综上所述,德国和日本国家品牌战略的已有文献和实践为我国相关研究提供了有益的经验和启示,据此可以结合我国情境的特殊性和时代发展变化,对国家品牌战略的影响效应进行实证研究,为我国品牌经济发展提供更多有益的建议。

二、 制度与品牌理论的关系研究

(一)制度效力影响企业营销

制度理论认为,任何一个国家或地区的制度体系都通过各种规则对制度内所有参与群体进行约束和规范。早期,制度理论学者普遍只认识到制度对宏观社会的重要影响和推动力,直至管理学宗师 Drucker(1954)提出制度对微观社会也同样具有重要的推进作用,制度理论研究扩展到全新的社会和企业战略管理领域中,仍然始终都着重强调制度效力及其对世界的改变意义。Drucker(1992)还从企业和消费者形成的全社会交易规范角度,提出营销制度理论,认为合理的营销制度能有效保证社会交易公平、消费者预期等问题,有效实现消费者价值诉求,对全社会及企业营销本身的发展都具有重要的指导和管理意义。Handelman 和 Arnold(1999)则首次利用实验法验证制度对企业营销具有积极影响。

全社会营销制度一旦建立,就会在特定区域形成独特的影响机制和效应,形成相应制度环境。因此,学者认为制度环境能从更加综合、协同的角度研究制度特性及其对内部参与群体的影响,也应作为研究制度理论的一个重要研究角度。制度环境具体是指在特定范围内所有参与群体及其交互关联所形成的特定行动范围(Scott，1987)，包括社会和文化体系及相关事项，定义为社会现实(DiMaggio and Walter，1983；Scott，1987)，如大众观点、教育体系、信念、思想体系和社会认证等。制度环境一旦确立，就会形成相应规则规范和调节着内部各参与群体的关系及行为(Powell and DiMaggio，1991)，这种调节带有一定的柔性和灵活性。组织以有机组成形式存在于在已建立的制度环境中(Scott，1987；Meyer and Rowan，1977)，双方相互渗透影响，并逐渐融合(Handelman and Arnold，1999)。

(二)制度性行为影响品牌资产

学术界已开始从消费者层面研究制度对品牌的影响，相关理论研究成果虽然很少，但却明确揭示出制度效力和基于消费者的品牌资产之间存在因果关系，这也为本章的研究提供了重要的理论基础。Handelman和Arnold(1999)基于制度理论，在商业领域首次提出将企业行为分为营销表现性行为和制度性行为。营销表现性行为是指企业为适应特定销售目标而开展的直接有形行为，如其针对零售业指出此类行为包括与产品陈列、价格、店铺选址这三种相关内容的活动。而制度性行为则被定义为企业为遵守或符合其所在社会和群体的规则、规范实施的一系列相关行为。这种社会规则和规范是蕴含在特定制度环境中的，对人们具有较强的管制、约束和指导意义。已有文献明确指出(Meyer and Rowan，1977)，企业等组织通过合适或合理的行为，以外在行为为必要表现形式，才能获得人们的支持和肯定。同时，结合制度理论可知，制度约束和规范包括社会管制和文化认知等众多方面(DiMaggio and Walter，1983；Scott，1987)，因此相应的制度性行为也会表现为多种形式。两位学者的定义为研究企业组织如何在特定制度环境中合理开展经营活动奠定了重要基础。以此为基础，有学者开始从消费者层面借助企业制度性行为研究品牌与制度二者的关系，如Osman等(2015)将企业营销表现性行为和制度性行为共同作为影响企业组织形象的两种因素，并进一步研究这两种企业行为的关系，证明企业的制度性行为会对消费者感知的组织形象等品牌资产产生重要影响。另外，根据上述制度与营销的关系研究可知，品牌作为营销的重要组成部分,同样会受到特定制度环境的影响。以此为理论基础,Humphreys 和 Thompson(2014)分析了在 1989 年埃克森·瓦尔迪兹号油轮漏油事件和 2010 年英国石油公司墨西哥湾漏油事件中,主流媒体通过对风险焦虑的制度化意识形态修正的方法重获消费者信任,挽救了这次品牌灾难,证明制度效力对企业应对品牌危机具有重要作用。Ertimur 和 Coskunerballi(2015)也从制度化的大众观点和信念转变机制,证明在印度瑜伽核心信念与美国传统文化相冲突的情况下,其可以通过调整品牌输出信息以适应美国文化意识形态的战略品牌管理策略成功进入美国市场。以上研究表明,包括政府、社会媒体和企业在内的主体通过合理的制度性行为都可以在消费者层面正向影响企业品牌建设,尤其当品牌面临危机和挑战时,这种制度性行为影响力更为显著。

进入 21 世纪以来,中国政府在全国范围内实施的经济制度性改革,对在中国的国内外企业均产生了重要影响(Peng et al.,2008)。同时,国内外学者也都普遍认为新兴经济体转型将更多依靠国家制度法规的重要推动力(Thun,2006),加之全球化带来的制度的国别特殊性也越发明显,不同国家的社会和企业发展也需要独特的制度环境(Peng et al.,2008)。中国是社会主义市场经济体制,制度效力的发挥更具有先天优势(Toyne and Nigh,1998)。在经济转型的重要历史时期,我国政府制定的发挥品牌引领作用推动供需结构升级的国家品牌战略将如何指导中国企业实现品牌升级成为重要的历史课题。因此,在我国当前的制度环境中,本章将以在政府引领的品牌相关制度规范下,企业产品质量提升的政企合力型制度性行为作为研究对象,从消费者视角探讨国家品牌战略的制度效力。

三、 品牌合理性的中介效应

任何一个国家或地区的制度体系中形成的各种规则都是由管制系统、规范系统以及文化认知系统共同形成的(Scott,2001),其中管制系统属于正规约束,规范系统、文化认知系统是非正规约束,在制度实施过程中,它们互相协同,综合作用于社会群体,形成特定范围内的制度环境

(Scott，1987)，并逐渐发展为社会现实(DiMaggio and Walter，1983；Scott，1987)，规范和调节内部各参与群体的关系及行为(Powell and DiMaggio，1991)。据此，营销学上基于消费者认知的合理性被分为三种(Suchman，1995)：实用合理性、道德合理性和认知合理性。实用合理性指参与者以计算形式判断企业是否满足相关利益者，是组织和相关利益者发生交易的结果，其中对消费者而言即是其感知评估的符合自我利益的合理性认知，是消费市场领域中合理性认知的基本且关键的衡量标准。道德合理性是基于不同利益主体的社会逻辑对组织及其行为的正面规范性评价。认知合理性指组织的"普遍有理"特征，代表了最强有力的合理化来源，因为文化认知在社会特定历史段内很难改变(Kumar and Dan，2005)。其认为可通过支持已有制度环境、寻找适合自身情况的制度环境及通过新建合理标准和大众心理模式获得有利的制度环境。

在营销学领域，Handelman 和 Arnold(1999)首次对企业的营销表现性行为和制度性行为通过合理性获得消费者支持展开研究，并证明合理性是沟通消费者和企业营销之间关系的重要因素和工具。目前，通过制度性行为对合理性与品牌的关系研究尚属初步阶段，学者延续营销与合理性关系研究的思路，通过测量消费者对品牌制度性行为的合理性评价来证明其对品牌资产存在重要影响。这种中介评价的重要性随着全球品牌扩张和社会发展水平的提高不断增加，因此，开始有越来越多的学者对此展开研究。Virutamasen 等(2015)结合新兴的社会型企业商业模式，研究企业进入国际市场模式选择和制度距离的关系，表明品牌联想和目标国消费者感知的组织合理性水平正相关，意味着企业可通过有效的制度性行为，提升组织合理性，正向影响消费者品牌联想。Ismah 等(2015)证明企业制度性行为(如宗教信仰、非利润最大化组织形象等)通过营销表现性行为影响企业合理性，进而和营销表现性行为共同影响组织形象。另外，Guo 等(2017)则从制度理论角度研究得出，中国石化粉饰自身绿色承诺的消极的制度性表现行为会造成消费者对企业的品牌信任危机，不利于组织长期发展。另外，需要指明的是，我国国内一些学者(陶岚等，2010；刘洪深等，2016)还从品牌合理性视角对国外品牌在中国市场的表现和中国品牌在国外市场的表现进行了相关研究,证明了品牌合理性对整体品牌资产的重要战略意义。这些研究主要是对企业在市场上的整体合理性进行评价,而非针对企业特定行为。本章研究我国国家品牌战略背景下政企合力提升质量的制度效力问题,故本研究将继续延续制度性行为与品牌合理性中介关系的研究方法与思路展开。综上可知,制度性行为会对品牌合理性直接产生影响,而品牌合理性则会直接引起品牌信任、形象等品牌资产的增减。

因此,本章认为企业参与政府相关机构牵头举办的质量保障型的制度性行为,有助于增强消费者对品牌合理性的评价,获得消费者更多的支持和认可,提升消费者信心,进而提升企业品牌资产。当下,我国本土品牌普遍面临的最大问题是在外资品牌的竞争压力下,消费者对其产品品质信心不足,尤其是附加值高的产品种类,导致本土品牌较难实现品牌高端化等问题。针对现状,中国企业应着重在以下三项品牌资产方面付出更多的努力,尽快实现品牌升级。首先是品牌真实性。基于消费者的品牌真实性是指消费者对品牌所表现出来的产品质量承诺、诚信等方面的评价(Napoli et al.,2014)。已有文献明确指出品牌真实性是品牌形象的核心所在(Bruhn et al.,2012),而品牌形象本身即是一项重要的品牌资产(Keller and Donald,2003);品牌真实性也被一些学者确定为品牌资产,并给予品牌资产核心的评价(Beverland,2005)。对于中国企业,消费者对于产品质量的品牌真实性感知尤为重要,是衡量品牌资产大小的重要指标,其更是其他品牌资产的重要前提和基础。第二是品牌溢价能力。品牌高端化升级的重要市场表现之一就是品牌的溢价能力,其是指由于品牌效应而产生的价格溢出收益(Ailawadi et al.,2003)。Keller 和Donald(2003)明确指出应广泛地将包括意识、联想、态度、依恋和活动(如购买、消费等)在内的五种基于顾客的品牌表现都视为衡量品牌资产的重要指标。品牌溢价是衡量品牌资产的重要市场外化活动测量指标(Keller and Donald,2003;Steenkamp et al.,2010)。对我国产品而言,消费者认为其"质量不高,所以价格低",是本土品牌产品溢价能力低的主要原因,因此,在中国有效提升消费者质量感知势必会反映在品牌溢价能力的提升上。第三是品牌忠诚度。品牌忠诚是从消费者依恋角度研究品牌资产来源的,反映了消费者对品牌的偏爱心理,是衡量品牌竞争力的重要指标(Keller and Donald,2003)。面对国外品牌在中国市场的竞争,在消费者心中,本土品牌的竞争短板多年来始终都是质量不过关,近些年我国海淘盛行也缘于此;这也是消费者对本土品牌忠诚度普遍不高的一个重要原因,使得本土品牌缺乏市场竞争力。因此,改变消费者固有观念,提升其对本土产品质量的信心将会对本土品牌的品牌忠诚这一重要竞争性品牌资产产生影响。综上可知,通过品牌真实性、品牌忠诚和品牌溢价的共同测评,能从不同层面衡量消费者对本土产品质量的信心是否有所提升,进而反映我国国家品牌战略实施的制度效力。因此,本章提出如下假设:

H_1:企业制度性行为会正向影响品牌合理性。

H_2:品牌合理性会正向影响品牌真实性、品牌溢价和品牌忠诚。

此外,在假设 H_1 和 H_2 的基础上,进一步可以看出,品牌合理性对企业包括积极或消极在内的制度性行为与品牌资产建设之间的关系起到重要的中介连接作用。因此,本章提出如下假设:

H_3:品牌合理性对企业制度性行为和品牌真实性、品牌溢价和品牌忠诚之间关系具有中介影响作用。

四、 消费者不确定性的调节作用

现有大量研究证明消费者不确定性会对消费者心理产生重要影响,更会直接影响消费者购买意愿等结果变量,甚至弃用(Shiu et al.,2011)。不确定性具体是指在某一环境中的参与者因为对环境的模糊不清而产生的不舒适感(Hofstede,2001)。Vermeir 和 Verbeke(2006)认为在人类行为模式中,人们会自动启用不确定性来理解非常规或不熟悉的事物和对象,采取预防措施进行规避。基于此,消费者在市场上活动时,不确定性则成为其进行消费决策和行为的重要意识基础(Chang and Liu,2008)。当消费者关于某类产品的相关专业知识不足或缺乏可信度高的信息渠道时,其会对该类产品产生较高的不确定性判断(Urbany et al.,1989)。进一步,其对消费者不确定性进行广泛研究,发现食品品类具有最显著的不确定性表现,包括食品添加剂、有机性等问题。根据信号传递理论可知(Akerlof,1970),产品质量信号可通过能够观察到的行为传递给消费者,并且其传递效果会受到消费者关于产品信息的获取或理解程度的影响。结合消费者不确定性理论分析可知,消费者关于产品质量信息的获取和理解在食品等质量敏感型市场中将直接表现为消费者不确定性。而本章中的政企合力提升质量的企业制度性行为即为政府建立质量信号传递机制的重要信号表现,其影响效用同样会受到消费者不确定性的影响,据此展开对此类型市场中政府质量信号传递的机制效用具有十分重要的意义(张红霞和安玉发,2014)。

另外,消费者关于产品或品牌的相关信息搜索主要来自消费者自身和环境等内外部两种方式(Engel and Blackwell,1990)。研究表明消费者自身信息搜集会受到个体特性、已有知识与经验的直接影响(Beatty and Smith,1987),Cole 和 Balasubramanian(1993)还发现其与消费者年龄层级也存在显著的相关关系。就我国而言,自改革开放以来,我国消费者因社会经济发展水平的不同还展现出鲜明的世代划分特点(You et al.,2013)。而影响消费者信息获取的外部因素则包括市场环境和产品特征(Beatty and smith,1987)。随着 21 世纪信息技术的高速发展,Ratchford 等(2001)发现网络成为消费者获取产品或品牌信息最主要的外部来源,网络能为消费者提供更为实时、详细,且包含图片和视频等多种形式的信息模式,网络及口碑传播更是对消费者购买行为产生显著影响力(Seock and Bailey,2010)。据此可知,由于消费者关于产品或品牌的信息搜索与获取受到内外多种因素的影响,消费者不确定性则会因此表现出较大差异,进而对消费者心理产生显著区别影响。在本研究中,消费者心理直接表现为品牌合理性评价。综上所述,研究政企合力提升质量的企业制度性行为必须结合消费者不确定性的调节作用,才能准确衡量企业制度性行为对消费者品牌合理性评价的影响效用,进而通过影响品牌资产最终体现国家品牌战略的制度效力。显然,消费者不确定性越高,企业制度性行为对消费者品牌合理性的影响越小,越难符合消费者实用合理性判断,最终降低其对品牌资产的提升作用。因此,本章提出如下假设：

H$_4$：消费者不确定性负向调节制度性行为通过合理性对品牌真实性、品牌溢价和品牌忠诚的影响效应。

本研究概念模型如图 8-1 所示。

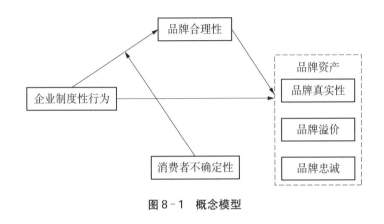

图 8-1　概念模型

第二节　研究方法、数据分析与结果

一、数据收集与样本

为了更好地从实证角度探索本章研究问题,提高研究成果的公信力,本章选择关乎中国民生且消费者对其品牌升级有迫切需求的中国乳制品行业作为研究对象。具体企业品牌选择未进入荷兰合作银行发布的2017"全球乳业 20 强企业排行榜"的"光明乳业"品牌,其虽有百年历史,却始终未能成为具有高附加值的强势品牌,品牌升级刻不容缓。

本研究采用问卷调查方式收集样本数据。为保证问卷测量的内容效度和表面效度,本章在正式发放问卷前,进行小范围问卷预测试,共计 50份问卷,并以此反馈为基础,对问卷编写逻辑和措辞等方面进行调整和完善,确保被试能准确理解与回答问卷问题;同时在问卷指导语中说明回答无对错之分,鼓励被试如实回答问题,控制社会期望效应对测量结果可能产生的偏差。之后,问卷统一采用专业网上平台"问卷星"在全国范围内进行发放并收集数据,共收到 448 份问卷。为使数据真实有效,本研究通过以下两个步骤来严格甄别删除无效问卷。第一步,删除填写时间过短的问卷;第二步,根据题项之间的逻辑关系,删除选项之间明显存在矛盾回答的问卷。通过以上操作,本研究共剔除了不符合要求的 57 份问卷,最终有效问卷确定为 391 份,问卷有效率为 87.2%。其中,样本来自河南(25.5%)、广东(13.0%)、福建(7.14%)、北京(5.36%)、浙江(4.85%)、上海(2.81%)等多个地区,较有效地规避区域偏好的影响。

二、 变量测量和分析方法

本研究对制度性行为的测量,主要参考的是 Mira 等(2015)和 Guo 等(2017)的量表。为保证被试者能准确理解制度性行为,本研究在该部分测试前,设置了关于光明乳业参加中国农垦乳业联盟且签署《中国农垦生鲜乳生产和质量标准》的信息说明。对于中介变量合理性的测量,参照 Pratima 和 Clelland(2004)提出的成熟的合理性量表。对于调节变量市场不确定性的测量,因为乳制品为食品,故本研究参考 Teng 和 Lu(2016)对于有机食品的市场不确定性的做法。对因变量品牌真实性、品牌溢价和品牌忠诚的测量,均采用国外已有的成熟量表,以保证量表更好的信度和效度。考虑到本章研究对象"光明乳业"的产品特点,最终确定选择消费者最关心的可靠性这一品牌真实性维度(Bruhn et al.,2012)进行测量,品牌溢价参考 Steenkamp 等(2010)的做法,品牌忠诚参考 Kim (1998)的做法。以上所有测项均采用 5 点 Likert 量表,1 分代表"完全不同意",5 分代表"完全同意"。为检验问卷信度和效度,本章对制度性行为、合理性、市场不确定性、品牌真实性、品牌溢价、品牌忠诚等关键变量进行验证性因子分析(Bagozzi et al.,1991),构建测量模型。统计结果显示该测量模型拟合较好($\chi^2 = 498.310$,d.f. $= 284$,$p < .001$;GFI$= .91$;AGFI$= .90$;CFI$= .97$;IFI$= .97$;RMSEA$= .043$),各变量题项因子载荷均在 0.6 以上,说明该问卷关键变量测量具有较好的信度以及聚敛和区分效度。如表 8 - 1 所示。

表 8-1　关键变量测项和测量模型结果

测　量	标准化因子负荷
制度性行为　1. 光明乳业参加此联盟且签署《质量标准》颁布令能更有效控制其乳制品全产业链过程。	0.786*
2. 光明乳业参加此联盟且签署《质量标准》颁布令比不参加能更好保障产品质量。	0.726*
3. 光明乳业参加此联盟且签署《质量标准》颁布令有助于其生产安全乳制品意识的加强。	0.714*
4. 光明乳业参加此联盟且签署《质量标准》颁布令对其自身的好处大于坏处。	0.618*
品牌合理性　1. 光明的乳制品品质是令人满意的。	0.748*
2. 光明的乳制品品质是对公众有益的。	0.710*
3. 光明的乳制品品质符合行业和社会规范。	0.741*
4. 光明的乳制品品质是适当的。	0.667*
5. 光明是天然的乳制品品牌。	0.732*
6. 光明的乳制品品质和我对乳制品品质的认知差不多。	0.770*
品牌真实性　1. 就我的购买经历而言,我认为光明是信守承诺的品牌。	0.829*
2. 光明品牌能够兑现它的承诺。	0.756*
3. 光明的承诺是可靠的。	0.824*
4. 光明会做出让人信赖的承诺。	0.780*
品牌溢价　1. 我愿意购买光明的产品,即使它价格要比其他品牌高一些。	0.819*
2. 在乳制品中,与其他品牌相比,我愿意多花些钱购买光明的产品。	0.865*
品牌忠诚　1. 因为我对光明品牌比较满意,所以我会继续购买这个品牌的产品。	0.771*
2. 即便其他品牌乳品降价,我也会继续购买光明的产品。	0.762*
3. 我会购买更多的光明产品。	0.818*
消费者不确定性　1. 我不太了解乳制品相关的品质知识。	0.811*
2. 我自己对乳制品品质的判断标准没什么信心。	0.889*
3. 乳制品品质标签使我不确定什么是最好的产品选择。	0.859*
4. 市场上太多的乳制品品质信息使我不能做出正确的选择。	0.824*
5. 我没信心能挑选出优质的乳制品产品。	0.871*
6. 我对目前市场上的优质乳制品没什么信心。	0.840*

注: * $p < 0.001$;模型: $\chi^2 = 498.310$, d. f. = 284, $p < .001$; GFI=.91; AGFI=.90; CFI=.97; IFI=.97; RMSEA=.043。

本研究利用 Mplus7.0 来验证本章假设。相较于其他统计软件,其不仅在使用 Bootstrap 方法进行中介效应检验时,可以得出明确的统计学上的显著性水平,还能更稳健地使用最大似然法对潜变量交互作用进行估计。并且,本章所使用的版本还可运算潜调节结构方程(LMS),提供非正态分布的估计值和标准误差。众所周知,潜调节结构方程目前是被理论界普遍认可的一种估计潜变量交互作用的研究方法,其最大的优点是很好地解决了交互项极可能为非正态分布的统计学难题以及人为指定造成的偏差(Klein and Moosbrugger,2000),更符合事实地进行假设检验。

三、 数据分析结果

(一)描述性统计

本研究首先计算各变量的平均值,得到各变量的组合分数。在此基础上,对各变量进行描述性统计,包括变量间的相关系数、各变量均值和标准差,如表 8-2 所示。

表 8-2　关键变量相关系数、均值和标准差

构念	1	2	3	4	5	6
1. 制度性行为	1					
2. 品牌合理性	0.56**	1				
3. 品牌真实性	0.55**	0.86**	1			
4. 品牌溢价	0.30**	0.60**	0.63**	1		
5. 品牌忠诚	0.37**	0.71**	0.75**	0.78**	1	
6. 市场不确定性	−0.13**	−0.24**	−0.25**	−0.16**	−0.25**	1
均值	4.22	4.11	4.16	3.81	4.04	3.05
标准差	0.67	0.65	0.69	0.86	0.77	1.13

注: $^*p<0.05$, $^{**}p<0.01$,双尾。

(二)品牌合理性的中介效应

本研究针对品牌合理性作为中介变量对制度性行为和品牌溢价及品牌忠诚之间的影响效应分析,构建结构方程模型进行路径系数显著性检验(Macho and Ledermann,2011),并采用目前较为严谨的 Bootstrap 方法进行中介效应检验,样本量选择为 10 000。其中,自变量为制度性行为

（X），中介变量为品牌合理性（M），因变量分别为品牌真实性（Y1）、品牌溢价（Y2）和品牌忠诚（Y3），控制变量为品牌熟悉度、年龄和性别，数据分析结果如表 8-3 所示。结果显示，针对三个因变量分别建立的结构方程模型拟合指标均符合标准，模型拟合度较好。对于品牌真实性，制度性行为正向显著影响品牌合理性（β=0.70，p<0.01），品牌合理性正向显著影响品牌真实性（β=0.97，p<0.01）。对于品牌溢价，制度性行为正向显著影响品牌合理性（β=0.69，p<0.01），品牌合理性正向显著影响品牌溢价（β=0.83，p<0.01）。对于品牌忠诚，制度性行为正向显著影响品牌合理性（β=0.70，p<0.01），品牌合理性正向显著影响品牌溢价（β=0.94，p<0.01）。因此，假设 H_1 和 H_2 得到验证。

表 8-3　品牌合理性对品牌真实性/品牌溢价/品牌忠诚的中介效应检验

		系数	标准误
品牌真实性	X⟶M	0.70**	0.07
	M⟶Y1	0.97**	0.08
	X⟶Y1（控制中介变量后）	0.03	0.05
	X⟶M⟶Y1	0.68**	0.08
	X⟶Y1	0.70**	0.06

$\chi^2 = 166.236$, d. f. $= 87$, p <. 001; CFI $= 0.974$, TLI $= 0.969$, RMSEA$=0.048$

		系数	标准误
品牌溢价	X⟶M	0.69**	0.06
	M⟶Y2	0.83**	0.13
	X⟶Y2（控制中介变量后）	−0.18	0.09
	X⟶M⟶Y2	0.58**	0.09
	X⟶Y2	0.40**	0.08

$\chi^2 = 152.308$, d. f. $= 74$, p <. 001; CFI $= 0.967$, TLI $= 0.959$, RMSEA$=0.052$

		系数	标准误
品牌忠诚	X⟶M	0.70**	0.06
	M⟶Y3	0.94**	0.10
	X⟶Y3（控制中介变量后）	−0.15	0.09
	X⟶M⟶Y3	0.65**	0.09
	X⟶Y3	0.50**	0.08

$\chi^2 = 181.370$, d. f. $= 74$, p <. 001; CFI $= 0.957$, TLI $= 0.947$, RMSEA$=0.061$

注：* $p<0.05$，** $p<0.01$，双尾。

当因变量为品牌真实性时,制度性行为对品牌真实性的直接影响效应不显著,但当引入品牌合理性作为中介变量后,制度性行为显著影响品牌真实性,间接影响效应为 0.68(p<0.01),制度性行为对品牌溢价的总影响效应为 0.70(p<0.01)。当因变量为品牌溢价时,制度性行为对品牌溢价的直接影响效应不显著,但当引入品牌合理性作为中介变量后,制度性行为显著影响品牌溢价,间接影响效应为 0.58(p<0.01),制度性行为对品牌溢价的总影响效应为 0.40(p<0.01)。当因变量为品牌忠诚时,制度性行为对品牌忠诚的直接影响效应不显著,但当引入品牌合理性作为中介变量后,制度性行为显著影响品牌忠诚,间接影响效应为 0.65(p<0.01),制度性行为对品牌忠诚的总影响效应为 0.50(p<0.01)。故本研究认为品牌合理性对制度性行为和品牌真实性、品牌溢价以及品牌忠诚之间的影响关系起到完全中介效应作用,即制度性行为必须通过品牌合理性才能显著影响这三个因变量。因此,假设 H_3 得到验证。

(三) 消费者不确定性的调节效应

根据中介效应检验可知,品牌合理性对制度性行为和品牌溢价及品牌忠诚之间的影响关系具有完全中介效应。因此,本研究将聚焦市场不确定性如何调节影响品牌合理性的中介作用,进而影响制度性行为和品牌溢价及品牌忠诚之间的关系。本研究参照 Klein 和 Moosbrugger (2000)提出的潜调节结构方程(LMS)分布分析方法来进行调节检验,在 LMS 中调节交互项无需人为给予指标,且不需要交互乘积项正态假设,从而有效解决交互乘积项非正态分布问题,有效提高估算精度。具体地,本章把制度性行为(X)设置为自变量,品牌合理性(M)为中介变量,市场不确定性(W)为调节变量,因变量为品牌真实性(Y1)、品牌溢价(Y2)和品牌忠诚(Y3),控制变量为品牌熟悉度、年龄和性别,分析结果如表 8-4 所示。结果显示,对于品牌真实性,消费者不确定性的间接调节效应为 -0.21(p<0.01);对于品牌溢价,消费者不确定性的间接调节效应为 -0.20(p<0.01);对于品牌忠诚,消费者不确定性的间接调节效应为 -0.19(p<0.01)。这表明消费者不确定性通过品牌合理性负向调节制度性行为与品牌真实性、品牌溢价和品牌忠诚的关系,假设 H_4 得到验

证。由此可见,本章提出的概念模型具有较强的稳定性,对于品牌真实性、品牌溢价和品牌忠诚这三个因变量,消费者不确定性均显著负向调节制度性行为通过品牌合理性所产生的影响效应。

表8-4　消费者不确定性调节制度性行为对品牌真实性/品牌溢价/品牌忠诚的影响效应

		系数	标准误
品牌真实性	M $\longrightarrow$ Y1	1.00^{**}	0.07
	X*W $\longrightarrow$ M	-0.21^{**}	0.05
	Akaike(AIC):17671.136;Adjusted BIC:17726.043		
品牌溢价	M $\longrightarrow$ Y2	1.09^{**}	0.12
	X*W $\longrightarrow$ M	-0.20^{**}	0.05
	Akaike(AIC):18017.561;Adjusted BIC:18070.081		
品牌忠诚	M $\longrightarrow$ Y3	1.01^{**}	0.09
	X*W $\longrightarrow$ M	-0.19^{**}	0.05
	Akaike(AIC):17591.944;Adjusted BIC:17644.464		

注: * $p < 0.05$, ** $p < 0.01$,双尾;表中报告数据为非标准化数据和标准误差。

第三节　结论与战略指引

一、　结论与理论贡献

在当前我国实施以提升质量为核心的国家品牌战略大背景下,本章首次以制度理论为基础,从消费者层面采用实证分析方法研究企业制度性行为对品牌资产的影响机制。实证分析结果表明,企业积极参与政府组织的围绕质量提升的制度性行为可通过品牌合理性显著正向影响品牌真实性、品牌溢价和品牌忠诚。针对本章所选择的乳业市场而言,品牌合理性起到完全中介效应作用,证明企业制度性行为通过品牌合理性对品牌资产的提升产生显著影响。另外,由于消费者不确定性在特定制度环境中对消费者评价的影响最为直接,故本章在此基础上研究了消费者不确定性对品牌合理性的调节作用。结果表明,消费者不确定性会弱化企业制度性行为对品牌合理性的影响,进而影响品牌真实性、品牌溢价和品牌忠诚的提升。就此,本章认为以上研究结果明确回答了开篇最初提出的三个待解决问题,完成了研究目标。有关理论贡献主要体现在以下几个方面:

第一,本章丰富了围绕国家品牌战略开展的相关理论研究。目前为止,国内外学术界从目的地营销、原产国效应等角度围绕国家品牌战略开展了一些研究,大多是将国家形象作为企业品牌进入全球市场的一个重要既定影响因素来对待。何佳讯和吴漪(2015)还从品牌价值观角度对中国国家品牌与企业品牌的关系进行了深刻理论探讨,但对在国家品牌战略背景下的企业相关行为仍未有涉及。整体来看,鲜少有从国家战略管理层面研究国家与企业品牌发展关系的,针对中国市场的相关研究更是屈指可数。何佳讯(2017)经过多年调查研究发现,“中国制造”在世界上的宏观形象评价有所好转,接近中性,但“仿制便宜、低质量”等负面联想仍是制约“中国制造”国家品牌形象的突出因素。因此,面临经济转型的关键时期,结合中国情境,从上到下的国家品牌战略的制定与实施势在必行,中国实践需要更多科学的针对性理论成果作为重要发展基础。据此,本研究基于制度理论对我国国家品牌战略实施过程中的相关企业制度性行为展开研究,并将这一特殊行为进行量化,有助于更科学地分析国家品牌战略实施的效力,深化对国家与企业品牌发展关系的理解认识,丰富该领域研究内容。

第二,本章丰富了企业制度性行为的内容研究。由于社会制度规则包括管制系统、规范系统以及文化认知系统(Scott,2001),相应的企业制度性行为也应该区分类别,大而化之则可能掩盖或错判制度与品牌的关系。理论学界对企业制度性行为的研究目前尚属初始阶段,已有理论成果较少,且大多为社会或文化认知规范,较少涉及政府制度化管制与规范。本研究的制度性行为是在我国当前实施国家品牌战略的大背景下,由政府主导、企业积极参与的提升质量的制度性活动,有别于已有文献的制度性行为,丰富了企业制度性行为研究的内涵与内容。本研究发现,在我国特有的社会主义市场经济制度环境中,国家品牌战略实施的政企合力围绕质量提升的制度性行为必须要通过符合消费者自身合理性认知判断即品牌合理性来有效提升相关品牌资产,从而充分发挥制度效力。此结果同时证明在品牌合理性中介机制的研究中注意结合特定的制度环境和制度性行为,有助于更清晰揭示出制度与品牌之间的广泛内在联系,进一步推进了品牌合理性的相关研究。

第三,本章丰富了企业提升品牌资产的理论视角。新兴市场国家在经济飞速发展的同时,市场产品质量参差不齐的问题日渐突出,中国也不例外。据此,品牌真实性作为品牌资产在我国等新兴市场国家有着更为重要的理论和实践意义。本研究基于制度理论证明当前我国实施的以提升质量为核心的国家品牌战略对品牌真实性具有正向影响作用。另外,学术界关于提升品牌溢价和品牌忠诚等品牌资产的研究成果已有很多,但鲜少有借助制度理论对其进行过针对性研究。本章研究结论表明企业通过恰当的制度性行为可以显著提高品牌溢价和品牌忠诚等品牌资产,帮助学者更全面理解基于消费者的品牌资产来源,扩展了提升品牌资产的研究方法。该方法充分考虑到整个制度环境的影响,比如研究中加入对消费者不确定性影响的考察,即是在时间和空间上对品牌建设进行双重考量,较之以往研究更具有宏观社会属性。同时,本章是针对中国制度环境的研究,展现了制度效力对品牌建设影响的国别特殊性,也为我国制度与品牌理论的交叉研究提供了一些素材,弥补了该领域的部分空白。

二、　实践意义

除上述理论意义外,本章对我国企业如何在国家品牌战略指导下通过制度性行为提升品牌资产建设还具有管理启示。

第一,中国市场环境下,政企合力可有效营造社会良好氛围。本章研究结论证明我国政府牵头引导和组织的行业公共品牌,推行国际高质量标准体系,以及企业以此为指导并积极响应,能有效扭转消费者对国产产品质量的已有认知,进而增加企业品牌资产。因此,我国政府和其他社会组织应积极发挥我国制度优势,大力实施国家品牌战略,规范企业行为,做好品牌基础建设工作。政企合力以维护消费者利益为首要目标,努力建设质量强国,营造良好市场环境和氛围,培育一批强势中国品牌,引领中国经济持续健康发展，重拾消费者信心，满足消费升级需求，成功迈入品牌经济时代。

第二，在我国现有制度规范体系下，本土品牌应积极与政府通力合作，实行高标准的品质保障型制度性行为，可有效提升品牌资产，促进品牌升级。目前我国较缺乏全球知名的强势品牌，消费者普遍对国产产品质量信任度不高，究其原因主要在于我国产品质量本身参差不齐，整体质量不高。同时也应该看到，整体质量不高导致的消费者信心缺乏也使得消费者在一定程度上对中国产品产生消费偏见，这种消费偏见代表着特定制度环境中的社会认知，具有一定的稳定性，不易更改。为此，我国政府通过建立公共品牌对优质企业进行质量背书及引入高质量标准体系，如本章的研究对象——中国农垦公共品牌，意在为消费者培育和展示一批优质企业，提振消费信心。本研究通过实证证明这种制度性行为是科学可行的，企业积极参与品质保障型制度性行为可有效消除消费偏见，增强消费者对我国产品的信心，进而提升品牌资产。

第三，在中国制度环境下，企业需根据市场和行业特点，深刻理解消费者需求和不确定性，才能获得制度性行为的有效性。品牌合理性来自消费者对制度环境的意识认知，会受到全社会多方因素的影响。因此，企业应充分对消费者合理性认知进行动态跟踪调查，及时发现其发展变化态势，才能真正理解消费者需求。针对某一具体企业，这种理解还表现在企业应根据自身特点找到与之匹配的制度性行为，分阶段分步骤不断提升自身水平。以本章所选"光明乳业"为例，其充分结合乳制品市场特点和现状选择第一批加入中国农垦乳业联盟，并签署《中国农垦生鲜乳生产和质量标准》，直面消费者最关心的乳制品品质和质量标准体系问题。"光明乳业"通过政府及行业品质保障行为高度契合中国消费者当下的合理性认知，即是准确理解消费者需求的体现，因此可以有效提升品牌资产。

实践问题篇

第九章
国家形象影响"中国制造"态度的
跨国研究

　　很多年来,中国政府开始实施国家形象战略,致力于提高"中国制造"的形象。2015 年,由国务院发起,启动了为期三年的"中国制造海外形象"维护的清风行动,力图扭转"中国制造"的海外负面形象。同年,中国国家形象宣传片登陆了英国伦敦繁华闹市区。其实,早在 2008 年北京奥运会时,中国政府就开始重视国家形象塑造;在随后的 2011 年,中国国家形象宣传片在纽约时代广场上映,尝试通过表现中国经济自由、政治民主和科技创新的宏观国家形象来改善和提升美国公民对中国国家形象的评价,以更好服务于"中国制造"。然而,这种国家形象战略能有效提升国外消费者对"中国制造"的评价吗? 其有效的作用机制又是什么呢? 进一步地说,国家形象战略的有效性又会受哪些因素的影响呢? 为更好地促进"中国制造"走"出"去和走"上"去,这些都是亟需回答的问题。

　　已有研究表明,国家形象与消费者购买行为之间存在着正向的相关关系,消费者对国家形象的认同会正向促进消费者的购买意愿(Chao and Rajendran, 1993;Wang et al. , 2012)。同时,也有不少学者针对国家形象是如何形成的展开了研究(Pappu et al. , 2007;汪涛等,2012),这些研究的结论虽然有所不同,但基本共识是:将国家形象作为一个多维度的概念来理解,并且认为国家形象会显著影响消费者的购买意愿。概括这些研究,国家形象主要包括两个层面,一是宏观层面的国家形象,二是微观层面的国家形象。梳理已有研究,可以发现国家形象战略的作用机制大致可以理解为：宏观国家形象通过微观国家形象影响消费者的态度（Oberecker et al.，2011）和行为。然而，在这些研究中往往是将宏观国家形象当作一个整体概念来探讨其与消费者行为意向的关系。那么，这种研究思路能否完全解释国家形象对"中国制造"的影响机制和作用条件呢？

基于对上述问题的思考，我们认为现有文献可能存在三点局限：一是，宏观国家形象主要包括三个维度：宏观经济形象、宏观技术形象和宏观政治形象。如按现有研究，都倾向于把宏观国家形象作为一个整体的话，可能会忽略理解宏观国家形象各个维度的影响效应。二是，现有一些研究虽然表明，国家形象确实能改善国外消费者对"中国制造"的态度和购买意愿，但尚未考虑国家形象产生作用的条件。即国家形象是不是总是有效的？哪些因素会调节国家形象对消费者评价和行为的影响效应？三是，现有国家形象的研究大多是从发展中国家消费者的角度评价发达国家的形象（Ahmed and D'astous，1999；Sharma，2011），或者是从发展中国家形象的研究评价自身国家的形象（Kwok et al.，2006；Wong et al.，2008），而对发达国家消费者评价发展中国家形象的研究相对较少。

在上述三大背景下，我们拟展开两项新的研究，试图在英国和美国市场上找到相关证据，从新的角度解释国家形象对"中国制造"的影响机制。本章研究一和研究二分别以英国和美国市场为测试样本，试图回答：第一，宏观国家形象的不同维度如何影响国外消费者对"中国制造"的态度和行为？哪些维度起主要作用，哪些维度不起作用？从而让我们理解国家形象对"中国制造"评价的作用机制；第二，国家形象战略有效性受哪些因素的调节，调节效应具体又是如何表现的？

第一节　文献回顾与研究假设

一、国家形象、"中国制造"评价和购买意愿

Nagashima（1970）提出"原产国（made in）"形象概念并将其定义为：商业人员和消费者认为与某个特定国家相关的产品所具有的形象、声誉

和刻板印象。这种形象是由代表性产品、国家特征、经济与政治、历史及传统等多个因素形成的。在后续研究中,由于制造国、品牌国、装配国、研发国、多元原产地等概念的出现,产生了混合原产地产品(hybrid product),国家形象这一概念也在国外学者对原产国效应研究过程中凸显出来(李东进等,2008)。大部分的研究都将国家形象视为一个对该国制造产品的整体认知的概念(Roth and Romeo,1992;Martin and Eroglu,1993)。基本上,这些研究把国家形象大致分为宏观层面的整体国家形象(Martin and Eroglu,1993)和微观层面的产品形象(Roth and Romeo,1992;Agarwal and Sikri,1996)。Martin 和 Eroglu(1993)将宏观国家形象定义为一个人对一个国家持有描述性、推论性及信息性信念的总和。Roth 和 Romeo(1992)则将微观国家形象定义为消费者基于他们之前对某一国生产和营销方面的优势和劣势感知,从而形成对这一国家的产品的整体感知。一般地,宏观国家形象主要指该国的经济形象、技术水平、政治地位和政治关系(Bannister and Saunder,1978;Papadopoulos and Louise,2000)。Martin 和 Eroglu(1993)开发了一个宏观国家形象的测量量表,进一步地将宏观形象分为了经济、技术和政治三个维度,这是目前学术界普遍接受的宏观国家形象的维度划分方法。Nagashima(1977)定义的微观国家形象也主要是指产品层面的国家形象。Pappu 等(2007)的研究则从产品层面对微观国家形象进行了测量。

大量研究已经表明,宏观国家形象与微观国家形象之间存在积极的相关关系(Heslop and Papadopoulos,1993;Li,Fu and Murray,1997;Lee and Ganesh,1999)。Pappu 等(2007)不仅证实了宏观国家形象和微观国家形象之间的显著关系,还探究了宏观国家形象和微观国家形象对基于顾客的品牌资产不同维度的影响效果。Brijs 等(2011)从认知、情感和行为三个方面,证实了国家形象中的认知、情感和行为三者之间的影响传递关系。进一步地,Wang 等(2012)在探讨国家形象机制及其对产品购买意愿的影响时发现,认知层面的国家形象通过影响产品形象来对消费者购买意愿产生积极影响,而情感层面的国家形象则可以独立于产品形象直接对消费者的购买意愿影响。对一个国家经济条件、政治制度和文化等方面的看法会影响消费者对该国产品的感知（Oberecker and Diamantopoulos，2011）。综合这些研究，我们认为宏观国家形象会正向影响微观国家形象，而宏观国家形象可以分为技术形象、经济形象和政治形象。基于此，我们提出以下假设：

H1a：宏观技术形象正面影响微观国家形象。

H1b：宏观经济形象正面影响微观国家形象。

H1c：宏观政治形象正面影响微观国家形象。

Han（1989）认为当消费者对一个国家产品不熟悉时，国家形象起到了晕轮作用，消费者会基于国家形象形成产品态度。Larocheetal（2005）则认为国家形象都会显著地影响消费者对产品的评价，这和消费者对产品的熟悉度没有关系。Agarwal 和 Sikri（1996）发现国家形象对产品评价的作用还可以运用于品牌延伸，积极的国家形象会提高消费者对来源国新产品的采用速度。宏观和微观形象都会显著影响基于顾客的品牌资产（Pappu et al.，2007）和品牌盈利表现（Baldauf et al.，2009）等等。另外，Lee 和 Ganesh（1999）的研究发现原产国的微观国家形象是原产国宏观国家形象与品牌评价之间的完全中介，也就是说宏观国家形象是通过微观国家形象才作用于产品评价的。基于以上分析，我们提出以下假设：

H2：微观国家形象显著正面影响消费者的购买意愿。

H3：微观国家形象显著正面影响消费者对"中国制造"的态度。

H4：消费者的"中国制造"态度显著正面影响消费者的购买意愿。

二、 国家认同的调节作用

国家认同的研究最先源于社会学领域，往往以社会身份理论来展开（Tajfel，1982），因此，被认为是一个社会结构现象，用来帮助个体理解其在这个世界中所处的位置。国家认同以共同信仰为特征，团结了一个国家的成员（Kirloskar-Steinbach，2004）。那些能反映自己国家文化的产品或其他象征物会更好地启动国家认同的价值观（Butz et al.，2007）。

不同国家的国家认同水平存在显著差异，这种差异对实施国际市场营销战略有积极的意义（Keillor et al.，1999）。国家认同水平的这种差异也进一步地解释美国人"买美国货"和日本人为什么对国货产生高度偏好的现象（Keillor et al.，1996）。从营销学的角度看，这些研究都表明了国家认同会影响消费者行为。

随着全球化的到来，产品、服务、信息和人的交往更加频繁，文化在不同国家、不同民族之间交流互动，全球化对国家认同产生了巨大影响（Arnet，2002）。学者们也针对全球化是增加还是削弱国家认同进行了一系列研究。一些学者认为全球化削弱了国家认同（Audi，2009），并会导致双文化个体甚至多文化个体的出现（Arnett，2002）。也有一些学者认为全球化会增强人们对身份归属感和安全感的需求，而国家认同身份为人们提供了这种情感需求，因而全球化会增强国家认同（Ariely，2012）。实际上，在全球化过程当中，不同国家的国家认同水平会出现变化，且不同国家的国家认同水平和国家认同内容也存在明显差异。因此，全球化是削弱还是增强国家认同与国家类型以及认同的内容相关（Reeskens and Hooghe，2010；Ariely，2012）。

从个体层面看，国家认同对个体层面的决策有着很大的影响（Bailey and Spicer，2007），而国家认同水平的差异受个体消费者的主观感知的影响（de Cillia et al.，1999）。Zeugnerroth 等（2015）在比较国家认同、消费者民族中心主义和消费者世界主义对消费者产品评价和购买意愿的影响差异时发现，国家认同对消费者购买国内产品产生更大的影响，而消费者世界主义对购买国外产品产生更大的影响。

微观国家形象是消费者对某一国产品层面的感知（Roth and Romeo，1992）。这种产品层面的感知，在全球化时代可能会启动个体的国家认同价值观，其国家认同水平差异会调节对产品的购买意愿。而越高的国家认同水平，意味着对代表本国文化的产品偏好可能越强烈。综上所述，我们提出如下假设：

　　H5a：在同样水平的微观国家形象感知下，对本国国家认同水平越高的外国消费者，对"中国制造"产品的评价越低。

　　H5b：在同样水平的微观国家形象感知下，对本国国家认同水平越高的外国消费者，对"中国制造"产品的购买意愿越低。

三、 价值意识的调节作用

价值意识是基于感知价值概念提出的。感知价值是指消费者根据自己得到的和付出的对比而产生的对一个产品效用的总体评价,其评价会因人而异(Zeithaml,1988)。据此,Lichtenstein 等(1990)从消费者心理视角,将价值看成是一个质量和价格对比的概念,这类似于我们生活中所说的"性价比"。Sharma(2011)则把价值意识定义为在一定质量水平约束下,消费者对支付低价的关心。高价值意识的消费者既看重高的产品质量,又想尽可能支付较低的价格,会对不同品牌的价格和质量进行比较,从而取得最大的价值。

很多研究表明,价值意识会影响到消费者的消费行为。这些研究主要涉及到价值意识会影响优惠券的使用(Lichtenstein et al.,1990);价值意识对企业定价策略和劝说策略产生的影响(Pillai and Kumar, 2012);消费者的价值意识还会影响其零售商品牌的选择(Delgadoballester et al.,2014),自有品牌的购买者往往都是高价值意识的消费者(Ailawadi et al.,2001);价值意识不仅对购前消费行为产生影响,商家的低价保证对消费者的购后搜寻行为的影响也受价值意识的调节(Duttaa et al.,2005)。

消费者的价值意识也影响了消费者对全球产品的购买。Usunier (1994)发现在发达国家市场中,那些具备较高价值意识的消费者对来自欠发达国家市场的产品的购买意向更强。Sharma(2011)的研究表明,价值意识影响了发达国家消费者对来自发展中国家产品的购买意愿。研究发现,发达国家市场中高价值意识的消费者在购买来自新兴市场的汽车产品决策时,有着更积极的购买意愿。

实际上,在同类产品中,中国制造的大多数产品在国外市场上的价格比来自发达国家制造的产品更低,具有较好的价格优势。因此,在质量获得消费者接受的情况下,较高质量但较低价格的中国制造的产品可以使其获得较高的性价比。这样,对于那些高价值意识的国外消费者可能会增加他们对"中国制造"的购买意愿。基于以上分析,我们提出如下假设:

H6:在同样水平的"中国制造"态度下,价值意识越高的外国消费者,对"中国制造"产品的购买意愿会相对越高。

为验证以上的研究假设,本章拟展开两个研究。研究一,首先验证中国国家形象对"中国制造"的作用机制,检验假设 H1a、H1b、H1c、H2、H3 和 H4,以英国市场消费者为测试样本;研究二,采用美国市场消费者为新的样本,进一步验证中国国家形象对"中国制造"态度的作用机制是否存在跨国稳定性(再次检验研究一的各项假设);在此基础上,加入国家认同和价值意识两个调节变量,验证国家形象产生效用的作用条件(检验假设 H5a、H5b 和 H6)。概念模型如图 9-1 所示。

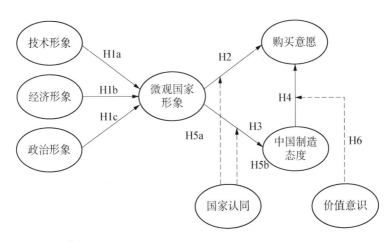

来源:本书作者。

图 9-1　概念模型

第二节　研究一

一、 研究设计与样本描述

我们样本的数据采集是通过与市场研究公司 Ayton Global Research 的合作,采用配额抽样的方法和在线调查的方式进行。在调查品类的选择上,一方面,我们根据中国海关商品出口数据和 WTO 的贸易数据选择出口贸易量较大的品类。另一方面,我们在英国本土市场做了消费者调查,选定 20 位消费者,让他们列出在英国市场上购买过、使用过或见到过最多的 15 类中国制造的产品。综合上述两方面,我们选出了 10 类产品,分别是手机、电脑、服饰、电视机、微波炉、玩具、太阳镜、手表、厨具和鞋。所选的这些品类基本上也是英美等发达国家消费者所熟悉的中国制造产品。每位参与者被随机地分配到某一品类的调查中。为了确保所设计的问卷对当地消费者更简明、易懂,语言不存在错误或歧义,在正式发放问卷前,我们先让 10 位本土英国消费者填写了问卷。在他们提出了一些修改和完善建议的基础上形成了最后的正式问卷。

　　在英国市场中我们发放了 1 200 份问卷,共回收 995 份问卷。其中,有效问卷 824 份,有效率为 82.3%。女性占 53.2%,男性占 46.8%。年龄分布主要集中在 26 至 45 周岁,占样本的 72.8%。有 10.6% 的被访者表示至少来过中国一次,89.4% 的被访者表示没有来过中国。

二、 量表与测量

　　在测项上,研究中涉及到的构念均有比较成熟的测量量表,内容效度有基本保证。在结合前人的操作方法和对量表信度分析的基础上,研究一的量表和测项使用情况如下:在宏观国家形象和微观形象的测量上,我们采用了 Pappu 等(2007)的做法,将宏观国家形象划分为技术形象、经济形象和政治形象 3 个维度,每个维度 3 个测项,一共 9 个测项。对微观国家形象的测量,采用的是 8 个测项。这两个量表测项测量均采用 Likert 11 点方法,其中,"1"表示强烈不同意,"11"表示强烈同意。对于对中国制造产品态度的测量,我们采用了单问题,即"你对中国制造产品的喜欢程度",并采用 Likert 7 量表测量,其中,"1"表示不喜欢,"7"表示喜欢。对于购买意愿的测量,我们使用了 Putrevu 等(1994)的测量量表,一共 3 个测项。我们对以上所有的量表都进行了信度检验,Cronbach's α 系数均大于 0.7,量表信度达到接受水平。

三、 信度和效度检验

　　首先,我们进行信度效度检验,构建了一个包含 5 个潜变量(中国制造评价因为单一维度测项未列入)的验证性因子分析模型。考虑到英国市场测试为大样本数据(824 个被试)可能造成 CMIN/DF 偏高,我们分别做了两次检验。第一次以全样本进行验证,结果显示,模型拟合指数:

$\chi^2_{(229)} = 1449.56$，$\chi^2/df = 9.06$，p$<$0.000；GFI$=$0.833，CFI$=$0.892，IFI$=$0.893；NFI$=$0.881，TLI$=$0.872，RFI$=$0.859，RMSEA$=$0.099。此外，5个潜变量之间的相关系数在0.31到0.71之间，且每个潜变量AVE的平方根均大于该变量与其他变量的相关系数。检验的结果由于CMIN/DF值较高，我们随后在总体样本中随机抽取了231个样本，重新计算CFA。结果显示，各项指标结果和第一次总样本检验结果基本一致，但拟合指数有所改善，CMIN/DF下降到了2.468，达到可接受水平。统计结果也表明，除技术形象的AVE值低于0.5的接受水平外，其他信度和效度指标都达到了可接受水平。总体而言，本研究的量表具有较好的信度和效度(见表9-1)。

表9-1 量表的信度和效度(全样本结果)

构念	标准路径系数	t 值	AVE	CR	Cronbach's α
技术					
经济高度发达	.443	—	0.41	0.65	0.65
高工业水平	.861	11.260			
技术研究水平高	.528	9.932			
经济					
高生活水平	.743	—	0.59	0.81	0.81
福利体系	.769	20.988			
高劳动力成本	.789	21.483			
政治					
人民政府	.829	—	0.59	0.81	0.81
自由市场体系	.738	21.953			
民主制度	.726	21.520			
微观国家形象					
地位高的	.811	—	0.70	0.95	0.95
技术先进	.741	24.175			
创新的	.765	25.230			
为拥有产品感到自豪	.853	29.518			
可信赖的	.829	28.314			
出色的做工	.866	30.223			
可靠的	.906	32.427			
高级的	.900	32.094			

续　表

构念	标准路径系数	t 值	AVE	CR	Cronbach's α
购买意愿					
我很有可能购买中国制造的	.837	—	0.73	0.89	0.90
下次我购买时,我会购买中国制造的	.875	29.300			
我肯定会尝试中国制造的	.857	28.686			

模型拟合指数: $\chi^2_{(229)} = 1449.56$, $\chi^2/df = 9.06$, p<0.000;GFI=0.833,CFI=0.892,IFI=0.893;NFI=0.881,TLI=0.872,RFI=0.859,RMSEA=0.099

四、 假设检验

进一步地,我们检验研究一的 6 条假设,验证技术形象、经济形象、政治形象与微观形象,以及微观形象与"中国制造"态度和购买意愿之间的因果关系,从而探讨中国国家形象对"中国制造"的作用机制。统计结果如表 9-2 所示。从拟合效度看,$\chi^2_{(229)} = 1558.277$,$\chi^2/df = 6.805$,p<0.000;GFI=0.850,CFI=0.895,IFI=0.895;NFI=0.879,TLI=0.873,RFI=0.854,RMSEA=0.084。卡方与自由度的比值较大($\chi^2/df = 6.805$),这可能是受到大样本的影响。为此,我们随机抽取一半样本,即 412 个被试,再次进行模型检验,结果如表 9-3 所示。表 9-3 的结果与全样本检验的结果基本一致,这说明模型具有一定的稳健性。同时,受样本量过大影响的卡方与自由度的比值也下降到了 3.714,模型达到了可接受水平。

表 9-2　结构方程模型分析结果(研究一)

英国市场全样本	β	b	t	P
主要影响路径				
宏观技术形象→微观国家形象	.571	1.016	9.770	***
宏观经济形象→微观国家形象	.417	.484	4.340	***
宏观政治形象→微观国家形象	−.045	−.042	−.482	.630
微观国家形象→购买意愿	.278	.204	7.254	***
微观国家形象→中国制造态度	.628	.457	18.209	***

续　表

英国市场全样本	β	b	t	P
中国制造态度→购买意愿	.493	.498	13.221	***
控制变量				
年龄→购买意愿	−.068	−.103	−2.448	.014
性别→购买意愿	.069	.187	2.489	.013
访华频率→购买意愿	−.003	−.006	−.093	.926
年龄→中国制造态度	.002	.003	.082	.935
性别→中国制造态度	−.014	−.036	−.492	.623
访华频率→中国制造态度	−.009	−.020	−.340	.734

模型拟合指数： $\chi^2_{(229)} = 1\,558.277$，$\chi^2/df = 6.805$，p<0.000；GFI=0.850，CFI=0.895，IFI=0.895；NFI=0.879，TLI=0.873，RFI=0.854，RMSEA=0.084

注：* 表示 $p<0.05$，** 表示 $p<0.01$，*** 表示 $p<0.001$，β 表示标准化系数，b 表示未标准化系数。表3、表4相同。

表 9-3　随机抽取样本后结构方程模型分析结果(研究一)

英国市场部分样本(412 个被试)	β	b	t	P
主要影响路径				
宏观技术形象→微观国家形象	.587	.982	6.942	***
宏观经济形象→微观国家形象	.441	.511	2.841	.005
宏观政治形象→微观国家形象	−.112	−.106	−.723	.470
微观国家形象→购买意愿	.264	.199	5.022	***
微观国家形象→中国制造态度	.584	.415	11.747	***
中国制造态度→购买意愿	.514	.545	10.002	***
控制变量				
年龄→购买意愿	−.021	−.049	−.520	.603
性别→购买意愿	.049	.129	1.228	.220
访华频率→购买意愿	−.008	−.018	−.210	.834
年龄→中国制造态度	−.023	−.052	−.572	.567
性别→中国制造态度	−.049	−.122	−1.208	.227
访华频率→中国制造态度	−.020	−.042	−.497	.619

模型拟合指数： $\chi^2_{(229)} = 860.506$，$\chi^2/df = 3.714$，p<0.000；GFI=0.839，CFI=0.895，IFI=0.896；NFI=0.862，TLI=0.873，RFI=0.862，RMSEA=0.081

研究结果表明，宏观技术形象和宏观经济形象影响微观国家形象，假设 H1a、H1b 得到了验证。而宏观政治形象并不能影响微观国家形象，假设 H1c 并未得到验证。微观国家形象对"中国制造"评价和购买意愿产生了正向的影响，假设 H2、H3 得到了验证。而"中国制造"的态度也会对购买意愿产生正向作用，假设 H4 同样得到了验证。

五、 讨论

研究一以英国市场为测试样本探究中国国家形象对"中国制造"的态度和其购买意愿的作用机制。研究结果表明：宏观技术形象和宏观经济形象均通过微观国家形象正向促进消费者对"中国制造"的态度和购买意愿，而宏观政治形象不产生显著影响。"中国制造"的态度正向影响消费者的购买意愿。这一结果证实了国家形象对消费者的态度和购买行为的正向关系，即国家形象对消费者态度和行为的机制是通过宏观国家形象影响微观国家形象进而影响消费者的态度和购买行为。但我们的研究结果对这种关系做出了新的解释，那就是：从宏观国家形象分维度角度看，宏观政治形象并不能通过微观国家形象来影响消费者的态度和行为。这与以往研究相比，得到了一个新的研究发现。那么，这一结论是否具有可靠性呢？我们在研究二中采用了新的样本来再次检验研究一的结论；同时，我们继续深入探讨国家形象作用机制的调节效应。

第三节   研究二

研究二以美国市场为测试样本，主要有两个目的，一是再次检验研究一的结论，从而确定模型的跨国稳定性；二是在此基础上加入国家认同和价值意识两个调节变量，验证假设 H5a、H5b 和 H6。

一、 研究设计与样本描述

研究二的样本数据采集也是通过与市场研究公司 Ayton Global Research 的合作，采用配额抽样的方法和在线调查的方式进行的。在调查品类的选择上同英国市场一样，综合选出了 10 种美国消费者最为熟知的品类，在此我们不再做详细介绍。

在美国，共回收问卷 469 份。其中，有效问卷 398 份，有效率为

84.9%。女性占 84.4%,男性占 15.6%。女性明显高于男性的主要原因是：Ayton Global Research 公司的美国数据库中女性比例较高,男性比例较少且不愿意接受调查邀请的数量较多。调查对象的年龄主要集中在 26 至 45 周岁,占样本的 66.1%。有 8.5% 的被访者至少来过中国一次,91.5% 的被访者表示没有来过中国。

二、 量表与测量

对宏观国家形象、微观国家形象、"中国制造"的态度和购买意愿的测量,我们采用与英国市场同样的测量量表和测项。在此基础上,我们加入了国家认同和价值意识两个调节变量的测量量表。国家认同采用了 ISSP(1998)量表,一共 6 个测项。价值意识采用的是 Lichtenstein 等 (1990)的量表,一共 4 个测项。测项测量均采用 Likert 7 点量表,其中,"1"表示强烈不同意,"7"表示强烈同意。

三、 信度和效度检验

同样地,我们在进行研究二的假设检验之前,对模型中的各构念进行了信度和效度的检验。结果显示,模型的拟合指标为：$\chi^2_{(229)} = 707.101$, $\chi^2/df = 4.419$, $p < 0.000$；GFI = 0.844, CFI = 0.930, IFI = 0.930；NFI = 0.912, TLI = 0.917, RFI = 0.895, RMSEA = 0.093,模型的拟合指数良好。信度和效度检验指标结果显示,除调节变量国家认同的信度(0.684)偏低外,其余指标都较好,达到可接受水平。为进一步地提高模型的信度和效度,我们删除了国家认同量表原 6 个测项中的"假如可以提高我工作或生活的条件,我愿意搬到其他国家"以及"我情愿是自己国家的公民而不是其他国家的公民"2 个测项,保留了剩下 4 个测项。删除后的国家认同的 Cronbach's α 系数为 0.732,达到了可接受水平。模型中各构念的信度和效度的测量结果达到了接受水平。

四、 假设检验

首先,我们以美国市场为测试样本,检验研究一的结论是否具有跨国稳定性。为此,我们进行了研究二的主效应检验,统计结果见表 9-4。

表 9-4　主效应检验结果(研究二)

美国市场	β	b	t	P
主要影响路径				
宏观技术形象→微观国家形象	.455	.578	6.211	***
宏观经济形象→微观国家形象	.340	.453	1.882	.060
宏观政治形象→微观国家形象	.132	.144	.880	.379
微观国家形象→购买意愿	.342	.241	6.923	***
微观国家形象→中国制造态度	.681	.474	14.965	***
中国制造态度→购买意愿	.491	.497	10.237	***
控制变量				
年龄→购买意愿	-.117	-.194	-3.506	***
性别→购买意愿	.016	.070	.484	.629
访华频率→购买意愿	.058	.184	1.742	.082
年龄→中国制造态度	-.065	-.107	-1.787	.074
性别→中国制造态度	-.009	-.037	-.235	.815
访华频率→中国制造态度	.067	.208	1.821	.069

模型拟合指数:$\chi^2_{(229)}=777.074$,$\chi^2/df=3.393$,p<0.000;GFI=0.857,CFI=0.933,IFI=0.934;NFI=0.909,TLI=0.920,RFI=0.890,RMSEA=0.078

　　表 9-4 的结果显示出模型具有良好的拟合效度。验证的结果同英国市场测量样本结果一致。模型中所提出的假设 H1a、H1b、H2、H3和 H4 得到了验证,而假设 H1c 没有通过验证。这说明,以美国市场为测试样本,中国国家宏观技术形象和宏观经济形象通过微观国家形象对中国制造态度和购买意愿产生作用,而国家宏观政治形象的作用不显著。因此,这一结果显示了我们的研究具有跨国稳定性,同时也表明消费者对"中国制造"的态度会正向影响其产品购买意愿。

　　接下来,检验国家认同和价值意识的调节作用。在检验中,我们首先求出国家认同测项的平均值,根据测量结果,将样本按照高于或低于平均值的方法,分为了高国家认同组和低国家认同组。同样地,我们根据价值意识的 4 个测项的平均值,按照高于或低于平均值的方法,也分为了高价值意识组和低价值意识组。在此基础上,参考 Eisingerich 和 Rubera(2010)的临界比方法(critical ratio for difference between structural loading)来检验本研究中的调节效应,结果如表9-5所示:

表9-5　国家认同和价值意识的调节效应

美国市场测试样本	全样本	低	高	临界比法
国家认同调节				
微观国家形象→购买意愿	.342***	0.512***	0.258***	−3.039
微观国家形象→中国制造态度	.681***	0.704***	0.666***	−1.703
价值意识调节				
中国制造态度→购买意愿	.491***	0.409***	0.543***	1.355

　　国家认同调节效应的检验结果表明:在同样水平的中国微观国家形象感知下,消费者对自身国家认同水平越高,其对中国产品的购买意愿就越低(t=−3.039>1.96,在P<0.05水平下显著),国家认同负向调节微观国家形象对消费者购买意愿的影响。同时,国家认同也负向调节微观国家形象对"中国制造"的态度(t=−1.703,在P<0.1的水平上边缘显著),即相同中国微观国家形象认知水平下,高国家认同水平的外国消费者,对中国制造的评价相对更低。假设H5a、H5b都得到了验证。价值意识调节效应的检验结果表明:价值意识正向调节消费者的"中国制造"态度对购买意愿的影响(t=1.355,在P<0.1的水平上边缘显著)。即在相同的"中国制造"的态度水平下,价值意识越高的外国消费者,对中国制造的产品购买意愿越强;反之,则购买意愿越低。假设H6也得到了验证。

五、　讨论

　　研究二证实了研究一的结论,即中国国家形象对"中国制造"评价和购买意愿的作用机制是:中国国家宏观技术形象和宏观经济形象通过微观形象来影响外国消费者对"中国制造"的态度和购买意愿,但宏观政治形象没有显著作用。研究二进一步发现,国家形象对外国消费者的产品态度和购买行为产生的作用受其国家认同和价值意识的调节。具体是,国家认同负向调节微观国家形象对外国消费者购买意愿的影响,也负向调节微观国家形象对"中国制造"的态度;价值意识正向调节外国消费者的"中国制造"态度对其购买意愿的影响。

第四节 结论与战略指引

一、 结论与理论贡献

本章以英美发达市场消费者为样本,探究中国国家形象对"中国制造"的影响机制和国家形象产生作用的条件,得到如下结论:

第一,中国国家形象对"中国制造"态度和购买意愿的作用机制是:中国国家宏观技术形象和经济形象直接影响中国微观国家形象,进而对"中国制造"态度和购买意愿产生正向作用。同时,外国消费者对"中国制造"的态度正向促进了其购买意愿。但是,中国国家宏观政治形象并不产生上述的影响作用。研究结论具有跨国的稳定性,在英、美两个发达国家的消费者样本中都得到了验证。

第二,中国国家形象对"中国制造"态度和购买意愿产生作用的条件是:外国消费者对其自身国家的认同水平负向调节中国微观国家形象对"中国制造"的态度和购买意愿,即在相同水平的中国微观国家形象感知下,消费者对其自身国家的认同水平越高,对"中国制造"的态度和购买意愿就越低。价值意识正向调节"中国制造"态度对购买意愿的影响,即在相同水平的"中国制造"态度下,高价值意识的消费者对"中国制造"产品的购买意愿更强。

此前,研究者们对国家形象与消费行为之间的关系展开了大量的研究,探究了国家形象是如何影响消费者的态度和购买意愿的。过去的大部分研究都表明国家形象会显著影响消费者的态度和购买行为,其作用机制可被解释为:国家形象会影响消费者对该国产品的态度从而影响消费者的购买意愿。或者如一些研究提出的,宏观国家形象通过微观国家形象来影响消费者的产品态度和购买意愿。但在这些研究中,很多直接将国家形象当作一个整体构念去探究其对消费者态度和行为的影响。部分研究虽然将国家形象分为了宏观和微观两个方面去探讨,但仍未清楚地告诉我们宏观国家形象各个维度对"中国制造"评价的作用机制是怎样的。另外,国家形象是不是总是显著影响消费的态度和行为? 国家形象战略是不是总是有效? 这些问题在过往的研究中并未得到清楚地回答。

在本章中,我们将宏观国家形象视为一个多维度的概念,从宏观技术、宏观经济和宏观政治三个层面来探讨国家形象是如何影响外国消费者对"中国制造"的态度和购买意愿的。与过去研究相同的是,我们再次证实了宏观国家形象会通过微观国家形象影响消费者态度和行为。而与过去研究不同的是,我们发现宏观国家形象的影响只限于宏观技术形象和经济形象,宏观政治形象并不产生作用。而且,我们利用英、美两国的调查数据都验证了该结论,说明该结论具跨国的稳定性。另外,需要说明的是,虽然一些研究(Alvarez and Campo, 2014)表明政治事件对消费者购买意愿会产生影响。然而,在本章中,我们把政治形象同那些研究中所定义的政治事件区分看待。我们认为,这里的政治形象是指消费者对一国长期发展过程中形成的刻板印象,而政治事件则是一个短期的偶发现象。

其次,我们发现国家形象对外国消费者对"中国制造"的态度和购买意愿的影响是存在作用条件的。具体来说,国家形象对消费者行为产生的影响受到国家认同和价值意识的调节。消费者对自身国家的认同水平负向调节中国微观国家形象对其"中国制造"态度和购买意愿的影响,而价值意识又会正向调节"中国制造"态度和购买意愿之间的关系。

二、 实践意义

本章的结论对实施国家形象战略具有积极的实践价值。

首先,关于如何设计国家形象的宣传内容。研究结论表明,经济形象和技术形象对微观国家形象有着积极的作用并正向影响外国消费者对"中国制造"的态度和购买意愿,而政治形象并不通过微观国家形象产生影响。因此,在商业领域进行国家形象宣传内容的制作上,我们应更有针对性,可考虑更加突出中国经济层面和技术层面的内容宣传。例如,展示中国快速发展的经济指标,并呈现出高工业化、高技术研究水平和高生活水平的国家形象。

其次,关于如何进行微观国家形象的打造。研究结论表明,宏观国家形象通过微观国家形象来影响外国消费者对"中国制造"的态度和购买意愿,微观国家形象起到了中介作用。而微观国家形象主要是产品层面的国家形象,因此,再好的宏观国家形象的宣传,都离不开过硬的"中国制造"。即应该打造先进的产品技术水平、持续的产品创新、精湛的制造工艺形象。这也正对应了2015年国家发布的《中国制造2025》目标打造制造强国和2016年提出的"品牌强国"战略。

最后,关于如何提升国家形象战略的有效性。研究结论表明,国家认同水平负向调节中国微观国家形象对外国消费者的"中国制造"态度和购买意愿的关系,价值意识则会正向调节。因此,我们在国家形象战略实施中,一是要高度关注宣传对象国的特征,当对象国的消费者整体国家认同水平越高,意味着中国国家形象战略实施的效果可能就越差,并可能会导致越频繁的中国国家形象宣传,反而可能会形成越高的外国消费者本国国家认同水平,从而使之对"中国制造"的态度和购买意愿降低。在这种情况下,我们可以转移宣传着眼点,通过宣传"中国制造"高性价比的特征来激发和强化消费者的价值意识,从而有效促进消费者对"中国制造"的购买意愿。即通过突出消费者的"性价比"意识,削弱外国消费者的国家认同水平对中国产品购买意愿的负向调节作用。

第十章
中国品牌全球化、国家形象的
溢出效应研究

近年来,中国政府出台了一系列政策,把品牌战略提升到国家战略层面,旨在推动品牌全球化,要求发挥具有国际影响力的品牌对经济的引领作用(详见国办发〔2016〕44 号文件)。从商业层面看,借助数字化技术和国家政策支持,越来越多的中国品牌走向全球,成为新兴市场品牌全球化的标杆(Kumar and Steenkamp,2013)。在 2019 全球最具价值品牌 BrandZ 排行榜中,小米、海尔、腾讯和阿里巴巴等 15 个中国品牌出现在榜单中。而在 2019《财富》世界 500 强品牌排行榜中,中国品牌(129 个)首次在数量上超越美国品牌(121 个)。这就形成了这样一种可能性,即在新兴市场品牌全球化过程中,代表性商业品牌在全球市场上的表现及其所形成的集体性合力,反过来会影响消费者对其国家品牌形象和其他产品品牌资产的评价。例如,对于中国高铁在国际市场上所取得的声誉,美国《时代》周刊作者 Austin Ramzy 撰文称,这些年来,对速度永无止境的追求于中国铁路而言已是常态。中国高铁已成为境外记者观察中国发展的一扇窗口。[①] 从学术研究看,这些新的实践蕴含着新的研究主题,即新兴市场品牌全球化是否会对国家品牌形象产生影响,以及如何产生影响? 探究和回答这个问题对于政府从商业品牌的角度提升国家品牌形象,提高走向全球的品牌对经济的引领作用具有明确的战略指引(何佳讯

---

① 资料来源:https://www.sohu.com/a/106903676_119731。

和吴漪,2020)。

在理论上,相关研究表明,产品品牌资产与国家品牌资产密切相关,两者之间可以相互促进(Lee and Lockshin,2012；Lee et al.,2016)。但在传统原产国效应相关文献中,研究者更多是聚焦于从国家品牌资产到产品品牌资产的正向影响路径(Wang et al.,2012；Herrero-Crespo et al.,2016；Kim et al.,2017；范庆基,2011),而忽略了从产品品牌资产到国家品牌资产的逆向影响路径。在研究范式上,研究者往往把产品品牌的来源国形象作为晕轮效应,探究这种晕轮效应在何种条件下,通过何种机制影响消费者对产品品牌的消费行为和态度评价(Pappu et al.,2007；Balabanis and Diamantopoulos,2011；汪涛等,2017)。但实际上,这种由国家品牌资产到产品品牌资产的研究取向并不能有效反映品牌全球化背景下,产品品牌资产对国家品牌资产的逆向影响效应,以及由此对其他产品品牌资产所产生的溢出效应。正如 Halkias 等(2016)所指出的,尽管在经济全球化背景下,原产国效应研究与全球品牌化研究息息相关,但研究者在开展具体研究时,往往把这两个研究领域割裂开来。目前为止,还鲜有研究从理论上和实证上对两者进行有机整合,探究新兴市场品牌全球化如何逆向影响国家品牌形象及其所引发的溢出效应。

考虑到上述实践和理论两大背景,本研究尝试整合原产国效应和全球品牌化两个领域的相关研究,剖析中国品牌的全球性资产在何种层面及何种程度上影响国家品牌形象,以及如何通过这种逆向影响效应产生溢出效应,影响消费者对产品品类内(外)的品牌态度。具体而言,本研究主要聚焦于回答以下问题:第一,中国品牌的感知品牌全球性能否提升其产品品牌本身的资产?第二,产品品牌资产能否对国家品牌形象产生影响,这种影响的理论基础是什么?第三,逆向影响效应所激发的国家品牌形象能否产生溢出效应,影响同一国家的其他产品品牌资产?通过探究这三个基本问题,本研究的创新之处主要有三个方面:第一,系统性地把全球品牌化和来源国效应两个分离的研究领域整合起来,论证品牌所内蕴的全球性资产可以促进国家品牌形象;第二,完善和补充了传统的原产国效应理论,以实证研究拓展逆向原产国效应研究;第三,综合信号理论、联想网络记忆模型和类别化理论,为今后深化品牌全球化和逆向原产国效应研究提供了综合性理论基础。

第一节　文献回顾与研究假设

一、　全球品牌资产相关研究

全球品牌具有不同于一般品牌的独特价值联想(Steenkamp et al.,2003;Hsieh,2004;何佳讯,2013a)。这种价值联想被现有研究冠以"全球品牌资产"、"品牌全球性"、"全球神话"、"全球品牌形象"和"全球品牌联想"等多元化称谓,但却共同反映了全球品牌区分于一般品牌所拥有的资产。

有关全球品牌资产相关文献的回顾表明(何佳讯,2013a;吴漪和何佳讯,2017),现有研究主要从营销标准化和消费者认知两个视角来衡量品牌资产的大小。在营销标准化视角下,全球品牌资产可看作品牌在全球范围内的资产汇总。其大小取决于全球品牌在不同国家市场上的形象的一致性程度,以及品牌所进入全球市场的数量。在消费者认知视角下,全球品牌资产与 Keller(2013)所提出的经典品牌资产概念一致,即把全球品牌资产视为消费者在心智中对全球品牌的利益联想所带来的差异化反应。在这一思路下,与全球品牌相关的资产可分为两类:其一为功能联想,这主要体现为品牌质量;其二为心理联想,这主要体现为品牌声望(Steenkamp et al.,2003;Swoboda et al.,2012)。此外,其他相关研究所提出的全球品牌资产维度也在一定程度上反映了这两类联想,如社会认同表达力、社会责任和全球公民信仰等(Holt et al.,2004;Strizhakova et al.,2008;Xie et al.,2015)。事实上,不管是质量还是声望,其在某种程度上也可被其他一般性品牌所共享。对此,Steenkamp 等(2003)引入了"感知品牌全球性"这一构念作为对全球品牌资产的独特反映,即消费者在何种程度上认为品牌在多个国家销售并在这些国家中被公认为是全球的。

本研究主要聚焦于消费者认知视角下的全球品牌资产。需要指出的是,尽管相关学者已基于这一视角开展了诸多研究,包括探究全球品牌资产的维度、全球品牌资产的影响效应和全球品牌资产的形成因素(Diamantopoulos et al.,2019;Guo et al.,2019;黄海洋、何佳讯和朱良杰,2019b),但鲜有研究把国家品牌形象纳入到这一研究视角中(Halkias et al.,2016;Huang and He,2019),探究品牌全球化所内蕴的资产对来源国形象的影响。

二、 国家品牌形象相关研究

国家品牌形象来源于传统的原产国效应研究,是指消费者对某一国家的一般性认知和情感,以及由此所衍生的对该国品牌的评价(Dinnie,2001,2008)。由于研究者基于不同的研究情景和研究目的,国家品牌形象在现有文献中存在差异化提法,包括来源国形象(Schooler,1965)、国家形象(Rein et al.,1993)和国家品牌资产(何佳讯和吴漪,2020)等。

国家品牌形象具有多维性,其通常可从两个视角加以解构。第一,基于态度视角,将国家品牌形象划分为认知(cognition)、情感(affect)和意动(conation)三大维度(Laroche et al.,2005)。其中,认知层面的国家品牌形象主要指消费者对特定国家的信念,包括刻板印象和认知图式等;情感层面则主要指一国赋予消费者的情感价值,包括喜爱、认同和厌恶等;意动层面则主要指消费者对来源国的行为意向,包括投资和旅游等(Roth and Diamantopoulos,2009)。相关研究也证实了这一划分的有效性(Brijs et al.,2011;杨一翁等,2017)。比如,Brijs 等(2011)运用结构方程模型检验了国家品牌形象内部成分的相关关系,支持了认知国家形象影响情感国家形象、情感国家形象影响意动国家形象的推断。类似地,杨一翁等(2017)通过构建高介入度购买情景下的国家品牌形象的影响效应模型,发现认知、情感和意动三者间存在递进影响关系。然而,按照 Roth 和 Diamantopoulos(2009)的文献回顾,现有约三分之一的研究聚焦于从认知层面对国家品牌形象进行测量。事实上,在概念和操作中完全区分来源国的认知成分、情感成分和意动成分也非易事(Laroche et al.,2005)。

第二,基于层次视角,把国家品牌形象划分为宏观国家形象和微观国家形象(Pappu et al.,2007)。前者是消费者在整体层面上对某一国家形象的感知,即与该国相关的所有描述性(descriptive)、推论性(inferential)和信息性(informational)信念的总和。后者则聚焦于产品形象,是消费者在具体层面上对源于某一国家的产品形象的感知。进一步地,宏观国家形象和微观国家形象可细分为整体国家形象(basic country image)、产品国家形象(product country image)和类别国家形象(category country image)(Josiassen et al.,2013;Andéhn et al.,2016)。整体国家形象与宏观国家形象类似,聚焦于从总体层面描述消费者对某一个国家所持有的综合性信念。产品国家形象和类别国家形象则均聚焦于微观层面,衡量消费者对某一个国家的产品的评价,但两者存在差异。前者以某一个国家的整体产品作为对象,并没有对产品品类进行划分;后者则对产品品类进行划分,衡量消费者对源于某一国家的某个品类产品的态度。这种划分具有很强的实践价值,因为对于给定的国家,消费者对其产品形象的判断会随产品不同而存在差异。

由于本研究需要探究国家品牌形象对其他产品品类的溢出效应,因此把国家品牌形象视为由整体国家形象、产品国家形象和类别国家形象三部分构成。另外,需要指出的是,尽管现有研究已经剖析了这三者对消费者品牌行为意向的影响效应,但却缺乏研究比较和区别这三者的影响效应差异,以及支撑这种差异的理论基础。

三、 逆向来源国效应相关研究

来源国形象与品牌形象之间的互动关系一直是来源国效应研究中的重点(Lee et al.,2016)。在以往的相关文献中,国家品牌形象通常被视为一种晕轮效应,在消费者对产品缺乏客观认识时,他们可以借助这种晕轮效应来推断产品的信息或形成对产品的刻板印象(Lee et al.,2016)。沿着这一研究范式,研究者探究了国家品牌形象对品牌资产(Andéhn et al.,2016)、品牌形象感知(Koubaa,2008)和品牌购买意向(Wang et al.,2012)等的影响。按照 Pharr(2005)对原产国效应相关研究的文献回顾,上述研究范式可一般性地归结为这样的前后影响过程:与国家相关的具体信念(country-specific beliefs)、与原产国相关的联想(COO-related thoughts)、原产国品牌评价(COO brand evaluations)、购买意向

(purchase intentions)。

但随着经济全球化的扩张,上述由国家品牌资产到产品品牌资产的研究范式开始受到挑战。因为贸易在全球范围内的流通有可能使得消费者大量体验到源于某一国家的品牌,但却对该国缺乏认知。在这种情况下,消费者有可能借助这些品牌形象来推断其来源国形象(Magnusson et al.，2014)。此外,随着越来越多新兴市场的品牌走向全球,其在一定程度上也缓解了全球消费者对其来源国所持有的刻板印象(Kumar and Steenkamp, 2013)。这些实践背景为产品品牌资产逆向影响国家品牌资产提供了基础。目前为止,有少量学者尝试开展这一方面的研究(Lee and Lockshin, 2012; Lee et al.，2016; Magnusson et al.，2014)。这些研究初步表明,代表性商业品牌与该品牌来源国之间有很强的联结关系,甚至会产生逆向影响效应和溢出效应。但总体而言,逆向来源国效应研究还处于起步阶段。本研究拟在新兴市场品牌全球化的背景下,结合全球品牌化相关研究,尝试拓展和深化逆向来源国效应研究。

接下来,本研究综合信号理论、联想网络记忆模型和类别化理论,推演产品品牌资产对国家品牌形象的影响机制及其所产生的溢出效应。

四、 研究假设

(一)信号理论:感知品牌全球性的影响效应

信息经济学中的信号理论认为,市场信息的不完整性和不对称性可以通过信号传递的方式加以弥补,以增强买卖双方之间的信息透明度,提高市场交换效率。在消费者行为研究领域,相关研究表明,消费者在评估某一品牌时,通常会使用一系列线索作为信号来推断产品的质量和品质,以降低可能存在的风险(Özsomer, 2012)。这些信号在产品成本高昂或产品信息不易获取的情况下显得尤为重要。实际上,感知品牌全球性可视为一种优质的品牌信号,特别是对新兴市场的消费者而言(黄海洋等,2019)。这一信号可从三个角度加以理解。第一,按照 Steenkamp(2014)的解释,感知品牌全球性意味着品牌超越地理边界和文化边界,在全球范围内具有广泛的可得性。从这个角度分析,消费者偏好全球品牌的原因在于,感知品牌全球性可传递出关于品牌质量的信息。否则,其难以在全球范围内取得成功且消费者被广泛接受。第二,按照 Özsomer(2012)的解释,感知品牌全球性包含成就、激动人心、社会认可、现代性和全球公民信仰等信息。这也在一定程度上解释了为什么面子意识强的消费者更加偏好高感知品牌全球性的品牌,以此向他人展示外在自我(Huang and He,2019)。从这个角度分析,感知品牌全球性这个信号可传递出品牌声望的信息,体现了人与人之间对比的优越性。第三,感知品牌全球性还代表着高的认可度和知名度,即品牌在全球范围内可被消费者较为容易地识别。这一点可从 Interbrand 与 BrandZ 两大权威品牌排行榜的评价方法指标及其结果中得到印证(何佳讯,2017)。从这个角度分析,塑造品牌的全球性可增强消费者的品牌知识,强化品牌记忆和品牌意识。基于此,本研究提出以下假设:

H1:感知品牌全球性正向影响品牌质量(H1a)、品牌声望(H1b)和品牌知识(H1c);

(二)联想网络记忆模型:产品品牌资产的逆向原产国效应

在原产国效应相关研究中,国家形象可视为人们对某一国家的信念和印象的总体集合,这些集合由一系列与该国相关的联想和信息片段构成(Kotler et al.,1993;Wang et al.,2012;Li et al.,2014)。因此,从消费者认知角度分析,国家形象可看作由一系列联想所构成的心理网络(mental network of associations),即与某一特定国家相关的情感和认知的心理联想集合(Magnusson et al.,2014)。这为本研究基于联想网络记忆模型推演产品品牌资产逆向影响国家品牌资产提供了基础。依照联想网络记忆模型的观点(Keller,2013),人类的记忆可以被理解为由一系列相互链接的节点所构成的网络,这些节点用于编目、登记和存储信息。在这个网络结构中,节点通过信息之间的关联程度联系起来。如果两个节点所存储的信息具有较强的联系,那么激活其中一个节点则有可能通过记忆系统中的激活扩散引发另一个节点。如果两个节点所存储的信息联系较弱,那么节点之间则难以相互激活。特别地,联想网络记忆模型进一步把关联节点之间的激活视为双向(bidirectional)而非单向(unidirectional)。例如,消费者可从与法国国家形象相关的记忆中提取关于香水的信息,反过来也可从与香水相关的记忆中提取关于法国的国家形象(Lee et al.,2016)。

从这个角度分析,产品品牌也可以反过来影响国家品牌,即产生逆向影响效应。具体到本研究,可以推测代表性中国品牌在全球市场上的表现可以引发消费者对中国国家形象的判断。基于前述联想网络记忆模型,中国品牌与中国国家品牌之间存在信息关联性,可归结为联系较强的节点组。因此,通过激活消费者关于中国品牌的联想可以较为容易地通过激活扩散引发消费者关于中国国家形象的联想。与旅游目的地形象相关的研究也证实了这一点,即消费者对旅游目的地的印象判断会反过来正向影响他们对该国国家形象的态度评估(Lee and Lockshin,2012)。基于此,本研究提出以下假设:

H2:产品品牌资产正向影响国家品牌形象,具体地:

H2a:品牌质量正向影响整体国家形象、产品国家形象和类别国家形象;

H2b:品牌声望正向影响整体国家形象、产品国家形象和类别国家形象;

H2c:品牌知识正向影响整体国家形象、产品国家形象和类别国家形象;

（三）类别化理论:国家品牌形象的溢出效应

类别化理论认为,消费者在记忆系统中把事物按照不同的认知类别组织起来,以简化事物之间的复杂性,提高信息处理效率(Sichtmann and Diamantopoulos,2013)。这种认知图式实际上反映了个体从特定实例中抽象出来的、有组织的先验知识认知结构。如果消费者将一个新的事物感知为某个特定认知类别的成员,那么为简化认知过程,他们往往会从记忆系统中检索存储的信息,并把相关类别联想和态度评估转移到这个新事物上。比如,在经典的品牌延伸相关研究中,母品牌通常作为类别储存在消费者记忆系统中,消费者对子品牌的评估及属性判断一般源于对母品牌的先验知识(Sichtmann and Diamantopoulos,2013)。类似地,Magnusson等(2014)指出,代表性品牌和国家品牌一般作为类别储存在消费者记忆系统中。如果代表性品牌及国家形象遭到破坏,那么消费者往往会把这种负面评估传递到组成该类别的其他品牌上。顺应这一逻辑推演,本研究提出整体国家形象、产品国家形象和类别国家形象正向影响消费者对同一产品品类内的品牌态度。

此外,类别化理论认为,类别联想之间的转移程度受到类别相似性的影响。如果类别成员与主类别越相似,那么主类别的联想就越有可能转移到类别成员上。反之,如果两者之间的相似性较小,那么消费者对主类别的认知结构则难以整合到类别成员上。这意味着国家品牌形象的不同维度对同一产品品类内的品牌态度的影响存在差异。具体地,类别国家形象衡量的是某个特定产品品类在消费者心目中所处的位置,具体包括产品品类自身的表现及其与国家联结的程度。因此,与更为抽象的整体国家形象和产品国家形象相比,类别国家形象与同一产品品类内的其他品牌具有更强的相似性。本研究推测,消费者对类别国家形象的联想更为容易地传递到同一产品品类内的其他品牌上,致使其比其他两个国家品牌形象维度更大地影响消费者对这类品牌的态度评估。基于此,本研究提出以下假设:

H3:整体国家形象(H3a)、产品国家形象(H3b)和类别国家形象(H3c)正向影响消费者对同一产品品类内的品牌态度;

H4:相对于整体国家形象和产品国家形象,类别国家形象对同一产品品类内的品牌态度产生更大的影响效应;

品类态度还存在对品类外的溢出影响效应。有关品牌危机研究表明,当某一品牌发生危机时,消费者对某一品类的品牌态度会转移到其他品类的品牌态度上,即"城门失火殃及池鱼"(王晓玉,2012)。比如,成品品牌爆发要素相关的负面事件时(手机行业),消费者将更愿意获取与要素有关的知识,因此,这种危机会产生溢出效应,负向影响消费者对要素品牌的态度评估(电池行业)(何云等,2017)。需要明确的是,溢出效应是双向的,既包括正向态度溢出,也包括负向态度溢出。在原产国效应的相关研究中,Agarwal 和 Sikri(1996)的研究表明,由国家形象所引发的消费者对于某一特定品类的品牌的正面态度能够提升消费者对源于同一国家的其他品类的品牌态度。与此类似,Torelli 和 Ahluwalia(2012)关于文化象征性品牌延伸有效性的研究表明,即使两个品牌处于完全不同的产品品类,消费者对某一个国家的品牌的评估和认知会影响他们对其他类别的品牌的态度。基于此,本研究提出以下假设:

H5:产品品类内的品牌态度正向影响产品品类外的品牌态度;

此外,基于以往研究的影响关系逻辑(范庆基,2011),以及验证本研究的可靠性,我们增加了国家品牌形象内部维度之间的递进影响路径,即整体国家形象正向影响产品国家形象,进而正向影响类别国家形象。该递进影响关系可从经典的晕轮效应相关研究中得到佐证,即处于高一层次的国家形象会影响消费者对低一层次的国家形象的态度评估(何佳讯等,2017)。基于此,本研究提出以下假设:

H6:国家品牌形象内部维度之间存在递进影响关系,即整体国家形象正向影响产品国家形象(H6a),产品国家形象正向影响类别国家形象(H6b)。

综上,本研究的理论模型如下所示。

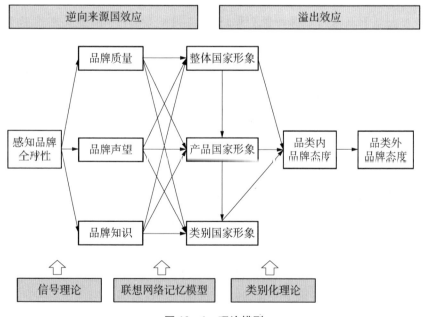

图 10-1　理论模型

第二节　研究方法、数据分析与结果

一、测试客体及样本

为保证测试客体的有效性，本研究设定以下标准进行甄选：第一，以学界及业界公认的 Interbrand 中国最佳品牌排行榜和 BrandZ 中国最具价值品牌排行榜为依据（Steenkamp，2014）。所选品牌需同时出现在这两个权威排行榜 2017 年的榜单上；第二，所选品牌需在一定程度上实现全球化。为此，我们参考学界对于全球品牌的定义（包括海外销售额占比和销售覆盖的国家数量等）（Özsomer，2012），详细查看这两份榜单所附带的报告。如报告无法确认，则以品牌官网所提供的信息为参考进行确认；第三，为提高研究的外部效度，减少因品类集中所带来的结论偏差，我们参考以往研究（Zhou and Belk，2004；He and Wang，2015），选择互联网服务、金融服务、消费电子和家电 4 个品类，每个品类选取 3 个品牌。其中，互联网服务类包括阿里巴巴、百度和腾讯；金融服务类包括中国工商银行、中国建设银行和中国银行；消费电子类包括华为、联想和中兴；家电类包括格力、海尔和美的。

本研究采用在线的方式采集数据。为了保证每个品牌的填写人群不重合，我们在问卷的发放渠道上进行了分流。具体地，通过第三方专业付费平台收集 4 个品牌的数据；通过个人及朋友的微信圈收集 3 个品牌的数据；通过 QQ、豆瓣、问卷互填贴吧等社交平台收集 5 个品牌的数据。每个完成问卷的被试可获得现金报酬，金额范围为 1—3.5 元。整个问卷收集周期从 2018 年 2 月 7 日持续到 2018 年 2 月 25 日。通过上述 3 种途径，一共收集问卷 924 份。为保证数据的质量，本研究通过两种方式对问卷进行筛选：第一，通过问卷设计平台后台的时间记录，剔除明显不符合正常填写时间的问卷；第二，依据测项的逻辑关系，剔除测项之间相互矛盾的问卷。最终确定有效问卷 550 份，有效率为 59.52%。该有效率与以往的在线调查方式基本保持一致（廖俊云等，2019）。在品牌的数量分布上，每个品类大体相当。其中，互联网服务类占比为 26.18%，金融服务类占比为 25.81％,家电类占比为 24.91％,消费电子类占比为 23.09％。每个品牌的被试数量基本一致,在 40—52 人之间。在人口统计变量上,女性占比为 61.64％,男性占比为 38.36％;18—28 岁和 29—39 岁占比较多,分别为 71.82％和 21.27％;被试具有良好的教育背景,本科学历占比为 57.27％;在职业分布上,在校生占比为 48.55％,在职工作人员占比为 40.18％,两者较为均匀。

二、 变量测量与共同方法偏差

本研究所涉及的构念均基于已有文献,保证了问卷的内容效度。具体地,品牌知识的测项参考 Yoo 和 Donthu(2001)所开发的基于顾客品牌资产量表。品牌声望和感知品牌全球性参考 Steenkamp 等(2003)所采用的测项,品牌质量则参考 Keller 和 Aaker(1992)所采用的测项。整体国家形象、产品国家形象和类别国家形象均参考 Andéhn 等(2016)所采用的测项。品类内品牌态度和品类外品牌态度则参考 Magnusson 等(2014)所采用的测项。为保证所涉测项在中文语境下的意义与英文语境下的意义一致,我们采用翻译加回译的方式将其转化成中文,并进行了预先测试调查和调整。在测量方式上,上述构念均采用李克特七级量表测量。此外,为减少外生变量对结果的影响,本研究参考以往研究(Steenkamp et al.,2003),把是否在品牌所属行业工作、是否使用过该品牌和对所涉品牌的熟悉程度作为控制变量。

为进一步提高测量的严谨性,本研究采用多种方式控制共同方法偏差(Podsakoff et al.,2003)。首先,我们在问卷的标题设计上只提及"品牌态度消费调查"。这种一般性的主题描述可在一定程度上模糊调查意图;其次,在问卷指导语中说明回答并无对错之分,意在鼓励被试如实回答,以降低社会期望效应可能对结果所产生的偏差。另外,为降低由顺序性评分行为惯性对问卷质量的影响,本研究采用不同的测量方式对所涉构念进行测量。比如,在对控制变量品牌熟悉度的测量上,采用五级李克特量表。在对主要变量的测量上,则采用七级李克特量表。最后,我们采用 Harman 单因素法对共同方法偏差进行实证检验,对其中所涉的主要变量做未旋转主成分分析。结果表明,没有一个单独的因子可以解释大部分的变异,第一个因子的方差解释率占 35.67%,低于 50%。综上,共同方法偏差在本研究中并没有实际威胁。

三、 信度、效度及描述性统计

本研究通过验证性因子分析检验建构效度和 Cronbach's α 值检验信度。为此,构建了一个包含主要变量的测量模型。表 10-1 为各构念的相关系数和 AVE 的平方根等;表 10-2 为各构念的测量操作、信度和效度。结果显示,该测量模型具有良好的拟合度($\chi^2_{(247)} = 888.391$; $\chi^2 / df = 3.597$; GFI $= 0.882$; CFI $= 0.910$; IFI $= 0.910$; NFI $= 0.880$; RMSEA $= 0.069$)。各构念的标准化因子荷载值均大于 0.5;组合信度(CR)和 Cronbach's α 值均大于 0.7;构念之间的相关系数介于 0.249 到 0.650 之间,且每个潜变量 AVE 的平方根值均大于该变量与其他变量的相关系数。这些指标表明各构念存在良好的信度和效度。

四、 假设检验与结果

本研究采用结构方程模型来检验上述假设。在考虑相关控制变量的基础上(包括品牌熟悉度、是否在品牌所属行业工作和是否有品牌使用经历),构建全球品牌资产影响国家品牌形象,进而产生溢出效应的影响模型。结果显示,该模型具有良好的拟合度($\chi^2_{(343)} = 812.022$; $\chi^2 / df = 2.367$; GFI $= 0.907$; CFI $= 0.939$; IFI $= 0.940$; NFI $= 0.900$; RMSEA $= 0.050$)。表 10-3 为本研究的假设影响路径检验结果。

具体地,与以往研究一致,数据分析结果表明,国家品牌形象内部维度之间存在递进影响关系。其中,整体国家形象正向影响产品国家形象($\beta = 0.592$, $p < 0.001$),产品国家形象进一步影响类别国家形象($\beta = 0.583$, $p < 0.05$)。因此,本研究所提出的假设 H6a 和假设 H6b 均得到验证。这个结果与以往研究的影响关系逻辑相吻合,表明本研究的数据具有可靠性。

从核心假设来看,感知品牌全球性作为一种信号,可显著提升品牌质量($\beta = 0.785$, $p < 0.001$)、品牌声望($\beta = 0.756$, $p < 0.001$)和品牌知识($\beta = 0.819$, $p < 0.001$)。因此,本研究所提出的假设 H1a、假设 H1b 和假设 H1c 均得到验证。这表明塑造中国品牌的全球性确实有助于克服

表 10 - 1　相关系数和描述性统计

构念	1	2	3	4	5	6	7	8	9
1. 品牌声望	—								
2. 品牌质量	0.580*	0.812							
3. 感知品牌全球性	0.384*	0.367*	0.705						
4. 品牌知识	0.510*	0.443*	0.452*	0.675					
5. 整体国家形象	0.406*	0.369*	0.306*	0.370*	0.733				
6. 产品国家形象	0.348*	0.388*	0.286*	0.249*	0.545*	0.765			
7. 类别国家形象	0.352*	0.368*	0.303*	0.332*	0.409*	0.547*	0.707		
8. 品类内品牌态度	0.450*	0.482*	0.332*	0.341*	0.478*	0.591*	0.650*	0.857	
9. 品类外品牌态度	0.344*	0.372*	0.304*	0.274*	0.471*	0.535*	0.539*	0.636*	0.856
M	5.776	5.357	5.035	5.768	6.084	5.096	4.838	5.069	5.125
SD	1.266	1.205	1.258	0.971	0.935	1.193	1.178	1.252	1.128

注：* $p < .05$。其中，M 代表均值，SD 代表标准差。对角线为各变量的 AVE 值平方根。品牌声望为单测项，不计算 AVE 值平方根。

表 10-2　各构念测量操作与量表信效度

构念及测量		因子载荷	t 值	CR	Cronbach's α
品牌声望	这是一个很有声望的品牌	—	—	—	—
品牌质量	这个品牌的总体质量很高	0.814	—	0.794	0.793
	这是一个高质量的品牌	0.809	15.214		
感知品牌全球性	对我而言，这是一个全球品牌	0.768	—	0.747	0.721
	我不认为外国消费者会购买这个品牌的产品或服务（R）	0.621	12.382		
	这个品牌仅在中国销售（R）	0.719	13.678		
品牌知识	我能在其他竞争品牌中认出这个品牌	0.645	—	0.807	0.801
	我意识到这个品牌的存在	0.634	12.190		
	这个品牌的一些特征容易进入我的脑海	0.718	13.383		
	我能快速回想起这个品牌的符号或标识	0.703	13.182		
	我很难在脑海中想象这个品牌（R）	0.672	12.747		
整体国家形象	我对中国整体持积极态度	0.687	—	0.776	0.796
	中国是个发展良好并稳定的国家	0.768	17.809		
	中国在世界上拥有良好的声誉	0.741	17.255		
产品国家形象	中国的商品和服务一般具有好质量	0.824	—	0.808	0.813
	中国出口的商品和服务向来比其他国家要好	0.744	17.809		

续 表

构念及测量		因子载荷	t 值	CR	Cronbach's α
类别国家形象	中国出口的商品和服务在世界上受欢迎	0.723	17.255		
	中国的[产品品类]质量向来很好	0.839	—	0.746	0.764
	中国的[产品品类]被很多人认为是中国的特色	0.621	14.526		
类别内品牌态度	我将[产品品类]和中国紧密关联	0.640	15.020		
	我觉得中国的[产品品类]品牌的质量很好	0.865	—		
	我觉得中国[产品品类]品牌物有所值	0.859	25.664	0.893	0.890
	我觉得中国[产品品类]品牌是好的	0.848	25.159		
类别外品牌态度	我觉得[产品品类]之外中国其他品类的品牌质量也很好	0.861	—		
	我觉得[产品品类]之外中国其他品类的品牌也物有所值	0.883	25.739	0.892	0.885
	我觉得[产品品类]之外中国其他品类的品牌也是好的	0.824	23.447		

注：品牌声望为单测项，不纳入测量模型中。（R）表示反向测项。[产品品类]表示随互联网服务、金融服务、消费电子和家电 4 个品类而进行调整。

表 10 - 3　假设检验

影响路径	非标准化系数(B)	标准化系数(β)	标准误	t 值	p 值
品牌质量←感知品牌全球性	1.425	0.785	0.180	7.558	***
品牌知识←感知品牌全球性	1.219	0.819	0.132	7.058	***
品牌声望←感知品牌全球性	1.583	0.756	0.201	7.877	***
整体国家形象←品牌质量	0.174	0.224	0.058	3.194	**
整体国家形象←品牌知识	0.190	0.201	0.092	2.705	**
整体国家形象←品牌声望	0.103	0.153	0.038	2.714	**
产品国家形象←品牌质量	0.308	0.272	0.082	3.986	***
产品国家形象←品牌知识	−0.077	−0.056	0.127	−0.794	0.427
产品国家形象←品牌声望	−0.013	−0.013	0.053	−0.245	0.806
类别国家形象←品牌质量	0.184	0.170	0.077	2.501	*
类别国家形象←品牌知识	0.208	0.157	0.115	2.362	*
类别国家形象←品牌声望	0.046	0.049	0.048	0.973	0.330
产品国家形象←整体国家形象	0.864	0.592	0.090	9.560	***
类别国家形象←产品国家形象	0.556	0.583	0.052	10.706	***
类别内品牌态度←整体国家形象	0.057	0.041	0.064	0.893	0.372
类别内品牌态度←产品国家形象	0.168	0.173	0.073	2.287	*
类别内品牌态度←类别国家形象	0.732	0.718	0.081	9.043	***
类别外品牌态度←类别内品牌态度	0.643	0.735	0.039	16.479	***

注：* $p < .05$，** $p < .01$，*** $p < .001$。在模型构建上，设置控制变量分别测量其对类别内品牌态度和类别外品牌态度的影响。本表只报告研究中所提假设的影响系数，省略报告控制变量的影响系数。

品牌的原产国效应，提升其他相关品牌属性。从逆向原产国效应上分析，本研究发现品牌全球化所内蕴的资产对国家品牌形象有显著提升，但不同维度之间存在差异化影响。其中，品牌质量对国家品牌形象的影响效应最为稳定,其同时正向影响整体国家形象($\beta=0.224$,$p<0.01$)、产品国家形象($\beta=0.272$,$p<0.001$)和类别国家形象($\beta=0.170$,$p<0.05$)。因此,本研究所提出的假设 H2a 得到验证。品牌知识则显著正向影响整体国家形象($\beta=0.201$,$p<0.01$)和类别国家形象($\beta=0.157$,$p<0.05$),但对产品国家形象没有显著影响($\beta=-0.056$,$p>0.05$),即本研究所提出的假设 H2c 得到部分验证。而品牌声望仅对整体国家形象产生正向影响($\beta=0.153$,$p<0.01$),对其他两个形象维度的影响不显著,即本研究所提出的假设 H2b 得到部分验证。依据现有研究(何佳讯,2013b),我们认为其中的原因可能在于:作为更为基础性的品牌资产,品牌质量是支撑中国品牌"走出去"的根基,因而,其集合性力量有助于逆转原产国形象。但作为附加价值的品牌资产,即强调象征价值的品牌声望和品牌知识,还难以支撑中国品牌"走上去",因此还尚不足以改变消费者对原产国形象的认知。这也从一个侧面反映了新兴市场中的品牌资产优势主要是产品价值而非产品之外的附加值。

从国家品牌形象的溢出效应上分析,除整体国家形象外,产品国家形象($\beta=0.173$,$p<0.05$)和类别国家形象($\beta=0.718$,$p<0.001$)均显著提升消费者对同一产品品类内的品牌态度。特别地,消费者对品类内的品牌态度显著影响到他们对其他品类的品牌态度($\beta=0.735$,$p<0.001$)。因此,本研究所提出的假设 H5 得到验证。为探究国家品牌形象不同维度对类别内品牌态度的相对影响大小(假设 H4),本研究采用嵌套模型比较的方式,通过对比卡方值的差异分来比较路径系数之间的差异。表10-4 为嵌套模型比较分析结果。具体地,首先以本研究所提出的理论模型为基础模型,在该模型中我们对影响路径不作限制,让其自由估计。在此基础上,构建模型 A,限制整体国家形象和类别国家形象对类别内品牌态度的两条路径相等。结果表明,模型 A 与基础模型的卡方差异分达到 $\Delta\chi^2_{(1)}=42.517$,两者差异显著($p<0.05$)。因此,拒绝这两条影响路径相等的假设,即类别国家形象的影响效应显著大于整体国家形象的影响效应。接下来,构建模型 B,限制产品国家形象和类别国家形象对类别内品牌态度的两条路径相等。结果表明,模型 B 与基础模型的卡方差异分

达到 $\Delta\chi^2_{(1)}=12.984$,两者差异显著($p<0.05$)。同样地,拒绝这两条影响路径相等的假设,即类别国家形象的影响效应显著大于产品国家形象的影响效应。这个数据结果证实了本研究所提出的假设 H4。相对于其他两个国家品牌形象维度,更加具体的类别国家形象对类别内品牌态度的影响效应更大。

表 10-4　模型、系数比较

模型	卡方值	df	模型比较	$\Delta\chi^2$	p 值
基础模型	812.022	343	——	——	——
模型 A	854.539	344	整体 VS. 类别	42.517	<0.05
模型 B	825.006	344	产品 VS. 类别	12.984	<0.05

模型	RMSEA	GFI	CFI	IFI	NFI
基础模型	0.050	0.907	0.939	0.940	0.900
模型 A	0.052	0.902	0.934	0.934	0.895
模型 B	0.050	0.905	0.938	0.938	0.899

注：整体 VS. 类别表示整体国家形象与类别国家形象比较,产品 VS. 类别表示产品国家形象与类别国家形象比较。

第三节　结论与战略指引

一、结论与理论贡献

总体上,本研究打通和融合全球品牌化和来源国效应两个研究领域,以信号理论、联想网络记忆模型和类别化理论为基础,构建以"全球品牌资产→国家品牌形象→产品品类内(外)品牌态度"为主线的理论模型。实证分析结果也支撑了本研究所提出的逆向来源国效应与溢出效应。这个研究呼应了近年来相关学者所导的全球品牌化研究方向,即应把国家品牌化与全球品牌化结合起来,探讨他们的并行影响效应(即共同作为自变量的影响效应)(Halkias et al.,2016)或逆向影响效应(即全球品牌化如何反作用于国家品牌化)(何佳讯和吴漪,2020)。本研究具有以下理论贡献和实践意义。

第一，本研究基于新兴市场品牌全球化的背景，探究中国全球化的品牌所内蕴的品牌资产对国家品牌形象的影响效应，系统性地把全球品牌化和来源国效应两个分离的研究领域整合起来，为从商业品牌角度建立国家品牌资产的理论提供了有力证据（何佳讯和吴漪，2020）。需要明确指出的是，在国际营销相关文献中，目前存在两种差异化的代表性观点对原产国效应和全球品牌化的有效性产生了质疑。一方面，Usunier（2006）指出，原产国效应在全球化背景下失去了相关性，考虑到跨国生产、全球品牌盛行和 WTO 规则对原产地标签的弱化，原产国信息对消费者决策和营销者实践不再具有重要的意义。另一方面，相关研究指出，考虑到逆全球化趋势和国家主义抬头，原产国效应有可能比以往显得更为重要（Halkias et al.，2016；Allen et al.，2020）。实际上，根据 Chabowski 等（2013）对全球品牌化领域所做的文献梳理，还少有研究尝试整合这两个不同的研究领域。针对这一缺陷，笔者（何佳讯和吴漪，2020）在梳理国家品牌资产构念架构和对相关研究进行评述的基础上提出，与实践界实际开展的国家品牌建设相比，关于国家品牌资产的研究尚处于起步阶段。在理论上，还缺乏对商业品牌资产与国家品牌资产之间的互动影响机制的量化研究。尤其是在新兴市场品牌全球化的背景下，这就需要重新审视产品品牌与国家品牌的关系，以及全球品牌化和原产国效应的关系。目前，有少量实证研究对这一问题进行了初步探究。例如，我们（Huang and He，2019）近期的研究提出，代表国家文化的面子意识可以融入到全球消费者文化中。Halkias 等（2016）的研究则提出，原产国效应可以和全球品牌资产并行共存，共同作用于消费者的品牌偏好。在现有研究的基础上，本研究把全球品牌化和原产国效应两个研究领域进行整合，回应了笔者（何佳讯和吴漪，2020）所倡导的关于深化商业品牌资产影响国家品牌资产的研究取向，从实证层面对两者的影响关系进行了量化。从这个角度看，本研究为上述学界两种差异化的观点提供了新的思路，即原产国效应与全球品牌化并非非此即彼的关系，也没有必要探讨孰重孰轻。实际上，品牌所内蕴的全球化资产可以促进国家品牌形象的塑造。

第二,本研究在新兴市场品牌全球化的背景下完善和补充了传统的原产国效应研究,从理论层面和实证层面拓展了逆向原产国效应研究。按照汪涛等(2017)对原产国效应研究领域所涉及的799篇英文文献和70篇中文文献的梳理,学界对原产国效应的探究主要集中在原产国形象形成的前因、发挥作用所依赖的环境条件和影响效应所涉及的结果变量三个方面。本研究对前者进行了拓展和深化。与以往文献主要聚焦于国家层面(经济发展水平、政治自由度和文化环境类型)和消费者层面(消费者民族中心主义、国家敌意和国家刻板印象)探讨原产国形象的形成因素不同,本研究把品牌层面的影响因素纳入到其形成前因的研究中,证实了品牌所内蕴的全球化资产可以促进国家品牌形象。从另一方面看,按照相关学者对全球品牌化研究领域所涉及的120篇高被引文章梳理(Chabowski et al.,2013),学界在分析全球品牌资产的影响效应时,更多聚焦于探讨其对品牌概念形象(功能形象、体验形象和象征形象)、品牌绩效(市场份额、购买可能性和品牌资产)和品牌定位(产品、促销、分销和价格)的影响效应。与此不同,本研究首次把国家品牌形象作为全球品牌资产的后果,把以微观影响效应为主的研究推进至更为宏观的国家层面。

第三,本研究综合不同的理论视角,包括信号理论、联想网络记忆模型和类别化理论,为理解新兴市场品牌全球化背景下的逆向原产国效应提供了整合性的理论基础。Diamantopoulos等(2019)多位全球品牌化研究领域的知名学者在回顾全球品牌资产的影响效应相关研究时,指出现有研究结论和研究假设在一定程度上更多是基于数据推动而非理论推动。这就导致了不同的研究之间存在不一致的结论,甚至结论与结论之间完全相反。与此类似,Usunier和Cestre(2008)在预测原产国效应在未来管理中的相关性时,指出该领域受人诟病的原因之一在于缺乏坚实的和一致性的理论基础。本研究在系统性梳理以往研究的基础上,以信号理论和联想网络记忆模型解释了全球品牌资产对国家品牌形象的影响效应;以类别化理论解释了国家品牌形象的溢出效应。从这个角度分析,本研究响应了Diamantopoulos等(2019)及Usunier和Cestre(2008)等学者的呼吁。此后的研究可基于本研究所建立的整合性理论框架,进一步拓展逆向原产国效应研究。

二、 实践意义

本研究的发现对实践有明确的战略指引。第一,塑造感知品牌全球性可降低负面原产国效应对品牌形象的影响,即正向提升消费者对品牌质量、品牌声望和品牌知识的感知。笔者(何佳讯等,2013b;2020)的相关研究提出,中国品牌在全球化过程中可通过"文化资产战略",即通过融入带有中国本土文化特征的元素,在全球范围内建立异于西方品牌的差异化竞争优势。本研究对此进行了补充,即其同样可通过在品牌定位上融入"全球性"线索来克服消费者基于原产国效应所带来的刻板印象。例如,中国品牌可在广告宣传方面采用全球通用的元素,如英语和多国模特形象等,或者在品牌定位中突出全球共享的诉求,如华为推出的"Dream It Possible"普适价值观。更为重要的是,考虑到目前中国所处的文化自信与全球化交替演进的时代背景,结合笔者(何佳讯等,2013b;2020)的研究我们提出中国品牌可同时融入中国元素和全球元素来构建竞争优势。但营销人员需明确,不同文化元素发挥效应的逻辑不同。其中,融入中国元素可增强品牌的情感价值,塑造差异化的品牌形象;而融入全球元素则可有效塑造品牌的功能价值和象征价值,包括提高质量认知、声望认知和知识认知等。因此,如果品牌在市场上缺乏特色,可考虑以融入中国元素为主,融入全球元素为辅。反之,如果品牌缺乏质量认知等,则可考虑以融入全球元素为主、融入中国元素为辅。

第二,新兴市场品牌全球化可反过来重塑消费者对国家品牌形象的认知。因此,政府可考虑从产品品牌的角度来塑造中国国家形象,制定以产品品牌为基础的国家品牌形象提升政策。事实上,政府在实践中更多是依赖公共外交来塑造国家品牌形象。比如,开展大型的公共政治活动(2008 年北京奥运会、2010 年上海世博会和 2016 年 G20 杭州峰会等)。基于本研究,我们提出,政策制定者可利用产品品牌的集合性力量来提升国家品牌形象。但需注意的是,不同的品牌资产对国家品牌形象的影响有所差异。其中,品牌质量对国家品牌形象的影响最为稳定,其同时正向影响整体国家形象、产品国家形象和类别国家形象。因此,在制定相关政策时,品牌质量战略应被视为提升中国国家形象的先决性政策。其次为品牌知识,其显著地正向影响整体国家形象和类别国家形象。这带来的启示是,中国品牌定位需用好国家资产要素(何佳讯和吴漪,2020),从而更好地形成集合性力量,共同塑造鲜明的形象才能强化消费者的品牌知识,进而反作用于国家品牌形象。而对于品牌声望,其仅对整体国家形象有影响,但难以传递到其他两个国家品牌形象维度上。这表明中国品牌应加强在声望方面的塑造。具体地,可通过更多地履行社会责任和进行品牌升级等行为来提升附加价值,提高消费者对中国国家形象的认知。

第三,国家品牌形象可影响品类内品牌态度,并且通过品别内品牌态度影响品别外品牌态度。特别是类别国家形象,其对品类内品牌态度的影响最为明显。因此,政府可识别和培养一批与中国具有较强相关性的品类,在全球范围内强化"中国"与某些特定品牌的联系,以最大化类别国家品牌形象的正向影响效应。特别地,品类内品牌态度会产生溢出效应,影响消费者对品类外品牌的态度。这也反映在实践当中,如近期瑞幸咖啡的财务造假丑闻很大地影响着消费者对中国不同行业品牌的负面评价。因此,一方面,营销者不仅需要认识到中国品牌在全球市场上的表现会影响到国家品牌形象;另一方面,也对其他行业的品牌产生影响。为此,政府可考虑在行业层面制定国家品牌形象提升战略,识别在形象上相互影响的若干行业,进而制定和推行跨行业行为准则,规范不同行业之间的企业行为。

第十一章
中国企业跨国品牌并购战略的决策框架

　　近年来,中国企业海外并购蓬勃发展。2016 年 1 月 15 日,青岛海尔发布重磅消息,公司计划以现金收购通用电气及其子公司所持有的家电业务资产,交易金额为 54 亿美元,增值率 185.41%,通用电气家电品牌的溢价效应非常明显。这一"蛇吞象"式交易,再次引起国内外商界和学术界的广泛关注。海尔如何实现双方品牌的协同,如何借助通用家电品牌来提升自身品牌的国际影响力,如何传承通用家电品牌经典而又注入新的活力,将来是否会在通用家电品牌中加入中国元素,甚至是否会用海尔这个本土品牌来逐步替代,成了大家关注的热点。

　　除了海尔并购通用电气家电业务外,锦江并购法国卢浮酒店、联想并购摩托罗拉移动、吉利并购沃尔沃、海航并购瑞士空港服务、中粮并购荷兰尼德拉和香港来宝农业、光明食品并购英国维他麦、联想并购 IBM 个人电脑业务、三一重工收购德国普茨迈斯特、TCL 并购汤姆逊和腾中重工拟并购悍马等,都是学术界与业界关注的典型案例。根据卫一夫等(2015)的统计,2009—2014 年的五年间,中国企业海外并购,以获得能源矿产等资源为目标的占比降至 20%,而以获得技术、品牌和市场的占比高达 75%,行业逐渐向工业品、消费品、金融、技术媒体通信等集中,主要目标国家也转向北美和欧洲等发达国家。2016 年 1 月 26 日,普华永道发布报告称,2015 年,中国企业的并购交易总数量上升 37%,交易总金额上升 84%,达到 7 340 亿美元,其中,114 笔并购交易的单笔金额超过 10

亿美元,海外并购交易数量增长 40％,金额增长 21％,均创历史新高。

中国企业海外并购持续活跃,与并购交易相关的决策也变得越来越重要。在并购之前,主并方如何根据公司品牌战略,寻找合适的品牌(组合)进行并购;在并购之后,主并方如何将收购来的品牌(组合)与已有品牌(组合)进行整合,从而提升品牌组合收益和企业绩效,是品牌并购中需要科学决策的两大关键问题。本章在梳理国内外学者有关研究的基础上,提出了实施跨国品牌并购的决策框架,在此基础上,对中国企业如何成功实施跨国品牌并购提出若干建议;期望为学术界进一步研究提供借鉴,也为业界管理者利用品牌并购拓展和完善品牌组合、开辟国内外市场提供实践指引。

第一节　并购前目标品牌的整合策略

品牌并购是企业实施扩张、获取战略资源和应对全球化竞争的重要路径。关键问题是,主并方为什么选择某个品牌,而不选择另一个品牌来进行并购。在品牌并购前,主并方首先应决定选择相似品牌,还是互补品牌;选择强势品牌,还是弱势品牌;选择国际品牌,还是本地品牌等(Yu,2013)。

一、　相似性与互补性

目标品牌与主并方品牌在战略、目标市场、产品特性、顾客态度等方面可能具有相似性,也可能具有互补性。根据双方品牌细分市场和地域市场不同可以分为:顾客细分市场和地域市场均重叠;顾客细分市场重叠和地域市场互补;顾客细分市场互补和地域市场重叠;顾客细分市场和地域市场均互补的四种情况(Vu et al.,2009)。而根据顾客对双方品牌的态度是否类似和双方品牌的感知匹配度高低可以分为另外四种情形(Jaju et al.,2006)。比如锦江股份并购法国卢浮酒店,虽然双方地域市场上完全是互补的,但品牌细分市场具有相似性,两者都以经济型连锁酒店品牌为主。

一些研究认为应选择相似品牌进行并购,因为密切相关的品牌之间存在潜在的协同效应。双方业务相关程度等对成本降低和效率提高有显著的正向影响(Wiles et al.，2012)，主并方会通过控制广告等来降低营销成本(Fee et al.，2012)，形成规模经济、范围经济效应。而且，并购前顾客对双方公司品牌的态度越类似，合并后品牌资产越高；顾客对双方公司品牌感知匹配度越高，合并后品牌资产一般也会越高(Jaju et al.，2006)。但是，双方相似性越高，品牌间的冗余度会更大，员工抵制、内部干扰和员工离职可能性更大，为了避免冲突，应该并购有一定差异的品牌，这样可以减少并购整合阶段组织的冲突，消减冗余资源和裁员的可能性较低，可以有效缓解员工抵制情绪，预期的协同效应也更可能实现(Larsson and Finkelstein，1999；Homburg and Bucerius，2006；Varadarajan et al.，2006；汪涛等，2011)。

另外一些研究认为应选择互补品牌进行并购。互补性的重要好处来源于跨组织知识分享和转移的潜在可能，可能是主并方向被并方转移，也可能是被并方向主并方转移，还可能相互转移。与同类信息源相比，公司从多样性的信息源中能够获得更多的知识(Haunschild and Sullivan，2002)。品牌营销能力弱的公司，可以通过并购品牌来获得相关营销团队，即从交易的另一方获得熟悉品牌管理的人才，以提高其营销能力(Kuzmina，2009)。缺乏多样性品牌组合的公司，可以并购品牌组合多样性水平较高的目标方，利用目标方更精准的品牌定位能力和营销能力，提升市场或产品品类的竞争力；主并方品牌组合多样性程度较高时，不管并购单一品牌还是多样性品牌组合，其更有能力充分发挥出目标品牌的价值(Bahadir et al.，2008)。锦江酒店集团并购美国州际酒店，完全具有互补性，锦江主要希望能够分享和借鉴州际集团对各类品牌的全球化管理运作经验，实现其星级酒店品牌和连锁酒店品牌的国际化，这也是该并购最有价值的地方。

二、 强势品牌与弱势品牌

根据目标方品牌与主并方品牌在价格水平、质量定位以及品牌相关资源等方面的差异，可将目标品牌分为相对强势品牌或相对弱势品牌。有学者认为，购买比主并方现有品牌质量和价格定位更高的品牌，会提高主并方品牌组合的平均感知质量和价格定位，也会提升公司价值（Wiles et al.，2012），因为当更高的价格被感知为与高感知质量一致时，它们可以转化为品牌组合更高的现金流（Morgan and Rego，2009）。Lee 等（2011）通过实验设计来讨论两种并购类型：弱势品牌公司并购强势品牌公司或并购与自己品牌强度相当的公司，以验证两个品牌形象的差异如何影响主并方的品牌资产（感知质量、品牌联想和品牌忠诚），结果表明，主并方和被并购品牌之间的感知差异越大，主并方的品牌资产增值越多。国内很多学者，比如杨晨等（2013），何浏等（2011），郭锐和陶岚（2013）等，针对中国民族品牌兼并国外强势品牌这种"蛇吞象"式的品牌并购进行了不同角度的研究，他们认为，与并购国外弱势品牌相比，并购国外强势品牌更有利于提升原品牌的公司综合形象。海尔并购通用电气家电、吉利并购沃尔沃、联想收购 IBM 个人电脑业务、三一重工收购德国普茨迈斯特、TCL 收购汤姆逊等，都是弱并强的典型案例。

但是，强势品牌与弱势品牌混搭在一起，会导致一个严重的问题，那就是品牌侵蚀（brand corrosion）。首先，弱势品牌会稀释强势品牌。Štrach 和 Everett（2006）通过研究捷豹、奔驰、萨博等三家汽车公司品牌并购活动发现，豪华品牌与大众化品牌在一个汽车公司中混配，可以带来规模经济和范围经济，同时也会带来品牌侵蚀，不管公司主导车型是豪华品牌还是大众化品牌，消费者对豪华品牌的感知都会受到影响。其次，强势品牌对弱势品牌也有稀释效果。郭锐等（2010）利用实验证明了不对称品牌联盟策略（IBM-Lenovo 等）对弱势品牌稀释作用的存在，说明品牌联盟不总是"帮助"弱者，弱势品牌也有可能被强势品牌遮盖或稀释而受"伤害"。在品牌并购中，如果采用品牌联合策略，这种强势品牌稀释弱势品牌的可能性同样存在。

除了与主并方相对的强弱以外，从目标品牌的健康程度上也可区分其强弱。并购状态各异的品牌，在实现市场份额增长、营收增长、成本降低等方面存在很大不同。根据市场增长率和市场份额两个维度上的强弱，Swaminathan，Dawar 和 Hulland（2007）将目标品牌分为四种类型：明星品牌、利基品牌、衰退品牌和休眠品牌。通过评估 1979—2003 年

195 项纯品牌并购案例发现,并购以上四种不同类型的品牌,其回报率存在差异;即使同一状态的品牌,其短期回报率与长期回报率也存在差异。

三、 国际品牌与本地品牌

国际品牌在全球所有的目标市场上采用统一名称、定位和相同的营销策略,最大的优势是规模效应所带来的好处,以及在市场上发布新产品的速度等,而本地品牌则具有满足某个地域内特定顾客的需求更容易、价格策略更灵活、进入当地市场也更快等优势(Schuiling and Kapferer,2004)。企业应根据自身需要,选择并购本地品牌或国际品牌,以实现品牌组合的扩展。三一重工收购德国混凝土行业龙头普茨迈斯特,看重的不仅是这家德国企业的产品,更是从战略性角度看待该收购对象所带来的国际品牌及先进技术,以及它全球的销售和服务体系;而光明食品集团并购的以色列最大的综合食品公司特鲁瓦,其占据以色列 70% 的乳制品市场,在当地的品牌优势相当明显。汪涛、刘继贤和崔楠(2011)建议,处于后进国家的企业,应尽量采取收购健康程度较好的国际品牌并塑造与被购品牌相匹配的品牌形象等战略,这样会更加有助于后进国家企业建立国际品牌。这是因为,消费者对产品品牌的联想和偏好,与品牌所在国家经济发展水平正相关,在发达国家市场确立地位的品牌,往往更易于向发展中或欠发达地区推广,因为品牌所承载产品的质量、性能、售后服务等更易于被消费者所接受和认同(Clarke Ⅲ et al. , 2002)。

对于主并企业来说,品牌并购不仅仅获得品牌,也传承了被并购品牌所处的制度环境因素,包括其与所有利益相关者的关系(Larsson and Finkelstein,1999)。除了正式制度外,非正式的制度,如地区之间、母国与东道国之间发展程度、文化语言及其他多方面的差异,对并购绩效的影响也非常明显(乐琦,2012)。Malhotra、Sivakumar 和 Zhu(2009,2011)通过比较美国和新兴国家公司的跨国并购后发现,地理距离或文化距离越远,无论是美国还是新兴国家的公司,其所发起的跨国并购都会越少,只是这种负面影响对于美国公司相对低一些。但是,一个国家或地区的市场潜力,会吸引企业跨过制度、文化等方面的距离去实施品牌并购,如Malhotra、Sivakumar 和 Zhu(2011)发现,虽然一般公司都会首选文化上更接近自己国家或地区作为并购的目标，但当目标国家的市场潜力较大时，文化距离对并购的影响会减弱。

第二节　并购后双方品牌的整合策略

并购后对品牌等相关资源如何整合和重新配置，是影响并购绩效的关键。通过对双方品牌资源的合理配置和进一步开发，可以降低运营成本、提高企业整体绩效（Capron and Hulland，1999）。品牌并购发生后，品牌及相关资源是整合还是不整合；是采用品牌屋架构，还是采用品牌家族架构；是保留主并方品牌，或者被并方品牌，还是双方品牌都保留或都不保留；是否整合双方品牌名称与标识；等等，就成了关注的重点。

一、有效整合和保持现状

品牌并购发生后，一种情形是进行有效整合。通过重新整合以充分利用并购双方企业的相关资源，可以增加股东价值，也能提升品牌价值（Yang et al.，2012）。但是，整合不好也会造成失败，如上汽并购双龙，因在战略、人员、治理和文化等方面整合失效而最终以失败告终（马金城和王磊，2008）。Capron 和 Hulland（1999）、Kuzmina（2009）等认为，通过并购后的品牌整合，并购者可以发挥出预期的协同效应，或是节约成本，或是增加收益。并购后，通过公司现有销售队伍来支持并购的品牌，在更多的品牌销售成本中进行摊销，可以大幅降低销售的平均成本；同时，新收购的品牌与该公司品牌组合的其他品牌实现互补，使品牌相互提升并拥有更大的定价权，从而增加收益。当双方战略相似程度越高即重叠越多时，资源重新配置与资产剥离的可能性就会越大；而且当资源向某个方向重新配置程度越大时，接受资源的一方的资产被剥离的可能性也会越大（Capron et al.，2001）。整合的另一个关键问题是，合理控制整合速度和整合程度，确保获得更强的竞争地位和更好的财务绩效（Homburg et al.，2005；Sinkovics et al.，2015）。整合程度是指双方在品牌策略、提供的产品或服务及销售渠道等方面的差异，应该统一到什么程度，双方的差异消除越多，表明整合程度越高；整合速度是指达到预期的整合程度所需时间的长短。快速整合有利于降低消费者和员工对未来不确定性的焦虑(Homburg et al.，2006)，但渐进式的品牌整合有助于减少市场波动，使自有品牌更易被消费者所接受(汪涛等，2011)。

品牌并购发生后，还有一种情形是不整合，而是采用伙伴式策略(partering)。最为典型的案例有雷诺—日产联盟(Renault-Nissan)，它以交叉持股的方式凝聚了两家世界级大公司。这种策略尤其被许多新兴国家企业并购时所采用，主张双方在结构上分离，保留各自品牌标识、组织架构，不将被并方并入母公司；保留被并方高管团队，让被并方品牌等自治独立运营；同时在某些业务或活动开展合作和协同，发挥各自的优势(Kale et al.，2009)。处于发达国家的被并方，其往往拥有强势品牌、先进技术和强大的管理团队，保留被并方品牌和管理团队等的这种伙伴式战略，对于缺乏海外管理和跨文化整合经验的新兴国家企业来说，是非常有利的，而且，新兴市场公司的资源与海外被并方资源常常是互补的，而不是替代关系，也没有整合的必要(Kale et al.，2009)。另外，由于潜在员工抵制和文化冲突，整合还会带来不确定的风险，不急于整合则有助于双方员工建立互信，因为双方员工也需要一个相互学习与了解的过程(Homburg et al.，2006)。

二、 品牌屋策略和品牌家族策略

Aaker 和 Joachimsthaler(2000)将品牌组合策略总结为四种：品牌屋策略(branded houses)、品牌家族策略(houses of brands)、担保品牌策略(endorsed brands)和副品牌策略(subbrands)，而且发现大部分公司采用的是品牌屋策略或品牌家族策略。Laforet 和 Saunders(1999,2005)、Laforet(2014)对快速消费品牌公司品牌组合策略跟踪研究约30年后发现，品牌组合策略最初有六种：公司(corporate)品牌、多(house)品牌、双(dual)品牌、背书品牌(endorsed)、单一(mono)品牌和隐藏(furtive)品牌等，现在主要向两种组合策略上集中：公司名主导品牌和单一产品品牌。实际上，公司名主导品牌策略与品牌屋策略类似，而多个单一产品品牌在一起就组成了品牌家族策略。市场特性(如是 B2B 市场还是 B2C 市场)、产品特性(如是固定资产主导的产品还是无形资产主导的产品)等因素，会影响公司选择品牌屋策略,还是选择品牌家族策略(Varadarajan et al.，2006)。当然,有的公司可能既用品牌屋策略,也用品牌家族策略,尤其是在并购发生后容易采用这种混合策略,因为并购双方的品牌组合策略可能不同。

Lambkin 和 Muzellec(2008)研究发现,品牌策略会因公司规模和国际化状态而不同:拥有国际品牌的大公司(如花旗银行)会采用品牌屋策略,将主品牌强加于所有并购,以增强其规模和品牌竞争力;地区性公司(如法国农业银行)倾向于选择品牌家族策略,被其收购的公司仍然会保留自己的名称和品牌在当地市场特许经营。Laforet 和 Saunders(1999,2005)、Laforet(2014)等则认为,公司会根据其并购实践、全球化进程、进入的业务领域等战略来考虑决定采用何种品牌组合策略。用一个品牌跨越不同细分市场进行销售,可以提升规模经济和范围经济(Steenkamp et al.，2003;Rao et al.，2004),这是品牌屋策略带来的好处;而一些研究者则警告说,这样做可能稀释公司品牌的价值(John et al.，1998;Morrin，1999),他们认为在不同的细分市场,应采用不同的品牌,即品牌家族策略。

如果公司名是消费者所熟知或所欢迎的品牌时,使用公司名主导的品牌屋策略的好处则非常明显,因为消费者对品牌组合的态度或对品牌组合中的母品牌(一般是公司名)态度越积极,则对加入该组合的被并品牌的态度越积极;而且,当被并品牌与品牌组合的感知熟悉度或匹配度更高时,这种正向作用还会增加(Kwun and Oh，2007)。在品牌价值突显的时代,消费者除了关注产品或服务本身稳定的质量外,还会关注谁提供了这些产品或服务,公司名主导品牌策略则更容易将公司声誉的无形价值传导给所有产品或服务。Keller(2015)也认为,应该以顾客为中心建立强势的伞品牌,避免采用过多的品牌。另外,当双方市场定位相关度越高,或者双方相对规模相差越小时,通过整合可以降低品牌营销资源的成本(如销售人员等),也可以消除冗余(Homburg and Bucerius，2005),在这种情况下,Rao、Agarwal 和 Dahlhoff(2004)发现主并方采用品牌屋策略比品牌家族策略更好。

三、 主并方品牌与被并方品牌

并购之后,处理好主并方品牌与被并方品牌的关系,不仅决定了被并方品牌的存亡,也决定了两个品牌原有顾客是保持品牌忠诚还是流失(Kumar and Blomqvist, 2004)。事实上,企业的并购意图已经基本上决定了可供选择的品牌资源整合策略。主并方必须决定是将并购来的品牌作为其品牌组合里的一个独立品牌来运作,还是将其与原有品牌融合在一起。Basu(2006)提出当主并方品牌(A)和被并方品牌(B)都是公司品牌时,并后有四种品牌策略:单一品牌策略(A 或 B)、联合品牌策略(A-B)、灵活品牌策略(A & B)和新品牌策略(C)。Lambkin 和 Muzellec(2010)通过国际集团(西麦斯,Cemex)并购国内建材公司(雷亚迪米克斯,ReadyMix)的案例研究发现,如果主并方的品牌资产超过被并方的品牌资产,使用主并方品牌来进行重塑被并方可以带来积极的作用。

Jaju 等(2006)、Lee 等(2014)则进一步重点研究了四种公司品牌重整策略,即主并方主导策略(acquirer-dominant,即 A)、被并方主导策略(target-dominant,即 B)、主并方主导的协同整合策略(acquirer dominant synergistic,即 A-B)和被并方主导的协同整合策略(target dominant synergistic,即 B-A)。Jaju 等(2006)认为,当对双方品牌态度类似且感知匹配度高时,无论选择哪种品牌策略区别都不大;而当感知匹配度低且对品牌的态度不同时,为使品牌资产损失最小化,仅用主并公司品牌(品牌A)和仅用被并公司品牌(品牌 B)战略要优于名称交替的联合品牌(品牌AB 或品牌 BA)战略。不过,他们只研究了品牌并购后重整策略对品牌资产的整体影响,而 Lee 等(2014)证实了并购后品牌资产各个维度的变化,发现基于顾客的品牌资产会因并购后品牌重整策略的不同而不同。

四、 品牌名称与品牌标识

品牌并购时,对品牌名称与标识进行不同的整合,给员工、消费者及投资者等带来的好处和挑战也各不相同。Rosson 和 Brooks(2004)认为,公司品牌名称、图形标志或文字标志、文字样式和颜色方案等构成了公司的可视化标识,在并购发生时,可视化标识中相关元素的整合非常重要。他们通过研究 1995—2000 年世界范围内发生的 90 项并购后发现,合并后采用主并方可视化标识的占 80%;而只有在被并方品牌作为下属子公司品牌或者合并后新实体的主导品牌时,被并方可视化标识才会被保留下来。Ettenson 和 Knowles(2006)研究了 1995—2005 年交易价值超过 2.5 亿美金的 207 项并购,发现仅保留主并方名称与符号的最多、占 39.6%,双方名称与符号各自保留并独立运行的占 23.7%,完全采用新名称和符号的占 8.2%,仅保留被并方名称与符号的占 7.3%,其他 6 种整合方法合计占 21.1%。

Mizik、Knowles 和 Dinner(2011)则将并购后品牌名称与标识等元素整合总结为三种选择:完全购并(acquisition),即合并双方中有一方完全舍弃其标识,并用另一方品牌名称和符号来对其运营和产品实施再品牌化;一切照旧(business-as-usual),即两个公司的品牌标识均保留,而且各自继续使用其自身的品牌名称和符号在相应的产品市场上营运;混合(amalgamation),即双方品牌名称与标识的相关元素都保留在新的品牌中。Ettenson 和 Knowles(2006)则根据是否保留双方品牌名称和品牌符号,将整合方法详细分为 4 类 10 种:第一类是双方合并且采用更强一方的品牌元素,包括仅保留主并方名称与符号、仅保留被并方名称与符号、过渡期保留主并方和被并方名称但最终仅用主并方名称与符号、仅保留被并方名称且创建新符号 4 种不同方法;第二类是双方合并且采用各自的优点,包括保留双方名称和符号、保留双方名称但创建新的符号、由双方名称和符号组合成新的标识、在被并方的符号中加入主并方的名称 4 种不同方法;第三类是转型合并,即完全采用新名称和符号,这种方式风险最大;第四类是组合式合并,即双方名称与符号各自保留并独立运行,这种方式只是被并方的投资者变了,但对双方员工与消费者的影响都很小。

第三节　中国企业走出去开展品牌并购的建议

品牌并购是公司增长的重要策略,也是导致消费者、员工等重新评估他们与新的公司之间关系的破坏性事件。中国企业走出去进行品牌并购,并购前后有关策略的选择相当重要,因为它向消费者、员工等传递着某种信息,对能否维持顾客、员工等群体的忠诚起到重要作用,也是品牌并购能否达到预期目标的关键。根据前面的分析,企业实施跨国品牌并购,并购前后主要的决策框架可以汇总如表11-1。

表 11-1 中国企业跨国品牌并购决策框架

阶段	内容	主要决策因素		
并购前	目标品牌的选择	选择相似品牌或互补品牌,扩大业务规模或者业务范围		
		选择强势品牌或弱势品牌,获取品牌、技术或市场等		
		选择国际品牌或本地品牌,实现品牌国际化或者进入当地市场		
并购后	双方品牌的整合	有效整合	控制整合程度与整合速度	选择合适的品牌组合策略:品牌屋、品牌家族或混合策略
			选择是否保留双方品牌	
			整合双方品牌名称和标识	
		不整合,采取伙伴式策略等		

中国企业希望通过品牌国际化和产业全球化,逐步成为全球布局、跨国经营的世界公司。中国政府也鼓励各类企业加快走出去,如《"十三五"规划》和《中国制造 2025》等都明确提出"走出去"战略,培育以技术、标准、品牌、质量、服务为核心的对外经济新优势。在实施跨国品牌并购道路上,中国企业需要清楚并购的目的是什么,要达到什么样的协同效应,学会取舍,避免盲目并购,建议重点考虑以下几个方面:

一、 基于公司发展战略

首先,可以根据主并方的品牌战略来选择目标品牌。如果主并方实施强化(consolidation)战略,并购相似性越高的品牌,对公司价值提升会越高;如果主并方实施多元化(diversification)战略,品牌差异性越大,品牌并购对公司价值提升越高(Swaminathan et al., 2008)。需要注意的是,相关多元化比不相关多元化更加能够发挥出现有资源的潜力(Nolop, 2007; King et al., 2004)。其次,还可以根据主并方主要针对产品或服务(代表当前)或是研发(代表未来)来选择,如果面向当前,可选择具有互补性资源和能力的并购对象,这样可以更好地完善当前产品或服务;如果面向未来,可以选择拥有相似性资源和能力的并购对象,这样可以更好地储备未来的创新能力(Yu et al.,2015)。

其次,主并方应该根据公司发展战略来选择合适的并购对象。锦江股份收购法国卢浮集团,卢浮酒店集团以经济型酒店为主,这与锦江股份现有酒店品牌及运营定位相类似,可以强化锦江股份在连锁酒店行业的竞争地位;而光明食品收购意大利橄榄油企业 Salov,不仅丰富了旗下食品品类,实现了品牌多元化,还可以发挥其在食品制造与分销资源方面的优势,来支持收购品牌 Salov 的发展,这就是相关多元化带来的益处。光明乳业并购新西兰新莱特乳业,弥补其优秀奶源的不足,可提升当前产品质量,增加当前竞争力;而华为并购英国 Neul 公司,增强了其在蜂窝物联网芯片和解决方案方面的研发能力,华为还计划以 Neul 为中心,打造一个全球物联网,为未来不断创新与提升核心竞争力奠定基础。

二、　基于品牌国际化或进入特定市场的需要

拥有国际品牌的公司,与不拥有国际品牌的公司(中国大部分企业如此),走出去开展品牌并购的目的不同,选择也不同。企业实施品牌并购,可能是为了获取必需的但又不易转移的品牌资源,也可能是为了将不易转移的品牌资源拓展到另一方,或是从主并方向被并方拓展,或是从被并方向主并方拓展(Capron and Hulland,1999)。如果主并方没有国际品牌,又希望实现品牌国际化,通过并购来获取国际品牌是很好的路径选择;如果主并方已经拥有较为知名的国际品牌,或者即使没有国际品牌,只是想进入某个特定的市场,可能并购国际品牌还不如并购当地品牌有效,因为当地品牌能够更好地满足某个地域内特定顾客的需求、价格策略更灵活。另外,并购那些将中国市场作为其公司发展战略重要一环的海外知名品牌,不仅使主并方获得不易转移的知名品牌资源,中国市场还会为海外品牌进一步发展提供巨大潜力,主并方的收益也会更大。

联想并购 IBM 个人电脑业务后,公司国际化形象大幅提升,品牌定位也走向高端,不仅成为国内计算机行业的领头羊,联想品牌也逐渐成为国际知名品牌;而光明食品收购西班牙当地最大的食品分销品牌米盖尔

后,希望利用米盖尔多年经营的优质渠道,销售光明食品旗下的各类产品,使得光明食品的产品更加快速和方便地进入到当地市场。联想并购IBM个人电脑业务后,不仅获得了 ThinkPad 等知名品牌,也使得这些品牌在国内市场的销量得到快速增长;复星集团收购希腊时尚品牌 Folli Follie 和法国旅游度假品牌 Club Med,也是以获取技术或品牌后开发中国市场为主要目的的典型案例。

三、 保留被并方品牌并突出主并方公司品牌

公司品牌在一个更抽象的层面上向消费者传递公司的核心价值观,以建立公司与消费者的情感联系;产品品牌则在一个更具体的层面上向消费者传递产品的优越性,向消费者提供他们可以实实在在感受到的价值(质量、技术、价格等)(杨晨等,2013)。中国企业所拥有的公司品牌,以及产品品牌,与发达国家企业相比大都处于弱势,走出去进行并购时,主要是想获得强势品牌及其先进管理经验和技术。由于缺乏管理国际品牌和海外整合的经验,中国企业并购来的产品品牌,尽量不要整合,保留其管理团队,让其相对独立地营运,这也符合我们所熟悉的集团化管理方式。尤其是被并方品牌在国外某些地区和渠道中实力强大、具有独特的形象和历史传统、在定位和定价上显著不同、与主并方产品重叠也很少时,主并方完全可以将其作为独立的品牌保留下来(Kumar and Steenkamp, 2013)。而且,一个公司拥有多个产品品牌,也能够更好地满足当今消费者多样化的选择。但另一方面,我们应该通过合适的方式,突出和强化主并方公司名这一伞品牌,加快中国本土公司品牌国际化进程,提升公司品牌在国际市场中的知名度和美誉度,也为进一步利用公司品牌来实施品牌拓展和进入新的市场奠定基础。不过,为了避免弱并强的品牌并购中国外强势品牌对本土弱势品牌的稀释作用,应尽量利用业务多元化和品牌互补性来调节或减缓这种负面影响。

比如联想并购 ThinkPad 之初,除了开展 ThinkPad 的推广活动外,也通过大众传媒、广告、赞助大型体育活动等,让越来越多的人认识了联想,联想业务真正走向了全球,联想品牌也逐渐成为全球品牌(Kumar and Steenkamp, 2013)。Lenovo 通过提高 IBM 需要的但又没

有的专利数量,以提高其互补性,这样就让消费者拥有关于其联合品牌Thinkpad 上更多有关 Lenovo 的品牌联想,评价就会更积极,以减缓弱并强时强势品牌对本土弱势品牌的稀释作用(郭锐等,2010)。

四、　精准把握整合程度与速度

品牌组合内品牌的数量与其所服务的细分市场数量,组合内品牌相互竞争的状况,组合内各品牌定位差异,包括感知质量和感知价格等,这些都会对品牌组合的绩效产生影响(Morgan and Rego,2009)。为了更好地发挥品牌间的互补作用,减少品牌相互竞争和蚕食,使各个品牌取得更好的市场绩效,需要对品牌进行有效整合,并且要控制好双方品牌的整合速度和整合程度。虽然整合程度对成本节约有积极影响,但市场相关绩效的负面影响可能将这些节约的成本抵消,因为整合程度越高,一方面可能导致品牌、产品品类、有关服务、分销渠道等从数量上减少,使合并后的公司适应特定细分市场的能力降低;另一方面合并后组织结构及人员配备等内部问题的处理,会消耗大量的管理精力,从而影响对客户相关问题的处理;不过,如果加快整合速度,或者整合是以客户为导向而不是以内部问题为导向,可以缓解这种负面影响(Homburg and Bucerius,2005)。Kumar 和 Blomqvist(2004)提出了两种品牌整合战略:一种是长期持有双方品牌;一种是短期保留双方品牌,逐步用一方品牌替代另一方。前者实际上是不整合,后者是一种渐进、动态的整合方式,两种方式都比较适合中国等新兴国家的企业并购发达国家强势品牌的情形。

吉利并购沃尔沃后,将两个品牌都保留了下来,让两个品牌保持自己独特的定位,利用吉利对中国市场的了解来增加沃尔沃在国内销量和降低生产成本,利用沃尔沃的技术、设计和制造能力等来提升吉利的品质,利用沃尔沃的全球销售网络将吉利带入全球市场;联想收购 IBM 个人电脑业务之后,先是利用 IBM 品牌维持销售势头,然后强化 ThinkPad 品牌,并将其与联想建立联系,最后壮大联想和 ThinkPad 品牌并离开IBM,顺利实施了"保留——联系——壮大""三步走"的渐进式品牌迁移战略(Kumar and Steenkamp,2013)。

中国企业跨国并购国外知名品牌,能够获得品牌的设计与营销团队、渠道资源,有利于快速实现品牌国际化,提高企业影响力和竞争优势,进入国际市场,实现企业战略转型和品牌价值提升等。本章通过对国内外文献和有关案例的分析,提出了中国企业实施跨国品牌并购战略的决策框架,包括并购之前:选择并购相似品牌还是互补品牌,并购强势品牌还是弱势品牌,并购国际品牌还是本地品牌;以及并购之后:采用品牌屋组合策略还是品牌家族组合策略,保留某一方品牌还是保留双方品牌,保持现状还是重新配置和不断整合等。并进一步通过分析锦江、联想、海尔、光明、吉利等并购案例,对中国企业如何更好地实施跨国品牌并购提出了若干实践建议,为中国企业管理者正确决策提供了实践指引。不过,除了选择正确的并购对象和正确进行整合外,决定品牌并购是否成功的因素还有很多,比如,主并方的初始禀赋;对并购对象的尽职调查;合理确定并购对象的估值;选择合适的并购时机;正确处理并购双方品牌的供方、需方、消费者、员工和股东等利益相关者的关系等,这些还需学术界专家和业界管理者们广泛关注和不断探索。

第十二章
品牌平台化与平台品牌战略

第一节 平台品牌演化发展机制：韩都衣舍案例研究

随着互联网经济的深入发展，平台竞争已演变为网络经济时代竞争的新图谱(Tan et al.，2015)。与传统产品单向的价值创造和产品差异化竞争相比，平台被定义为一个联结双方或多方使用群体之间直接互动的中介组织，其价值来自多方互动，关键在于赢得与网络效应相关的竞争优势(Astyne，Parker and Choudary，2016；Zhu and Furr，2016)。在此背景下，当前的商业竞争也逐步被定义为网络间的竞争，而不是单个公司间的竞争(Adner and Kapoor，2010)。从市场表现来看，在2015年全球最有价值十大公司当中，就有五家是平台性企业，包括苹果(Apple)、微软(Microsoft)、谷歌(Google)、亚马逊(Amazon)和脸书(Facebook)(Zhu and Furr，2016)。苹果通过ios系统联结各类App品牌商和用户，构建了苹果的平台商店；微软通过联结PC制造商、用户和windows操作系统应用商共创商业网络；谷歌的发展开始于搜索引擎业务，通过联结互联网使用者和内容提供者逐步发展成为互联网平台广告商(Eisenmann，Parker and Alstyne，2006；Gawer and Cusumano，2008)。在数字化时代，这类平台型企业通过网络化的价值共创方式获得了快速成长，平台型增长成为企业成长的重要途径。不过，如何从传统增长方式演化为平台型增长是很多企业面临的难题。

在学术界,对于平台理论的研究也产生了较丰富的成果。这些成果大致可以归纳为两类。一是从经济学视角出发将平台当作一个双边市场的经济组织来看待,学者们集中关注平台组织中价格机制和网络效应的研究。例如,Rochet 等(2003)构建了一个平台竞争模型,探讨了不同价格机制下的经济剩余(Rochet and Tirole,2003);Bakos 等(2008)的研究表明,在平台的创建过程中,可以通过实施差异化的价格策略,限制或鼓励某一边的参与者来影响网络效应的对称性(Bakos and Katsamakas,2008)。而网络效应可以分为间接网络效应和直接网络效应,这是构建平台型经济组织的核心(Parker and Alstyne,2008)。二是从竞争战略出发将平台当作一种商业模式来看待,主要关注平台型商业模式的设计和管理等问题。Gawer 等(2008)的研究探讨了平台商业模式设计中平台领导地位形成的关键要素,产品模块化水平、平台关系设计以及内部结构等因素都直接决定了平台领导地位的形成(Gawer and Cusumano,2008)。平台管理的关键在于如何促进平台使用者之间的联结和价值互动,实现对异质性资源的利用和共享(Astyne,Parker and Choudary,2016)。总体看,现有的平台研究主要界定了平台的概念、特征和战略要素等。这些研究较好地解释了平台是什么以及平台如何搭建。但这些研究还存在两点局限:第一,现有研究主要关注平台是什么,集中回答平台内部结构、平台机制以及网络效应等问题,少有研究探讨从传统型增长如何向平台型增长的转型;第二,尽管有一些商业性研究探讨了平台转型的问题,总结了传统企业实现平台转型的战略和方法(Edelman,2015;陈威如和王诗一,2016),但这些研究主要是描述平台在形成和发展过程中的一些商业实践,总结案例性的商业经验。从理论研究视角看,这些研究还缺乏严谨和系统的理论构建过程。

基于上述理论和实践背景,本节拟运用案例研究的基本方法(Eisenhardt,1989;李高勇和毛基业,2015)来构建互联网平台形成的演化机制理论。在案例选择上,根据理论构建的需要,本研究选择互联网企业韩都衣舍作为研究对象展开纵向研究。在理论选择上,我们依据的是动态能力理论。这是因为动态能力往往被用来解释动态环境中企业竞争优势的来源(Teece，Pisano and Shuen，1997)，也被一些研究作为探讨企业互联网转型问题的重要理论依据(肖静华等，2014)。本节在提出研究问题后的整体思路是：在第二部分进行相关理论的回顾并在此基础上提出本节的研究理论框架；第三部分介绍案例并阐述案例选择的理由，重点进行案例的数据编码和分析；第四部分梳理研究发现，建构平台转型的演化机制理论；最后一部分总结研究结论、贡献、不足和展望。

一、　文献回顾与理论框架

(一)　产品价值、平台与平台价值

1. 产品价值

从营销战略出发，产品价值是由与产品相关的功能、品质、样式和利益等而产生的价值(Levitt，1980)。产品价值创造以消费者需求为中心，企业通过打造差异化的产品满足消费者的不同需求来传递产品价值，并形成了基于顾客的品牌资产(Keller，1993)。基于经典的波特五力竞争模型理论，企业竞争优势来源于企业价值链，产品设计、原料采购、制造生产、产品销售等价值链活动构成了整个价值创造的动态过程(Porter，1985)。产品价值创造过程强调了企业对价值链中的核心资源的控制，并通过内部资源最优化配置形成了与产品相关的竞争优势(Astyne，Parker and Choudary，2016)。在产品主导逻辑视角下，企业是价值创造的主体。

不过，随着知识经济和数字化时代的到来，消费者广泛地参与到了价值创造活动中，对于谁是价值的创造者的认识发生了改变。就此，Vargo和Lusch(2004)提出了服务主导逻辑理论。与产品主导逻辑相比，服务主导逻辑认为，价值创造的主体不再只是企业，消费者也是价值的共同创造者。消费者所拥有的知识、技能也是价值创造的重要资源。产品只是价值的一个媒介，而"服务"是一切经济的基础，价值创造活动是企业和消费者的双向互动创造过程。

服务主导逻辑视角改变了传统产品主导逻辑视角下我们对于产品价值创造过程、价值创造角色和价值体现的认知。价值共创成为一种新的

价值创造形式。实际上,在数字化时代,当产品被利益相关者广泛参与所共同创造,产品品牌价值已经成为一个共创价值概念,企业被视为是一个相关利益者共创的融入平台(Ramaswamy,2015)。不过,产品价值共创中企业如何与消费者进行共创?融入各种关系的平台又是如何进行价值创造?这些涉及到产品价值共创的"黑箱"问题还亟需深入探讨。

2. 平台与平台价值

平台是具有双边市场结构的经济组织,它联结了产品(服务)交易或信息交互的双方或多方,具有双边或多边市场特征(Zhu and Furr,2016;Rochet and Tirole,2003)。从广义角度,平台的概念不仅包括了报纸、电台和零售企业、软件等操作系统,还包括了数字环境中的多边平台(Sridhar,2011;Katz and Shapiro,1994)。例如,B2B 和 B2C 平台、社交媒体平台以及大量的移动 App 平台等(Tan et al.,2015;Rosario et al.,2016)。从狭义角度看,现在平台一般指的是基于数字环境或以数字技术为基础的互联网平台,如 B2C 平台和社交平台等。本节所研究的对象是指互联网平台型组织。

平台价值创造来源于平台使用者(买卖双方和第三方)之间的大量联结和价值互动,网络效应构建是平台价值创造的关键(Astyne,Parker and Choudary,2016)。当一个产品的价值取决于采用相同产品或可兼容产品用户的数量时,网络效应就产生了(Bakos and Katsamakas,2008)。即越大的网络使得平台中的供给和需求有了更好的匹配性,从而产生更多的价值,进而吸引更多的参与者(Katz and Shapiro,1994)。平台价值创造过程实际上是如何构建和发挥网络效应的过程(Evans and Schmalensee,2007;Iansiti,2007)。平台价格机制、内部结构以及信息技术能力是影响网络效应发挥的关键要素。具体地说,在平台构建中,企业可以通过价格机制设计,降低平台关键成员的准入成本,提高转换成本从而吸引和留住平台关键成员(Rochet and Tirole,2006)。而平台成员的成功很大程度上取决于间接网络效应的发挥,即平台的跨市场互补性(Zhu and Iansiti,2012)。从内部结构看,平台在搭建中需要考虑不同参与者之间的关系,这影响了平台的开放性和创新能力(Cusumano and

Gawer，2003）。同时，信息技术能力是多边平台搭建和发展的基础（Tan et al.，2015）。梳理现有研究，我们发现：平台的价格机制、平台的参与度和信息技术能力等因素影响了网络效应发挥从而会影响平台价值创造。平台价值创造的主体实质上不再是单一的企业，而是一个由众多相关利益者集合而成的生态圈，生态圈成员能力的进化以及共同利益的实现是平台竞争战略的核心（Iansiti and Levien，2004）。既有的平台研究界定了平台的跨市场特征，提出了形成平台和平台价值创造的关键要素。不过，对于平台价值创造的具体过程以及平台形成演化的问题还鲜有深入探讨。

综上所述，现有研究主要概括了产品价值和平台价值的基本含义、影响其价值创造的关键要素及其两者之间的差异。在市场特征上，产品价值创造面对的是单边市场，而平台价值创造是双边或多边市场。在竞争方式上，产品价值创造更多地体现了一种价值链的竞争，价值创造活动属于资源控制型（Edelman，2015）。而平台具有跨市场的网络效应，平台价值创造更多地体现了生态圈的竞争，价值创造活动强调了资源的开放性和协同性特征。在资源管理方式上，对价值创造资源的管理从内部的最优化变为外部互动最大化，价值创造的关注点也从关注消费者价值到关注整个生态圈价值（Astyne，Parker and Choudary，2016）。价值创造的主体从单一企业扩大到了整个生态圈的相关利益者。虽然现有研究分别提出了产品价值创造和平台价值创造存在不同的特征。但实际上，对于两种价值创造范式背后具体的内在价值机制差异还缺乏深入的剖析。进一步地讲，有两个问题尚未得到清楚的回答：第一，与传统环境相比，互联网环境下的产品价值创造的基本特征是什么？第二，从商业模式角度看，平台形成的演化体现了价值创造方式的转变，但目前对于企业如何从产品价值创造转型为平台价值创造这一问题还缺乏深入的探讨和理论构建。

（二）动态能力理论

1. 动态能力

动态能力是企业竞争战略管理研究中的重要理论。它是指企业为适应环境的快速变化,整合、构建和再造内部和外部资源的能力(Teece,Pisano and Shuen,1997)。Barney认为静态资源基础观不能完全解释企业在动态环境中获得竞争优势的来源,企业要想获得持续的竞争优势需要在动态环境中建立起有竞争力的资源(Barney,1991)。动态能力突出了企业战略的调整能力,其核心是企业如何在动态环境中获取和利用资源来应对外部环境变化(Augier and Teece,2009)。动态能力主要由哪些能力构成呢?对此,学术界形成了较为丰富的研究成果,例如在早期研究中,有学者将动态能力分为了感知能力、获取能力和转化能力(Teece,2007),将动态能力分为了适应能力、学习能力和创新能力(Wang and Ahmed,2007)。Jiao等认为动态能力包含了对环境的识别能力、资源的整合和重构能力、柔性化组织和技术等(Jiao et al.,2013)。实际上,围绕动态能力构成要素的研究还有很多。对此,罗珉和刘永俊根据现有文献,通过模糊聚类分析的方法基于本体论维度(内部、外部)和认知论维度(感知创造、感知给予),将动态能力分为了市场导向的感知能力、组织学习和吸收能力、社会网络的关系能力以及沟通协调的整合能力。其中,市场导向感知能力和社会网络关系能力主要基于外部环境的视角,而组织学习和吸收、沟通协调的整合能力主要基于内部的视角(罗珉和刘永俊,2009)。虽然动态能力可以进行不同维度的划分,但实际上每个维度之间存在着紧密的联系。只是在不同的动态环境下,其所强调的能力要素有所差异,能力维度的特征具体表现也不尽相同(李彬,王凤彬和秦宇,2013)。进一步地,企业面对快速变化的互联网环境,在从产品价值到平台价值创造的形成演化过程中,其动态能力的形成和突出的能力要素及内容是什么?对此,目前学术界还缺乏深入的探讨。

2. 动态能力与企业转型

动态能力是企业组织变革的关键力量(Dutta,Narasimhan and Rajiv,2005)。企业的动态能力可以使企业通过资源的重新配置来适应动态的环境变化进行战略转型(Yi and He,2015)。对此,学者们将动态能力作为企业竞争优势形成或企业战略调整的解释变量做了大量的相关研究(罗仲伟等,2014;董保宝,葛宝山和王侃,2011)。现有的这些研究表明,企业动态能力促进了企业转型和竞争优势的形成,但面临不同的动荡环境,其形成过程和作用机理有着显著差异。例如,Koch(2010)认为,在电子商务市场中,企业需要构建应对外部利益相关者持续参与的动态能力,从而促进企业价值创造。肖静华等则认为重构式和渐进式的供应链转型,其资源的整合和重构方式(动态能力)会呈现不同的路径差异(肖静华等,2015)。特别地,企业从产品价值创造到平台价值创造的转型应对了数字化环境下的战略变革,其动态能力的形成和演化过程又是如何?

相较传统商业环境,在数字环境中,更广泛的消费者授权使得消费者成为重要的价值共同创造者(Erdem et al.,2016)。在社交媒体环境中,消费者成了重要的价值创造资源,并通过消费者之间的互动传播品牌价值(Gensler et al.,2013)。消费者的高度参与性成为企业动态能力形成的重要过程,企业与消费者资源互动的协同性有效地推动了互联网组织的转型。捕捉、适应和引导消费者变化的能力形成了企业消费者协同动态能力(肖静华等,2014)。因此,在数字化转型背景下,动态能力研究更加强调了对消费者环境的关注。进一步地,平台是一个包含消费者和多方利益相关者的共创组织,其价值来自于多方利益者之间的资源交互(Ramaswamy,2015)。因此,在平台形成的演化中,其动态能力的形成过程不仅仅是强调了企业和消费者主体之间的资源交互,还包括与其他利益主体的多方资源交互。但现有研究对平台中的资源主体如何进行资源交互,动态能力如何促进平台的形成仍缺乏深入的探讨。

综上所述,现有的动态能力研究在其概念、维度、影响效应上都形成了较为丰富的成果。动态能力是企业适应动荡环境,整合、建构和再造资源的能力。因此,动态能力往往作为解释动态环境中企业形成竞争优势和企业转型的理论依据。在不同的环境下,动态能力促进企业转型表现出不同的演化机制。进一步地,已有研究关注到由于在数字化环境中消费者的高度授权,数字化环境中的动态能力研究更加强调了消费者与企业资源互动过程,以及这种资源交互如何促进企业的互联网转型(肖静华等,2014)。不过,在数字化平台组织中,由于资源的交互主体已不再限于消费者与企业,而是一个包含消费者、企业和相关利益者等多方之间的资源交互。因此,本研究在既有研究基础上,进一步探讨互联网平台中的资源交互机制(动态能力的形成)及其如何促进平台的形成。

（三）理论框架

既有文献虽然提出了产品价值和平台价值两种不同的价值创造逻辑,但缺乏对从产品价值到平台价值演化过程的理论探讨。同时,既有研究将动态能力作为企业转型或企业价值创造方式演化的关键变量。面对快速变化的互联网环境,动态能力如何促进平台形成演化也缺乏研究。据此,本节拟建构一个从产品到平台的平台形成演化机制理论。遵循的思路是:产品价值创造→价值过渡→平台价值创造。实现的研究目标是:第一,探讨产品价值创造、价值创造方式过渡和平台价值创造三个阶段价值创造"黑箱"和动态能力基础;第二,构建从产品价值到平台价值的演化机制。

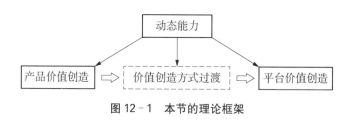

图 12-1　本节的理论框架

二、 研究方法

（一）案例选择

为进行理论的构建,本研究选择了案例研究方法,这主要是因为案例研究方法适合于对事物发展过程的解释以及对机制问题的探讨(Eisenhardt,1989)。在案例数量的选择上,我们结合本节所要研究的问题,比较了单案例和多案例的优缺点,经过多次讨论后,我们采用单案例的方法。因为本研究拟通过纵向研究来揭示随着时间变化事物的发展过程以及其中的"黑箱",单案例适用于这种类型的研究(Yin,2003)。同时,可以利用单案例保证研究问题的深度,并且可以更好地了解案例情境的特点(Dyer and Wilkins,1991)。在案例研究对象的选择上,我们重点考虑案例研究方法中案例选择典型性的要求。这是因为,案例的选择要遵从理论抽样的原则,要适合所研究的问题,并满足理论建构的需要(Yin,2009)。

通过对全部案例备选对象的甄别,本节选取韩都衣舍作为研究对象。我们主要基于以下几点考虑:第一,在发展之初,韩都衣舍是一家生产和销售互联网服饰的淘宝小店,经过八年的发展正转型为一个互联网平台服务型企业。韩都衣舍的纵向发展过程具有典型性,十分符合本节所研究的问题。第二,与阿里巴巴、京东等大平台不同,韩都衣舍最初的战略定位并非是一家平台型服务企业,而是以打造互联网产品品牌为战略方向的互联网服饰品牌商。在互联网环境的动态发展中韩都衣舍逐步转型为互联网平台商,形成了"品牌商+平台商"的发展战略。这一战略转型伴随的是互联网不断深入发展的过程,具有典型的动态演化特征。第三,与豆瓣、小米等基于需要(消费者)层面切入的平台发展模式不同,韩都衣舍平台的构建路径是从供给(生产者)层面导入的平台形成演化模式。这种路径发展模式的商业实践还相对较少,演化路径模式具有典型性。第四,2013—2016 年的发展业绩显示,韩都衣舍是互联网服饰产品领域发展最快速的企业之一。在同类互联网产品品牌业务收入和净利润增长放缓或下滑的背景下,韩都衣舍实现了规模和业绩的快速增长,其商业模式的成功也提升了本研究结论的实践价值。

(二)案例描述

韩都衣舍创建于 2008 年,起步于一家淘宝服饰小店。在创建之初,公司以打造"中国互联网快时尚第一品牌"为战略目标,主要从事互联网服饰产品的生产和销售。集团旗下拥有 18 个自主服饰品牌。[①] 产品以极具个性化、款式多、更新速度快、性价比高的特点畅销互联网市场,在互联网市场建立起了较高的知名度。在其产品品牌的创建策略上,公司实施了多品牌战略,进行极具个性化的市场细分和市场定位;以产品小组制为组织核心,实现扁平化的组织管理;打造柔性供应链实现产品快速追单的生产模式;以品牌人格化为手段进行产品品牌传播。这一系列

---

① 截至 2016 年 12 月数据。

策略的实施,成功塑造了其"小而美"的互联网服饰品牌特点。发展到
2014年,在互联网流量红利下降明显、大量互联网品牌出现业绩下滑
的背景下,韩都衣舍进行了战略调整,实施从产品驱动型发展向"产
品＋服务"的平台驱动型发展的转型。在转型策略上,韩都衣舍对产品
发展阶段形成的内部优势资源进行整合,并搭建了数字化平台体系,为
进入互联网市场的第三方品牌提供平台服务。韩都衣舍意图通过打造
互联网"二级平台",进而对接"一级平台"(天猫等)的消费者,最终形成
一个包含品牌商、生产商、服务商、消费者等利益相关者的商业生态圈
来实现平台型发展。韩都衣舍整个发展过程大致经历了四个阶段,其
中,前两个阶段属于产品价值创造阶段,后两个阶段属于平台形成阶段
(见表12-1)。

表 12-1   韩都衣舍从产品到平台的转型

	阶段	主要商业实践
产品品牌阶段	品牌1.0 2008年	聚焦互联网市场,并以单品牌策略探索互联网市场。
	品牌2.0 2008—2013年	创建产品小组制;实施多品牌战略;打造柔性供应链;进行品牌人格化变革组织结构。
平台形成阶段	品牌3.0 2014年	整合物流、客服、仓储、运营等内部资源,搭建品牌服务平台。
	品牌4.0 2015年—	平台对外部开放,吸引不同资源进入韩都衣舍平台,构建商业生态圈。

（三）数据的获取

案例数据来源于一手资料和二手资料。在进行一手资料收集前,我
们首先通过大量二手资料的收集获得了韩都衣舍的基本信息。因此,在
访谈过程中,我们一手资料的获取效率相对较高。

一手资料的收集分两大阶段,第一阶段是现场访谈;第二阶段是为进
一步满足案例研究中一手数据的需要,我们在第一阶段的现场访谈后,进
行了后续的资料补充,主要通过电话、邮件、微信等方式与公司管理层和
员工进行访谈而获得。(1)现场访谈主要集中于2016年11月10日和11

日两天。访谈的地点在韩都衣舍集团济南总部。现场访谈的两天正好在集团的双十一活动期间,我们还与部分公司合作商进行了访谈;(2)现场访谈的内容以"韩都衣舍的平台转型"为主题而展开。在访谈过程中,我们根据研究问题的需要,重点访谈了集团的创始人、一名集团副总和两位高层管理人员。然后,进一步有针对性地访谈了相关部门的中层管理者、公司员工以及合作商;(3)访谈以结构化和半结构化两种方式进行,我们先根据预先设计的基本大纲进行了结构化的访谈,然后根据访谈者的回答情况进行半结构化的访谈。

二手资料的收集包括:(1)公司管理层在不同场合接受各类媒体的采访视频资料;(2)接受媒体采访的文字材料和各类报道;(3)公司管理者提供的会议 PPT 材料;(4)公开出版的相关书籍;(5)公司管理层在微信、微博平台所发表的观点。

（四）数据编码和分析

1. 数据编码

第一步:数据整合和压缩。我们将收集的信息按一手和二手资料分别进行汇总,形成一个数据库。我们将与主题明显不相关的文字和内容进行剔除,对信息进行适当压缩。对于重复的资料,我们以一手资料为主,剔除重复的二手信息。

第二步:设计数据的编码方案。根据资料来源,一手资料编码为 F,二手资料编码为 S;对于访谈对象,高层管理者为 1,中层管理者为 2,员工为 3,其他(合作商、消费者)为 4;对于变量的编码,产品价值创造变量设置为 PR,动态能力演化用 DC 表示,价值创造方式演变用 VC 表示,平台价值创造为 PF。在具体的编码过程中,可能会涉及到一些构念未在初始方案中得到体现,但对本研究的问题又非常重要,我们在编码过程中进行暂时性的处理,经过讨论后形成新的编码标号。

第三步:数据和编码的匹配。我们根据本研究确定的基本研究问题并结合收集到的资料,在进行逐条讨论后形成数据和构念的对应关系,再进行分类编码。整个归类过程由三人完成,对于不一致的意见,我们提取出来进行讨论,形成一致性意见。在对整个编码进行了两次大的讨论后,最终完成研究问题和数据的匹配。

2. 数据分析

为确保案例研究结论的严谨性,我们需要保证案例数据的信度和效度(Yin, 2004)。对此,我们主要从以下几个方面来展开具体的数据分析。

首先,在资料收集阶段,我们制定了详细的研究计划,建立丰富的案例研究数据资料,确保案例的信度。我们根据"产品价值创造—价值创造方式过渡—平台价值创造"三个阶段对资料进行梳理。在操作中,根据研究的需要,我们在第一次访谈的基础上还进行了多次、不同渠道的更有针对性的案例资料补充。这些资料的补充进一步地满足了证据链形成的需要。

其次,在证据分析阶段,我们以"数据—关系—理论"的逻辑进行分析。第一,我们通过资料(语意、核心词汇等)分析找到相关的核心构念,形成理论要素,解决"是什么"的问题。其次,在找出核心构念和解释构念的基础上,我们会找出这些核心构念之间的逻辑关系并进行模型的匹配和解释,解决"为什么"的问题。对于逻辑关系的确定,我们尝试通过逻辑分层进行说明,并参考相关文献中有关竞争性的解释,强化模型的内部效度。第三,对于演化机制的分析,涉及到对动态能力和价值创造两大构念逻辑关系的探讨。对此,我们首先要解决"是什么"的问题,然后回答"为什么"。由于这其中的构念相对较多,因此我们采用开放性编码和主轴编码的方法进行操作。首先,我们采用开放性编码的方法,先逐步进行每一条数据的分析,抽象得到与此相关的一些基本概念。然后通过频次分析,将频次相对较高的类同概念提取出来,归纳成具体的构念。并通过主轴编码的方法对构念进行归类分析,探索构念之间的逻辑关系,从而回答模型中"怎么样"的问题。为确保每一个构念以及整个理论模型的效度,我们坚持多元证据来源,对构念的提取和界定进行反复迭代的分析,且通过一手访谈、二手资料和文献理论形成三角验证。

三、 研究结果与发现

根据研究理论框架,我们从"产品价值创造—价值创造方式过渡—平台价值创造"三个阶段归纳了相关研究结论。

（一）快速迭代能力促进的产品价值创造

围绕韩都衣舍公司产品价值的创造过程，通过对案例数据的分析，我们建构了一个动态能力（快速迭代能力）促进产品价值创造（价值角色、价值行为和价值体现）的内容框架（表 12-2）。在这个阶段，企业通过打造组织结构变革、柔性供应链形成了快速迭代的动态能力，其核心作用在于帮助企业充分利用内部组织资源、外部生产资源以及消费者在互联网环境中的价值创造角色和价值创造行为来实现企业的产品价值创造。

表 12-2　产品价值创造的研究发现

层次	维度	构念	频次	证据举例
动态能力	快速迭代	内部资源平台化	33	利用产品小组的单品运营体系，在组织内部形成了一个资源整合服务的平台化组织结构。从而实现了最小单位的责、权、利的统一。（F1）
		外部资源控制	29	很大程度上，我们"多款少量、以销定产"的运营优势的建立，离不开一条柔性供应链，这种生产方式适应了快速动态的互联网市场。（F1）
			17	很多消费者会参与到我们的活动中，他们可以帮助我们进行品牌的宣传，甚至给我们的产品设计提建议。（F3）
价值角色	企业	主导角色	31	在创业之初，我们的资源是很有限的，产品质量还跟不上，很少有厂商愿意接受小额订单。我们那时候花费了很多精力去整合供应链资源。不过，随着公司上市，我们的话语权也越来越强。（F1）
	消费者	网红角色	24	很多网红会给普通消费者提一些搭配建议、产品推荐。其实，我们公司自己也有"网红"，不过，一般不要求他们产生直接销售，我们更希望这种互动增加用户的黏性。（F2）
		粉丝角色	19	在微博平台，有很多的韩都衣舍"粉丝团"，她们提高了我们品牌的曝光量。（F1）

层次	维度	构念	频次	证据举例
	企业—消费者	共创角色	15	我们会利用消费者意见改进我们的产品和服务,一些消费者也很愿意参与到产品设计中。(F1)
价值行为	企业	传递	22	我们会开展一些线上线下活动,向消费者传递我们的品牌主张。(F2)
		提升	26	在微博、客服、消费者评论专区,我们会注意消费者的意见,这些都是改进产品和服务的有效途径。(F3)
	消费者	分享	23	在社交媒体平台上,一些消费者喜欢将自己的消费体验通过晒照、视频等方式去分享,展现自我价值观。(F3)
		传播	19	在互联网上,具有共同价值观的东西自带媒体的传播属性。消费者自身会进行品牌的传播。(F3)
	企业—消费者	共创行为	16	我们会与一些个体消费者展开合作,他们能够帮助我们引流,我们可以帮他们实现个人的品牌价值。(F3)
价值体现	企业	产品利润	41	针对小众化的市场细分,传统服装企业是很难盈利的,但我们充分利用了互联网的特点,实现了小众市场的价值,这也是互联网服饰企业的核心竞争力。(F1)
	消费者	个性化产品	31	小众的市场细分要求我们的产品具有个性化的特征,只有"调性"的产品才更受消费者的欢迎。(F1)
		参与的情感利益	14	消费者的价值创造参与过程,不仅满足产品的利益诉求,还是一种价值观的表达,也满足了心理利益的诉求。(F1)

动态能力。相比起传统环境,在互联网环境中,市场信息更加完全且更广泛传播、消费更加即时和碎片化、利基产品更广泛存在、消费者在消费中拥有更大的授权,但同时消费者的广泛参与也给企业的价值创造方式带来了新的机会(Ramaswamy,2015)。为适应这种互联网环境,韩都

衣舍聚焦于快速迭代的动态能力,整合内部的组织资源、建构外部的生产资源,利用消费者资源来实现产品价值的创造。具体来说,在动态能力的形成过程中,韩都衣舍首先在组织内部建构了一个资源整合服务平台,产品小组是整个内部平台组织的核心。产品小组由三人组成,共同决定产品的设计、生产(数量)和销售,责、权、利在产品小组上高度统一。在这个内部平台结构中,除产品小组以外,还有一个由公共服务部门组成的服务平台,例如采购、物流、财务、客服等,他们为产品小组服务。平台中的产品小组之间既存在竞争,但同时会围绕内部公共服务平台展开资源共享合作。这种平台化的组织结构实现了组织内部从下到上的主动学习以及内部资源的交互和共享。对于外部资源的利用,韩都衣舍重点强化了对上游供应链资源的控制以及与消费者之间的资源协同。与传统环境中供应链适应的大生产模式不同,韩都衣舍打造了一条柔性供应链对接了其小额订单生产模式,实现了产品的"小额生产"和"快速追单"。以低成本快速创新的方式适应互联网市场上小众市场消费者的需求。同时,韩都衣舍还利用互联网中消费者高度参与性的特点,通过与消费者的资源协同,来应对市场消费偏好的快速变化,增强了企业的快速响应度。

价值角色。在产品价值创造阶段,企业主导了价值创造,消费者协同参与到了价值创造的一些环节。在价值创造过程中,为强化对核心资源的控制,韩都衣舍主导了整个价值创造活动,这包括产品设计、原材料采购、仓储、生产及最终的销售等整个价值链环节。例如,为了建立"款式多、更新快"的产品核心竞争优势,韩都衣舍特别强化了对上游供应链资源的整合以适应其小额订单和快速生产的需要。不过,随着产品知名度的提高,在一些社交媒体平台上,消费者通过服装展示、搭配建议等形式广泛地参与到产品价值的创造中。韩都衣舍开始利用消费者来协助产品价值的创造。这主要利用了两种类型的消费者。一是"网红"角色。"网红"人物往往是一些具有典型"个性"的消费者,通过网络直播、图片分享等形式展示自己的生活方式,吸引追随者。他们往往是某一类消费群体中的中心人物。在商业实践上,韩都衣舍发现这些"网红"们会通过搭配建议、消费评价等方式影响其他消费者的行为。"'网红'行为展示了产品的个性化,提高了产品的转化率"(F3)。于是,韩都衣舍开始在品牌社区中寻找这些"网红"人物并有意培养他们,通过与他们建立合作来开发和传播新产品。二是"粉丝"角色。"粉丝"是对产品(品牌)具有高度忠诚的一类消费者,他们会主动参与公司活动或自发组织活动,维护产品(品牌)形象,帮助产品(品牌)进行口碑传播。"目前(2016 年),韩都衣舍大约有 100 多个活跃的粉丝团,他们每年为韩都衣舍带来了过亿的品牌曝光量"(F2)。韩都衣舍协助粉丝们建立起了不同的粉丝团,并帮助他们开展各类活动。这两类角色的消费者大量存在于自媒体平台和品牌社群中。在产品设计、品牌传播等方面,消费者成为重要的价值创造协同者。

价值行为。在产品价值创造中,企业和消费者表现出不同的价值行为。一是企业主导价值创造的传递和提升行为,表现为企业—消费者的价值关系。韩都衣舍在了解消费者需求基础上,通过对价值链中核心资源的控制,主导了产品价值创造并传递产品价值。例如,在设计环节,韩都衣舍挖掘、吸收和改进韩国时尚资源进行产品风格塑造;在生产环节,整合上游供应链,打造"多款少量"的生产模式。通过这些行为创造价值,并且在向消费者传递价值的过程中实现了产品价值。同时,在价值传递过程中,韩都衣舍会利用各个环节的市场反馈信息对产品价值进行提升。例如,企业会利用消费者在销售评论区、社交媒体中的消费评论进行产品或服务的改进。二是消费者参与价值创造的分享和传播行为,表现为消费者—消费者的价值关系。在社交媒体平台上,一些韩都衣舍的消费者会因为对其产品的喜爱而进行产品相关信息的分享和传播,从而形成了大量的文字、图片和视频等用户生成内容。这些内容不仅传播了产品价值,甚至因为消费者的参与,企业改变了产品本身的设计和品牌属性。三是企业与消费者的价值共创行为。在案例数据分析中,我们发现企业与消费者的价值共创主要发生在企业与某一类特殊消费者群体之间的互动中。例如,在商业实践中,韩都衣舍会与"网红"消费者开展合作。韩都衣舍利用他们的个人资源为其他普通消费者提供个性化服务,例如,邀约网红消费者进行网络直播,为普通消费者提供搭配建议等。同时,这些"网红"消费者也可以利用韩都衣舍的资源来打造他们自身的个性化(产品)品牌。韩都衣舍为他们个人品牌的打造提供服务。企业与消费者价值共创的过程,实质也是企业和消费者之间价值创造资源的共享过程。

价值体现。以消费者需求为中心,产品价值体现了交换价值。在这一过程中,消费者的需求得到满足,企业取得与产品交易相关的利益。韩都衣舍充分利用互联网的特点,对互联网市场消费人群进行了极个性化的市场细分。并通过打造适应互联网环境的价值链和对价值链核心资源的控制,建立了"性价比高、更新速度快"的成本优势和产品"个性化、时尚感"的差异化优势。这些优势的建立在满足大众市场需求的同时,实现了小众市场消费者的需求且实现了企业盈利。另外,在产品价值塑造过程中,消费者参与价值创造不仅满足个性化的产品利益,还满足了参与过程的情感价值。"我们的一些消费者参与价值创造的过程不仅仅是希望有更加个性化的产品,还希望有一种参与带来的快乐感"(F2)。

(二)平台整合能力促进的价值创造方式过渡

双边市场结构是平台的核心结构特征。在产品价值创造阶段面对的是消费者(需求面)单边市场。如何从服务单边市场转化为双边市场服务是韩都衣舍在价值创造方式过渡阶段要解决的核心问题。对此,基于案例的数据分析,我们建构了一个动态能力(平台整合能力)促进价值转化的内容框架(表12-3)。在这个阶段,企业主要通过构建平台系统形成了平台整合能力,其核心作用解决了价值创造方式过渡过程中两个关键问题:一是利用在产品价值创造阶段形成的面向需求面的价值创造优势转化为面向供给面的价值创造能力;二是构建起面向供、需两面的价值创造能力对接平台价值的创造。

表 12-3　价值创造方式过渡阶段的研究发现

层次	维度	构念	频次	证据举例
动态能力	平台整合能力	内部资源输出	23	在适应转型的过程中,我们首先花了一两年的时间来整合我们的内部资源,通过内部资源的输出来吸引第三方品牌。这是我们形成平台生态圈的重要步骤。(F1)
		外部资源的群聚	17	这个平台体系搭建起来还需要大量的第三方资源的参与。我们需要应对外部资源进入平台后对我们服务能力的挑战。(F1)
价值转化	需求面到供给面	成员吸引	16	要搭建起这个平台,我们一定要能够有"流量"优势,这样才能吸引外部成员参与。(F1)
	供、需面到平台价值	集成服务	16	"二级平台体系"联结了前端的消费者和后端的供应方,平台为消费者提供了集成化的需求服务。(F2)

动态能力。快速迭代能力适应了互联网市场的快速变化,促进了其产品价值创造,形成了企业在需求面(消费者市场)的竞争优势。而价值创造方式过渡阶段动态能力形成的关键是如何将这种能力转化为面向供给面(品牌商市场)的服务优势。对此,为应对这种转型环境,韩都衣舍主要突出了其平台整合的动态能力。具体地说,平台整合能力主要形成于企业内部资源输出和外部资源群聚的过程。首先,韩都衣舍对内部资源进行了输出。韩都衣舍将内部形成的供应链、仓储、物流、客服等资源进行了重新配置,成立了新的平台公司。新的平台公司依托韩都衣舍在互联网产品市场形成的资源优势为第三方品牌商展开代运营服务。这样,需求面的运营优势成为了平台搭建的切入点,逐步吸引外部第三方品牌商资源的聚集。在此基础上,为提升对第三方品牌商的服务能力、形成群聚效应,韩都衣舍以 IT 技术为核心搭建了发展平台的基础性技术实现构架。IT 体系搭建的核心是为了提高内、外部资源对接的效率,从而实现在更大范围内的资源整合。在技术层面,IT 能力决定了韩都衣舍平台的服务规模;在功能层面,IT 能力决定了韩都衣舍平台的服务水平。

价值转化。在产品价值创造阶段,韩都衣舍形成了面向互联网消费者市场的竞争优势。不过,随着互联网竞争环境的变化,韩都衣舍开始意识到互联网市场竞争正发生深刻的变化。"随着互联网的深入发展,一些新的互联网品牌或想进入互联网的品牌面临了更激烈的市场竞争,在这些品牌进入'一级平台'(天猫等)之前需要一个中间平台去协调、匹配资源为这些品牌服务,提升其运营能力"(F1)。在此背景下,韩都衣舍以需求面的互联网产品运营优势作为平台搭建的切入点,进行了企业战略的转型。价值转化包括了两个层面:一是从需求层面到供给层面的价值转化。在这过程中,重点是要形成面向供给面(品牌商)的服务吸引力。在商业实践中,韩都衣舍集团成立了一个服务平台公司来整合内部的运营资源,并突出自身深耕互联网市场的运营能力,将其作为吸引外部成员平台参与的切入点。新的平台公司服务包含了从互联网产品生产到销售的全价值链服务内容。例如:韩都衣舍将一些与品类相关的第三方品牌纳入自身的生产、供应链系统,为一些品类不相关的第三方品牌提供仓储、客服等服务。二是从供、需两个层面到平台价值创造的转化。在这过程中,重点要解决的是面对供、需双方价值创造的集成服务能力。在商业实践中,韩都衣舍重点构建了以商业智能为核心的九大平台体系,这个体系的目的就是要对接和匹配供、需双方的资源,打通消费者消费到产业消费。"为了打造'二级平台',我们对于商业智能的投入这几年的每年都在4 000万以上。离开了这套体系,我们谈不上是一家平台型公司"(F2)。平台系统构建是韩都衣舍公司实现平台价值创造的基础。

(三)生态圈构建能力促进的平台价值创造

产品价值创造阶段形成了面对需求面(消费者)的竞争优势,价值创造过渡阶段实现了从面向需求面到供给面的价值创造方式的转化。在此基础上,我们通过对案例的数据分析,建构了动态能力(生态圈构建能力)促进平台价值创造(价值角色、价值行为和价值体现)的内容框架(表12-4)。在这个阶段,企业通过跨界整合和网络化的协同形成了生态圈构建的动态能力,其核心作用在于形成跨界资源的多方共享、价值的多方共创的平台价值创造模式。促进了新的价值创造角色的形成、产生了新的价值创造行为和价值体现。

表 12-4　平台价值创造的研究发现

层次	维度	构念	频次	证据举例
动态能力	生态圈构建能力	跨界资源整合能力	19	一开始的时候我们也很担心外部的品牌进入是否会成功,因为这两者是不同风格的品牌,但通过后来不断的实践,表明他们之间是可以实现整合的。(F2)
		网络化协同能力	17	品牌商、服务商进入平台后,很重要的一点,就是我们要促成资源方和需求方之间的合作,进行资源的协同。(F1)
价值角色	平台中心企业	平台中心性	27	通过扮演关键服务提供商,吸引和保留了平台成员,成员的广泛参与让我们的服务平台不断扩大。(F1)
		资源协调者	21	我们不会控制全部的资源,外部品牌商也可以利用这些资源,我们鼓励品牌商之间展开合作。(F1)
	平台成员	资源提供者	21	进入平台的品牌商为整个平台提供了大量的资源。比如,韩国品牌商提供的大量时尚资源。(F1)
		资源共享者	16	平台中的资源是可以共享的,特别是对于那些刚起步的互联网品牌,它们可以充分的利用我们平台提供的资源。(F2)
价值行为	平台中心企业	赋能	32	实际上,现在很多互联网品牌并不是"小而美"而是"小而丑"。我们开放我们的平台,来提升它们的互联网产品的运营能力。(F1)
	平台成员	共生	16	构建这个生态圈,就是实现资源的共享,形成生态圈成员之间的共生行为。(F1)
		再生	14	生态圈成员之间也可以展开合作,这种合作形式可以实现能力再创造和共同演化。(F2)
价值体现	平台中心企业	平台服务收益	22	从战略上,我们从一个品牌商转变为了一个平台服务商。提供平台服务,这是我们企业未来新的利润增长点。(F1)
	平台成员	产品或服务收益	23	在我们这个平台,很多成员通过平台服务取得了快速的市场增长。(F1)

续 表

层次	维度	构念	频次	证据举例
消费者	个性化集成需求			平台的构建在很大程度上不只是满足了某类产品的个性化需求,还可以满足基于用户的集成式需求。(F1)

动态能力。通过平台整合能力,韩都衣舍搭建了平台体系。为应对多方互动的平台环境,韩都衣舍在促进平台价值创造的过程中,聚焦于商业生态圈构建动态能力的形成。具体地说,商业生态圈构建能力主要是通过跨界资源整合能力和网络化协同能力来整合多方价值创造资源促进平台的价值创造。一是跨界资源整合能力。在平台基础设施基本搭建完成后,韩都衣舍对外开放了其平台系统。通过外部品牌的联结,构建韩都衣舍的商业生态圈。"形成一个包含'韩都衣舍＋国际线下品牌''韩都衣舍＋网红品牌''韩都衣舍＋设计师孵化基地''韩都衣舍＋创客空间'等内容的二级生态系统"(F1)。在韩都衣舍的商业生态圈中,涵盖了服装、零食、健康等不同产业的品牌商和服务商。面对跨业态的平台特征,韩都衣舍通过对异质性资源动态的集成和匹配,形成了跨界资源的整合能力,从而使生态圈成员单一的价值创造模式变为了成员之间的共创模式。二是网络化协同能力。在不同的相关利益者进入平台后,韩都衣舍为构建起自身与成员,成员与成员之间的资源共享联结点,发展了网络化协同能力。这个网络越大,匹配的资源会越多,韩都衣舍通过网络化资源协同能力所构建起来的资源共享联结点就会越多,使得平台的赋能作用表现得越强。

价值角色。平台体系的搭建聚集了大量的供、需双方成员,他们共同创造价值。在平台价值的创造过程中,主要表现了四类价值创造角色。一是平台中心性角色。平台中心性角色往往是平台的搭建者,是平台形成的关键角色。例如,在商业实践中,韩都衣舍从战略上将自身定位为一个平台中心性企业来主导整个平台体系的形成。首先,通过开放自身核心优势资源来吸引外界资源进入平台,形成了平台创建的切入口。其次,通过搭建平台系统、设计平台机制等措施建立起平台的内部体系和结构。

二是平台资源协调者角色。平台资源协调者既可以是中心企业,也可以是平台中的第三方企业,他们是平台资源开放合作的关键。例如,韩都衣舍在平台成员聚集后,对于平台中的资源并不进行完全的控制,鼓励成员之间的资源合作以及外界资源的开放性合作。在这个过程中,韩都衣舍表现为资源协调者的角色,而非中心控制者。韩都衣舍在资源的协调过程中,会界定平台内部竞争的边界,以确保生态圈中健康的依存关系不被破坏。三是平台成员的角色。韩都衣舍平台体系中的成员包括了第三方品牌商、服务商以及特定的消费者等。他们既是平台中资源的提供者,同时也是平台中资源的共享者。资源的提供可能是生产性的资源,如实现原料的共同采购;也可能是技术性的资源,如某种生产工艺的合作。通过鼓励广泛的平台成员参与,韩都衣舍形成了一个资源共享的平台系统。

价值行为。与产品价值创造相比,平台价值创造强调了一个更广泛主体之间的价值创造行为。一是平台中心企业在价值创造中的赋能行为,表现为中心企业与平台成员之间的价值关系。在平台形成过程中,韩都衣舍依托自身互联网产品运营能力,通过扮演关键性服务的提供商向平台的成员提供价值服务。韩都衣舍通过资源提供的方式向第三方品牌商进行赋能。同时,赋能的过程使得韩都衣舍建立了平台中心性地位,吸引和保留了平台成员,并形成了他们之间稳固的赋能—依存关系。伴随整个网络规模的扩大,新的价值创造资源不断产生。二是平台成员价值创造中的共生和再生行为,表现为成员与成员之间的价值关系。随着韩都衣舍平台的不断扩大,不同平台成员之间会形成新的资源交互。在韩都衣舍的平台中,以共享资源为联结点产生了许多动态发展的耦合性、结构化的资源合作社区,形成了平台商业生态圈。生态圈成员在资源共享的基础上,实现价值创造的共生和再生。共生是指不同的资源方为发挥彼此之间异质性资源的互补作用,在平台体系内相互分工,形成彼此高度关联的价值创造行为。例如,韩都衣舍平台中有很多小的品牌商,在当前互联网市场竞争背景下,单独一个品牌想实现柔性生产模式都是十分困难的,很难实现盈利。但利用韩都衣舍平台,这些品牌商通过资源的彼此聚集行为可以"实现前端'小而美'和后端'大而强'的对接"(F1)。再生是指成员之间在资源共享的基础上进行新的创新合作,共同演化出新的能力。再生行为实现了整个商业生态圈的创新迭代。"平台中成员之间的合作,不仅仅解决了彼此的资源需要,他们之间的共同演化也推动了整个生态圈的发展"(F1)。

价值体现。平台的多方参与创造了平台价值。价值体现了以商业生态圈成员为中心的价值创造。韩都衣舍搭建的商业生态圈成员包括了平台中心企业、第三方品牌商或服务商、消费者等。在平台价值创造中,韩都衣舍取得了为第三方品牌商服务而产生的经济利益。第三方品牌商或服务商通过平台提供的资源提升了服务消费者的能力,取得了与产品交易或服务的收益。从消费者层面看,平台可以围绕用户集成式的需求进行更广泛的跨界产品提供,为消费者带来的不仅是单品类的产品价值,还是基于个性化需求的集成式服务价值。生态圈成员的价值实现是一个相互依存的关系,其关键是平台网络效应的发挥。"生态圈成员的利益的实现一定是一个彼此高度互动的过程,多方资源的聚集和匹配是实现价值创造的一个关键"(F1)。

四、 讨论与研究结论

(一) 研究结论

本研究聚焦于互联网企业从产品价值创造向平台价值创造的演化过程,提炼出一个三阶段的平台演化核心逻辑(表 12 - 5),构建了一个平台价值演化机制理论框架(图 12 - 2)。

表 12 - 5　三阶段平台演化核心逻辑

阶段一:以产品运营为核心,取得独特资源	阶段二:以平台整合为核心,形成平台体系	阶段三:以生态圈创建为核心,形成共同演化系统
2008—2013 年	2014—2015 年	2016 年至今
战略逻辑:利用互联网特征,形成与互联网产品相关的竞争优势。	**战略逻辑:**利用自身形成的互联网运营优势,搭建平台体系。	**战略逻辑:**扮演关键平台服务提供商,获得生态圈中心性角色。

阶段一：以产品运营为核心，取得独特资源	阶段二：以平台整合为核心，形成平台体系	阶段三：以生态圈创建为核心，形成共同演化系统
能力逻辑：打造快速反应的组织结构、灵活敏捷的生产模式、协同共创的营销方式、迭代创新的学习型组织。形成快速迭代的动态能力。	**能力逻辑：**识别市场机会，整合内部资源，以IT技术为基础，搭建智能化数据平台系统，提升对接供、需双方的平台整合能力。	**能力逻辑：**整合内、外部资源，构建商业生态圈，形成资源共享和再造的生态圈系统构建能力。
价值逻辑：扮演互联网产品提供商，整合产品价值链资源，建立互联网产品运营的核心优势。面向消费者的价值提供。	**价值逻辑：**扮演关键平台服务提供商角色，依托核心资源优势，吸引第三方参与。进行价值创造方式的过渡。	**价值逻辑：**扮演生态圈中心性角色，基于生态圈的资源共享，使成员从单一价值创造模式变为生态系统共享模式。面向生态圈成员的价值提供。

　　1. 演化基础：动态能力演化

　　动态能力是平台形成的驱动力，在平台形成演化的三个阶段体现了不同的能力维度。在第一个阶段，企业通过内部组织的平台化、柔性供应链的构建和营销方式的转变等策略形成了独特的互联网产品运营能力。在能力维度上，表现为企业的快速迭代能力。这种能力的形成，使得企业通过利用互联网环境的基本特征，获得了独特的企业资源，形成了自身的核心竞争优势。在第二个阶段，企业通过对内部运营、生产、营销、供应链等优势资源的整合，构建了一个对外的平台体系。在能力维度上，突出表现为平台整合能力。平台整合能力的形成，使得企业利用自己在互联网领域建立起来的运营优势，搭建起平台体系吸引第三方进入平台，为平台价值创造奠定了基础。在第三个阶段，企业通过扮演关键的平台服务提供商，从而获得商业生态圈的中心性地位。在能力维度上，主要表现为生态圈的构建能力。通过跨界资源的整合使得外部资源不断聚集和匹配，形成了网络化的组织结构。而通过网络化的资源协同建立起了商业生态圈中资源共享的联结点，实现了成员之间的资源共享和再创。

　　2. 演化路径：动态能力演化促进价值创造方式演化

　　在平台形成的演化路径上，表现为横向和纵向的路径关系。在横向

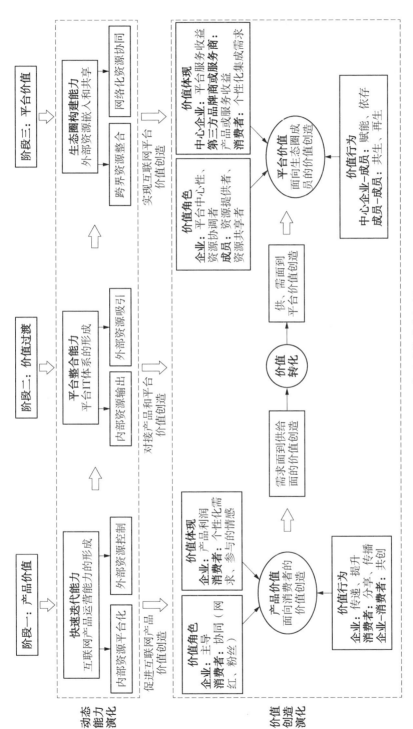

图 12 - 2　平台形成的演化机制

上，价值创造方式和动态能力分别呈现出三阶段的递进关系。在纵向上，表现为动态能力演化促进价值创造方式演化的路径依赖。具体来说，在产品价值的创造阶段，其价值创造主要依赖于对价值链中核心资源的控制而形成的产品运营能力，实现面向消费者的价值提供。在这个阶段，基于价值链的竞争，动态能力的形成强调企业本身拥有的核心资源，但同时又充分利用消费者这类异质性资源进行价值的共同创造。但随着互联网环境的进一步变化，韩都衣舍通过平台整合能力对自身内部资源进行整合，来对接产品和平台价值主张，建立了面向供、需双方的平台体系，实现向平台价值创造的过渡。当演化到平台价值创造阶段，价值创造主要依赖于商业生态圈的构建能力，其价值创造面向的是商业生态圈成员。在这个阶段，基于生态圈的竞争方式，动态能力的形成强调了对第三方组织嵌入而形成的异质性资源的聚集和匹配，并通过网络化的协同方式实现资源的共享。动态能力促进平台价值创造的关键在于是否能形成一个更广泛层面的资源交互，实现生态圈成员之间的资源协同共创。

3. 演化结果：价值创造方式的演化

价值创造方式的演化是整个演化过程的结果变量。本研究从价值创造角色、价值创造行为和价值体现三个方面探讨了两种价值创造方式的"黑箱"。在产品的价值创造中，从价值创造行为上看，体现了三类价值创造行为：一是以企业为主体的价值创造中的传递和提升行为，表现为企业—消费者的价值关系；二是以消费者为主体的参与价值创造的分享和传播行为，表现为消费者—消费者的价值关系；三是企业与消费者的价值共创行为，表现为企业与特定消费者之间的价值共创关系。从价值创造的角色上看，企业主导了整个价值创造过程，而消费者协同参与价值的创造活动，这主要包括"网红"和"粉丝"两种不同类型的消费者角色。从价值体现上看，产品价值创造以消费者为中心。消费者的需求得到满足，企业取得与产品交易相关的利益。在互联网环境下，大众市场需求得到满足的同时，小众市场的需求也得到了极大的满足且企业在更小的细分市场中实现盈利。

在平台价值创造中,从价值创造行为上看,一是平台中心企业价值创造中的赋能行为,表现为中心企业与平台成员之间的价值关系。平台中心企业通过自身的核心竞争优势向生态圈中的成员赋能,提升它们的运营能力。通过这种赋能行为,平台企业进一步强化了它的中心性地位和与成员之间的依存关系,并逐步扩大了平台的规模。二是平台成员价值创造中的共生和再生行为,表现为成员与成员之间的价值关系。成员之间通过利益的联结进行了不同形式的资源互动。这种多方互动在生态圈中形成了动态发展的耦合性、结构化的组织,价值创造方式也从单一成员的创造变为平台成员的共创。从价值创造角色看,平台中心企业体现了两种角色:一是平台中心性角色,二是资源协调者的角色。在平台的构建过程中,平台中心企业通过提供关键性的平台服务,吸引和保留平台成员,从而建立平台中心性地位。同时,在平台发展中,又会放弃某种互动和资源的控制权,为实现平台中资源的聚集和匹配而成为一个资源协调者。而对于平台中的成员来说,他们既是资源的提供者,也是资源的共享者。从价值体现看,平台价值创造以生态圈成员为中心。主要包括了平台中心企业、第三方品牌商或服务商、消费者等。平台中心企业取得了为第三方品牌商服务产生的经济利益。第三方品牌商或服务商通过平台提供的资源提升了服务消费者的能力,取得了产品交易或服务的收益。消费者获得的不再只是单品类的产品价值,而是满足了集成式的跨界产品需求。

（二）研究讨论

1. 理论意义

本研究针对现有平台理论在平台转型理论构建研究上的不足,基于动态能力理论的视角,通过对互联网企业韩都衣舍的案例研究,探讨了从产品价值到平台价值的转型演化机制。对此,本节主要有三点理论贡献:

第一,构建了一个从产品价值到平台价值演化的理论框架,丰富了平台理论研究。与过去平台理论研究集中关注于平台的网络效应相比,本研究聚焦于平台形成的演化机制。本理论框架表明:动态能力的演化是推动平台形成演化的驱动力;平台的形成主要由三个阶段组成,分别是基于快速迭代能力驱动的产品价值创造阶段,基于平台整合能力驱动的平台体系形成阶段,以及基于生态圈建构能力驱动的平台价值创造阶段;价值创造方式的差异是平台形成演化的结果。据此,在理论上,我们从演化动力、路径和结果构建了整个平台形成的演化机制。

第二,基于互联网的情境,进一步揭示了产品和平台价值创造的"黑箱"。过去的研究表明,产品价值创造来源于企业的价值链活动,形成于与产品相关的竞争优势。而平台的价值创造来源于生态圈价值,形成于与网络相关的竞争优势。但基于互联网情境,产品价值创造和平台价值创造都产生了新的内容。本研究表明,在互联网产品的价值创造中,我们进一步验证了企业主导的价值链活动成为产品价值创造的来源(Vargo and Lusch,2004)。同时,研究发现,"网红"和"粉丝"两类消费者作为重要的价值资源协同参与了产品的价值创造,共创了产品(品牌)价值。也就是说,在互联网产品的价值创造方式上,既存在以企业为主导的价值创造,同时更广泛的存在着企业与消费者协同的价值共创。另外,虽然当前的一些研究表明网络效应是平台价值创造的关键(Astyne,Parker and Choudary,2016)。但在此基础上,本研究进一步从价值行为、价值角色和价值体现三个层面解释了平台价值创造的内容,并在这三个层面上比较了平台价值创造与产品价值创造的差异。

第三,从平台层面探讨了一个更广泛的主体的资源交互机制,丰富了数字环境下动态能力的研究。既有研究提出了在数字环境中,企业和消费者资源交互的动态能力形成过程(肖静华等,2014)。本研究将这种资源交互形成企业动态能力的研究扩大到更广泛资源交互的平台层面上,丰富了动态能力的研究。研究表明,在平台阶段,动态能力的形成强调了多方异质性资源的嵌入和共享。异质性资源形成了网络化的资源结构,企业通过其网络协同能力建构起资源共享的联结点,形成了动态发展的耦合性、结构化的资源社区,实现了价值的共创模式。其次,动态能力的形成过程强调了两种类型的资源交互:一是中心企业—成员之间的交互,即"赋能"—"依存"的交互模式;二是成员—成员之间的交互,即"共生"—"再生"的交互模式。

2. 实践意义

平台战略成为在数字化时代业界关注的热点问题。本研究的结论对互联网平台转型的企业实践具有三点启示意义：

第一，平台转型的过程是企业动态能力的提升过程。具体来说，动态能力不同的维度促进了不同阶段的价值创造方式。在产品价值创造阶段，企业快速迭代能力的形成适应了从传统市场到互联网环境的变化。在策略上，企业需要建立一个快速反应的组织结构、灵活敏捷的生产（运营）模式、协同共创的营销方式和迭代创新的学习型组织。在平台搭建中，企业需要敏锐的找到平台转型发展的切入点，并通过平台整合能力搭建平台体系。在策略上，建立平台体系的核心是发展以 IT 技术为基础的大数据商业智能分析能力。通过 IT 技术来提升平台本身的服务能力从而吸引第三方参与。进一步地，在平台体系建立后，企业需要形成生态圈的构建能力以适应更广泛资源主体的资源互动行为。在策略上，企业可以通过跨界整合来吸引广泛的外部资源，促进一个网络化组织的形成。同时，在资源开放的基础上，通过网络化协同去匹配平台中的资源，实现价值的多方共创。

第二，平台价值的创造过程是网络化资源共享和共创的过程。在平台价值创造中，价值创造资源来源于各方的集成和匹配，多方异质性资源的交互实现了价值的创造。研究表明，实现资源集成的第一步是平台企业自身中心性的建立。平台企业首先要通过自身的核心优势，吸引外部成员进入平台，并能够对成员的需求进行积极响应，提升平台成员的能力并保留成员。第二步，在资源集成的基础上，平台中心企业不能成为整个平台资源的控制者，而是平台资源的协调者。平台企业通过平台机制的设计，界定好平台内部的竞争边界，从而促进系统内部成员之间的良性互动和平台内部耦合性的网络化组织的形成。平台成员之间开放的合作促进了彼此能力的再生，实现了整个平台生态圈的共同演化。

第三，平台战略的立足点是如何更好地促进网络效应的发挥。平台商业模式具有多边市场特征，而多边市场的优势在于通过平台的联结产生的网络化效应。这种网络效应通过广泛的人与人、组织与组织以及人与组织关系的建立而产生价值。通过本研究，我们认为在网络效应的发展策略上,可以从三个角度进行深入思考:一是平台成员的参与机制。即依靠什么样的核心优势吸引成员参与? 吸引哪些类型和数量的成员参与? 以及如何提高成员的黏性保留平台成员? 二是平台成员的互动机制。这包括如何促进成员互动? 互动的开放程度如何? 互动的联结点如何构建? 三是整个平台模式的盈利机制。在网络化的价值结构中,平台模式盈利点的设计关系到整个平台关系的扩展性和开放性,而这也影响了生态圈的发展边界。

3. 研究不足和展望

尽管本研究提出了一个从产品价值到平台价值演化的理论框架,但研究还存在几点局限。首先,本研究主要是基于对供给层面驱动的平台转型的探讨,即以企业原有资源为基础,通过内部资源的整合、平台系统构建、平台机制设计等手段吸引外部供给层面资源嵌入来对接需求面资源,实现从供给层面到需求层面的平台价值创造转型。而对于需求层面,即从消费者层面出发如何实现平台转型还缺乏讨论。其次,本研究主要是基于互联网企业从产品到平台演化的机制探讨。但实际上,与一些传统企业的平台转型相比还存在一些差别,这主要体现在互联网产品的价值创造模式上,消费者已经作为一个重要的异质资源进行价值的协同共创。因此,案例所构建的理论对于传统企业的平台转型的指导意义可能存在一些不足。

为此,在未来的研究中,我们可以进一步扩大研究样本,进行多案例或对比案例的探讨。例如,从需要层面探讨平台的演化研究或者进行一个对比型的案例研究来探讨从供给层面和需求层面平台演化的路径差异。二是可以进一步讨论传统企业的平台转型问题。例如,传统企业和互联网企业在平台转型过程中共同点和差异点问题。这些研究可以在更深层次上丰富平台转型的理论研究。

第二节　平台品牌促进顾客管理转型:浦发银行案例研究

平台是目前理论界和实践界共同关注的热点问题。在大数据、云计算、区块链以及人工智能等新兴科技对金融服务模式影响逐渐增强的大背景下，传统商业银行的竞争对手从国有银行、外资银行等传统竞争对手扩展到各类互联网金融公司。加之金融产品具有更新换代速度快、功能逐渐趋同的特点，以及客户的需求随信息技术的发展而变得愈发多样化，各大银行间类似的金融产品和服务等已经不再是能够决定其在激烈竞争中实现突围的核心，因此需要运用数字化交互平对传统的顾客关系管理模式做出调整，才能帮助商业银行理解客户的真正业务需求，更好地为顾客创造价值，并实现商业银行对顾客关系的有效管理与经营。

目前国内外学者对数字化交互平台和价值创造的研究已经形成了一些较为丰富的成果。大致可以分为两类：一类是从战略管理视角，将平台看作连接两个（或多个）特定群体并从中巧妙盈利的商业模式，主要关注平台模式的赢利模式、设计机制和顾客价值共创等问题（Yun et al.，2017；Tiwana，2015）；另一类是从经济学视角，重点关注平台的多边市场性质，并研究其中的网络效应和定价策略等问题（曲振涛，周正和周方召，2010）。这些研究都较为全面地界定了平台的概念、特征和商业模式等，并系统地解释了平台的构建模式以及生态圈的运营策略，但这些研究还存在两点局限性：第一，尽管有研究探讨了平台模式的建立与运行机制等问题，但这些研究主要聚焦的是以互联网为支撑建立的新兴行业，而对传统金融机构利用数字化交互平台进行顾客管理的数字化转型相关研究缺乏严谨和系统的理论构建过程；第二，一些从微观层面探讨数字化交互平台的研究主要集中在顾客价值主张、价值共创对商业模式创新和企业绩效之间的关系，少有研究探讨如何通过建立数字化交互平台，提高核心竞争力倒逼企业进行价值创新，进而促使顾客关系管理的转型升级的实现。

基于以上实践和理论背景，本节拟运用案例研究方法对传统商业银行运用数字化交互平台进行顾客管理转型的价值创造路径分析。在案例选择上，根据理论构建的需要，选择传统商业银行浦发银行作为研究对象。试图回答两个问题：第一，传统商业银行的顾客管理模式为什么要进行数字化转型？以及运用数字化交互平台进行数字化转型有何种意义与价值？第二,传统商业银行运用数字化交互平台进行顾客管理模式的转型为顾客创造了何种价值？这一研究不仅有望在数字化交互平台的应用背景下,完善价值创造与创新的完整路径,而且有望为我国传统行业的顾客管理数字化转型和价值创造提供理论支持和实践指导,促进企业提高可持续竞争力。

一、 文献回顾与理论框架

(一)数字化交互平台

在工业经济时代演进到互联网时代的背景下,互联网改变了交易场所,缩短了交易时间,扩展了交易模式,丰富了交易品类,减少了中间环节,使得商业模式发生了颠覆性的改变。在企业价值创造与传递的基本框架中,互联网平台作为其中重要的一部分,能够为扩展传统企业管理理论提供理论依据和支撑。目前,关于平台模式的研究主要围绕三个方面:一是将平台概念化为市场类型(双边或多边市场)的经济学视角(Rochet and Tirole,2003);二是将平台视为模块化技术架构的信息系统视角(van Angeren,Alves and Jansen,2016);三是将平台视为发展战略和商业模式的管理学视角(de Oliveira and Cortimiglia,2017)。从管理学视角看,可以将平台定义为连接两个(或更多)特定群体,为他们提供互动机制,满足所有群体的需求,并巧妙地从中盈利的商业模式(Yun et al.,2017)。张一进和高良谋(2019)认为平台是以顾客、平台企业和供应商为主体,遵循价值创造、价值传递、价值分配和价值实现的逻辑,而如何使需求互补的双边交叉网络效应最大化,是平台企业这类具有价值传递和分配性质的中介角色的功能的体现。笔者认为可以将品牌理解为"hub",即品牌是一个连接器,整合所有相关资源,而平台品牌则是以互联网技术为基础,连接产品(服务)交易或信息交互的双方或多方,并整合各方资源,为其提供直接交易和信息互动的服务中介(何佳讯,2017)。

按照固定的功能和属性进行优化以作为商品和服务的统称,传统"产品"的概念已经不足以与在数字化交互时代创造价值的新机会联系在一起。随着数字化的推进,"产品"不再是传统意义上的"完成",而是由数字化产物(包括数字、文本、图片、音频和视频形式的数据)、人员(包括客户、员工、合作伙伴等利益相关方)、流程(包括软件、算法)和界面组成的数字化交互平台(digitalized interactive platform,简称 DIP)(Ramaswamy and Ozcan,2018a)。与传统意义上的商品和服务不同的是,DIP 永远不会以"完成"的形态存在,而是持续不断地在相互关联的动态中协同发展(Ramaswamy and Ozcan,2018b)。DIP 提供了通过交互创造价值的新思路,价值不仅可以通过交换或使用资源和流程创造,还能够通过互动创造(Ramaswamy and Ozcan,2018b)。DIP 通过把多方群体进行"连接"和"融合",能够降低利益相关者的交易成本,并促进网络效应的发挥(李文莲和夏健明,2013)。DIP 被广泛应用在电子商务、第三方支付、社交网络等新兴领域,以及商业银行、零售行业、交通运输等传统领域(冯华和陈亚琦,2016)。

(二) 价值创造的核心竞争力与实现逻辑

鉴于平台与传统企业理论在定义、特征、发展轨迹等方面的不同,二者在价值创造、价值传递与价值获取上也存在较大差异。在数字化时代,基于数字化交互平台创造价值不再仅仅是互联网企业的特权,传统企业利用数字化交互平台同样能够为顾客创造价值。广义范围上的数字化交互平台所涉及的行业较广,行业属性和内在机制不同,导致不同企业进行价值创造的路径和逻辑也不尽相同;而狭义范围上的数字化交互平台关注的重点是微观消费活动,从消费者层面捕捉价值创造与价值实现的过程(冯华和陈亚琦,2016),因此,本节从狭义范围上探讨数字化交互平台为企业和消费者进行价值创造的核心竞争力和实现逻辑。

在数字化交互平台中,驱动价值创造的核心竞争力是价值创造的来源,能够增加企业通过数字化交互平台创造的总价值。Amit 和 Zott(2001)提出促进价值创造的因素指的是通过商业模式提高总创造价值的任何有利因素,并通过研究那些10％以上的交易额来自线上业务的互联网企业,认为驱动价值创造的因素包括效率、互补、锁定和新颖性。然而,互联网经过十多年的发展,对传统企业带来的冲击和变革使研究人员开始思考,是否存在新的核心竞争力驱动价值创造。商业模式的变化也会为价值核心竞争力带来变化，Visnjic 等（2017）通过案例研究，提出除 Amit 和 Zott（2001）归纳的四个因素外，还包括责任制。基于以社会创造价值为核心商业模式的 17 家企业的访谈数据，Spieth 等（2019）将驱动价值创造的因素归纳为履行责任的效率、有影响力的互补性、共享价值和整合的新颖性。如今区块链的特征和功能已经超越了金融工具，并且随着技术提供的新功能，相关的价值主张也将发生变化，而基于所处阶段不同，区块链的价值驱动因素包括交易成本、附加服务、组织边界和自主决策（Angelis and Silva，2019）。Chandna 和 Salimath（2018）结合创新理论、网络理论、信息处理理论和产品线相关文献提出驱动价值创造的核心竞争力包括信息处理能力、产品组合复杂性、创新实践和网络成员四个方面。

数字化交互平台通过数字平台将市场中互动的人和资源联系起来，进行信息、产品和服务的交换，并提供给客户多种类型的价值。例如，通过成本或效率优势为顾客提供更低价格或其他经济收益的实用性价值，也可称为成本或货币价值；通过为顾客提供更多的便利条件、使用场景或控制权而使顾客获得情感性价值，称为体验价值；以向顾客提供正面的网络效应为竞争手段，通过汇集更多元的参与者并设置匹配规则促进互动向顾客提供价值，称为平台价值（Täuscher and Laudien，2018；Dann et al.，2020）；企业通过履行社会责任为客户创造市场价值以外的价值即为社会价值，包括通过 CSR 活动对社会和环境产生的积极影响（Jurietti，Mandelli and Fudurić，2017）。对数字化交互平台而言，为终端客户创造新价值和提高现有价值才是最重要的价值主张，而完成产品或服务的价值链则处于次要位置（迈克尔等，2019）。

（三）理论框架

已有文献虽然提出了数字化交互平台及其价值创造的路径与逻辑，但研究主体大多是新兴的互联网企业，缺乏对传统企业成功运用数字化交互平台进行价值创新，为顾客进行价值创造与实现逻辑的理论探讨。本研究结合数字化交互平台及其价值创造的相关文献和理论，试图在价值创造的核心竞争力与创新机制双重视角下，探究传统商业银行运用数字化交互平台进行顾客关系管理转型升级的基本路径和实现机制。

　　具体来说,传统商业银行利用互联网思维建立数字化交互平台,并以提高核心竞争力"倒逼"价值创新,而价值创造的创新机制促使传统商业银行完成了顾客管理的转型升级,至此,传统商业银行也转型成为具有金融科技属性的商业银行。从数字化交互平台的构成要素看,本研究从数字化提供物、参与者、交互机制和用户界面四个方面解构传统行业的数字化交互平台;在价值创造的核心竞争力方面,本研究将其归纳为数据分析能力、跨界协作能力、创新发展能力和聚合用户能力四个方面;在价值创造创新机制方面,本研究从成本价值、体验价值、平台价值和社会价值入手,分析数字化交互平台通过以上四种价值为顾客创造价值的实现逻辑。据此,本研究搭建的案例分析研究框架图如图 12-3 所示。本研究拓展前人有关数字化交互平台研究的应用背景,通过本案例研究,不仅关注浦发银行在数字化转型前期,更关注其在数字化转型过程中数字化交互平台所发挥的关键作用,旨在弥补现有文献对传统商业银行进行数字化转型过程和机制研究的不足,也为价值的创造和实现机理提供新的理论视角,有利于传统商业银行吸引顾客并增加黏性,有助于传统商业银行在数字化背景下顾客管理成功转型并实现绩效提升。

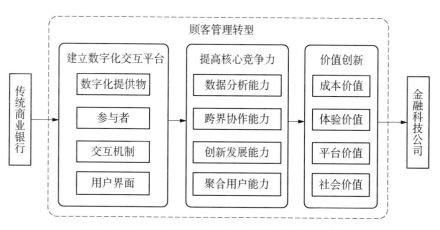

图 12-3　传统商业银行数字化转型及价值创造研究框架

二、 研究方法

（一）方法与案例选择

1. 研究方法

本节采用单案例纵向研究方法，基于浦发银行在互联网环境下，顾客管理转型升级的逻辑演变机理开展案例研究。一方面，本节的研究视角与核心问题为传统商业银行，在数字化背景下，如何利用数字化交互平台进行顾客管理创新与价值创造，属于"how"的研究范畴，而案例研究方法能够深入研究情景，挖掘并推演案例中事件发生的主体和要素等，理解事件之间的因果关系，从而为这类问题的研究提供了有效工具。另一方面，与多案例研究相比，单案例更适用于启发性较强的案例，其发展规律与演变路径对同类研究对象同样具有借鉴意义，除此之外，单案例研究能够进行纵向分析，依循时间线索探究研究对象发展过程中的重要变革与内在规律。

2. 案例选取

本节遵循"理论抽样"原则，选取浦发银行作为案例研究对象。主要基于以下考虑：第一，Yin 建议，案例选择应当关注其是否具有特殊性与启发性（Yin，2013）；同时，Eisenhardt 认为，案例的选择应当符合理论抽样的原则，即所选案例可以复制已有的案例发现或是对现有理论进行完善（Eisenhardt，1989）。第二，案例的选取应当遵循数据充足原则，在研究过程中有机会接触到有效的一手资料，且二手资料的获取途径便利并可靠。

根据以上案例选择原则，本研究选择上海浦东发展银行股份有限公司（简称"浦发银行"）为案例研究对象。首先，"浦发银行"案例具有典型性与特殊性，符合理论抽样的原则。具体说来，截止到 2019 年 12 月末，浦发银行总资产规模达 7 万亿元，在 2020 年 2 月英国《银行家》杂志发布"全球银行品牌 500 强"排名中，浦发银行位列第 17 位，品牌价值 139.47 亿美元，在数字化背景下，其顾客关系管理模式的平台化转型具有一定的代表性；另外，针对数字化交互平台的现有研究多集中于新兴的互联网行业，对传统商业银行知之甚少，而浦发银行基于平台思维的模式是一种创新性的客户关系管理模式，具有一定的特殊性。其次，考虑到案例企业信息的可信度和充裕度,浦发银行作为上市公司,公开信息翔实而充足,近年来,与其数字化转型相关的媒体报道也层出不穷,为研究提供了丰富的数据与素材,而且本节作者与案例银行有良好的合作关系,获取一手调研信息具有一定的便利性。

（二）数据收集

为了确保案例研究的信度和效度,本节采用 Mile 和 Huberman（1994）提出的三角验证,通过访谈、参与性观察、媒体报道等多种渠道收集资料。本节的收集工作主要在 2019 年 9 月至 2020 年 2 月期间进行,从多个证据源收集资料,数据来源如下：

1. 半结构化访谈

本节采用半结构化访谈的方法获取浦发银行顾客关系管理模式创新过程中关键事件的定性和定量数据。研究小组采用半结构化访谈的方式,共同访谈了浦发银行零售业务部综合管理处处长和零售业务部副总经理,访谈全程录音,并分别做访谈记录,访谈总时长大约为 2 小时,对访谈前检索的资料难以确认的问题和研究小组关心的问题进行咨询和确认,访谈问题主要包括："在客户关系管理中,浦发银行首要解决的问题是什么？ 浦发银行在客户关系管理中,如何广泛地与第三方平台合作？ 对客户的后台分析是基于个体还是聚类的群体层面分析？"该过程保证了内容的准确性与全面性,有助于提高研究的信度和效度。

2. 参与性观察

研究小组实地参观了位于上海浦东的东银大厦,在参观过程中,对浦发银行零售业务的部门设置、平台产品开发和维护的人员构成等方面有所了解,为本研究提供了更为生动的原始素材。另外,两位研究人员深度使用浦发手机银行 App 与信用卡官方 App 浦大喜奔,使用时间从 2019 年 9 月至 2020 年 2 月,使用包括智能生活地图、智慧商圈、线下支付、实时还款等功能与服务,从使用者的角度分析用户体验、交易便利性与场景化利用率等,并随时做好文本记录。

3. 二手资料

为了提高研究的信度效度,避免共同方法偏差,研究小组在通过半结构化访谈和参与性观察等方式收集一手资料的同时,通过收集二手资料形成对研究数据的三角测量。主要的二手资料来源包括:(1)档案资料。主要包括浦发银行官方网站上发布的年报、新闻动态和媒体关注;(2)媒体报道。主要包括《中国金融家》《金融电子化》《钱江晚报》《21世纪经济报道》等报纸杂志,以及腾讯新闻网、36氪网、东方财富网等网络报道;(3)其他公开二手资料。包括知网、万方、维普等数据库检索到的相关研究论文。最后对各方来源收集的资料进行整理筛选。

（三）数据分析

本节遵循质性资料分析方法对收集的资料与数据进行处理。研究小组将对半结构化访谈获得的音频数据在48小时之内进行转录工作,从而形成文本资料,之后汇总参与式观察获得的本节资料,并与从网络、报刊等处获得的资料按照来源归类,形成浦发银行价值创造质性资料。接下来进行编码与分析,主要包括以下三个方面。

（1）数据整合与压缩。将从各方来源收集到的资料按一手资料和二手资料分别进行汇总,整合为形成数据库并进行初步筛选。对与研究主题无关的内容进行剔除,将数据与资料进行适当精简与压缩。对于重复资料的处理,以保留一手资料、剔除二手资料为主要原则。

（2）对数据编码方案进行规划与设计。根据资料获取渠道的不同,将一手资料和二手资料进行一级编码:在一手资料方面,将来自2位管理人员的质化数据分别编码为M1(处长)和M2(副总经理),来自参与式观察的2位浦发银行相关App使用者分别编码为P1和P2;在二手资料方面,来自官方网站的数据编码为O,来自第三方的二手资料,将媒体报道和高层人员采访、报纸杂志和学术期刊文章分别编码为S1和S2。

（3）数据和编码的匹配。根据本节的研究问题,并结合收集的资料,采用逐句、逐条讨论后形成数据与构念相对应关系的方式,进行分类编码。整个分类编码过程由2位编码人员完成,并尽可能减少由于研究者主观因素引起的理解偏差,随时对不一致的意见进行讨论,直到形成统一的意见。在对整个编码进行交流与讨论后,最终完成研究问题与数据的匹配,编码示例见表12-6。

表 12-6　定性数据编码示例

变量	构念	证 据 举 例	来源
价值创造核心竞争力	数据分析能力	浦发银行目前采用线上全闭环自动流程服务客户,利用智能化手段根据客户的持仓、交易行为和消费行为分析客户的风险承受能力,并通过线上渠道有针对性地将不同的产品推送给客户。	M2
		我们在开放服务嵌入场景的过程中可以获取一手的更精细的客户需求和信息,运用大数据、物联网、人工智能等技术手段实现客户需求的即时感知、响应、供应链全流程的掌控,各类风险的主动性预警、预测,通过数据＋智能,重构经营管理模式。	O
	跨界协作能力	浦发银行通过与中国移动、阿里巴巴、腾讯等企业进行合作,用科技将金融融入到合作方的服务场景中,形成"金融＋教育""金融＋医疗""金融＋制造业""金融＋社交"等各种跨界金融服务模式。	S2
		比如像这种生鲜类的,我们现在在跟本来生活、百果园、先锋水果这些在做合作,你买水果的时候,你浦发银行客户就会享有什么样的优惠。	M2
	创新发展能力	开放银行本身就是一种创新的平台商业模式,连接的用户越多,可以组装出来的商业模式越多样,蕴含的商业价值越巨大。	O
		实现"三大创新,三大提升":一是实现客户服务的创新,全面提升客户体验。二是实现产品开发和生产模式的创新,提升产品创新的效率。三是实现产品管理模式和营运模式的创新,提升了管理降本增效的实际效能。	S2
	聚合用户能力	浦发银行开始尝试增加对长尾用户的关注,即通过 App 或微信公众号对全量客户进行线上经营管理,并根据顾客生命周期提高忠诚度。	M1
		通过 API Bank,银行与各方构建伙伴关系(partnership),共同目标是为客户(用户)提供极致服务体验。	S2
价值创造类型	成本价值	浦发银行零售经营新体系加强了银行与合作伙伴的紧密关系,银行与各行业连接起来,缩短开发周期,降低合作成本。 浦大喜奔的加盟商户主要为西式快餐,甜点饮品品牌,也包含了少部分其他类型的餐饮品牌,所以,在有购买西式快餐或甜点饮品时,会优先选择浦大喜奔 App,相	S1

变量	构念	证　据　举　例	来源
		同的商品可以以更加低廉的价格买到,加盟品牌特色明显,节省了挑选商品的时间成本。	P2
	体验价值	我们做开放银行其实不是为了提高所谓的效率和我们的经营管理,真的是以客户为中心。在 BaaS 平台上我们重新定义未来银行服务的价值组装,客户旅程与交互模式,提供极致的服务体验。	O
		浦大喜奔 App 使用起来简单易上手,信用卡激活操作便捷,并能够根据我的消费习惯智能为我推荐个性化活动和产品,比如我平时用浦发卡购买电影票和餐厅优惠券比较多,App 就会优先给我推送这类消息给我,我很喜欢这个功能,最直观的感受就是:"我看到的就是我想看到的",给我带来了良好的使用体验。	P1
	平台价值	浦发银行与 IBM 服务部合作,在 2017 年 2 月到 7 月间完成了"面向生态融合的浦发银行 API 开放平台"项目,将银行服务嵌入到合作伙伴的平台和业务流程中,实现以客户为中心、场景为切入、重塑银行业务和服务模式。	S1
		基于 API Bank,我们讲银行各类金融产品和服务,甚至非金融服务能力与政府企业行业平台深度结合,把服务植入到 B 端、C 端和 G 端,在各类生产和生活场景中为客户提供无处不在、无微不至的服务,比如说基于我行完善的账户分类和升级体系,我们与京东、苏宁、本来生活等平台通过 API 方式进行服务输出、整合,实现客户资源的共享,在线平台和平台权益的共享。	O
	社会价值	浦发银行人工智能技术的应用研究和探索研究成果覆盖公司、零售、风险、运营、资财及金融市场等六大业务,取得了较为显著的经济效益和社会效益。	S2
		浦发银行的"数字员工"还会改变人们的生活工作方式。通过"人"人协作办公,一些简单、重复的工作被数字员工完成,人们可以有更多的时间去做自己更喜欢、更有意义、更有挑战的事情,创造新的财富。	O

（四）信度和效度

为了确保案例研究的严谨性与可复制性,需要保证案例分析结构的信度和效度,本节参考 Yin(2013)和陈晓萍等(2012)的研究,按照信度、构念效度、内部效度和外部效度四项案例研究需要遵循的质量评价标准

(表 12 - 7),检验本节的研究设计、数据收集和数据分析过程的有效性和可信度。

表 12 - 7　保证信度和效度的研究策略

	检验标准	策略	步骤	具体做法
构念效度	准确测量所要探讨的构念	进行三角验证	资料收集	通过半结构化访谈和参与式观察等一手资料和网络资料、企业年报等二手资料相互验证。
		建立证据链	资料收集	获取并整理访谈数据,提取有关构念,初步构建理论,再次收集数据以验证和修正理论,形成理论模型。
内部效度	确保观察变量或事件来自因果关系	构建解释	研究设计/资料分析	通过陈述理论和数据迭代,提出命题。
		时间序列分析	资料分析	先分析所要观察的变量或事件在时间上是否具有先后顺序,再推论其中的前后因果关系。
外部效度	结论可能适用于某些特定的范围	通过相关理论对单案例研究进行指导	研究设计/资料收集	采用平台模式、价值创造相关理论指导研究设计和数据收集。
信度	研究过程的重复与复制	周密详尽的研究方案	研究设计/资料收集	研究小组反复讨论以确定研究方案。
		完备的案例研究资料库	资料收集/资料分析	由一手资料和二手资料组成的完备的案例研究资料库。

三、　研究结果与发现

通过对浦发银行管理人员关于顾客管理模式的深入调研,发现浦发银行的顾客关系管理可以归纳为三个阶段,分别是以产品为主,而不考虑客户差异化需求的第一阶段;从产品管理转向客户管理,实现客户分层管理和队伍专业维护的第二阶段;以及从顾客关系管理转向平台化的客户经营的第三阶段。根据第三阶段的发展逻辑,识别出浦发银行数字化交互平台的构成要素、核心竞争力,及其为顾客创造价值的类型。

（一）第一阶段（2006 年之前）

2006 年之前,浦发银行的客户关系管理处于第一阶段,该阶段以产品为主,而不考虑客户的需求。这一阶段对客户需求的忽视主要体现在三个方面,首先是总行进行产品的创新和设计时,缺乏对客户金融需求的市场调研,从而导致产品定位不够准确,影响服务和产品的未来发展规划。其次,正式推出产品前也未进行有效的市场测试,而是向分行产品经理介绍产品,再由分行经理向客户传递产品信息,在这一过程中并没有相应的产品宣传和推广方案,影响产品销售效果。最后,新产品推出后的评价机制不够完善,仅通过销售额判断产品的好坏,而缺少对客户体验和满意度的调查,不仅不利于产品改进,也不利于日后推出新产品时精准把握客户需求。因此,处在第一阶段的浦发银行由于对顾客关系管理认识的欠缺,导致产品缺乏优势,在激烈的竞争中处于劣势。

（二）第二阶段（2006—2018 年）

从 2006 年开始,浦发银行的顾客管理模式进入到第二阶段,即从产品管理转向客户管理,从客户的角度匹配产品。在这一阶段,浦发银行对客户和零售人员都进行了细分,建设客户分层管理体系,实现客户的分层管理和队伍的专业维护。按照客户资产的不同,将客户分成 AUM(上月日均资产)为 5 万元以下的普通客户,AUM 为 5 万元至 50 万元的优质客户,AUM 为 50 万元到 500 万元的贵宾客户,以及 500 万元以上的私人银行客户。与此相对应,大堂助理、低柜理财经理、贵宾理财经理和私行理财经理分别对不同层级的客户进行维护和管理。客户分层通过有针对性地提供服务,强化转介和客户提升机制,有利于客户向上输送;而零售服务人员的分层有助于工作人员获得系统的专业知识,提升服务质量并优化顾客体验。另外,精准的分层与管理能够发现客户购买金融产品的关键因素,从而有针对性地甄选目标客户,对不同客群进行精准营销。

（三）第三阶段（2018 年之后）

互联网技术的发展改变了市场格局与业务模式,客户行为模式也发生着变化,以其提高对金融服务的便捷性、智能化和场景化的需求为典型特征。在科技日新月异、平台化成为大势所趋的大环境下,浦发银行的顾客关系管理就进入了第三阶段,即从顾客关系管理转向平台化的客户经营,这之间的差异点首先体现在客户管理的范围进一步扩大,传统的顾客管理受制于技术水平和工作人员数量,对 AUM 较低的客户只能被动服务,而当前受到技术平台、大数据和云计算等新兴技术的驱动,浦发银行开始尝试增加对长尾用户的关注,即通过 App 或微信公众号对全量客户进行线上经营管理,并根据顾客生命周期提高忠诚度;其次从技术层面来说,浦发银行采用线上全闭环自动流程对客户提供服务,利用智能手段依据客户的持仓情况、交易和消费行为分析其风险承受能力,并通过线上渠道有针对性地将不同的产品推送给客户;最后从向客户提供服务的角度来说,VIP 客户的权益可以通过线上领取,酒店住宿、生活娱乐、充值服务等会根据用户的需求调整相应的权益发放。

总体而言,管理和经营的不同在于,管理更多的是把客户分类进行管理,并以浦发银行作为主体提供服务,而现在的浦发银行做得更多的是真正结合客户的需求,将交易应用到客户日常的生活和场景中。这其实是一种理念的转变,顾客关系管理更多的是尽可能了解客户,而现在顾客经营模式更多的是将浦发银行嵌入到支付或消费等各类生活场景中,促使客户主动发现产品和服务并积极了解。而这种理念的转变也在促使浦发银行开始利用互联网新兴技术建立数字化交互平台,以提高核心竞争力倒逼银行进行价值创新,通过对价值创造的创新促使浦发银行完成了顾客关系管理的转型升级。

1. 数字化交互平台构成要素

浦发银行于 2018 年 7 月在北京发布的业内首个"API Bank"无界开放银行,指的是商业银行通过开放 API(application programming interface,应用程序编程接口)连接各类线上平台服务商。目前,浦发银行的 API Bank 的发展阶段从单一银行以 API 方式连接多家外部合作伙伴,发展为多家银行通过云化的 BaaS 平台(banking as a service)模式连接多家外部合作伙伴,而根据国外先进 API Bank 的发展经验,最终将发展为银行根据合作伙伴的需求,将多项金融功能进行定制化组合并封装至 SDK,提供给合作伙伴(如图 12-4 所示)。作为数字化交互平台,浦发银行的 API Bank 通过开放自身的数据端口,吸引外部合作伙伴加入其中,聚合多种消费和金融场景,为客户提供更全面、更智能的服务。通过 API Bank,客户能够从浦发银行相关 App 和各类合作伙伴 App 的界面获取浦发银行的服务。从这个意义上讲,浦发银行的 API Bank 可以看作是由组织者(即浦发银行和各类合作伙伴)和参与者(即客户)通过交互共同进行价值创造的数字化交互平台。API Bank 的核心是数字化提供物,它可以通过参与者的使用以交互的方式创造价值,在不同的情况下(例如金融理财、线上支付或线下消费等)创造不同的价值,并为客户提供差异性的主观体验。就 API Bank 而言,价值是在交互的共享环境下创造的,每个参与其中的用户都是价值的创造者,包括客户、第三方开发者、金融科技公司、供应商和其他合作伙伴。由此可见,浦发银行的数字化交互平台由数字化提供物(包括内置浦发银行 App 的智能手机、支撑其运行的数字技术以及嵌入式软件)、参与者(包括浦发银行、各类合作方以及客户等)、交互机制(包括购买理财产品和线上线下消费等行为)和用户界面(包括浦发银行相关的 App 以及消费线下产品选择浦发银行进行支付的页面等)构成。

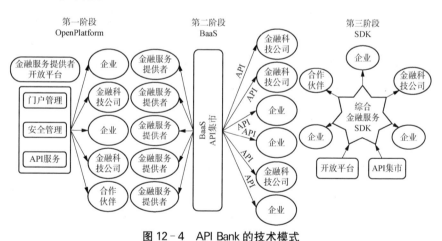

图 12-4   API Bank 的技术模式

资料来源:根据易观研究报告整理。

2. 数字化交互平台核心竞争力

浦发银行构建数字化交互平台以来,通过多种途径提高核心竞争力。

首先，自浦发银行进行数字化转型以来，API Bank 的开发与运行离不开浦发银行利用大数据、机器学习、生物识别技术、自然语言处理等新兴技术作为信息从处理工具驱动产品开发、客户服务和管理决策，并用数据算法完善客户经营体系。其次，浦发银行一方面通过与中国移动、阿里巴巴、腾讯等企业开展合作，用科技将金融融入到生活的各个场景中，跨界打造了"通信金融""消费＋金融""社交＋金融"等多样服务模式；另一方面，浦发银行及其信用卡 App 均入驻了涵盖生活各个方面的商户，与餐饮、酒店、影音等商户的跨界合作丰富了产品组合，为客户提供场景化的金融服务。再次，作为业内首个发布 API Bank 的商业银行，浦发银行通过 API Bank 实现了服务的无限创新，体现在两个方面：一方面，迥异于传统银行等待客户主动提出需求，API Bank 则站在客户的视角，让客户的金融服务需求在第一时间、第一触点获得满足；另一方面，API Bank 把金融与各行业连接起来，构建一个跨界融合的生态圈，开放与连接凝聚了无限的创新能量。最后，浦发银行的数字化交互平台，以自身为平台构建金融生态圈，从两方面入手聚合用户：一是围绕负债、资产和支付三大主营业务类别，与中国银联、国泰君安证券、蚂蚁金服和京东数字科技等合作伙伴共建生态，共同为客户提供极致服务体验；二是与不同行业零售文化的融合，能够聚合更多的消费者，而需求方用户的增加则吸引更多的供给方入驻，形成良性循环，从而扩展生态圈的边界。总而言之，浦发银行的数字化交互平台的核心竞争力主要包括数据分析能力、跨界协作能力、创新发展能力和聚合用户能力四个方面。

3. 数字化交互平台的价值创造

浦发银行的数字化交互平台提供的客户价值主要有四种类型，包括成本价值、体验价值、平台价值和社会价值。从为顾客提供的成本价值看，浦发银行 App 和信用卡 App 浦大喜奔的推广和普及使得客户省去了往返线下门店的繁琐过程，降低了时间成本，而为核心客户提供的云端在线财务、供应链融资、支付结算等综合服务，降低了客户的金钱成本和资源投入。从为顾客提供的体验价值看，浦发银行从两方面入手为客户带来体验价值：一方面，API Bank 突破传统物理网点、手机 App 的局限，从企业门户网站、ERP、微信小程序、合作伙伴 App 等多个途径为客户提供流畅的使用体验和个性化的金融服务;另一方面,金融体系的升级使得金融服务更加高效和智能,能够精准高效的洞察客户行为、识别用户需求、创新服务流程,为客户带来优质的服务体验。从为顾客提供的平台价值看,浦发银行利用数字化交互平台的科技金融服务借助独特算法,通过整合多方资源、信息集成共享,对融资需求者与投资人进行智能匹配,发挥平台作用,有效提高科创领域投融资对接效率,为供需双方创造平台价值。从为顾客提供的社会价值看,浦发银行通过 API Bank 连接 C 端、B 端和 G 端,吸引更多合作伙伴和客户,创造了全新的社会生活生产方式,使社会生活变得更加便捷高效,也让客户更好地享受金融服务带来的便利。

四、 讨论与研究结论

根据上述案例分析和探讨,将浦发银行客户管理转型升级的逻辑总结归纳为,利用互联网思维建立数字化交互平台,聚集各方参与者,并进行持续的交流与互动,以提高核心竞争力倒逼银行进行价值创新,而价值创造的创新机制使得浦发银行完成了顾客管理的转型升级。

从构成要素看,数字化交互平台主要由数字化提供物、参与者、交互机制和用户界面构成。数字化提供物的创建和识别取决于其在交互式系统环境中的角色,该角色由参与者意向、对系统环境的贡献以及发展历史来确定(Ramaswamy and Ozcan,2018a)。数字化提供物提供可见的和面向操作的交互,并与其他数字化提供物、参与者、交互机制和用户界面建立联系。参与者被看作是具体的、有经验的个体,具有与其他个体、数字化提供物、交互机制和用户界面建立多种关系的能力(Ramaswamy and Ozcan,2018a)。参与者是通过互动创造的"体验者"(Ramaswamy and Ozcan,2014),在特定的时间和空间下参与到数字化交互平台中(Storbacka et al.,2016)。在数字化交互平台中,交互机制包含通过技术或人际界面与参与者开展的一系列活动(Ramaswamy and Ozcan,2018a)。例如,在服务环境中,交互机制通过简化将参与者连接的复杂程度,或者通过使第三方高效地创造新产品来提高平台的竞争力。用户界面是软件、硬件、数据和个人之间的连接点,它们之间的操作使交互成为可能,并为内外部提供了多种交流模式(Ramaswamy and Ozcan, 2018a)。这些构成要素之间的交互能够通过为组织者提供多种配置数字化交互平台的方式,从而使参与者通过与数字化交互平台中的"提供物"进行交互来创造新的价值形式。

从核心竞争力看,浦发银行从数据分析能力、跨界协作能力、创新发展能力和聚合用户能力四个方面提高竞争力,从而提升数字化交互平台的运行效率和创新绩效。数字化交互平台适用于很多行业,并不是互联网行业所特有的,数据分析能力只是让实现网络效应的成本更低、规模效益更大。企业能够获取的数据分析工具非常广泛,例如帮助改善与平台中其他用户的联系,使他们能够更加频繁地请求反馈,选择与谁交流互动,以及查看哪个产品或服务更受欢迎。作为管理信息不对称的辅助工具,数据分析能力也能够降低复杂性,提供降低风险的效用。因此,数字化交互平台除了具有降低成本、提高连接性、减少地理限制并扩大影响力范围的诸多优点外,也能够通过高效分析数据改善用户体验,同时降低复杂性,消除信息的不对称性,打破由信息不对称带来的商业壁垒(Chandna and Salimath,2018;Görling and Rehn,2008)。数字化交互平台丰富了产品的种类,为传统企业提供了扩展产品宽度和广度的机会,但鉴于类似企业提供的同质化产品和服务使得顾客的忠诚度有所降低,因此,通过提高跨界协作的能力增加产品组合的复杂性能够填充并拉伸产品线,为顾客提供多元化的产品和服务以为其创造价值(Chandna and Salimath,2018;Hubert et al.,2017)。与传统商业模式不同,数字化交互平台在运输、改进产品、变更产品线、与客户沟通和与潜在客户互动等方面的创新更具优势;除了对产品和服务等的创新,数字化交互平台在匹配机制上的创新能力能够吸引更多的参与者,并持续为用户创造价值,使其得到较高的回报,并促进整个平台生态圈的健康发展。数字化交互平台中广泛利用的信息技术能够提高长尾用户的活跃度,企业通过多种方式对全量客户进行线上经营管理,聚合用户以增加积极的网络效应。

从为顾客提供价值来看,数字化交互平台为顾客提供四种类型的价值,即成本价值、体验价值、平台价值和社会价值。从成本价值看,一方面传统金融业利用数字化交互平台借助新兴网络信息技术缩短交易时间,减少了顾客投入的时间成本;另一方面,数字化交互平台可以实现对多个场景的有效串联,减少消费者在不同场景间频繁切换的时间成本,使用户的时间效用得到优化,打开了企业为顾客创造价值的全新视角。不同的数字化交互平台通过提出迥异的价值主张为顾客创造体验价值:以客户做主为价值主张的数字化交互平台通过为客户提供更大的自主性、控制性和便利性实现客户自助服务;以定制为价值主张的数字化交互平台通过为客户提供更高的定制和情景化程度实现产品、服务和体验的个性化;以及时送达为价值主张的数字化交互平台为客户提供实时交付货物或服务的增值体验(迈克尔等,2019)。企业通过数字化交互平台从两个方面为顾客创造平台价值:首先,平台为供需方创造互动的机会,强化信息流动,一定程度消除了信息不对称性,并提供交易双方实现价值交换和价值创造的场所(罗珉和李亮宇,2015);此外,企业根据目标人群及其使用偏好设定匹配机制和交互流程,通过提高供需双方的匹配精确度和交流效率扩大生态圈的规模(帕克等,2018)。企业通过构建数字化交互平台使其兼具个体的“经济人”属性与场域内的“社会人”角色,在平台场域内生成并赋予的公共权力进一步扩大,因此,无论是何种类型的企业,构建数字化交互平台在某种程度上都是为了解决特定的社会问题、满足特定的社会需求,联络、交易和信息功能均表现出极大地社会性和公共性(肖红军和李平,2019),社会性与公共性意味着企业更应该强调和重视为顾客创造的社会价值。

本研究在回顾数字化交互平台和价值创造相关文献的基础上,探讨了传统商业银行利用数字化交互平台进行顾客管理数字化转型的发展逻辑与价值创造过程,选取浦发银行进行典型案例研究,通过面对面访谈、参与式观察、文献收集等多种方式进行资料采集,采取规范的案例研究方法对资料数据进行整理和归纳,分析该银行利用互联网思维建立数字化交互平台,以提高核心竞争优势倒逼银行对价值创造过程进行优化和创新,而价值创造的创新机制促使银行完成了顾客管理模式的转型升级。

对案例的分析与总结显示，数字化交互平台的基本架构包括数字化提供物、参与者、交互机制和用户界面，由四部分组成的数字化交互平台不仅是有价值的产品，更是顾客和其他参与者互动创造价值的中介和途径。价值创造的核心竞争力来源于四个方面，分别是：数据分析能力、跨界协作能力、创新发展能力和聚合用户能力。同时，本研究在案例分析过程中，进一步剖析了数字化交互平台为顾客创造价值的类型，包括成本价值、体验价值、平台价值和社会价值四个方面。

　　本节的理论贡献主要体现在三个方面：首先，丰富了数字化交互平台的相关研究。现有文献中有关平台的研究很多，但关于传统企业如何高效利用数字化交互平台还缺乏系统性的和基于企业实践的全面分析。针对这一理论空隙，本节对传统商业银行利用数字化交互平台进行数字化转型的发展逻辑与业务创新进行探究，丰富了数字化交互平台应用背景的研究，为今后的研究提供了新的研究思路与视角。其次，完善了对价值创造核心竞争力的理论研究。本节通过案例研究和与文献对话归纳出价值创造的四个核心竞争力，提高了价值创造流程的完整性，也拓展了价值创造的应用范围，具有一定的创新性和理论价值。最后，论证了价值创新对顾客管理的推动作用。本节结合传统商业银行的特点和现状，根据商业银行数字化转型过程中的创新业务分析出价值创造的实现逻辑，主要包括成本价值、体验价值、平台价值和社会价值，有助于推进商业银行为顾客创造价值的理论研究。

　　本研究对于管理者及相应的管理实践起到一定的借鉴作用，具体表现在：首先，本节采用单案例分析研究方法，较为详尽地描述了浦发银行进行数字化转型的发展逻辑，从数字化交互平台的角度出发，挖掘浦发银行价值创造的核心竞争力，为有实力的传统企业或金融机构结合自身情况实施类似的策略提供理论依据和决策支持。其次，价值创造在顾客关系管理中扮演着重要作用。通过将价值创造嵌入到顾客关系管理中，为顾客创造何种价值即成为推进数字化转型过程中管理与经营客户关系的战略重点。传统企业与金融机构在数字化转型中，既要处理好多元的利益相关者关系，也要维护好与客户良性互动的可持续关系。最后，通过对浦发银行在数字化转型过程中业务创新的梳理,发现数字化转型需要善于利用大数据、人工智能等互联网新兴技术,并对客户偏好做全方位的了解和评估,以利用好金融科技与场景化的结合,提高企业的综合竞争力。

鉴于资料获取难易程度的限制,本研究可能存在以下不足,需要进一步探讨与分析。第一,研究样本的局限性。本研究仅选取浦发银行一家商业银行为样本进行分析,尽管遵循了严格的案例研究设计和分析方法,但样本量相对较为单一,无法避免单案例研究结论中潜在的片面化问题。在未来的研究中,可以考虑增加样本数量,开展多案例研究,或是大样本实证研究,对研究结论进行验证并提高结论的普适性。第二,本节以传统商业银行的浦发银行为例对传统行业的数字化转型进行研究,但有大量来自其他行业的传统企业,在价值创造的核心竞争力,以及为顾客提供价值等方面可能存在行业自身的特点,有待未来进一步探索。

参考文献

［1］艾森克,基恩.认知心理学[M].4 版.高定国,肖晓云,译.上海:华东师范大学出版社,2004.

［2］巴伦,伯恩.社会心理学[M].10 版.杨中芳,译.上海:华东师范大学出版社,2004.

［3］波普诺.社会学[M].10 版.李强,译.北京:中国人民大学出版社,1999.

［4］陈陪爱,张丽萍."中国元素"与国家软实力竞争——以广告与品牌创意为例[J].沈阳师范大学学报(社会科学版),2010,34(02):1-5.

［5］陈威如,王诗一.平台转型[M].北京:中信出版社,2016.

［6］陈晓萍,徐淑英,樊景立.组织与管理研究的实证方法[M].北京:北京大学出版社,2012.

［7］陈之昭.面子心理的理论分析与实际研究[M]//杨国枢.中国人的心理.台北:桂冠图书股份有限公司,1988.

［8］蒂普曼,粟志敏.国家质量基础的构成要素(上)[J].上海质量,2014(8):34-36.

［9］董保宝,葛宝山,王侃.资源整合过程,动态能力与竞争优势:机理与路径[J].管理世界,2011(3):92-101.

［10］杜伟宇,许伟清.中国情境下权力对炫耀性产品购买意愿的影响:面子意识的中介效应[J].南开管理评论,2014,17(5):83-90.

［11］范庆基.中国国家形象,企业形象与品牌形象的影响关系——基于韩国消费者评价视角[J].营销科学学报,2011,7(1):99-114.

［12］费孝通.乡土中国[M].北京:生活·读书·新知三联书店,1985.

［13］费正清.美国与中国[M].北京:世界知识出版社,1999.

［14］冯华,陈亚琦.平台商业模式创新研究——基于互联网环境下的时空契合分析[J].中国工业经济,2016(3):99-113.

［15］格罗鲁斯.服务管理与营销——基于顾客关系的管理策略[M].韩经纶,译.北京:电子工业出版社,2002.

［16］郭功星.消费者民族中心主义 30 年:回顾、反思与展望[J].南方经济,2017(6):115-128.

［17］郭功星,周星,涂红伟.消费者世界大同主义研究脉络梳理及未来研究方向[J].

外国经济与管理,2017,39(3):79－89.

[18] 郭锐,陶岚."蛇吞象"式民族品牌跨国并购后的品牌战略研究——跨文化视角 [J].中国软科学,2013(9):112－123.

[19] 郭锐,严良,苏晨汀,周南.不对称品牌联盟对弱势品牌稀释研究:"攀龙附凤"还 是"引火烧身"? [J].中国软科学,2010(2):132－141.

[20] 郭晓琳,林德荣.中国本土消费者的面子意识与消费行为研究述评[J].外国经 济与管理,2015,37(11):63－71.

[21] 郭晓凌.消费者全球认同与全球品牌态度——针对发展中国家的研究[J].上海 经济研究,2011(11):83－90.

[22] 何佳讯.品牌形象策划:透视品牌经营[M].上海:复旦大学出版社,2000.

[23] 何佳讯(a).品牌资产测量:认知心理和社会心理视角的比较,第十届全国心理 学学术大会论文摘要集,中国心理学会主办,上海,2005 年 10 月 23－26 日.

[24] 何佳讯(b).国际品牌信任危机的背后[N].文汇报,2005－6－24(5).

[25] 何佳讯.品牌资产测量的社会心理学视角研究评介[J].外国经济与管理,2006 (4):48－52.

[26] 何佳讯.品牌关系质量本土化模型的建立与验证[J].华东师范大学学报(哲学 社会科学版),2006(3):100－106.

[27] 何佳讯.品牌关系质量的本土化模型:高阶因子结构与测量[J].营销科学学报, 2006,2(3):97－107.

[28] 何佳讯.中外企业的品牌资产差异及管理建议——基于 CBRQ 量表的实证研究 [J].中国工业经济,2006(8):109－116.

[29] 何佳讯.传承与隔断:基于代际影响的老字号品牌关系质量——一项来自上海 的探索性研究[J].营销科学学报,2007,3(2):1－19.

[30] 何佳讯.全球品牌化研究回顾:构念、脉络与进展[J].营销科学学报,2013(4): 1－19.

[31] 何佳讯.中国品牌全球化:融合"中国元素"的品牌战略——"李宁"案例研究 [J].华东师范大学学报(哲学社会科学版),2013(4):124－129.

[32] 何佳讯.品牌的逻辑[M].北京:机械工业出版社,2017.

[33] 何佳讯,卢泰宏.中国营销 25 年[M].北京:华夏出版社,2004.

[34] 何佳讯,卢泰宏.中国文化背景中的消费者—品牌关系:理论建构与实证研究 [J].商业经济与管理,2007(11):41－49.

[35] 何佳讯,秦翕嫣,杨清云,王莹.创新还是怀旧? 长期品牌管理"悖论"与老品牌 市场细分取向——一项来自中国三城市的实证研究[J].管理世界,2007(11): 96－107＋149.

[36] 何佳讯,吴漪.品牌价值观:中国国家品牌与企业品牌的联系及战略含义[J].华 东师范大学学报(哲学社会科学版),2015,47(5):150－166.

[37] 何佳讯,吴漪.国家品牌资产:构念架构及相关研究述评[J].外国经济与管理, 2020,42(5):3－16.

[38] 何佳讯,吴漪,丁利剑,王承璐.文化认同、国货意识与中国城市市场细分战 略——来自中国六城市的证据[J].管理世界,2017(7):120－128.

[39] 何佳讯,吴漪,谢润琦.中国元素是否有效:全球品牌全球本土化战略的消费者态度研究——基于刻板印象一致性视角[J].华东师范大学学报(哲学社会科学版),2014,46(5):131－145＋182.

[40] 何佳讯,朱良杰,黄海洋.国家形象战略的有效性:国家形象如何影响"中国制造"的态度评价?——基于英美消费者的角度[J].华东师范大学学报(哲学社会科学版),2017,49(6):124－135＋172.

[41] 何浏,王海忠,田阳.品牌身份差异对品牌并购的影响研究[J].中国软科学,2011(4):145－153＋174.

[42] 何友晖,陈淑娟,赵志裕."关系取向:为中国社会心理方法论求答案[M]//杨国枢,黄光国.中国人的心理与行为.台北:桂冠图书股份有限公司,1991:49－66.

[43] 何友晖,彭泗清,赵志裕.世道人心——对中国人心理的探索[M].北京:北京大学出版社,2007.

[44] 何云,钟科,孙程程.城门失火,可否"惠"及池鱼?——成品负面事件对要素品牌的反向溢出效应研究[J].外国经济与管理,2017,39(11):3－13.

[45] 侯杰泰,温忠麟,成子娟.结构方程模型及其应用[M].北京:教育科学出版社,2004.

[46] 胡左浩.国际营销的两个流派:标准化观点对适应性观点[J].南开管理评论,2002(5):29－35.

[47] 黄爱群.日本质量革命成功的社会背景和动力[J].监督与选择,1994(4):38－39.

[48] 黄芳铭.结构方程模式:理论与应用[M].北京:中国税务出版社,2005.

[49] 黄光国.人情与面子:中国人的权力游戏[M]//杨国枢.中国人的心理,台北:桂冠图书股份有限公司,1988:289－318.

[50] 黄光国.中国人的人情关系[M]//文崇一,萧新煌.中国人:观念与行为.南京:江苏出版社,2006:30－50.

[51] 黄海洋,何佳讯,朱良杰.本土认同如何驱动全球品牌全球本土化战略的有效性?——调节与中介效应机制研究[J].商业经济与管理,2018,38(11):51－63.

[52] 黄海洋,何佳讯,朱良杰(a).融入全球元素:中国品牌全球消费者文化定位战略的消费者态度研究[J].外国经济与管理,2019,41(5):17－30.

[53] 黄海洋,何佳讯,朱良杰(b).基于价值观的全球品牌定位取向及影响效应:一个整合性理论框架[J].现代财经(天津财经大学学报),2019,39(12):67－80.

[54] 黄静,王新刚,张司飞,周南.企业家违情与违法行为对品牌形象的影响[J].管理世界,2010(5):96－107＋188.

[55] 黄胜兵,卢泰宏.品牌个性维度的本土化研究[J].南开管理评论,2003,6(1):4－9.

[56] 霍金斯,贝斯特,科尼.消费者行为学[M].8版.符国群,等,译.北京:机械工业出版社,2003.

[57] 霍利斯.全球化品牌[M].谭北平,等,译.北京:北京师范大学出版社,2009.

[58] 霍映宝,韩之俊.一个品牌信任模型的开发与验证[J].经济管理,2004(18):21－

27.

[59] 金立印.基于品牌个性和品牌认同的品牌资产驱动模型研究[J].北京工商大学学报,2006,21(1):38-43.

[60] 金耀基."面"、"耻"与中国人行为之分析[M]//杨国枢.中国人的心理.台北:桂冠图书股份有限公司,1988:319-345.

[61] 金耀基.人际关系中人情之分析[M]//杨国枢.中国人的心理.台北:桂冠图书股份有限公司,1988:75-104.

[62] 金玉芳.消费者品牌信任研究[D].大连:大连理工大学,2005.

[63] 乐琦.并购合法性与并购绩效:基于制度理论视角的模型[J].软科学,2012,26(4):118-122.

[64] 李彬,王凤彬,秦宇.动态能力如何影响组织操作常规?——一项双案例比较研究[J].管理世界,2013(8):136-153+188.

[65] 李东进,安钟石,周荣海,吴波.基于Fishbein合理行为模型的国家形象对中国消费者购买意向影响研究——以美、德、日、韩四国国家形象为例[J].南开管理评论,2008(05):40-49.

[66] 李高勇,毛基业.案例选择与研究策略——中国企业管理案例与质性研究论坛(2014)综述[J].管理世界,2015(2):133-136+169.

[67] 李美枝.从有关公平判断的研究结果看中国人之人己关系[J].本土心理学研究(台),1993:267-343.

[68] 李琼,郭德俊.中国人的印象整饰特征及其影响因素初探[J].心理科学,1999,22(6):488-491.

[69] 李伟民,梁玉成.特殊信任与普遍信任:中国人信任的结构与特征[J].社会学研究,2002(3):11-22.

[70] 李文连,夏健明.基于"大数据"的商业模式创新[J].中国工业经济,2013(5):83-95.

[71] 连淑芳.想象对大学生内隐刻板印象的影响研究[J].心理科学,2006(3):710-712.

[72] 梁红霞,南萍.日本的质量管理与政府的推进作用(上)[J].中国质量,2011(5):53-56.

[73] 廖俊云,林晓欣,卫海英.虚拟品牌社区价值如何影响消费者持续参与:品牌知识的调节作用[J].南开管理评论,2019,129(6):18-28.

[74] 林静聪,沙莎.中国式品牌管理[J].世界经理人,2005(5):66-70.

[75] 林语堂.中国人[M].郝志东,沈益红,译.上海:学林出版社,2007.

[76] 刘萃侠.一九八八年以来大陆人际关系与交往研究概述[M]//杨中芳.中国人的人际关系、情感与信任——一个人际交往的观点.台北:远流出版事业股份有限公司,2001:28-83.

[77] 刘洪深,何昊,周玲.中国品牌合理化战略对国外消费者支持的内化机制研究[J].北京工商大学学报(社会科学版),2016,31(5):50-57.

[78] 刘嘉庆,区永东,吕晓薇,蒋毅.华人人际关系的概念化——针对中国香港地区大学生的实证研究[J].心理学报,2005,37(1):122-125.

［79］刘伟,王文.新时代中国特色社会主义政治经济学视阈下的"人类命运共同体"[J].管理世界,2019,35(3):1-16.

［80］刘英为,汪涛,徐岚.中国品牌国际化中的合理性战略:制度理论视角[J].宏观经济研究,2017(3):118-127.

［81］陆定光.国内企业品牌管理的常见错误[J].中国企业家,2002(9):89-91.

［82］罗劲,应小萍.熟人社会中的人际关系与认知风格[J].社会心理研究,1998(3):6-10.

［83］罗珉,李亮宇.互联网时代的商业模式创新:价值创造视角[J].中国工业经济,2015(1):95-107.

［84］罗珉,刘永俊.企业动态能力的理论架构与构成要素[J].中国工业经济,2009(1):75-86.

［85］罗仲伟,任国良,焦豪,蔡宏波,许扬帆.动态能力、技术范式转变与创新战略——基于腾讯微信"整合"与"迭代"微创新的纵向案例分析[J].管理世界,2014(8):152-168.

［86］马金城,王磊.所有者弱控制环境下跨国并购整合效率的缺失——以上汽并购双龙为例[J].财经问题研究,2008(11):105-110.

［87］尼尔森.2010中国尽在掌握[M].(内部),AC尼尔森公司,2010.

［88］潘煜,高丽,张星,万岩.中国文化背景下的消费者价值观研究——量表开发与比较[J].管理世界,2014(4):90-106.

［89］彭泗清.中国人真的对人不对事吗?[J].本土心理学研究(台湾),1997(7):340-356.

［90］彭泗清.示范与回应:中国人人际互动的本土模式[J].社会心理研究,1998(1):1-9.

［91］彭泗清.信任的建立机制:关系运作与法制手段[J].社会学研究,1999(2):53-66.

［92］乔健.关系刍议[M]//杨国枢.中国人的心理,台北:桂冠图书股份有限公司,1998:105-122.

［93］曲振涛,周正,周方召.网络外部性下的电子商务平台竞争与规制——基于双边市场理论的研究[J].中国工业经济,2010(4):120-129.

［94］森德勒.工业4.0:即将来袭的第四次工业革命[M].北京:机械工业出版社,2014.

［95］时蓉华.社会心理学[M].杭州:浙江教育出版社,1998.

［96］施卓敏,范丽洁,叶锦锋.中国人的脸面观及其对消费者解读奢侈品广告的影响研究[J].南开管理评论,2012,15(1):151-160.

［97］施卓敏,吴路芳,邝灶英.面子意识如何逆转自私行为?——社会价值取向对生态消费的影响[J].营销科学学报,2014,10(2):59-81.

［98］施卓敏,郑婉怡.面子文化中消费者生态产品偏好的眼动研究[J].管理世界,2017(9):129-140.

［99］孙隆基.中国文化的深层结构[M].桂林:广西师范大学出版社,2004.

［100］唐锐涛.中国品牌:离真正崛起还有多远?[J].商业评论(中文版),2003(9):

2－24.

[101] 陶岚,郭锐,严良,汪涛.国外品牌在中国的转化研究:基于制度理论的合理性视角[J].中国软科学,2010(12):145－156＋175.

[102] 王飞雪,山岸俊男.信任的中、日、美比较研究[J].社会学研究,1999(2):67－82.

[103] 王海忠.消费者民族中心主义的中国本土化研究[J].南开管理评论,2003(4):31－36.

[104] 王沛.社会信息归类过程中刻板印象的内隐效应的实验研究[J].心理学报,2002(3):301－305.

[105] 汪涛,刘继贤,崔楠.以品牌并购建立国际品牌:基于后进国家企业视角[J].中国地质大学学报(社会科学版),2011,11(1):9－16.

[106] 汪涛,聂春艳,刘英为,孟佳佳.来源国文献计量分析[J].营销科学学报,2017(2):71－94.

[107] 汪涛,周玲,周南,牟宇鹏,谢志鹏.来源国形象是如何形成的?——基于美、印消费者评价和合理性理论视角的扎根研究[J].管理世界,2012(3):113－126.

[108] 王霞,赵平,王高,刘佳.基于顾客满意和顾客忠诚关系的市场细分方法研究[J].南开管理评论,2005(5):26－30.

[109] 王晓霞,赵德华.从文化解析人际关系[M]//乐国安.当前中国人际关系研究.天津:南开大学出版社,2002:153－214.

[110] 王晓玉.产品危机对危机品牌竞争对手的溢出效应研究述评与展望[J].外国经济与管理,2012,34(2):58－64.

[111] 王新新,杨德锋.基于全球伦理准则的标准化/本土化——以创建全球品牌为目标[J].北京工商大学学报(社会科学版),2007,22(5):41－46.

[112] 卫一夫,利嘉伟,罗英,原舒.中企海外并购新趋势[J].清华管理评论,2015(5):92－95.

[113] 吴晓云,卓国雄,邓竹箐.跨国经营:全球品牌战略与本土化管理——以摩托罗拉手机全球品牌和60家相关公司的实证资料为案例[J].管理世界,2005(10):139－146＋167.

[114] 吴漪,何佳讯.全球品牌资产:概念、测量与影响因素[J].外国经济与管理,2017,39(1):29－41＋67.

[115] 肖红军,李平.平台型企业社会责任的生态化治理[J].管理世界,2019(4):120－144.

[116] 肖静华,谢康,吴瑶,廖雪华.从面向合作伙伴到面向消费者的供应链转型——电商企业供应链双案例研究[J].管理世界,2015(4):137－154＋188.

[117] 肖静华,谢康,吴瑶,冉佳森.企业与消费者协同演化动态能力构建:B2C电商梦芭莎案例研究[J].管理世界,2014(8):134－151＋179.

[118] 谢斯,米托.消费者行为学:管理视角[M].2版.罗立彬,译.北京:机械工业出版社,2004.

[119] 谢毅,彭泗清.两类企业公开信息及其交互作用对消费者品牌关系的影响[J].南开管理评论,2009,12(1):71－83.

[120] 徐协. 广告中的中国元素研究述评[J]. 当代传播,2011(1):102-104.

[121] 杨晨,王海忠,钟科. "示弱"品牌传记在"蛇吞象"跨国并购中的正面效应[J]. 中国工业经济,2013(2):143-155.

[122] 杨国荣. 中国传统文化的价值系统[M]//张岱年,方克立. 中国文化概论. 北京:北京师范大学出版社,1994:400-430.

[123] 杨国枢. 中国人的社会取向:社会互动的观点[M]//杨国枢,余安邦. 中国人的心理与行为——理念及方法(1992). 台北:桂冠图书股份有限公司,1993:87-142.

[124] 杨一翁,孙国辉,涂剑波. 高介入购买决策下的国家品牌效应研究[J]. 管理学报,2017(4):580-589.

[125] 杨宜音. 试析人际关系及其分类——兼与黄光国先生商榷[J]. 社会学研究,1995(5):18-23.

[126] 杨宜音. 社会心理学领域的价值观研究述要[J]. 中国社会科学,1998(2):82-93.

[127] 杨宜音. "自己人":一项有关中国人关系分类的个案研究[M]//杨中芳. 中国人的人际关系、情感与信任——一个人际交往的观点. 台北:远流出版事业股份有限公司,2001:131-157.

[128] 杨中芳. 试论中国人的"自己":理论与研究方向[M]//杨中芳,高尚仁. 中国人·中国心:人格与社会篇. 台北:远流出版事业股份有限公司,1991:93-145.

[129] 杨中芳. "情"与"义":中国人真是重情的吗?[M]//杨中芳. 如何理解中国人:文化与个人论文集. 台北:远流出版事业股份有限公司,2001:437-461.

[130] 杨中芳. 有关关系与人情构念化之综述[M]//杨中芳. 中国人的人际关系、情感与信任——一个人际交往的观点. 台北:远流出版事业股份有限公司,2001:3-25.

[131] 杨中芳. 人际关系与人际情感的构念化[M]//杨中芳. 中国人的人际关系、情感与信任——一个人际交往的观点. 台北:远流出版事业股份有限公司,2001:337-370.

[132] 杨中芳,彭泗清. 中国人人际信任的概念化:一个人际关系的观点[J]. 社会学研究,1999(2):1-21.

[133] 余安邦,杨国枢. 社会取向成就动机与个我取向成就动机:概念分析与实证研究[J]. 民族学研究所集刊(台),1987(64):51-98.

[134] 余安邦,杨国枢. 成就动机本土化的省思[M]//杨中芳,高尚仁. 中国人·中国心:人格与社会篇. 台北:远流出版事业股份有限公司,1991:201-273.

[135] 于春玲,王海忠,赵平,林冉. 品牌忠诚驱动因素的区域差异分析[J]. 中国工业经济,2005(12):115-121.

[136] 于春玲,赵平,王海忠. 基于顾客的品牌资产模型实证分析及营销借鉴[J]. 营销科学学报,2007,3(2):31-42.

[137] 余英时. 现代儒学的回顾与展望[M]. 北京:生活·读书·新知三联书店,2004.

[138] 翟学伟. 中国人际心理初探——"脸"与"面子"的研究[J]. 江淮学刊,1991(2)：57－64.

[139] 翟学伟. 中国人际关系的特质——本土的概念及其模式[J]. 社会学研究,1993(4)：74－83.

[140] 翟学伟. "中国人：脸面类型、关系构成与群体意识[M]//沙莲香,等. 社会学家的沉思：中国社会文化心理. 北京：中国社会出版社,1998：262－296.

[141] 翟学伟. 中国人行动的逻辑[M]. 北京：社会科学文献出版社,2001.

[142] 翟学伟. 人情、面子与权力的再生产[M]. 北京：北京大学出版社,2005：162－178.

[143] 张驰. 德国制造的国家品牌战略及启示——评《德国制造：国家品牌战略启示录》[J]. 公共外交季刊,2017(4)：116－121＋136.

[144] 张翠娟,白凯. 面子需要对旅游者不当行为的影响研究[J]. 旅游学刊,2015,30(12)：55－65.

[145] 张红霞,安玉发. 食品质量安全信号传递的理论与实证分析[J]. 经济与管理研究,2014(6)：123－128.

[146] 张践. 宗教与民族国家认同[N]. 中国民族报,2012-1-3(6).

[147] 张俊妮,江明华,庞隽. 品牌个性与消费者个性相关关系的实证研究[J]. 经济科学,2005(5)：103－112.

[148] 张丽虹. 重视质量鼓励创新提高制造业国际竞争力——美国"再工业化"及德国、日本发展制造业对我国的启示[J]. 质量与标准化,2014(2)：1－4.

[149] 张梦霞. 象征型购买行为的儒家文化价值观诠释——概念界定、度量、建模和营销策略建议[J]. 中国工业经济,2005(3)：106－112.

[150] 张新安. 中国人的面子观与炫耀性奢侈品消费行为[J]. 营销科学学报,2012,8(1)：75－93.

[151] 张一进,高良谋. 基于价值传递的平台企业生态位测度研究——以电子商务行业为例[J]. 管理评论,2019,31(9)：116－123.

[152] 张志学. "中国人的人际关系认知：一项多维度的研究[M]//杨中芳. 中国人的人际关系、情感与信任——一个人际交往的观点. 台北：远流出版事业股份有限公司,2001：159-179.

[153] "制造质量强国战略研究"课题组. 制造质量强国战略[J]. 中国工程科学,2015,17(7)：24－28.

[154] 周南. 要钱还是要命——《道德经》的启示[M]. 北京：北京大学出版社,2012.

[155] 周晓虹. 现代社会心理学——多维视野中的社会行为研究[M]. 上海：上海人民出版社,1997.

[156] 周志民. 品牌关系指数模型研究[D]. 广州：中山大学,2003.

[157] 周志民. 品牌关系型态之本土化研究[J]. 南开管理评论,2007(2)：69－75.

[158] 周志民,卢泰宏. 广义品牌关系结构研究[J]. 中国工业经济,2004(11)：98－105.

[159] 朱瑞玲. 中国人的社会互动：论面子的问题[M]//杨国枢. 中国人的心理. 台北：桂冠图书股份有限公司,1988：239－288.

[160] 朱瑞玲."面子"压力及其因应行为[M]//杨国枢,黄光国. 中国人的心理与行为. 台北:桂冠图书股份有限公司,1991:177-212.

[161] 庄贵军,席酉民. 关系营销在中国的文化基础[J]. 管理世界,2003((10):98-109.

[162] 庄贵军,周南,周连喜. 国货意识、品牌特性与消费者本土品牌偏好———一个跨行业产品的实证检验[J]. 管理世界,2006(7):85-94.

[163] 庄耀嘉,杨国枢. 角色规范的认知结构[J]. 本土心理学研究(台),1997(7):282-338.

[164] 佐斌. 面子与脸———一项关于中国人典型心理的初步分析[J]. 社会心理研究,1993(1):1-6.

[165] Aaker, D. A. (1991), *Managing Brand Equity: Capitalizing on the Value of a Brand Name*. New York: The Free Press.

[166] Aaker, D. A. (1996), *Building Strong Brand*. New York: The Free Press.

[167] Aaker, D. A. and E. Joachimsthaler (2000), "The Brand Relationship Spectrum," *California Management Review*, 42(4),8-23.

[168] Aaker, D. A. and J. Robert (2001), "The Value Relevance of Brand Attitude in High-Technology Markets," *Journal of Marketing Research*, 38(November), 485-493.

[169] Aaker, J. L. (1997), "Dimensions of Brand Personality," *Journal of Marketing Research*, 34(August), 347-356.

[170] Aaker, J. L., V. Benet-Martinez, and J. Garolera (2001), "Consumption Symbols as Carriers of Culture: A Study of Japanese and Spanish Brand Personality Constructs," *Journal of Personality and Social Psychology*, 81(3),492-508.

[171] Aaker, J. L. and S. Fournier (1995), "A Brand as a Character, A Partner and a Person: Three Perspectives on the Question of Brand Personality," *Advances in Consumer Research*, 22,391-395.

[172] Aaker, J. L., S. Fournier, and S. A. Brasel (2004), "When Good Brands Do Bad," *Journal of Consumer Research*, 31(June), 1-16.

[173] Aaker, J. L. and P. Williams (1998), "Empathy versus Pride: The Influence of Emotional Appeals across Cultures," *Journal of Consumer Research*, 25(3),241-261.

[174] Adner, R. and R. Kapoor (2010), "Value Creation in Innovation Ecosystems: How the Structure of Technological Interdependence Affects Firm Performance in New Technology Generations," *Strategic Management Journal*, 31(3),306-333.

[175] Agarwal, J. and N. K. Malhotra (2005), "An Integrated Model of Attitude and Affect: Theoretical Foundation and An Empirical Investigation," *Journal of Business Research*, 58(4),483-493.

[176] Agarwal, S. and S. Sikri (1996), "Country Image: Consumer Evaluation of

Product Category Extensions," *International Marketing Review*, 13(4),23 – 39.

[177] Aggarwal, P. (2002), " The Effects of Brand Relationship Norms on Consumer Attitudes and Behavior," unpublished doctoral dissertation, University of Chicago.

[178] Aggarwal, P. (2004), " The Effects of Brand Relationship Norms on Consumer Attitudes and Behavior," *Journal of Consumer Research*, 31(1),87 – 101.

[179] Aggarwal, P. and S. Law (2005), "Role of Relationship Norms in Processing Brand Information," *Journal of Consumer Research*, 32(3),453 – 464.

[180] Aggarwal, P. and M. Zhang (2006), "The Moderating Effect of Relationship Norm Salience on Consumers' Loss Aversion," *Journal of Consumer Research*, 33(3),413 – 419.

[181] Ahmed, S. A. and A. D'astous (1999), "Product-Country Images in Canada and in the People's Republic of China," *Journal of International Consumer Marketing*, 11(1),5 – 22.

[182] Ailawadi, K. L. , D. R. Lehmann, and S. A. Neslin (2003), " Revenue Premium as an Outcome Measure of Brand Equity," *Journal of Marketing*, 67(4),1 – 17.

[183] Ailawadi, K. L. , S. A. Neslin, and K. Gedenk (2001), "Pursuing the Value-Conscious Consumer: Store Brands Versus National Brand Promotions," *Journal of Marketing*, 65(1),71 – 87.

[184] Aiken, L. S. and S. G. West (1991), *Multiple Regression: Testing and Interpreting Interactions*. Newbury Park, CA: Sage Publications.

[185] Akerlof, G. (1970), "The Market for 'Lemons': The Quality of Uncertainty and the Market Mechanism," *Quarterly Journal of Economics*, 84(3),488 – 500.

[186] Alden, D. L. , J. B. Kelley, P. Riefler, J. A. Lee, and G. N. Soutar (2013), "The Effect of Global Company Animosity on Global Brand Attitudes in Emerging and Developed Markets: Does Perceived Value Matter?" *Journal of International Marketing*, 21(2),17 – 38.

[187] Alden, D. L. , J. B. Steenkamp, and R. Batra (1999), "Brand Positioning Through Advertising in Asia, North America, and Europe: The Role of Global Consumer Culture," *Journal of Marketing*, 63(1),75 – 87.

[188] Alden, D. L, J. B. Steenkamp, and R. Batra (2006), "Consumer Attitudes toward Marketplace Globalization: Structure, Antecedents and Consequences," *International Journal of Research in Marketing*, 23(3),227 – 239.

[189] Allen, D. E. , and J. Olson (1995), "Conceptualizing and Creating Brand Personality: A Narrative Theory Approach," *Advances in Consumer Research*, 22(1),392 – 393.

[190] Allen, J., N. Burns, L. Garrett, R. N. Haass, G. J. Ikenberry, K. Mahbubani, and S. M. Walt (2020), "How the World Will Look After the Coronavirus Pandemic", *Foreign Policy*, 20,97–103.

[191] Allen, N. J. and J. P. Meyer (1990), "The Measurement and Antecedents of Affective, Continuance and Normative Commitment to the Organization," *Journal of Occupational Psychology*, 63,1–18.

[192] Alston, J. (1989), "Wa, Guanxi, and Inwa: Managerial Principles in Japan, China, and Korea," *Business Horizon*, 32(2),26–31.

[193] Alvarez, M. D. and S. Campo (2014), "The Influence of Political Conflicts on Country Image and Intention to Visit: A Study of Israel's Image", *Tourism Management*, 40(4),70–78.

[194] Ambler, T. (1995), "Brand Equity as a Relational Concept," *The Journal of Brand Management*, 2(6),386–397.

[195] Ambler, T. (1997), "How Much of Brand Equity is Explained by Trust?" *Management Decision*, 35(4),283–292.

[196] Ambler, T., C. B. Bhattacharya, J. Edell, K. L. Keller, K. N. Lemon, and V. Mittal (2002), "Relating Brand and Customer Perspectives on Marketing Management," *Journal of Service Research*, 5(1),13–25.

[197] Amit, R. and C. Zott (2001), "Value Creation in E-Business," *Strategic Management Journal*, 22(6–7),493–520.

[198] Andéhn, M. and P. L. Decosta. (2016), "The Variable Nature of Country-to-Brand Association and Its Impact on the Strength of the Country-of-Origin Effect," *International Marketing Review*, 33(6),851–866.

[199] Anderson, E. and B. Weitz (1992), "The Use of Pledges to Build and Sustain Commitment in Distribution Channels," *Journal of Marketing Research*, 29(1),18–34.

[200] Anderson, J. C. and D. W. Gerbing (1988), "Structural Equation Modeling in Practice: A Review and Recommended Two-Step Approach," *Psychological Bulletin*, 103(3),411–423.

[201] Angelis, J. and E. R. da Silva (2019), "Blockchain Adoption: A Value Driver Perspective," *Business Horizons*, 62(3),307–314.

[202] Ar, A. A. and A. Kara (2012), "Country of Production Biases on Consumer Perceptions of Global Brands: Evidence from an Emerging Market," *Journal of Global Marketing*, 25(3),161–179.

[203] Arias, J. T. G. (1998), "A Relationship Marketing Approach to Guanxi," *European Journal of Marketing*, 32(1/2),145–156.

[204] Ariely, G. (2012), "Globalisation and the Decline of National Identity? An Exploration Across Sixty-three countries," *Nations & Nationalism*, 18(3), 461–482.

[205] Arli, D. and F. Tjiptono (2014), "The End of Religion? Examining the Role

of Religiousness, Materialism, and Long-term Orientation on Consumer Ethics in Indonesia," *Journal of Business Ethics*, 123(3),385 - 400.

[206] Arnett, J. J. (2002), "The Psychology of Globalization," *American Psychologist*, 57(10),774 - 783.

[207] Astyne, M. W. V, G. G. Parker, and S. P. Choudary (2016), "Pipelines, Platforms, and the New Rules of Strategy," *Harvard Business Review*, 94 (4),56 - 62.

[208] Audi, R. (2009), "Nationalism, Patriotism, and Cosmopolitanism in an Age of Globalization," *Journal of Ethics*, 13(4),365 - 381.

[209] Augier, M. and D. J. Teece (2009), "Dynamic Capabilities and the Role of Managers in Business Strategy and Economic Performance," *Organization Science*, 20(2),410 - 421.

[210] Bagozzi, R. P. and U. M. Dholakia (2006), "Antecedents and Purchase Consequences of Customer Participation in Small Group Brand Communities," *International Journal of Research in Marketing*, 23(1),45 - 61.

[211] Bagozzi, R. P., M. Gopinath, and P. U. Nyer (1999), "The Role of Emotions in Marketing," *The Journal of the Academy of Marketing Science*, 27(2),184 - 206.

[212] Bagozzi, R. P. and Y. Yi (1988), "On the Evaluation of Structural Equation Models," *Journal of the Academy of Marketing Science*, 14(1),33 - 46.

[213] Bagozzi, R. P., Y. Yi, and L. W. Phillips (1991), "Assessing Construct Validity in Organizational Research," *Administrative Science Quarterly*, 36 (1),421 - 58.

[214] Bahadir, S. C., S. G. Bharadwaj, and R. K. Srivastava (2008), "Financial Value of Brands in Mergers and Acquisitions: Is Value in the Eye of the Beholder?" *Journal of Marketing*, 72(6),49 - 64.

[215] Bailey, W. and A. Spicer (2007), "When Does National Identity Matter? Convergence and Divergence in International Business Ethics," *Academy of Management Journal*, 50(6),1462 - 1480.

[216] Bakos, Y. and E. Katsamakas (2008), "Design and Ownership of Two-Sided Networks: Implications for Internet Platforms," *Journal of Management Information Systems*, 25(2),171 - 202.

[217] Balabanis, G. and A. Diamantopoulos (2011), "Gains and Losses from the Misperception of Brand Origin: The Role of Brand Strength and Country-of-Origin Image," *Journal of International Marketing*, 19(2),95 - 116.

[218] Balabanis, G. and A. Diamantopoulos (2016), "Consumer Xenocentrism as Determinant of Foreign Product Preference: A System Justification Perspective," *Journal of International Marketing*, 24(3),58 - 77.

[219] Balabanis, G. and N. T. Siamagka (2017), "Inconsistencies in The Behavioural Effects of Consumer Ethnocentrism," *International Marketing Review*, 34

(2),166 - 182.

[220] Balabanis, G. , A. Stathopoulou, and J. Qiao (2019), "Favoritism Toward Foreign and Domestic Brands: A Comparison of Different Theoretical Explanations," *Journal of International Marketing*, 27(2),38 - 55.

[221] Baldauf, A. , K. S. Cravens, A. Diamantopoulos, and K. P. Zeugner-Roth (2009), "The Impact of Product-Country Image and Marketing Efforts on Retailer-Perceived Brand Equity: An Empirical Analysis," *Journal of Retailing*, 85(4),437 - 452.

[222] Bannister, J. P. and J. A. Saunders (1978), "UK Consumers' Attitudes towards Imports: The Measurement of National Stereotype Image," *European Journal of Marketing*, 12(8),562 - 570.

[223] Bao, Y. , K. Z. Zhou, and C. Su (2003), "Face Consciousness and Risk Aversion: Do They Affect Consumer Decision-Making?" *Psychology & Marketing*, 20(8),733 - 755.

[224] Barnes, J. G. (2001), *Secrets of Customer Relationship Management: It's All About How You Make Them Feel*. New York: McGraw-Hill.

[225] Barnes, J. G. (2003), "Establishing Meaningful Customer Relationships: Why Some Companies and Brands Mean More to Their Customers," *Managing Service Quality*, 13(3),178 - 186.

[226] Barney, J. (1991), "Firm Resources and Sustained Competitive Advantage," *Journal of Management*, 17(1),99 - 120.

[227] Baron, R. M. and D. A. Kenny (1986), "The Moderator — Mediator Variable Distinction in Social Psychological Research: Conceptual, Strategic, and Statistical Considerations," *Journal of Personality and Social Psychology*, 51(6),1173 - 1182.

[228] Bartsch, F. , P. Riefler, and A. Diamantopoulos (2016), "A Taxonomy and Review of Positive Consumer Dispositions Toward Foreign Countries and Globalization," *Journal of International Marketing*, 24(1),82 - 110.

[229] Basu, K. (2006), "Merging Brands after Mergers," *California Management Review*, 48(4),28 - 40.

[230] Batra, R. and O. T. Ahtola (1990), "Measuring the Hedonic and Utilitarian Sources of Consumer Attitudes," *Marketing Letters*, 2(2),159 - 170.

[231] Batra, R. , V. Ramaswamy, D. L. Alden, J. B. E. M. Steenkamp, and S. Ramachander (2000), "Effects of Brand Local and Nonlocal Origin on Consumer Attitudes in Developing Countries," *Journal of Consumer Psychology*, 99(2),83 - 95.

[232] Bearden, W. O. , R. B. Money, and J. L. Nevins (2006a), "A Measure of Long-Term Orientation: Development and Validation," *Journal of the Academy of Marketing Science*, 34(3),456 - 467.

[233] Bearden, W. O. , R. B. Money, and J. L. Nevins (2006b), "Multidimensional

versus Unidimensional Measures in Assessing National Culture Values: The Hofstede VSM 94 Example," *Journal of Business Research*, 59(2),195 – 203.

[234] Beatty, S. E. and S. M. Smith (1987), "External Search Effort: An Investigation Across Several Product Categories," *Journal of Consumer Research*, 14,83 – 95.

[235] Beverland, M. B. (2005), "Crafting Brand Authenticity: The Case of Luxury Wines," *Journal of Management Studies*, 42(5),1003 – 1029.

[236] Billig, M. (1995), *Banal Nationalism*. London: Sage Publications.

[237] Blackston, M. (1992), "Observations: Building Brand Equity by Managing the Brand's Relationships," *Journal of Advertising Research*, 32 (May-June), 79 – 83.

[238] Blackston, M. (1993), " Beyond Brand Personality: Building Brand Relationships," in Brand Equity and Advertising: Advertising's Role in Building Strong Brands, ed. Aaker, D. A. and Biel A. , Hillsdale, NJ: Erlbaum, 113 – 124.

[239] Blair, I. V. and M. R. Banaji (1996), "Automatic and Controlled Processes in Stereotype Priming," *Journal of Personality and Social Psychology*, 70(6), 1142 – 1163.

[240] Blank, T. and P. Schmidt (2003), "National Identity in a United Germany: Nationalism or Patriotism? An Empirical Test with Representative Data," *Political Psychology*, 24(2),289 – 312.

[241] Bond, M. H. (1996), "Chinese Values," in The Handbook of Chinese Psychology, ed. Bond, M. H. , New York: Oxford University Press.

[242] Bond, M. H. (2002), "Reclaiming the Individual from Hofstede's Ecological Analysis — A 20-year Odyssey: Comment on Oyserman et al. ," Psychological Bulletin, 128(1),73 – 77.

[243] Bond, M. H. and K. K. Hwang (1986), "The Social Psychology of Chinese People," in The Psychology of the Chinese People, ed. Bond, M. H. , New York: Oxford University Press Inc. , 213 – 266.

[244] Brauer, M. F. (2013), "The Effects of Short-term and Long-term Oriented Managerial Behavior on Medium-term Financial Performance: Longitudinal Evidence from Europe," *Journal of Business Economics and Management*, 14 (2),386 – 402.

[245] Brijs, K. , J. Bloemer, and H. Kasper (2011), "Country-image Discourse Model: Unraveling Meaning, Structure, and Function of Country Images," *Journal of Business Research*, 64(12),1259 – 1269.

[246] Bruhn, M. , V. Schoenmüller, D. Schäfer, and D. Heinrich (2012), "Brand Authenticity: Towards a Deeper Understanding of Its Conceptualization and Measurement," *Advances in Consumer Research*, 40,567 – 576.

[247] Bruner, J. (1990), *Acts of Meaning*. Cambridge, MA: Harvard University Press.

[248] Buck, R. (1988), *Human Motivation and Emotion*. New York: John Wiley.

[249] Burgess, S. M. and J. B. E. M. Steenkamp (2006), "Marketing Renaissance: How Research in Emerging Markets Advances Marketing Science and Practice," *International Journal of Research in Marketing*, 23(4),337-356.

[250] Butz, D. A. , E. A. Plant, and C. E. Doerr (2007), "Liberty and Justice for All? Implications of Exposure to the U. S. Flag for Intergroup Relations," *Personality & Social Psychology*, 33(3),396-408.

[251] Buzzell, R. D. (1968), "Can You Standardize Multinational Marketing?" *Harvard Business Review*, 46(6),102-113.

[252] Cannon, J. P. , P. M. Doney, M. R. Mullen, and K. J. Petersen (2010), "Building Long-term Orientation in Buyer — supplier Relationships: The Moderating Role of Culture," *Journal of Operations Management*, 28(6), 506-521.

[253] Capron, L. and J. Hulland (1999), "Redeployment of Brands, Sales Forces, and General Marketing Management Expertise following Horizontal Acquisitions: A Resource-based View," *Journal of Marketing*, 63(2),41-54.

[254] Capron, L. , W. Mitchell, and A. Swaminathan (2001), "Asset Divestiture following Horizontal Acquisitions: A Dynamic View," *Strategic Management Journal*, 22(9),817-844.

[255] Carroll, B. A. and A. C. Ahuvia (2006), "Some Antecedents and Outcomes of Brand Love," *Marketing Letters*, 17(2),79-89.

[256] Carvalho, S. W. and D. Luna (2014), "Effects of National Identity Salience on Responses to Ads," *Journal of Business Research*, 67(5),1026-1034.

[257] Cayla, J. and E. J. Arnould (2008), "A Cultural Approach to Branding in the Global Marketplace," *Journal of International Marketing*, 16(4),86-112.

[258] Chabowski, B. R. , S. Samiee, and G. T. M. Hult (2013), "A Bibliometric Analysis of the Global Branding Literature and a Research Agenda," *Journal of International Business Studies*, 44(6),622-634.

[259] Chandna, V. and M. S. Salimath (2018), "Peer-to-peer Selling in Online Platforms: A Salient Business Model for Virtual Entrepreneurship," *Journal of Business Research*, 84,162-174.

[260] Chang, C. -C. and H. -H. Liu (2008), "Information Format-option Characteristics Compatibility and the Compromise Effect," *Psychology and Marketing*, 25(9),881-900.

[261] Chao, P. and K. N. Rajendran (1993), "Consumer Profiles and Perceptions: Country-of-origin Effects," *International Marketing Review*, 10(2),22-39.

[262] Chaudhuri, A. (1997), "Consumption Emotion and Perceived Risk: A Macro-

Analytic Approach," *Journal of Business Research*, 39(2),81 - 92.

[263] Chaudhuri, A. and M. B. Holbrook (2001), "The Chain of Effects from Brand Trust and Brand Affect to Brand Performance: The Role of Brand Loyalty," *Journal of Marketing*, 65(April), 81 - 93.

[264] Chaudhuri, A. and M. B. Holbrook (2002), "Product -Class Effects on Brand Commitment and brand Outcomes: The Role of Brand Trust and brand Affect," *Journal of Brand Management*, 10(1),33 - 58.

[265] Chebat, J. -C. and W. Slusarczyk (2005), "How Emotions Mediate the Effects of Perceived Justice on Loyalty in Service Recovery Situations: An Empirical Study," *Journal of Business Research*, 58(5),664 - 673.

[266] Chiu, C. Y. and S. Y. Y. Cheng (2007), "Toward a Social Psychology of Culture and Globalization: Some Social Cognitive Consequences of Activating Two Cultures Simultaneously," *Social and Personality Psychology Compass*, 1(1),84 - 100.

[267] Chiu, C. Y. , L. Mallorie, H. T. Keh, and W. Law (2009), "Perceptions of Culture in Multicultural Space: Joint Presentation of Images from Two Cultures Increases In-Group Attribution of Culture-Typical Characteristics," *Journal of Cross-Cultural Psychology*, 40(2),282 - 300.

[268] Clark A. E. and Y. Kashima (2007), "Stereotypes Help People Connect with Others in the Community: A Situated Functional Analysis of the Stereotype Consistency Bias in Communication," *Journal of Personality & Social Psychology*, 93(6),1028 - 1039.

[269] Clarke, III. I. , K. S. Micken, and S. Hart (2002), "Symbols for Sale... At Least for Now: Symbolic Consumption in Transition Economies," *Advances in Consumer Research*, 29(1),25 - 30.

[270] Cleveland, M. and M. Laroche (2007), "Acculturation to The Global Consumer Culture: Scale Development and Research Paradigm," *Journal of Business Research*, 60(3),249 - 259.

[271] Cleveland, M. , M. Laroche, and N. Papadopoulos (2009), "Cosmopolitanism, Consumer Ethnocentrism, and Materialism: An Eight Country Study of Antecedents and Outcomes," *Journal of International Marketing*, 17(1),116 - 146.

[272] Cleveland, M. , M. Laroche, I. Takahashi, and S. Erdoğan (2014), "Cross-linguistic Validation of a Unidimensional Scale for Cosmopolitanism," *Journal of Business Research*, 67(3),268 - 277.

[273] Cohen, J. B. and C. S. Areni (1991), "Affect and Consumer Behavior," in Handbook of Consumer Behavior, ed. Robertson, A. and H. Kassarjian, Englewood Cliffs: Prentice-Hall, 183 - 240.

[274] Cole, C. A. and S. K. Balasubramanian (1993), "Age Differences in Consumers' Search for Information: Public Policy Implications," *Journal of*

Consumer Research, 20(1),157 - 169.

[275] Coulter, R. A. , L. L. Price, and L. Feick (2003), "Rethinking the Origins of Involvement and Brand Commitment: Insights from Postsocialist Central Europe," *Journal of Consumer Research*, 30(2),151 - 169.

[276] Crimmins, J. C. (1992), "Better Measurement and Management of Brand Value," *Journal of Advertising Research*, 40(6),136 - 144.

[277] Cristiano, J. J. , J. K. Liker, and C. C. White (2000), "Customer Driven Product Development through Quality Function Deployment in the U. S. and Japan," *Journal of Product Innovation Management*, 17(4),286 - 308.

[278] Croom, S. , N. Vidal, W. Spetic, D. Marshall, and L. McCarthy (2018), "Impact of Social Sustainability Orientation and Supply Chain Practices on Operational Performance," *International Journal of Operations and Production Management*, 38(12),2344 - 2366.

[279] Crosby, L. A. , K. R. Evans, and D. Cowles (1990), "Relationship Quality in Services Selling: An Interpersonal Influence Perspective," *Journal of Marketing*, 54(3),68 - 81.

[280] Cusumano, M. A. and A. Gawer (2003), "The Elements of Platform Leadership," *IEEE Engineering Management Review*, 31(1),8 - 8.

[281] Dann, D. , T. Teubner, M. T. P. Adam, and C. Weinhardt (2020), "Where the Host is Part of the Deal: Social and Economic Value in the Platform Economy," *Electronic Commerce Research and Applications*, 40,1 - 12.

[282] De Cillia, R. , M. Reisigl, and R. Wodak (1999), "The Discursive Construction of National Identities," *Discourse and Society*, 10(2),149 - 173.

[283] De Mooij, M. and G. Hofstede (2010), "The Hofstede Model: Applications to Global Branding and Advertising Strategy and Research," *International Journal of Advertising*, 29(1),85 - 110.

[284] De Oliveira, D. T. and M. N. Cortimiglia (2017), "Value Co-creation in Web-based Multisided Platforms: A Conceptual Framework and Implications for Business Model Design," *Business Horizons*, 60(6),747 - 758.

[285] Delgado-Ballester, E. (2004), "Applicability of a Brand Trust Scale Across Product Categories," *European Journal of Marketing*, 38(5/6),573 - 592.

[286] Delgado-Ballester, E. , J. L. Munuera-Aleman, and M. J. Yague-Guillen (2003), "Development and Validation of a Brand Trust Scale," *International Journal of Market Research*, 45(1),35 - 53.

[287] Delgado-Ballester, E. , M. Hernandez-Espallardo, and A. Rodriguez-Orejuela (2014), "Store Image Influences in Consumers' Perceptions of Store Brands: The Moderating Role of Value Consciousness," *European Journal of Marketing*, 48(9),1850 - 1869.

[288] Delgado-Ballester, E. and J. L. Munuera-Aleman (2001), "Brand Trust in the Context of Consumer Loyalty," *European Journal of Marketing*, 35(11/12),

1238 - 1258.

[289] De Ruyter, K. , J. Bloemer, and P. Peeters (1997), "Merging Service Quality and Satisfaction: An Empirical Test of an Integrative Model," *Journal of Economic Psychology*, 18(4),387 - 406.

[290] Deutsch, M. (1958), "Trust and Suspicion," *Journal of Conflict Resolution*, 2,265 - 279.

[291] Devine, P. G. (1989), "Stereotypes and Prejudice: Their Automatic and Controlled Components," *Journal of Personality and Social Psychology*, 56 (1),5 - 18.

[292] Diamantopoulos, A. , V. Davvetas, F. Bartsch, T. Mandler, M. Arslanagic-Kalajdzic, and M. Eisend (2019), "On the Interplay Between Consumer Dispositions and Perceived Brand Globalness: Alternative Theoretical Perspectives and Empirical Assessment," *Journal of International Marketing*, 27(4),39 - 57.

[293] DiMaggio, P. J. and W. P. Walter (1983), "The Iron Cage Revisited: Institutional Isomorphism and Collective Rationality in Organizational Fields," *American Sociological Review*, 48(2),147 - 160.

[294] Dimofte, C. V. , J. K. Johansson, and R. P. Bagozzi (2010), "Global brands in The United States: How Consumer Ethnicity Mediates the Global Brand Effect," *Journal of International Marketing*, 18(18),81 - 106.

[295] Dimofte, C. V. , J. K. Johansson, and I. A. Ronkainen (2008), "Cognitive and Affective Reactions of U. S. Consumers to Global Brands," *Journal of International Marketing*, 16(4),113 - 135.

[296] Dinnie, K. (2001), "National Image and Competitive Advantage: The Theory and Practice of Country-of-Origin Effect," *Journal of Brand Management*, 9 (4),239 - 242.

[297] Dinnie, K. (2002), "Implications of National Identity for Marketing Strategy," *The Marketing Review*, 2(3),285 - 300.

[298] Dinnie, K. (2008), *Nation Branding: Concepts, Issues, Practice*. Oxford: Butterworth Heinemann.

[299] Doctoroff, T. (2004), "Tigers? A Perspective on Local Brands in China," Excerpts from the speech given at CEIBS, June 3rd.

[300] Doney, P. M. and J. P. Cannon (1997), "An Examination of the Nature of Trust in Buyer-Seller Relationships," *Journal of Marketing*, 61(April), 35 - 51.

[301] Donthu, N. and B. Yoo (1998), "Cultural Influences on Service Quality Expectations," *Journal of Service Research*, 1(2),178 - 186.

[302] Douglas S. P. and C. S. Craig (2011), "Convergence and Divergence: Developing a Semiglobal Marketing Strategy," *Journal of International Marketing*, 19(1),82 - 101.

[303] Drucker, P. F. (1954), *The Practice of Management*. New York: Harper and Row.

[304] Drucker, P. F. (1964), *Managing for Results*. New York: Harper and Row.

[305] Drucker, P. F. (1992), *Managing for the Future: The 1990's and Beyond*. New York: Truman Valley Books.

[306] Duck, S. and H. Sants (1983), "On the Origin of the Specious: Are Personal Relationships Really Interpersonal States?" *Journal of Social and Clinical Psychology*, 1(1),27 - 41.

[307] Dutta, S. and A. Biswas (2005), "Effects of Low Price Guarantees on Consumer Post-purchase search Intention: The Moderating Roles of Value Consciousness and Penalty level," *Journal of Retailing*, 81(4),283 - 291.

[308] Dutta, S. , O. Narasimhan, and S. Rajiv (2005), "Conceptualizing and Measuring Capabilities: Methodology and Empirical Application," *Strategic Management Journal*, 26(3),277 - 285.

[309] Dwyer, F. R. , P. H. Schurr, and S. Oh (1987), "Developing Buyer Seller Relationships," *Journal of Marketing*, 51(April), 11 - 27.

[310] Dwyer, S. , H. Mesak, and M. Hsu (2005), "An Exploratory Examination of the Influence of National Culture on Cross-National Product Diffusion," *Journal of International Marketing*, 13(2),1 - 28.

[311] Dyer, W. G. and A. L. Wilkins (1991), "Better Stories, Not Better Constructs, To Generate Better Theory: A Rejoinder to Eisenhardt," *Academy of Management Review*, 16(3),613 - 619.

[312] Edelman, B. (2015), "How to Launch Your Digital Platform," *Harvard Business Review*, 4,90 - 97.

[313] Edwards, J. R. and L. S. Lambert (2007), "Methods for Integrating Moderation and Mediation: A General Analytical Framework Using Moderated Path Analysis," *Psychological Methods*, 12(1),1 - 22.

[314] Eisenhardt, K. M. (1989), "Building Theories from Case Study Research," *Academy of Management Review*, 14(4),532 - 550.

[315] Eisenmann, T. , G. Parker, and M. W. van Alstyne (2006), "Strategies for Two Sided Markets," *Social Science Electronic Publishing*, 84(10),92 - 101.

[316] Engel, J. and R. D. Blackwell (1990), *Consumer Behavior*. Hinsdale: Dryden Press.

[317] Erdem, T. , K. L. Keller, D. Kuksov, and R. Pieters (2016), "Understanding Branding in a Digitally Empowered World," *International Journal of Research in Marketing*, 33(1),3 - 10.

[318] Erevelles, S. (1998), "The Role of Affect in Marketing," *Journal of Business Research*, 42(3),199 - 215.

[319] Ertimur, B. and G. Coskuner-Balli (2015), "Navigating the Institutional Logics of Markets: Implications for Strategic Brand Management," *Journal*

of Marketing, 58(2),163 - 173.

[320] Escalas, J. E. (1996), "Narrative Processing: Building Connections between Brands and the Self," unpublished dissertation, Duke University.

[321] Essoussi, L. H. and D. Merunka (2013), "Consumers' Product Evaluations in Emerging Markets," *International Marketing Review*, 24(4),409 - 426.

[322] Ettenson, R. and J. Knowles (2006), "Merging the Brands and Branding the Merger," *MIT Sloan Management Review*, 47(4),38 - 49.

[323] Evans, D. S. and R. Schmalensee (2007), "Industrial Organization of Markets with Two-Sided Platforms," *Ssrn Electronic Journal*, 3(1),151 - 179.

[324] Fajer, M. T. and J. W. Schouten (1995), "Breakdown and Dissolution of Person-Brand Relationships," *Advances in Consumer Research*, 22,663 - 667.

[325] Fan, Y. (2002), "Questioning Guanxi: Definition, Classification and Implications," *International Business Review*, 11(5),543 - 561.

[326] Fang, T. (2003), "A critique of Hofstede's fifth national culture dimension," *International Journal of Cross-Cultural Management*, 3(3),347 - 368.

[327] Feather, N. T. (1981), "National Sentiment in a Newly Independent Nation," *Journal of Personality and Social Psychology*, 40(8),1017 - 1028.

[328] Fee, C. E. , C. J. Hadlock, and J. R. Pierce (2012), "What Happens in Acquisitions? Evidence from Brand Ownership Changes and Advertising Investment," *Journal of Corporate Finance*, 18(3),584 - 597.

[329] Fehr, E. (2009), "On the Economics and Biology of Trust," *Journal of the European Economic Association*, 7(2 - 3),235 - 266.

[330] Ferriani, S. , F. Fonti, and R. Corrado (2013), "The Social and Economic Bases of Network Multiplexity: Exploring the Emergence of Multiplex Ties," *Strategic Organization*, 11(1),7 - 34.

[331] Ford, K. (2005), *Brands Laid Bare*. Chichester: John Wiley & Sons, Ltd.

[332] Fornell, C. and D. F. Larcker (1981), "Evaluating Structural Models with Unobservable Variables and Measurement Error," *Journal of Marketing Research*, 18(February), 39 - 50.

[333] Fournier, S. (1994), "A Consumer-Brand Relationship Framework for Strategic Brand Management," unpublished doctoral dissertation, University of Florida.

[334] Fournier, S. (1998), "Consumers and Their Brands: Developing Relationship Theory in Consumer Research," *Journal of Consumer Research*, 24(March), 343 - 373.

[335] Fournier, S. (2000), "Dimensioning Brand Relationships Using Brand Relationship Quality," Paper presented at the Association for Consumer Research Annual Conference, Salt Lake City,UT, October.

[336] Fournier, S. and J. L. Yao (1997), "Reviving Brand Loyalty: A Reconceptualization within the Framework of Consumer Brand Relationships," *Interna-*

tional Journal of Research in Marketing, 14(5),451 - 472.

[337] Fullerton, G. (2003), "When Does Commitment Lead to Loyalty," *Journal of Service Research*, 5(4),333 - 344.

[338] Furrer, O., B. S. Liu, and D. Sudharshan (2000), "The Relationships between Culture and Service Quality Perceptions," *Journal of Service Research*, 2(4),355 - 371.

[339] Fyock, J. and C. Stangor (1994), "The Role of Memory Biases in Stereotype Maintenance," *British Journal of Social Psychology*, 33(3),331 - 343.

[340] Ganesan, S. (1994), "Determinants of Long-Term Orientation in Buyer-Seller Relationships," *Journal of Marketing*, 58(April), 1 - 19.

[341] Garbarino, E. and M. S. Johnson (1999), "The Different Roles of Satisfaction, Trust, and Commitment in Customer Relationships," *Journal of Marketing*, 63(2),70 - 87.

[342] Gardner, B. B. and S. J. Levy (1955), "The Product and the Brand," *Harvard Business Review*, March-April, 33 - 39.

[343] Gardner, R. C., E. J. Wonnacott, and D. M. Taylor (1968), "Ethnic Stereotypes: A Factor Analysis Investigation," *Canadian Journal of Psychology*, 22(1),35 - 44.

[344] Gawer, A. and M. A. Cusumano (2008), "How companies become platform leaders," *MIT Sloan Management Review*, 49(2),28 - 35.

[345] Gensler, S., F. Völckner, Y. Liu-Thompkins, and C. Wiertz (2013), "Managing Brands in The Social Media Environment," *Journal of Interactive Marketing*, 27(4),242 - 256.

[346] Glenn, N. D. (1990), "Quantitive Research on Marital Quality in the 1980s: A Critical Review," *Journal of Marriage and the Family*, 52(November), 818 - 831.

[347] Goel, S. (2013), "Relevance and Potential of Co-operative Values and Principles for Family Business Research and Practice," *Journal of Co-operative Organization and Management*, 1(1),41 - 46.

[348] Goffman, E. (1955), "On Face Work: An Analysis of Ritual Elements in Social Interaction," *Psychiatry*, 18(3),213 - 231.

[349] Gomez, P. and C. J. Torelli (2015), "It's Not Just Numbers: Cultural Identities Influence How Nutrition Information Influences the Valuation of Foods," *Journal of Consumer Psychology*, 25(3),404 - 415.

[350] Görling, S. and A. Rehn (2008), "Accidental Ventures — A Materialist Reading of Opportunity and Entrepreneurial Potential," *Scandinavian Journal of Management*, 24(2),94 - 102.

[351] Greenwald, A. G. and M. R. Banaji (1995), "Implicit Social Cognition, Attitudes, Self-Esteem and Stereotypes," *Psychological Review*, 102(1),4 - 27.

[352] Grenness, T. (2012), "Hofstede Revisited: Is Making the Ecological Fallacy When Using Hofstede's Instrument on Individual Behavior Really Unavoidable?" *International Journal of Business and Management*, 7(7), 75 – 84.

[353] Griffith, D. A. , M. Y. Hu, and J. K. Ryans Jr (2000), "Process Standardization Across Intra- and Inter-Cultural Relationships," *Journal of International Business Studies*, 31(2),303 – 324.

[354] Grönroos, C. (1997) "From Marketing Mix to Relationship Marketing — Towards a Paradigm Shift in Marketing," *Management Decision*, 35(4),322 – 329.

[355] Gundlach, G. T. , R. S. Achrol, and J. T. Mentzer (1995), "The Structure of Commitment in Exchange," *Journal of Marketing*, 59(January), 78 – 92.

[356] Guo, R. , L. Tao, C. B. Li, and T. Wang (2015), "A Path Analysis of Greenwashing in a Trust Crisis Among Chinese Energy Companies: The Role of Brand Legitimacy and Brand Loyalty," *Journal of Business Ethics*, 140 (3),523 – 536.

[357] Guo, X. , M. Heinbery and S. Zou (2019), "Enhancing Consumer Attitude Toward Culturally Mixed Symbolic Products from Foreign Global Brands in an Emerging-Market Setting: The Role of Cultural Respect," *Journal of International Marketing*, 27(3),79 – 97.

[358] Gupta, S. F. , D. Winkel, and L. Peracchio (2009), "Cultural Value Dimensions and Brands: Can a Global Brand Image Exist?" in Consumer-Brand Relationships: Theory and Practice, ed. Fournier, S. , M. Breazeale and M. Fetscherin, London and New York: Routledge, 230 – 246.

[359] Halkias, G. , V. Davvetas, and A. Diamantopoulos (2016), "The Interplay Between Country Stereotypes and Perceived Brand Globalness/Localness as Drivers of Brand Preference," *Journal of Business Research*, 69(9),3621 – 3628.

[360] Hamilton, G. and C. Lai (1989), "Consumerism Without Capitalism: Consumption and Brand Names in Late Imperial China," in *The Social Economy of Consumption: Monographs in Economic Anthropology* (6th), ed. Rutz, H. and B. Orlove, Lanham, MD: University Press of America, 253 – 279.

[361] Han, C. M. (1989), "Country Image: Halo or Summary Construct?" *Journal of Marketing Research*, 26(4),222 – 229.

[362] Handelman, J. M. and S. J. Arnold (1999), "The Role of Marketing Actions with a Social Dimension: Appeals to the Institutional Environment," *Journal of Marketing*, 63(3),33 – 48.

[363] Hansen, H. , K. Sandvik, and F. Selnes (2003), "Direct and Indirect Effects of Commitment to a Service Employee on the Intention to Stay," *Journal of*

Service Research, 5(4),356 - 368.

[364] Haslam, N. (1994), "Categories of Social Relationship," *Cognition*, 53,59 - 90.

[365] Hassan, L. M. , E. Shiu, and G. Walsh (2011), "A Multi-Country Assessment of the Long-term Orientation Scale," *International Marketing Review*, 28(1), 81 - 101.

[366] Haunschild, P. R. and B. N. Sullivan (2002), "Learning from Complexity: Effects of Prior Accidents and Incidents on Airlines' Learning," *Administrative Science Quarterly*, 47(4),609 - 643.

[367] Havlena, W. J. and M. B. Holbrook (1986), "The Varieties of Consumption Experience: Comparing Two Typologies of Emotion in Consumer Behavior," *Journal of Consumer Research*, 13(3),394 - 404.

[368] He, J. and C. L. Wang (2013), "The Impact of Cultural Identity and Consumer Ethnocentrism on Buying Domestic vs. Import Brands: An Empirical Study in China," Presented at The Competing in China: Local Firms, Multinationals, and Alliances conference, USA, George Mason University, April 5th.

[369] He, J. and C. L. Wang (2015), "Cultural Identity and Consumer Ethnocentrism Impacts on Preference and Purchase of Domestic Versus Import Brands: An Empirical Study in China," *Journal of Business Research*, 68(6), 1225 - 1233.

[370] He, J. and C. L. Wang (2017), "How Global Brands Incorporating Local Cultural Elements Increase Consumer Purchase Likelihood: An Empirical Study in China," *International Marketing Review*, 34(4),463 - 479.

[371] He, Y. , Q. Chen, and D. L. Alden (2016), "Time Will Tell: Managing Post-Purchase Changes in Brand Attitude," *Journal of the Academy of Marketing Science*, 44(6),791 - 805.

[372] Heine, K. and M. Phan (2013), "A Case of Shanghai Tang: How to Build a Chinese Luxury Brand," *Asia Marketing Journal*, 15(1),1 - 22.

[373] Hennig-Thurau, T. and A. Klee (1997), "The Impact of Customer Satisfaction and Relationship Quality on Customer Retention: A Critical Reassessment and Model Development," *Psychology & Marketing*, 14(8), 737 - 763.

[374] Herrero-Crespo, A. , H. S. M. Gutiérrez, and M. del M. Garcia-Salmones (2016), "Influence of Country Image on Country Brand Equity: Application to Higher Education Services," *International Marketing Review*, 33(5),691 - 714.

[375] Herskovits, M. J. (1948), *Man and His Works: The Science of Cultural Anthropology*. New York: Alfred A. Knopf, Inc.

[376] Hess, J. and J. Story (2005), "Trust-based Commitment: Multidimensional

Consumer-brand Relationship," *Journal of Consumer Marketing*, 22(6),313 - 322.

[377] Hess, J. S. (1998), "A Multidimensional Conceptualization of Consumer Brand Relationships: The Differential Impact of Relationship Dimensions on Evaluative Relationship Outcomes," unpublished doctoral dissertation, University of Colorado.

[378] Hewett, K. , R. B. Money, and S. Sharma (2006), "National Culture and Industrial Buyer-Seller Relationships in the United States and Latin America," *Journal of the Academy of Marketing Science*, 34(3),386 - 402.

[379] Hinde, R. A. (1995), "A Suggested Structure for a Science of Relationships," *Personal Relationships*, 2,1 - 15.

[380] Hirschman, E. C. and M. B. Holbrook (1982), "Hedonic Consumption: Emerging Concepts, Methods and Propositions," *Journal of Marketing*, 46 (3),92 - 101.

[381] Ho, D. Y. F. (1976), "On the Concept of Face," *American Journal of Sociology*, 81,867 - 884.

[382] Ho, D. Y. F. (1985), "Prejudice, Colonialism, and Interethnic Relations: An East West Dialogue," *Journal of Asian and African Studies*, 20(3 - 4),218 - 231.

[383] Ho, D. Y. F. (1998), "Interpersonal Relationships and Relationship Dominance: An Analysis Based on Methodological Relationalism," *Asian Journal of Social Psychology*, 1,1 - 16.

[384] Hofstede, G. (1980), "Motivation, Leadership, and Organization: Do American Theories Apply Abroad?" *Organizational Dynamics*, 9(1),42 - 63.

[385] Hofstede, G. (1991), *Cultures and Organizations: Software of the Mind*, London: McGraw Hill.

[386] Hofstede, G. (2001), "Culture's Consequences: Comparing Values, Behaviors, Institutions and Organizations Across Nations," *Administrative Science Quarterly*, 27(3),127 - 131.

[387] Holbrook, M. B. and R. Batra (1987), "Assessing the Role of Emotions as Mediators of Consumer Responses to Advertising," *Journal of Consumer Research*, 14 (December), 404 - 420.

[388] Holt, D. B. (2004), *How Brands Become Icons: The Principles of Cultural Branding. Cambridge*. MA: Harvard Business School Press.

[389] Holt, D. B. , J. A. Quelch, and E. L. Taylor (2004), "How Global Brands Compete," *Harvard Business Review*, 82(9),68 - 75.

[390] Homburg, C. and M. Bucerius (2005), "A Marketing Perspective on Mergers and Acquisitions: How Marketing Integration Affects Postmerger Performance," *Journal of Marketing*, 69(1),95 - 113.

[391] Homburg, C. and M. Bucerius (2006), "Is Speed of Integration Really a

Success Factor of Mergers and Acquisitions? An Analysis of the Role of Internal and External Relatedness," *Strategic Management Journal*, 27(4), 347 - 367.

[392] Hong, Y. -Y. , M. W. Morris, C. -Y. Chiu, and V. Benet-Martínez (2000), "Multicultural Minds: A Dynamic Constructivist Approach to Culture and Cognition," *American Psychologist*, 55(7),709 - 720.

[393] Hoyer, W. D. and D. J. MacInnis (2010), *Consumer Behavior* (5th), Mason: South-Western.

[394] Hsieh, M. H. (2002), "Identifying Brand Image Dimensionality and Measuring the Degree of Brand Globalization: A Cross-National Study," *Journal of International Marketing*, 10(2),46 - 67.

[395] Hsieh, M. H. (2004), "Measuring Global Brand Equity Using Cross-national Survey Data," *Journal of International Marketing*, 12(2),28 - 57.

[396] Hsu, F. L. K. (1963), *Clan, Caste and Club*, New York: Van Nostrand Reinhold Company.

[397] Hsu, F. L. K. (1971), "Eros, Affect, and Pao," in Kinship and Culture, ed. Hsu,F. L. K. , Chicago: University of Chicago Press.

[398] Hsu, F. L. K. (1985), "The Self in Cross-Cultural Perspective," in Culture and Self: Asia and Western Perspectives, ed. Marsella,A. J. , G. DeVos, and F. L. K. Hsu, New York: Tavistock, 24 - 55.

[399] Hu, H. C. (1944), "The Chinese Concept of 'Face'," *American Anthropologist*, 46(1),45 - 64.

[400] Hu, H. C. (1949), Emotions, Real and Assumed, in Chinese Society, Institute for Intercultural Studies, Columbia University, New York, No. RCC-CH-PR4.

[401] Huang, H. and J. He (2019), "When Face Meets Globalization: How Face Drives Consumers' Attitudes Toward Global Consumer Culture Positioning," *International Marketing Review*, 38(1),184 - 203.

[402] Hubert, M. , A. Florack, R. Gattringer, T. Eberhardt, E. Enkel, and P. Kenning (2017), "Flag up! — Flagship Products as Important Drivers of Perceived Brand Innovativeness," *Journal of Business Research*, 71,154 - 163.

[403] Humphreys, A. and C. J. Thompson (2014), "Branding Disaster: Reestablishing Trust through the Ideological Containment of Systemic Risk Anxieties," *Journal of Consumer Research*, 41(4),877 - 910.

[404] Huntington, S. P. (1993), "The Clash of Civilization," *Foreign Affairs*, 72 (2),22 - 49.

[405] Iansiti, M. and R. Levien (2004), "Strategy as Ecology," *Harvard Business Review*, 82(3),68.

[406] Iansiti, M. and F. Zhu (2007), "Dynamics of Platform Competition: Exploring the Role of Installed Base, Platform Quality and Consumer Expectations,"

ICIS 2007 Proceeding, 38,1 - 18.

[407] Interbrand (2008), Made in China 2008: The Challenge for Chinese Brands Going Global.

[408] ISSP. (1998), "International Social Survey Program: National Identity," Inter-University Consortium for Political and Social Research, No. 6.

[409] Izard, C. E. (1977), *Human Emotions*. Plenum, New York.

[410] Jaju, A. , C. Joiner, and S. K. Reddy (2006), "Consumer Evaluations of Corporate Brand Redeployments," *Journal of the Academy of Marketing Science*, 34(2),206 - 215.

[411] Jameson, D. A. (2007), "Reconceptualizing Cultural Identity and Its Role in Intercultural Business Communication," *Journal of Business Communication*, 44(3),199 - 235.

[412] Ji, M. F. (2001), "Child-Brand Relationships: A Conceptual Framework," Advances in Consumer Research, 28,213.

[413] Ji, M. F. (2002a), "Children's Relationships with Brands: 'True Love' or 'One-Night' Stand?" *Psychology and Marketing*, 19(April), 369 - 387.

[414] Ji, M. F. (2002b), "The Brand Relational Schema: A Cognitive Approach to Consumer-Brand Relationships," unpublished doctoral dissertation, Texas A&M University.

[415] Jiao, H. , I. Alon, C. K. Koo, and Y. Cui (2013), "When Should Organizational Change be Implemented? The Moderating Effect of Environmental Dynamism between Dynamic Capabilities and New Venture Performance," *Journal of Engineering and Technology Management*, 30 (2),188 - 205.

[416] Johansson, J. K. and I. A. Ronkainen (2005), "The Esteem of Global Brands," *Journal of Brand Management*, 12(5),339 - 354.

[417] John, D. R. , B. Loken, and C. Joiner (1998), "The Negative Impact of Extensions: Can Flagship Products be Diluted?" *The Journal of Marketing*, 62(1),19 - 32.

[418] Josiassen, A. , B. A. Lukas, G. J. Whitwell, and A. G. Assaf (2013) "The Halo Model of Origin Images: Conceptualisation and Initial Empirical Test," *Journal of Consumer Behaviour*, 12(4),253 - 266.

[419] Jurietti, E. , A. Mandelli, and M. Fudurić (2017), "How do Virtual Corporate Social Responsibility Dialogs Generate Value? A Case Study of The Unilever Sustainable Living Lab," *Corporate Social Responsibility and Environmental Management*, 24(5),357 - 367.

[420] Kale, P. , H. Singh, and A. P. Raman (2009), "Don't Integrate your Acquisitions, Partner with Them," *Harvard Business Review*, 87(12),109 - 115.

[421] Kaltcheva, V. and B. Weitz (1999), "The Effects of Brand-Consumer

Relationships Upon Consumers' Attributions and Reactions," *Advances in Consumer Research*, 26,455 - 462.

[422] Kates, S. M. (2000), "Out of the Closet and Out on the Street! Gay Men and Their Brand Relationships," *Psychology & Marketing*, 17(6),493 - 513.

[423] Kapferer, J. N. (2005), "The Post Global Brand," *Journal of Brand Management*, 12(5),319 - 324.

[424] Kapferer, J. N. (2012), *The New Strategic Brand Management: Advanced Insights and Strategic Thinking* (5th), London: Kogan Page.

[425] Kashima, Y. , A. Lyons, and A. Clark (2013), "The Maintenance of Cultural Stereotypes in the Conversational Retelling of Narratives," *Asia Journal of Social Psychology*, 16(1),60 - 70.

[426] Kashmiri, S. , C. D. Nicol, and S. Arora (2017), "Me, Myself, and I: Influence of CEO Narcissism on Firms' Innovation Strategy and the Likelihood of Product-Harm Crises," *Journal of the Academy of Marketing Science*, 45(5),633 - 656.

[427] Katz, M. L. and C. Shapiro (1994), "Systems Competition and Network Effects," *Journal of Economic Perspectives*, 8(8),93 - 115.

[428] Kawakami, K. , J. F. Dovidio, J. Moll, S. Hermsen, and A. Russin (2000), "Just Say No (to stereotyping): Effects of Training in the Negation of Stereotypic Associations on Stereotype Activation," *Journal of Personality and Social Psychology*, 78(5),871 - 888.

[429] Keillor, B. D. and G. T. M. Hult (1999), "A Five Country Study of National Identity: Implications for International Marketing Research and Practice," *International Marketing Review*, 16(1),65 - 82.

[430] Keillor, B. D. , G. T. M. Hult, R. C. Erffmeyer, and E. Babakus (1996), "NATID: The Development and Application of a National Identity Measure for Use in International Marketing," *Journal of International Marketing*, 4(2), 57 - 73.

[431] Keller, K. L. (1993), "Conceptualizing, Measuring and Managing Customer Based Brand Equity," *Journal of Marketing*, 57(1),1 - 22.

[432] Keller, K. L. (1998), *Strategic Brand Management: Building, Measuring, and Managing Brand Equity.* Upper Saddle River, NJ: Prentice Hall.

[433] Keller, K. L. (2001), "Building Customer Based Brand Equity," *Marketing Management*, 10(July-August), 14 - 18.

[434] Keller, K. L. (2003a), "Brand Synthesis: The Multidimensionality of Brand Knowledge," *Journal of Consumer Research*, 29(March), 595 - 600.

[435] Keller, K. L. (2003b), *Strategic Brand Management: Building, Measuring, and Managing Brand Equity.* India: Pearson Education.

[436] Keller, K. L. (2013), *Strategic Brand Management: Building, Measuring, and Managing Brand Equity* (4th). Upper Saddle River, NJ: Prentice Hall.

[437] Keller, K. L. (2015), "Designing and Implementing Brand Architecture Strategies," *Journal of Brand Management*, 21(9),702 - 715.

[438] Keller, K. L. and D. A. Aaker (1992), "The Effects of Sequential Introduction of Brand Extensions," *Journal of Marketing Research*, 29(1), 35 - 50.

[439] Keller, K. L. and R. L. Donald (2003), "How Do Brands Create Value?" *Marketing Management*, 12(May/June), 26 - 31.

[440] Kelley, H. H. (1983), "Love and Commitment," in Close Relationships, ed. Kelley, H. H. et al. , New York: W. H. Freeman and Company, 265 - 313.

[441] Kenny, D. A. and L. L. Voie (1985), "Separating Individual and Group Effects," *Journal of Personality and Social Psychology*, 48(2),339 - 348.

[442] Ketkar, S. , N. Kock, R. Parente, and J. Verville (2012), "The Impact of Individualism on Buyer-Supplier Relationship Norms, Trust and Market Performance: An Analysis of Data from Brazil and the USA," *International Business Review*, 21(5),782 - 793.

[443] Kim, C. (1998), "Brand Personality and Advertising Strategy: An Empirical Study of Mobile-phone Services," *Korean Journal of Advertising*, 53, 37 - 52.

[444] Kim, N. , E. Chun, and E. Ko (2017), "Country of Origin Effects on Brand Image, Brand Evaluation, and Purchase Intention: A Closer Look at Seoul, New York, and Paris Fashion Collection," *International Marketing Review*, 34(2),254 - 271.

[445] King, D. R. , D. R. Dalton, C. M. Daily, and J. G. Covin (2004), "Meta-analyses of Post-acquisition Performance: Indications of Unidentified Moderators," *Strategic Management Journal*, 25(2),187 - 200.

[446] Kirkbride, P. S. , S. F. Y. Yang, and R. I. Westwood (1991), "Chinese Conflict Preferences and Negotiating Behaviour: Cultural and Psychological Influence," *Organization Studies*, 12(3),365 - 386.

[447] Kirloskar-Steinbach, M. (2004), "National Identity: Belonging to a Cultural Group? Belonging to a Polity," *Journal for the Study of Religions & Ideologies*, 3(8),31 - 42.

[448] Klein, A. and H. Moosbrugger (2000), "Maximum Likelihood Estimation of Latent Interaction Effects with the LMS Method," *Psychometrika*, 65(4),457 - 474.

[449] Klein, K. J. , P. D. Bliese, and S. W. J. Kozlowski (2000), "Multilevel Analytical Techniques: Commonalities, Differences, and Continuing Questions," In *Multilevel Theory, Research, and Methods in Organizations*, ed. Klein K. J. and S. W. J. Kozlowski, San Francisco: Jossey-Bass, 512 - 553.

[450] Kluckhohn, C. K. M. (1951). Value and Value Orientation in the Theory of Action: An Exploration in Definition and Classification, InToward a General

Theory of Action, ed. Parsons, T. and E. A. Shils, Cambridge: Harvard University Press.

[451] Kluckhohn, F. R. and F. L. Strodtbeck (1961), *Variations in Value Orientations*, Evanston: Row-Peterson.

[452] Ko, J.-W., J. L. Price, and C. W. Mueller (1997), "Assessment of Meyer and Allen's Three-component Model of Organizational Commitment in South Korea," *Journal of Applied Psychology*, 82(6),961–973.

[453] Koch, H. (2010), "Developing Dynamic Capabilities in Electronic Marketplaces: A Cross-Case Study," *Journal of Strategic Information Systems*, 19(1),28–38.

[454] Koubaa, Y. (2008), "Country of Origin, Brand Image Perception, and Brand Image Structure," *Asia Pacific Journal of Marketing and Logistics*, 20(2), 139–155.

[455] Krosnick, J. A. (1991), "Response Strategies for Coping with The Cognitive Demands of Attitude Measures in Surveys," *Applied Cognitive Psychology*, 5(3),213–236.

[456] Kubat, U. and V. Swaminathan (2015), "Crossing the Cultural Divide Through Bilingual Advertising: The Moderating Role of Brand Cultural Symbolism," *International Journal of Research in Marketing*, 32(4),354–362.

[457] Kumar, N. and J. B. E. M. Steenkamp (2013), *Brand Breakout: How Emerging · Market Brands will Go Global*, New York: Palgrave MacMillan.

[458] Kumar, S. and K. H. Blomqvist (2004), "Making Brand Equity a Key Factor in M&A Decision-making," *Strategy & Leadership*, 32(2),20–27.

[459] Kumar, S. and L. Dan (2005), "Impact of Globalization on Entrepreneurial Enterprises in the World Markets," *International Journal of Management and Enterprise Development*, 2(1),46–64.

[460] Kustin, R. A. (2004), "Marketing Mix Standardization: A Cross Cultural Study of Four Countries," *International Business Review*, 13(5),637–649.

[461] Kuzmina, Y. (2009), *Brand Portfolio Management and the Role of Brand Acquisitions*, Southeast Missouri State University.

[462] Kwun, D. J.-W. and H. Oh (2007), "Consumers' Evaluation of Brand Portfolios," *International Journal of Hospitality Management*, 26(1),81–97.

[463] Labroo, A. A. and A. Y. Lee (2006), "Between Two Brands: A Goal Fluency Account of Brand Evaluation," *Journal of Marketing Research*, 43(August), 374–385.

[464] Laforet, S. (2014), "Managing Brand Portfolios: Audit of Leading Grocery Supplier Brands 2004 to 2012," *Journal of Strategic Marketing*, 23(1),72–89.

[465] Laforet, S. and J. Saunders (1999), "Managing Brand Portfolios: Why Leaders Do What They Do," *Journal of Advertising Research*, 39(1), 51 - 66.

[466] Laforet, S. and J. Saunders (2005), "Managing Brand Portfolios: How Strategies have Changed," *Journal of Advertising Research*, 45(3), 314 - 327.

[467] Lambkin, M. and L. Muzellec (2008), "Rebranding in the Banking Industry following Mergers and Acquisitions," *International Journal of Bank Marketing*, 26(5), 328 - 352.

[468] Lambkin M. C. and L. Muzellec (2010), "Leveraging Brand Equity in Business-to-business Mergers and Acquisitions," *Industrial Marketing Management*, 39(8), 1234 - 1239.

[469] Landon Jr, E. L. (1974), "Self-Concept, Ideal Self-Concept and Consumer Purchase Intensions," *Journal of Consumer Research*, 1(September), 44 - 51.

[470] Landry, J. T. (1998), "Emerging Markets: Are Chinese Consumers Coming of Age?" *Harvard Business Review*, 76(May-June), 17 - 20.

[471] Laroche, M., N. Papadopoulos, L. A. Heslop, and M. Mourali (2005), "The Influence of Country Image Structure on Consumer Evaluations of Foreign Products," *International Marketing Review*, 22(1), 96 - 115.

[472] Laros, F. J. M. and J. B. E. M. Steenkamp (2005), "Emotions in Consumer Behavior: A Hierarchical Approach," *Journal of Business Research*, 58(10), 1437 - 1445.

[473] Larsson, R. and S. Finkelstein (1999), "Integrating Strategic, Organizational, and Human Resource Perspectives on Mergers and Acquisitions: A Case Survey of Synergy Realization," *Organization Science*, 10(1), 1 - 26.

[474] Larzelere, R. E. and T. L. Huston (1980), "The Dyadic Trust Scale: Toward Understanding Interpersonal Trust in Close Relationships," *Journal of Marriage and the Family*, 42(3), 595 - 604.

[475] Lawrence, S. J. (2012), *Consumer Xenocentrism and Consumer Cosmopolitanism: The Development and Validation of Scales of Constructs Influencing Attitudes Towards Foreign Product Consumption*, Wayne State University.

[476] Lee, A. Y. and J. L. Aaker (2004), "Bringing the Frame into Focus: The Influence of Regulatory Fit on Processing Fluence and Persuasion," *Journal of Personality and Social Psychology*, 86(2), 205 - 218.

[477] Lee, D. and G. Ganesh (1999), "Effects of Partitioned Country Image in the Context of Brand Image and Familiarity — A Categorization Theory Perspective," *International Marketing Review*, 16(1), 18 - 41.

[478] Lee, D. -J., J. H. Pae, and Y. H. Wong (2001), "A Model of Close Business Relationships in China (Guanxi)," *European Journal of Marketing*, 35(1/

2),51 - 60.

[479] Lee, H.-M., T. Chen, and B. S. Guy (2014), "How the Country-of-Origin Image and Brand Name Redeployment Strategies Affect Acquirers' Brand Equity After a Merger and Acquisition," *Journal of Global Marketing*, 27 (3),191 - 206.

[480] Lee, H.-M., C.-C. Lee, and C.-C. Wu (2011), "Brand Image Strategy Affects Brand Equity after M&A," *European Journal of Marketing*, 45(7/8),1091 - 1111.

[481] Lee, R. and L. Lockshin (2012), "Reverse Country-of-Origin Effects of Product Perceptions on Destination Image," *Journal of Travel Research*, 51 (4),502 - 511.

[482] Lee, R., L. Lockshin, and L. Greenacre (2016), "A Memory-Theory Perspective of Country-Image Formation," *Journal of International Marketing*, 24(2),62 - 79.

[483] Lee, Y.-K., C.-K. Lee, S.-K. Lee, and B. J. Babin (2008), "Festivalscapes and Patrons' Emotions, Satisfaction, and Loyalty," *Journal of Business Research*, 61,56 - 64.

[484] Levitt, T. (1980), "Marketing Success through the Differentiation of Anything," *Harvard Business Review*, 58(1),83 - 91.

[485] Levitt, T. (1983), "The Globalization of Markets," *Harvard Business Review*, 61(3),92 - 102.

[486] Levy, S. J. (1959), "Symbols for Sale," *Harvard Business Review*, 37(4), 117 - 124.

[487] Li, D., C. L. Wang, Y. Jiang., B. R. Barnes, and H. Zhang (2014), "The Asymmetric Influence of Cognitive and Affective Country Image on Rational and Experiential Purchases," *European Journal of Marketing*, 48(11/12), 2153 - 2175.

[488] Li, J. J. and C. Su (2007), "How Face Influences Consumption — A Comparative Study of American and Chinese Consumers," *International Journal of Market Research*, 49(2),237 - 256.

[489] Li, Z. G., S. Fu, and L. W. Murray (1997), "Country and Product Images: The Perceptions of Consumers in the People's Republic of China," *Journal of International Consumer Marketing*, 10(1 - 2),115 - 139.

[490] Liao, J. and L. Wang (2009), "Face as a Mediator of The Relationship Between Material Value and Brand Consciousness," *Psychology & Marketing*, 26 (11),987 - 1001.

[491] Lichtenstein, D. R. and S. Burton (1990), "Distinguishing Coupon Proneness from Value Consciousness: An Acquisition-Transaction Utility," *Journal of Marketing*, 54(3),54 - 67.

[492] Lin, L., D. Xi, and R. M. Lueptow (2013), "Public Face and Private Thrift

in Chinese Consumer Behaviour," *International Journal of Consumer Studies*, 37(5),538 – 545.

[493] Liu, B. S., O. Furrer, and D. Sudharshan (2001), "The Relationships Between Culture and Behavioral Intentions Toward Services," *Journal of Service Research*, 4(2),118 – 129.

[494] Luk, S. T. K., L. Fullgrabe, and S. C. Y. Li (1999), "Managing Direct Selling Activities in China: A Cultural Explanation," *Journal of Business Research*, 45(3),257 – 266.

[495] Lyons, A. and Y. Kashima (2001), "The Reproduction of Culture: Communication Processes Tend to Maintain Cultural Stereotypes," *Social Cognition*, 19(3),372 – 394.

[496] Lyons, A. and Y. Kashima (2003), "How Are Stereotypes Maintained through Communication? The Influence of Stereotype Sharedness," *Journal of Personality and Social Psychology*, 85(6),989 – 1005.

[497] Macho, S. and T. Ledermann (2011), "Estimating, Testing, and Comparing Specific Effects in Structural Equation Models: The Phantom Model Approach," *Psychological Methods*, 16(1),34 – 43.

[498] Mackie, D. M., and E. R. Smith (1998), "Intergroup Relations: Insights from a Theoretically Integrative Approach," *Psychological Review*, 105(3), 499 – 529.

[499] Magnusson, P., V. Krishnan, S. A. Westjohn, and S. Zdravkovic (2014), "The Spillover Effects of Prototype Brand Transgressions on Country Image and Related Brands," *Journal of International Marketing*, 22(1),21 – 38.

[500] Malhotra, S., K. Sivakumar, and P. C. Zhu (2009), "Distance Factors and Target Market Selection: The Moderating Effect of Market Potential," *International Marketing Review*, 26(6),651 – 673.

[501] Malhotra, S., K. Sivakumar, and P. C. Zhu (2011), "A Comparative Analysis of the Role of National Culture on Foreign Market Acquisitions by US Firms and Firms from Emerging Countries," *Journal of Business Research*, 64(7),714 – 722.

[502] Martin, B. A. S., M. S. W. Lee, and C. Lancy (2011), "Countering Negative Country of Origin Effect Using Imagery Processing," *Journal of Consumer Behavior*, 10(2),80 – 92.

[503] Martin, I. M. and S. Eroglu (1993), "Measuring a Multi-Dimensional Construct: Country Image," *Journal of Business Research*, 28(3),191 – 210.

[504] Mathias, B. D. and D. W. Williams (2017), "The Impact of Role Identities on Entrepreneurs' Evaluation and Selection of Opportunities," *Journal of Management*, 43(3),892 – 918.

[505] Mavondo, F. T. and E. M. Rodrigo (2001), "The Effect of Relationship Dimensions on Interpersonal and Interorganizational Commitment in Organizations

Conducting Business Between Australia and China," *Journal of Business Research*, 52(2),111 - 121.

[506] Mayer, R. C. , J. H. Davis, and F. D. Schoorman (1995), "An Integrative Model of Organizational Trust," *Academy of Management Review*, 20(3), 709 - 734.

[507] McCracken, G. (1986a), "Advertising: Meaning or Information?" *Advances in Consumer Research*, 14,121 - 124.

[508] McCracken, G. (1986b), "Culture and Consumption: A Theoretical Account of the Structure and Movement of the Cultural Meaning of Consumer Goods," *Journal of Consumer Research*, 13(June), 71 - 84.

[509] McCracken, G. (1993), "The Value of the Brand: An Anthropological Perspective," in Brand Equity and Advertising: Advertising's Role in Building Strong Brands, ed. Aaker, D. A. and Alexander Biel, Hillsdale, NJ: Erlbaum, 125 - 139.

[510] McEwen, W. , X. Fang, C. Zhang, and R. Burkholder (2006), "Inside the Mind of the Chinese Consumer," *Harvard Business Review*, 84(3),68 - 76.

[511] Mehrabian, A. and J. A. Russell (1974), *An Approach to Environmental Psychology*. Cambridge, MA: MIT Press.

[512] Merrilees, B. and D. Miller (1999), "Direct Selling in the West and East: The Relative Roles of Product and Relationship (Guanxi) Drivers," *Journal of Business Research*, 45(3),267 - 273.

[513] Meyer, J. P. and N. J. Allen (1991), "A Three Component Conceptualization of Organizational Commitment," *Human Resource Management Review*, 1 (1),61 - 89.

[514] Meyer, J. P. , N. J. Allen, and C. A. Smith (1993), "Commitment to Organizations and Occupations: Extension and Test of a Three Component Conceptualization," *Journal of Applied Psychology*, 78(4),538 - 551.

[515] Meyer, J. W. and B. Rowan (1977), "Institutionalized Organizations: Formal Structure as Myth and Ceremony," *Chicago Journals*, 83(2),340 - 363.

[516] Miles, M. B. (1994) *Qualitative Data Analysis: An Expanded Sourcebook*. Thousand Oaks, CA: Sage.

[517] Mira, V. L. , G. R. Zinn, J. M. A. Silva, P. T. Santos, S. M. Bucchi, and E. Meireles (2015), "Beliefs of Healthcare Professionals about Training and Institutional Development Actions," *International Journal of Nursing Didactics*, 5(1),1 - 8.

[518] Mizik N. , J. Knowles, and I. M. Dinner (2011), "Value Implications of Corporate Branding in Mergers," Available at SSRN, http://ssrn. com/ abstract=1756368.

[519] Monga, A. B. and D. R. John (2010), "What Makes Brands Elastic? The Influence of Brand Concept and Styles of Thinking on Brand Extension

Evaluation," *Journal of Marketing*, 74(3),80 - 92.

[520] Moorman, C. , R. Deshpande, and G. Zaltman (1993), "Factors Affecting Trust in Market Research Relationships," *Journal of Marketing*, 57(1),81 - 101.

[521] Moorman, C. , G. Zaltman, and R. Deshpande (1992), "Relationships Between Providers and Users of Market Research: The Dynamics of Trust Within and Between Organizations," *Journal of Marketing Research*, 29(3), 314 - 328.

[522] Morgan, N. A. and L. L. Rego (2009), "Brand Portfolio Strategy and Firm Performance," *Journal of Marketing*, 73(1),59 - 74.

[523] Morgan, R. M. and S. Hun (1994), "The Commitment-Trust Theory of Relationship Marketing," *Journal of Marketing*, 58(3),20 - 38.

[524] Morrin, M. (1999), "The Impact of Brand Extensions on Parent Brand Memory Structures and Retrieval Processes," *Journal of Marketing Research*, 36 (4),517 - 525.

[525] Muniz, A. M. Jr. and T. C. O'Guinn (2001), "Brand Community," *Journal of Consumer Research*, 27(4),412 - 432. f

[526] Nagashima, A. (1970), "A Comparison of Japanese and U. S. Attitudes toward Foreign Products," *Journal of Marketing*, 34(1),68 - 74.

[527] Nagashima, A. (1977), "A Comparative 'Made in' Product Image Survey among Japanese Businessmen," *Journal of Marketing*, 41(3),95 - 100.

[528] Napoli, J. , S. J. Dickinson, M. B. Beverland, and F. Farrell (2014), "Measuring Consumer-based Brand Authenticity," *Journal of Business Research*, 67(6),1090 - 1098.

[529] Nepomuceno, M. V. and M. Laroche (2017), "When Materialists Intend to Resist Consumption: The Moderating Role of Self-Control and Long-Term Orientation," *Journal of Business Ethics*, 143(3),467 - 483.

[530] Netemeyer, R. G. , B. Krishman, C. Pullig, G. Wang, M. Yagci, D. Dean, J. Ricks, and F. Wirth (2004), "Developing and Validating Measures of Facets of Customer-Based Brand Equity," *Journal of Business Research*, 57, 209 - 224.

[531] Nevins, J. L. , W. O. Bearden, and B. Money (2007), "Ethical Values and Long-Term Orientation," *Journal of Business Ethics*, 71,261 - 274.

[532] Nguyen, T. N. , A. Lobo, and S. Greenland (2017), "The Influence of Cultural Values on Green Purchase Behaviour," *Marketing Intelligence & Planning*, 35(3),377 - 396.

[533] Nolop, B. (2007), "Rules to Acquire By," *Harvard Business Review*, 85(9), 129 - 140.

[534] Nunnally, J. (1978), *Psychometric Theory* (2ʳᵈ). New York: McGraw-Hill.

[535] Oberecker, E. M. and A. Diamantopoulos (2011), "Consumers' Emotional

Bonds with Foreign Countries: Does Consumer Affinity Affect Behavioral Intentions?" *Journal of International Marketing*, 19(2),45 - 72.

[536] Oliver, R. L. (1999), "Whence Consumer Loyalty, " Journal of Marketing, 63,33 - 44.

[537] Olsen, B. (1999), "Exploring Women's Brand Relationships and Enduring Themes at Mid-Life," *Advances in Consumer Research*, 26,615 - 620.

[538] Osman, I. , S. F. S. Alwi, I. Mokhtar, H. Ali, F. Setapa, R. Muda, and A. R. A. Rahim. (2015), "Integrating Institutional Theory in Determining Corporate Image of Islamic Banks," *Social and Behavioral Sciences*, 211,560 - 567.

[539] Ozsomer, A. (2012), "The Interplay Between Global and Local Brands: A Closer Look at Perceived Brand Globalness and Local Iconness," *Journal of International Marketing*, 20(2),72 - 95.

[540] Papadopoulos, N. and L. A. Heslop (1993), *Product-country Images: Impact and Role in International Marketing*, New York: International Business Press, Binghamton.

[541] Papadopoulos, N. , L. A. Heslop, and IKON Research Group (2000), "A Cross-national and Longitudinal Study of Product-Country Images with a Focus on the U. S and Japan," *Marketing Science Institute*, 100 - 106.

[542] Pappu, R. , P. G. Quester, and R. W. Cooksey (2007), "Country Image and Consumer-based Brand Equity: Relationships and Implications for International Marketing," *Journal of International Business Studies*, 38(5),726 - 745.

[543] Park, C. W. , B. J. Jaworski, and D. J. MacInnis (1986), "Strategic Brand Concept Image Management," *Journal of Marketing*, 50(4),135 - 145.

[544] Park, C. W. , D. J. MacInnis, J. Priester, A. B. Eisingerich, and D. Lacobucci (2010), "Brand Attachment and Brand Attitude Strength: Conceptual and Empirical Differentiation of Two Critical Brand Equity Drivers," *Journal of Marketing*, 74(6),1 - 17.

[545] Park, C. W. , S. J. Milberg, and R. Lawson (1991), "Evaluation of Brand Extensions: The Role of Product Level Similarity and Brand Concept Consistency," *Journal of Consumer Research*, 18(2),185 - 193.

[546] Park, J. -W. and K. -H. Kim (2001), "Role of Consumer Relationships with a Brand in Brand Extensions: Some Exploratory Findings," *Advances in Consumer Research*, 28,179 - 185.

[547] Park, J. -W. , K. -H. Kim, and J. -K. Kim (2002), "Acceptance of Brand Extensions: Interactive Influences of Product Category Similarity, Typicality of Claimed Benefits, and Brand Relationship Quality," *Advances in Consumer Research*, 29,190 - 198.

[548] Parker, G. G. and M. W. V. Alstyne (2008), " Managing Platform Ecosystems," Presented at International Conference on Information Systems,

Paris, France, December. DBLP, 53.

[549] Pearce II, J. A. and J. R. B. Robinson (2000), "Cultivating Guanxi as a Foreign Investor Strategy," *Business Horizons*, 43(1),31 - 38.

[550] Peng, M. W. , D. Y. L. Wang, and Y. Jiang (2008), "An Institutional-based View of International Business Strategy: A Focus on Emerging Economies," *Journal of International Business Studies*, 39(5),920 - 936.

[551] Pharr, J. M. (2005), "Synthesizing Country-of-Origin Research from the Last Decade: Is the Concept Still Salient in an Era of Global Brands?" *Journal of Marketing Theory and Practice*, 13(4),34 - 45.

[552] Phau, I. and K. W. Chan (2003), "Targeting East Asian Markets: A Comparative Study on National Identity," *Journal of Targeting*, *Measurement and Analysis for Marketing*, 12(2),157 - 172.

[553] Pillai, K. G. and V. Kumar (2012), "Differential Effects of Value Consciousness and Coupon Proneness on Consumers' Persuasion Knowledge of Pricing Tactics," *Journal of Retailing*, 88(1),20 - 33.

[554] Plummer, J. T. (1984), "How Personality Makes a Difference," *Journal of Advertising Research*, 40(6),79 - 84.

[555] Plutchik, R. (1980), *Emotion: A Psycho Evolutionary Synthesis*. New York: Harper and Row.

[556] Podsakoff, P. M. , S. B. Mackenzie, J. Y. Lee, and N. P. Podsakoff (2003), "Common Method Biases in Behavioral Research: A Critical Review of the Literature and Recommended Remedies," *Journal of Applied Psychology*, 88(5),879 - 903.

[557] Powell, W. W. and P. J. DiMaggio (1991), Introduction to the New Institutionalism in Organizational Analysis. Chicago: University of Chicago Press.

[558] Wong, C. Y. , M. J. Polonsky, and R. Garma (2008), "The Impact of Consumer Ethnocentrism and Country of Origin sub-components for High Involvement Products on Young Chinese Consumers' Product Assessments," *Asia Pacific Journal of Marketing & Logistics*, 20(4),455 - 478.

[559] Porter, M. E. (1985), *Competitive Advantage: Creating and Sustaining Superior Performance*, New York: The Free Press.

[560] Prahalad, C. K. and L. Kenneth (1998), "The End of Corporate Imperialism," *Harvard Business Review*, 76(4),68 - 79.

[561] Pratima, B. and I. Clelland (2004), "Talking Trash: Legitimacy, Impression Management, and University Risk in the Context of the Natural Environment," *Academy of Management Journal*, 47(1),93 - 103.

[562] Putrevu, S. and K. R. Lord (1994) "Comparative and Noncomparative Advertising: Attitudinal Effects under Cognitive and Affective Involvement Conditions," *Journal of Advertising*, 23(2),77 - 91.

[563] Ramaswamy, V. ansd K. Ozcan（2014）, *The Co-creation Paradigm*. Stanford: Stanford University Press.

[564] Ramaswamy, V. and K. Ozcan（2015）, "Brand Value Co-Creation in a Digitalized World: An Integrative Framework and Research Implications," *International Journal of Research in Marketing*, 33(1),93－106.

[565] Ramaswamy, V. and K. Ozcan（2018a）, "Offerings as Digitalized Interactive Platforms: A Conceptual Framework and Implications," *Journal of Marketing*, 82(4),19－31.

[566] Ramaswamy, V. and K. Ozcan（2018b）, "What is Co-creation? An Interactional Creation Framework and Its Implications for Value Creation," *Journal of Business Research*, 84,196－205.

[567] Rao, V. R., M. K. Agarwal, and D. Dahlhoff（2004）, "How is Manifest Branding Strategy Related to the Intangible Value of a Corporation?" *Journal of Marketing*, 68(4),126－141.

[568] Ratchford, B. T., D. Talukdar, and M.-S. Lee（2001）, "A Model of Consumer Choice of the Internet as an Information Source," *International Journal of Electronic Commerce*, 5(3),7－21.

[569] Reeskens, T. and M. Hooghe（2010）, "Beyond the Civic — ethnic Dichotomy: Investigating the Structure of Citizenship Concepts across Thirty-three Countries," *Nations & Nationalism*, 16(4),579－597.

[570] Rein, I., P. Kotler, and D. Haider（1993）. Marketing Places: Attracting Investment, Industry, and Tourism to Cities, States, and Nations. New York: The Free Press.

[571] Remple, J. K., J. G. Holmes, and M. D. Zanna（1985）, "Trust in Close Relationships," *Journal of Personality and Social Psychology*, 49,95－112.

[572] Richins, M. L.（1997）, "Measuring Emotions in the Consumption Experience," *Journal of Consumer Research*, 24(2),127－146.

[573] Riefler, P. and A. Diamantopoulos（2009）, "Consumer Cosmopolitanism: Review and Replication of The CYMYC Scale," *Journal of Business Research*, 62(4),407－419.

[574] Riefler, P., A. Diamantopoulos, and J. A. Siguaw（2012）, "Cosmopolitan Consumers as a Target Group for Segmentation," *Journal of International Business Studies*, 43(3),285－305.

[575] Ritzer, G.（2003）, "Rethinking Globalization: Glocalization/Grobalization and Something/Nothing," *Sociological Theory*, 21(3),193－209.

[576] Roberts, K.（2004）, *Lovemarks: The Future Beyond Brands*. New York: Powerhouse Books.

[577] Rochet, J. C. and J. Tirole（2003）, "Platform Competition in Two-sided Markets," *Journal of the European Economic Association*, 1(4),990－1029.

[578] Rochet, J. C. and J. Tirole（2006）, "Two-Sided Markets: A Progress

Report," *The RAND Journal of Economics*, 37(3),645 – 667.

[579] Rosario, A. B. , F. Sotgiu, K. de Valck, and T. H. A. Bijmolt (2016), "The Effect of Electronic Word of Mouth on Sales: A Meta-Analytic Review of Platform, Product, and Metric Factors," *Journal of Marketing Research*, 53 (3),297 – 318.

[580] Rosson, P. and M. R. Brooks (2004), "M&As and Corporate Visual Identity: An Exploratory Study," *Corporate Reputation Review*, 7(2),181 – 194.

[581] Roth, K. P. and A. Diamantopoulos (2009), "Advancing the Country Image Construct," *Journal of Business Research*, 62(7),726 – 740.

[582] Roth, M. S. (1992), "Depth Versus Breadth Strategies for Global Brand Image Management," *Journal of Advertising*, 21(2),25 – 36.

[583] Roth, M. S. and J. B. Romeo (1992), "Matching Product Category and Country Image Perceptions: A Framework for Managing Country-of-Origin Effects," *Journal of International Business Studies*, 23(3),477 – 497.

[584] Rotter, J. B. (1967), "A New Scale for the Measurement of Interpersonal Trust," *Journal of Personality*, 35(4),651 – 665.

[585] Ruth, J. A. (2001), "Promoting a Brand's Emotion Benefits: The Influence of Emotion Categorization Processes on Consumer Evaluations," *Journal of Consumer Psychology*, 11(2),99 – 113.

[586] Schlenker, B. R. (1975), "Self-Presentation: Managing the Impression of Consistency When Reality Interferes with Self-Enhancement," *Journal of Personality and Social Psychology*, 32(6),1030 – 1037.

[587] Schooler, R. D. (1965), "Product Bias in the Central American Common Market," *Journal of Marketing Research*, 2(4),394 – 397.

[588] Schuiling, I. and J. N. Kapferer (2004), "Executive Insights: Real Differences between Local and International Brands: Strategic Implications for International Marketers," *Journal of International Marketing*, 12(4),97 – 112.

[589] Schwartz, S. H. (1992), "Universals in the Content and Structure of Values: Theoretical Advances and Empirical Tests in 20 Countries," *Advances in Experimental Social Psychology*, 25(1),1 – 65.

[590] Schwartz, S. H. (1994), "Beyond Individualism/Collectivism: New Cultural Dimensions of Values," in Individualism and Collectivism: Theory, Method, and Applications, ed. Kim, U. , H. C. Triandis, C. Kagitcibasi, and G. Yoon, Thousand Oaks CA: Sage Publications, 85 – 119.

[591] Schwartz, S. H. and K. Boehnke (2004), "Evaluating the Structure of Human Values with Confirmatory Factor Analysis," *Journal of Research in Personality*, 38(3),230 – 255.

[592] Scott, W. R. (1987), "The Adolescence of Institutional Theory," *Administrative*

Science Quarterly, 32(4),493 - 511.

[593] Scott, W. R. (2001), *Institutions and Organizations* (2nd). Thousand Oaks: Sage.

[594] Seock, Y. K. and L. R. Bailey (2010), "The Influence of College Students' Shopping Orientations and Gender Differences on Online Information Searches and Purchase Behaviours," *International Journal of Consumer Studies*, 32 (2),113 - 121.

[595] Sharma, P. (2011), "Country of Origin Effects in Developed and Emerging Markets: Exploring the Contrasting Roles of Materialism and Value Consciousness," *Journal of International Business Studies*, 42(1),285 - 306.

[596] Sharma, P. (2015), "Consumer Ethnocentrism: Reconceptualization and Cross-cultural Validation," *Journal of International Business Studies*, 46 (3),381 - 389.

[597] Shaver, P. , J. Schwartz, D. Kirson, and C. O'Connor (1987), "Emotion Knowledge: Further Explanation of a Prototype Approach," *Journal of Personality and Social Psychology*, 52,1061 - 1086.

[598] Shepherd, S. , T. L. Chartrand, and G. J. Fitzsimons (2015), "When Brands Reflect Our Ideal World: The Values and Brand Preferences of Consumers Who Support versus Reject Society's Dominant Ideology," *Journal of Consumer Research*, 42(1),76 - 92.

[599] Sheth, J. N. (2011), "Impact of Emerging Markets on Marketing: Rethinking Existing Perspectives and Practices," *Journal of Marketing*, 75(July), 166 - 182.

[600] Shimp, T. A. and S. Sharma. (1987), "Consumer Ethnocentrism: Construction and Validation of The CETSCALE, " *Journal of Marketing Research*, 24 (3),280 - 289.

[601] Shiu, E. M. K. , G. Walsh, and L. M. Hassan (2011), "Consumer Uncertainty Revisited and Dagger," Psychology and Marketing, 28(6),584 - 607.

[602] Shocker, A. D. , R. K. Srivastava, and R. W. Ruekert (1994), "Challenges and Opportunities Facing Brand Management: An Introduction to the Special Issue," Journal of Marketing Research, 31(2),149 - 158.

[603] Sichtmann, C. and A. Diamantopoulos (2013), "The Impact of Perceived Brand Globalness, Brand Origin Image, and ZBrand Origin — Extension Fit on Brand Extension Success," *Journal of the Academy of Marketing Science*, 41(5),567 - 585.

[604] Sin, L. Y. M. , A. C. B. Alan, O. H. M. Yau, R. P. M. Chow, J. S. Y. Lee, and L. B. Y. Lau (2005), "Relationship Marketing Orientation: Scale Development and Cross-Cultural Validation," *Journal of Business Research*, 58(2),185 - 194.

[605] Sinkovics, R. R. , N. Sinkovics, Y. K. Lew, M. H. Jedin, and S. Zagelmeyer

(2015), "Antecedents of Marketing Integration in Cross-border Mergers and Acquisitions: Evidence from Malaysia and Indonesia," *International Marketing Review*, 32(1),2 - 28.

[606] Smith, A. D. (1991), *National Identity*. London: Penguin Books.

[607] Solomon, M. R. (1985), "Deep-Seated Materialism: The Case of Levi's 501 Jeans," *Advances in Consumer Research*, 13,619 - 622.

[608] Solomon, R. H. (1971), *Mao's Revolution and the Chinese Political Culture*, Berkeley. California: University of Washington Press.

[609] Song, Q. (2013), "The Inherited Traditional Culture of Automobile Molding DNA Design Research," *Telkomnika*, 11(1),1189 - 1196.

[610] Spears, N. , X. Lin, and J. C. Mowen (2001), "Time Orientation in the United States, China, and Mexico: Measurement and Insights for Promotional Strategy," *Journal of International Consumer Marketing*, 13(1),57 - 75.

[611] Spieth, P. , S. Schneider, T. Clauß, and D. Eichenberg (2019), "Value Drivers of Social Businesses: A Business Model Perspective," *Long Range Planning*, 52(3),427 - 444.

[612] Sridhar, S. , M. K. Mantrala, P. A. Naik, and E. Thorson (2011), "Dynamic Marketing Budgeting for Platform Firms: Theory, Evidence, and Application," *Journal of Marketing Research*, 48(6),929 - 943.

[613] Steenkamp, J. B. E. M. (2001), "The Role of National Culture in International Marketing Research," *International Marketing Review*, 18(1),30 - 44.

[614] Steenkamp, J. B. E. M. (2014), "How Global Brands Create Firm Value: The 4V Model," *International Marketing Review*, 31(1),5 - 29.

[615] Steenkamp, J. B. E. M. (2019), "Global versus Local Consumer Culture: Theory, Measurement, and Future Research Directions," *Journal of International Marketing*, 27(1),1 - 19.

[616] Steenkamp, J. B. E. M. , R. Batra, and D. L. Alden (2003), "How Perceived Brand Globalness Creates Brand Value," *Journal of International Business Studies*, 34(1),53 - 65.

[617] Steenkamp, J. B. E. M. and H. Baumgartner (1998), "Assessing Measurement Invariance in Cross-National Consumer Research," *Journal of Consumer Research*, 25(1),78 - 90.

[618] Steenkamp, J. B. E. M. and I. Geyskens (2006), "How Country Characteristics Affect the Perceived Value of Web Sites," *Journal of Marketing*, 70(3),136 - 150.

[619] Steenkamp, J. B. E. M. , H. J. Heerde, and I. Geyskens (2010), "What Makes Consumers Willing to Pay a Price Premium for National Brands over Private Labels?" *Journal of Marketing Research*, 47(12),1011 - 1024.

[620] Steenkamp, J. B. E. M. and M. G. D. Jong (2010), "A Global Investigation into The Constellation of Consumer Attitudes Toward Global and Local

Products," *Journal of Marketing*, 74(November), 18 - 40.

[621] Sternberg, R. J. (1986), "A Triangular of Love," *Psychological Review*, 93 (2),119 - 135.

[622] Sternberg, R. J. (1987), "Liking Versus. Loving: A Comparative Evaluation of Theories," *Psychological Bulletin*, 102(3),331 - 345.

[623] Storbacka, K., R. J. Brodie, T. Böhmann, P. P. Maglio, and S. Nenonen (2016), "Actor Engagement as A Microfoundation for Value Co-Creation," *Journal of Business Research*, 69(8),3008 - 3017.

[624] Storm, C. and T. Storm (1987), "A Taxonomic Study of the Vocabulary of Emotions," *Journal of Personality and Social Psychology*, 53(4),805 - 816.

[625] Stover, L. E. (1974), *The Cultural Ecology of Chinese Civilization*. New York: Mentor.

[626] Štrach, P. and A. M. Everett (2006), "Brand Corrosion: Mass-marketing's Threat to Luxury Automobile Brands after Merger and Acquisition," *Journal of Product & Brand Management*, 15(2),106 - 120.

[627] Strizhakova, Y., R. A. Coulter, and L. L. Price (2008a), "Branded Products as a Passport to Global Citizenship: Perspectives from Developed and Developing Countries," *Journal of International Marketing*, 16(4),57 - 85.

[628] Strizhakova, Y., R. A. Coulter, and L. L. Price (2008b), "The Meanings of Branded Products: A Cross-National Scale Development and Meaning Assessment," *International Journal of Research in Marketing*, 25(2),82 - 93.

[629] Strizhakova, Y., R. A. Coulter, and L. L. Price (2012), "The Young Adult Cohort in Emerging Markets: Assessing Their Glocal Cultural Identity in a Global Marketplace," *International Journal of Research in Marketing*, 29 (1),43 - 54.

[630] Su, C. and J. E. Littlefield (2001), "Entering Guanxi: A Business Ethical Dilemma in Mainland China?" *Journal of Business Ethics*, 33(3),199 - 210.

[631] Suchman, M. C. (1995), "Managing Legitimacy: Strategic and Institutional Approaches," *Academy of Management Review*, 20(3),571 - 610.

[632] Sumner, W. G. (1906), *Folkways: A Study of the Sociological Importance of Usages, Manners, Customs, Mores, and Morals*. New York: Ginn & Co.

[633] Swaminathan, V., N. Dawar, and J. Hulland (2007), "So You Want to Buy a Brand?" *Research Memorandum*, 15,1 - 19.

[634] Swaminathan, V., F. Murshed, and J. Hulland (2008), "Value Creation following Merger and Acquisition Announcements: The Role of Strategic emphasis Alignment," *Journal of Marketing Research*, 45(1),33 - 47.

[635] Sweeney, J. C. and M. Chew (2000), "Consumer-brand Relationships: An Exploratory Study in the Services Context," Australia New Zealand Marketing Academy (ANZMAC) Conference, Brisbane, Australia & New Zealand

Marketing Academy, 1234 - 1238.

[636] Swoboda, B. , K. Pennemann, and M. Taube (2012), "The Effects of Perceived Brand Globalness and Perceived Brand Localness in China: Empirical Evidence on Western, Asian, and Domestic Retailers," *Journal of International Marketing*, 20(4),72 - 95.

[637] Tajfel, H. (1978), "Social Categorization, Social Identity and Social Comparison," in *Differentiation Between Social Groups*, ed. Tajfel H. , London: Academic Press, 61 - 76.

[638] Tajfel, H. (1982), *Social Identity and Intergroup Relations*. Cambridge: Cambridege University Press.

[639] Tan, B. , X. Lu, S. L. Pan, and L. Huang (2015), "The Role of IS Capabilities in the Development of Multi-Sided Platforms: The Digital Ecosystem Strategy of Alibaba. com," *Journal of the Association for Information Systems*, 16(3),249 - 280.

[640] Tangari, A. H. and R. J. Smith (2012), "How the Temporal Framing of Energy Savings Influences Consumer Product Evaluations and Choice," *Psychology & Marketing*, 29(4),198 - 208.

[641] Täuscher, K. and S. M. Laudien (2018), "Understanding Platform Business Models: A Mixed Methods Study of Marketplaces," *European Management Journal*, 36(3),319 - 329.

[642] Teece, D. J. (2007), "Explicating Dynamic Capabilities: The Nature and Microfoundations of (Sustainable) Enterprise Performance," *Strategic Management Journal*, 28(13),1319 - 1350.

[643] Teece, D. J. , G. Pisano, and A. Shuen (1997), "Dynamic Capabilities and Strategic Management," *Strategic Management Journal*, 18(18),509 - 533.

[644] Teng, C. C. and C. H. Lu (2016), "Organic Food Consumption in Taiwan: Motives, Involvement, and Purchase Intention under the Moderating Role of Uncertainty," *Appetite*, 105,95 - 105.

[645] The Chinese Culture Connection (1987), "Chinese Values and the Search for Culture-free Dimensions of Culture," *Journal of Cross-Cultural Psychology*, 18(2),143 - 164.

[646] Thelen, S. T. and J. E. D. Honeycutt (2004), "Assessing National Identity in Russia Between Generations Using the National Identity Scale," *Journal of International Marketing*, 12(2),58 - 81.

[647] Theodosiou, M. and L. C. Leondou (2003), "Standardization versus Adaptation of International Marketing Strategy: An Integrative Assessment of the Empirical Research," *International Business Review*, 12(2),141 - 171.

[648] Thibaut, J. W. and H. H. Kelley (1959), *The Social Psychology of Groups*. New York: John Wiley and Sons.

[649] Thompson, C. J. , A. Rindfleisch, and Z. Arsel (2006), "Emotional Branding

and the Strategic Value of the Doppelgänger Brand Image," *Journal of Marketing*, 70(January), 50 – 64.

[650] Thomson, M. , D. J. MacInnis, and C. W. Park (2005), "The Ties That Bind: Measuring the Strength of Consumers' Emotional Attachments to Brands," *Journal of Consumer Psychology*, 15(1),77 – 91.

[651] Thorbjornsen, H. , M. Supphellen, H. Nysveen, and P. E. Pederson (2002), "Building Brand Relationships Online: A Comparison of Two Interactive Applications," *Journal of Interactive Marketing*, 16(3),17 – 34.

[652] Thun, E. (2006), *Changing Lanes in China: Foreign Direct Investment, Local Governments, and Auto Sector Development*. New York: Cambridge University Press.

[653] Tiwana, A. (2015), "Evolutionary Competition in Platform Ecosystems," *Information Systems Research*, 26(2),266 – 281.

[654] Torelli, C. J. and R. Ahluwalia (2012), "Extending Culturally Symbolic Brands: A Blessing or a Curse?" *Journal of Consumer Research*, 38(5),933 – 947.

[655] Torelli, C. J. , H. T. Keh, and C. Y. Chiu (2010), "Cultural Symbolism of Brands," in Brands and Brand Management, ed. Loken, B. , R. Ahluwalia, and M. J. Houston, New York: Routledge.

[656] Torelli, C. J. , A. B. Monga, and A. M. Kaikati (2012), "Doing Poorly by Doing Good: Corporate Social Responsibility and Brand Concepts," *Journal of Consumer Research*, 38(February), 948 – 962.

[657] Torelli, C. , A. Ozsomer, S. W. Carvalho, H. T. Keh, and N. Maehle (2012), "Brand Concepts as Representations of Human Values: Do Cultural Congruity and Compatibility Between Values Matter?" *Journal of Marketing*, 76(4),92 – 108.

[658] Toyne, B. and D. Nigh (1998), "A More Expansive View of International Business," *Journal of International Business Studies*, 29(4),863 – 875.

[659] Treanor, P. (1997), "Structures of Nationalism," *Sociological Research Online*, 2(1),72 – 84.

[660] Triandis, H. C. (1993), "Collectivism, Individualism as Cultural Syndromes," *Cross Cultural Research*, 27(August), 166 – 180.

[661] Tsai, S. (2005), "Utility, Cultural Symbolism and Emotion: A Comprehensive Model of Brand Purchase Value," *International Journal of Research in Marketing*, 22(3),277 – 291.

[662] Tse, D. (1996), "Understanding Chinese People as Consumers: Past Findings and Future Propositions," in *The Handbook of Chinese Psychology*, ed. Bond, M. , Hong Kong: Oxford University Press, 352 – 363.

[663] Tsikriktsis, N. (2002), "Does Culture Influence Web Site Quality Expectations?" *Journal of Service Research*, 5(2),101 – 112.

[664] Tu, L. , A. Khare, and Y. Zhang (2012), "A Short 8-Item Scale for Measuring Consumers' Local-Global Identity," *International Journal of Research in Marketing*, 29(1),35 - 42.

[665] Uncles, M. , S. Kwok, and Y. Huang (2006), "Brand Preferences and Brand Choices among Urban Chinese Consumers: An Investigation of Country-of-origin Effects," *Asia Pacific Journal of Marketing and Logistics*, 18(3),163 - 172.

[666] Urbany, J. E. , P. R. Dickson, and W. L. Wilkie (1989), "Buyer Uncertainty and Information Search," *Journal of Consumer Research*, 16(2),208 - 215.

[667] Usunier, J. C. (1994), "Social Status and Country-of-origin Preferences," *Journal of Marketing Management*, 10(8),765 - 782.

[668] Usunier, J. C. (2006), "Relevance in Business Research: The Case of Country-of-Origin Research in Marketing," *European Management Review*, 3(1),60 - 73.

[669] Usunier, J. C. and G. Cestre (2008), "Further Considerations on the Relevance of Country-of-Origin Research," *European Management Review*, 5 (4),271 - 274.

[670] Van Angeren, J. , C. Alves, and S. Jansen (2016), "Can We Ask You to Collaborate? Analyzing App Developer Relationships in Commercial Platform Ecosystems," *Journal of Systems and Software*, 113,430 - 445.

[671] Van Everdingen, Y. M. and E. Waarts (2003), "The Effects of National Culture on the Adoption of Innovations," *Marketing Letters*, 14(3), 217 - 232.

[672] Varadarajan, R. , M. P. DeFanti, and P. S. Busch (2006), "Brand Portfolio, Corporate Image, and Reputation: Managing Brand Deletions," *Journal of the Academy of Marketing Science*, 34(2),195 - 205.

[673] Vargo, S. L. and R. F. Lusch (2004), "Evolving to A New Dominant Logic for Marketing," *Journal of Marketing*, 68(1),1 - 17.

[674] Verlegh, P. W. J. (2007), "Home Country Bias in Product Evaluation: The Complementary Roles of Economic and Socio-psychological Motive," *Journal of International Business Studies*, 38(3),361 - 373.

[675] Vermeir, I. and W. Verbeke (2006), "Sustainable Food Consumption: Exploring the Consumer 'Attitude-Behavioral Intention' Gap," *Journal of Agricultural and Environmental Ethics*, 19,169 - 194.

[676] Villena, V. H. , E. Revilla, and T. Y. Choi (2011), "The Dark Side of Buyer-Supplier Relationships: A Social Capital Perspective," *Journal of Operations Management*, 29(6),561 - 576.

[677] Virutamasen, P. , K. Wongpreedee, and W. Kumnungwut (2015), "Strengthen Brand Association through SE: Institutional Theory Revisited," *Social and Behavioral Sciences*, 195,192 - 196.

[678] Visnjic, I. , M. Jovanovic, A. Neely, and M. Engwall (2017), "What Brings the Value to Outcome-Based Contract Providers? Value Drivers in Outcome Business Models," *International Journal of Production Economics*, 192,169 – 181.

[679] Vu, D. A. , Y. Shi, and T. Hanby (2009), "Strategic Framework for Brand Integration in Horizontal Mergers and Acquisitions," *Journal of Technology Management in China*, 4(1),26 – 52.

[680] Walter, A. , T. A. Müller, G. Helfert, and T. Ritter (2003), "Functions of Industrial Supplier Relationships and Their Impact on Relationship Quality," *Industrial Marketing Management*, 32(February),159 – 169.

[681] Wang, C. L. (2007) "Guanxi vs. Relationship Marketing: Exploring Underlying Differences," *Industrial Marketing Management*, 36(1),81 – 86.

[682] Wang, C. L. and P. K. Ahmed (2007), "Dynamic Capabilities: A Review and Research Agenda," *International Journal of Management Reviews*, 9(1),31 – 51.

[683] Wang, C. L. , D. Li, and B. R. Barnes (2012), "Country Image, Product Image and Consumer Purchase Intention: Evidence from an Emerging Economy," *International Business Review*, 21(6),1041 – 1051.

[684] Wang, C. L. and X. Lin (2009), "Migration of Chinese Consumption Values: Traditions, Modernization, and Cultural Renaissance," *Journal of Business Ethics*, 88(3),399 – 409.

[685] Wang, L. , J. H. Yeung, and M. Zhang (2011), "The Impact of Trust and Contract on Innovation Performance: The Moderating Role of Environmental Uncertainty," *International Journal of Production Economics*, 134(1),114 – 122.

[686] Wang, T. and P. Bansal (2012), "Social Responsibility in New Ventures: Profiting from Long-Term Orientation" *Strategic Management Journal*, 33 (10),1135 – 1153.

[687] Watson, D. , L. A. Clark, and A. Tellegen (1988), "Development and Validation of Brief Measures of Positive and Negative Affect: the PANAS scales," *Journal of Personality and Social Psychology*, 54(6),1063 – 1070.

[688] Weber, M. (1951), *The Religion of China: Confucianism and Taoism*. New York: The Free Press.

[689] Westjohn, S. A. , N. Singh, and P. Magnusson (2012), "Responsiveness to Global and Local Consumer Culture Positioning: A Personality and Collective Identity Perspective," *Journal of International Marketing*, 20(1),58 – 73.

[690] Wetzels, M. , K. de Ruyter, and M. van Birgelen (1998), "Marketing Service Relationships: The Role of Commitment," *Journal of Business and Industrial Marketing*, 13(4 – 5),406 – 423.

[691] Wheeler S. C. , R. E. Petty, and G. Y. Bizer (2005), "Self-schema Matching and Attitude Change: Situational and Dispositional Determinants of Message

Elaboration," *Journal of Consumer Research*, 31(4),787 - 797.

[692] Wiles, M. A. , N. A. Morgan, and L. L. Rego (2012), "The Effect of Brand Acquisition and Disposal on Stock Returns," *Journal of Marketing*, 76(1), 38 - 58.

[693] Williams, G. and J. Zinkin (2008), "The Effect of Culture on Consumers' Willingness to Punish Irresponsible Corporate Behaviour: Applying Hofstede's Typology to the Punishment Aspect of Corporate Social Responsibility," *Business Ethics: A European Review*, 17(2),210 - 226.

[694] Williams, M. J. and J. Spencer-Rodgers (2010), "Culture and Stereotyping Processes: Integration and New Directions," *Social and Personality Psychology Compass*, 4(8),591 - 604.

[695] Winit, W. , G. Gregory, M. Cleveland, and P. Verlegh (2014), "Global vs Local Brands: How Home Country Bias and Price Differences Impact Brand Evaluation," *International Marketing Review*, 31(2),102 - 128.

[696] Wong, N. Y. and A. C. Ahuvia (1998), "Personal Taste and Family Face: Luxury Consumption in Confucian and Western Societies," *Psychology & Marketing*, 15(5),423 - 441.

[697] Wong, Y. H. (1998), "The Dynamics of Guanxi in China," *Singapore Management Review*, 20(2),25 - 42.

[698] Wong, Y. H. , L. M. Jackie, and L. M. Tam (2000), "Mapping Relationship in China: Guanxi Dynamic Approach," *Journal of Business & Industrial Marketing*, 15(1),57 - 70.

[699] Wong, Y. H. and K. P. Thomas (2001), *Guanxi: Relationship Marketing in a Chinese Context*. New York: International Business Press.

[700] WPP (2014), The Power and The Potential of The Chinese Dream.

[701] Wu, T.-Y. (2011), "Product Pleasure Enhancement: Cultural Elements Make Significant Difference," *Communications in Computer and Information Science*, 173,247 - 251.

[702] Wu, W. Y. , C. Y. Chiag, Y. J. Wu, and H. J. Tu (2004), "The Influencing Factors of Commitment and Business Integration on Supply Chain Management," *International Management and Data Systems*, 104(4),322 - 333.

[703] Xie, Y. , R. Batra, and S. Peng (2015), "An Extended Model of Preference Formation Between Global and Local Brands: The Roles of Identity Expressiveness, Trust, and Affect," *Journal of International Marketing*, 23 (1),50 - 71.

[704] Yang, C. F. (1990), "Conformity and Defiance on Tiananmen Square: A Social Psychological Perspective," in Culture and Politics in China: An Anatomy of Tiananmen Square, ed. Li, P. , S. Mark and M. H. Li, New Brunswick, NJ: Transaction Publishers, 203 - 232.

[705] Yang, D. , D. A. Davis, and K. R. Robertson (2012), "Integrated Branding

with Mergers and Acquisitions," *Journal of Brand Management*, 19(5),438 - 456.

[706] Yang, M. M. -H. (1986), The Art of Social Relationships and Exchange in China. University of California, Berkeley, CA.

[707] Yang, M. M. -H. (1988), "The Modernity of Power in the Chinese Socialist Order," *Cultural Anthropology*, 3,408 - 427.

[708] Yau, O. H. M. (1988), "Chinese Cultural Values: Their Dimensions and Marketing Implications," *European Journal of Marketing*, 22(5),44 - 57.

[709] Yau, O. H. M. (1994), Consumer Behavior in China: Customer Satisfaction and Cultural Values. Padstow Cornwall: T. J. Press (Padstow) Ltd.

[710] Yau, O. H. M. , J. S. Y. Lee, R. P. M. Chow, L. Y. M. Sin, and A. C. B. Tse (2000), "Relationship Marketing: The Chinese Way," *Business Horizons*, 43(1),16 - 24.

[711] Yeung, V. W. L. and Y. Kashima (2012), "Culture and Stereotype Communication: Are People from Eastern Cultures More Stereotypical in Communication?" *Journal of Cross-Cultural Psychology*, 43(3),446 - 463.

[712] Yi, Y. , X. He, H. Ndofor, and Z. Wei (2015), "Dynamic Capabilities and the Speed of Strategic Change: Evidence from China," *IEEE Transactions on Engineering Management*, 62(1),18 - 28.

[713] Yin, R. K. (2003), Case Study Research: Design and Methods (3rd). Sage Publications.

[714] Yin, R. K. (2009), Case Study Research: Design and Methods (4th). Sage Publications.

[715] Yin, R. K. (2013), *Case Study Research : Design and Methods* (5th). New York: Sage.

[716] Yoo, B. and N. Donthu (2001), "Developing and Validating a Multidimensional Consumer-based Brand Equity Scale," *Journal of Business Research*, 52(1),1 - 14.

[717] Yoo, B. and N. Donthu (2002), "The Effect of Marketing Education and Individual Cultural Values on Marketing Ethics of Students," *Journal of Marketing Education*, 24(2),92 - 103.

[718] Yoon, C. (2009), "The Effects of National Culture Values on Consumer Acceptance of E-commerce: Online Shoppers in China," *Information & Management*, 46,294 - 301.

[719] You, J. , Y. C. Sun, and H. Lei. (2013), "An Empirical Study of Generational Differences in Work Values for Chinese New Generation," *Soft Science*, (6),83 - 93.

[720] Yu, Y. (2013), "Review of Mergers and Acquisitions Research in Marketing," *Innovative Marketing*, 9(1),27 - 36.

[721] Yu, Y. , N. Umashankar, and V. R. Rao (2015), "Choosing the Right

Target: Relative Preferences for Resource Similarity and Complementarity in Acquisition Choice," *Strategic Management Journal*, 37(8),1808 – 1825.

[722] Yüksel, A. and F. Yüksel (2007), "Shopping Risk Perceptions: Effects on Tourists' Emotions, Satisfaction and Expressed Loyalty Intentions," *Tourism Management*, 28,703 – 713.

[723] Yun, J. J, D. Won, K. Park, J. Yang, and X. Zhao (2017), "Growth of a Platform Business Model as an Entrepreneurial Ecosystem and its Effects on Regional Development," *European Planning Studies*, 25(5),805 – 826.

[724] Zaheer, A. , B. McEvily, and V. Perrone (1998), "Does Trust Matter? Exploring the Effects of Inter-Organizational and Interpersonal Trust on Performance," *Organization Science*, 9(1),1 – 20.

[725] Zamet, J. M. and M. E. Bovarnick (1986), "Employee Relations for Multinational Companies in China," *Journal of World Business*, 21(1),13 – 19.

[726] Zand, D. E. (1972), "Trust and Managerial Problem-Solving," *Administrative Science Quarterly*, 17(2),229 – 239.

[727] Zeithaml, V. A. , P. Varadarajan, and C. P. Zeithaml (1988), "The Contingency Approach: Its Foundations and Relevance to Theory Building and Research in Marketing," *European Journal of Marketing*, 22(7),37 – 64.

[728] Zeugner-Roth, K. P. , V. Žabkar, and A. Diamantopopoulos (2015), "Consumer Ethnocentrism, National Identity, and Consumer Cosmopolitanism as Drivers of Consumer Behavior: A Social Identity Theory Perspective," *Journal of International Marketing*, 23(2),25 – 54.

[729] Zhang, J. (2008), "Value Congruence in the Services Context: Developing and Maintaining Consumer-Brand Relationships," unpublished doctoral dissertation, Radboud Universiteit Nijmegen.

[730] Zhang, P. and N. Yu (2018), "China's Economic Growth and Structural Transition Since 1978," 中国经济学人(英文版), 13(1),22 – 57.

[731] Zhang, X. , Q. Cao, and N. Grigoriou (2011), "Consciousness of Social Face: The Development and Validation of a Scale Measuring Desire to Gain Face versus Fear of Losing Face," *The Journal of Social Psychology*, 151 (2),129 – 149.

[732] Zhang, Y. and A. Khare (2009), "The Impact of Accessible Identities on The Evaluation of Global versus Local Products," *Journal of Consumer Research*, 36(3),524 – 537.

[733] Zhou, N. and R. W. Belk (2004), "Chinese Consumer Readings of Global and Local Advertising Appeals," *Journal of Advertising*, 33(3),63 – 76.

[734] Zhu, F. and N. Furr (2016), "Products to Platforms: Making the Leap," *Harvard Business Review*, 94(4),72 – 78.

[735] Zhu, F. and M. Iansiti (2012), "Entry into Platform-Based Markets," *Strategic Management Journal*, 33(1),88 – 106.